FACETTEN

Arbeitsbuch Deutsch für die Oberstufe

Erarbeitet von

Brigitte Bialkowski
Günther Einecke
Jörg Ulrich Meyer-Bothling
Doris Post
Eike Thürmann
Christoph Walther

unter Mitarbeit von

Horst Klösel
Reinhald Lüthen

Ernst Klett Schulbuchverlag Leipzig
Leipzig Stuttgart Düsseldorf

Im Textteil mit * gekennzeichnete Überschriften stammen nicht von den Autorinnen und Autoren, sondern wurden von der Redaktion hinzugefügt.

Informationen und Materialien zum Buch finden Sie im Internet unter
http://www.klett-verlag.de/facetten

1. Auflage   1   5   4   3   2   1 | 2006   2005   2004   2003   2002

Dieses Werk folgt der reformierten Rechtschreibung und Zeichensetzung. Ausnahmen bilden Texte, bei denen künstlerische, philologische oder lizenzrechtliche oder andere Gründe einer Änderung entgegenstehen. Verfasser, deren Texte in einer anderen als der reformierten Schreibung wiedergegeben werden, sind im Inhaltsverzeichnis mit * gekennzeichnet.
Alle Drucke dieser Auflage können im Unterricht nebeneinander benutzt werden, sie sind untereinander unverändert. Die letzte Zahl bezeichnet das Jahr dieses Druckes.

Ernst Klett Schulbuchverlag Leipzig GmbH, Leipzig 2002
Alle Rechte vorbehalten.
Internetadresse: http://www.klett-verlag.de

Trotz aller Bemühungen war es in einigen Fällen nicht möglich, den Rechteinhaber ausfindig zu machen. Berechtigte Ansprüche werden selbstverständlich im Rahmen der üblichen Vereinbarungen abgegolten.

Redaktion: Sabine Grunow, Jens Kapitzky
Layout und Satz: Artbox Grafik & Satz GmbH, Bremen
Umschlag: Artbox Grafik & Satz GmbH, Bremen, unter Verwendung von zwei Arbeiten von Bill Viola: „Slowly Turning Narrative" (Video/Sound Installation 1992; Foto: Gary McKinnis) und „The Passing" (Videotape 1991; Foto: Kira Perov).

Druck: H Stürtz AG, Würzburg

ISBN 3-12-350441-7

INHALT

LESEN – LESEN – LESEN

1. **Umwerfende Leseerlebnisse** 7
   Dante Alighieri – Italo Calvino – Klaas Huizing, Tor Age Bringsværd
2. **Lebenslänglich Bücher** 11
   Günter Grass – Peter Weiss – Helmut Krausser – Felicitas Hoppe*
3. **Bücher sind gefährlich** 15
   Stefan Heym – Umberto Eco – Klaas Huizing
4. **Meine Bücher – meine Leseerfahrungen** 20

TEXTE PLANEN, SCHREIBEN, ÜBERARBEITEN

1. **Schreibsituationen und Schreibaufgaben analysieren** 23
2. **Eigene Kenntnisse aktivieren, recherchieren, Informationen aufbereiten** 26
3. **Gestaltungsideen sammeln und strukturieren** 29
4. **Beispiele erkunden und dabei Ideen und Strategien für eigene Texte entwickeln** 33
5. **Texte und Materialien erarbeiten und deuten** 36

GESPRÄCHE FÜHREN, VORTRAGEN, PRÄSENTIEREN

1. **Gespräche führen** 41
   1.1 Kaufen – Verkaufen: Verzerrte Kommunikation . . . 41
   1.2 Das müssen Sie erklären: Schulische Kommunikation 46
   1.3 Gesprächslabor 48
2. **Vortragen** 52
   2.1 Statements abgeben 52
   2.2 Kurzvorträge halten 52
   2.3 Mündliches Referat nach schriftlicher Ausarbeitung 56
3. **Präsentieren und visualisieren** 58
   3.1 Auf Körpersprache achten 58
   3.2 Ergebnis-Folien zu Arbeitsergebnissen im Unterricht oder zum Referat . . . 59
   3.3 Hand-out (Paper, Thesenpapier) zu einem Referat 60
   3.4 Wandzeitung zu einer Gruppenarbeit oder einem Projekt 61

ICH/NATUR – UMGANG MIT GEDICHTEN

1. **Erfahrungen mit Gedichten** 63
   Hans Magnus Enzensberger – Joseph Brodsky – Friedrich Schiller – Peter Wapnewski – Rose Ausländer – Texte von Schülerinnen und Schülern*
2. **Gedichte verstehen und beschreiben** 66
   2.1 Der Sprecher im Gedicht 66
   Johann Wolfgang von Goethe – Christine Lavant – Sarah Kirsch – Rainer Maria Rilke – Jürgen Becker*
   2.2 Die Form des Gedichts 68
   Andreas Gryphius – Georg Trakl – Rainer Maria Rilke
   2.3 Sprache im Gedicht 70
   Joseph von Eichendorff – Johannes Bobrowski
   2.4 Bildlichkeit im Gedicht 71
   – Heinrich Heine – Johann Wolfgang von Goethe – Conrad Ferdinand Meyer – Friedrich Hölderlin – Peter Huchel – Günter Eich – Michael Krüger
3. **Ein Gedicht interpretieren** 75
   Ingeborg Bachmann – Schülertext – Peter Huchel – Sarah Kirsch – Eduard Mörike – Rose Ausländer*

4. **Gedicht-Werkstatt** 82
   *Johann Wolfgang von Goethe –
   Karl Krolow – Reinhard Lettau –
   Günter Eich – Friederike Mayröcker –
   Tristan Tzara – Schülertext*

UNHEIMLICHES –
UMGANG MIT ERZÄHLENDEN TEXTEN

1. **Die fiktionale Welt des Erzählens** 85
   Umberto Eco

2. **Erzählende Texte untersuchen und verstehen** 88
   2.1 Erzählbeginn und Erzählperspektive 88
       *Franz Kafka – Edgar Allan Poe –
       Gabriel García Márquez*
   2.2 Person und Handlung 91
       E.T.A. Hoffmann
   2.3 Zeit und Ort 94
       Heinrich von Kleist

3. **Einen Erzähltext interpretieren
   und darüber schreiben** 96
   3.1 Individuelle Lesarten 96
       H.C. Artmann – Jean Paul Sartre
   3.2 Vorarbeiten am Text 98
   3.3 Entwürfe von Teilen einer schriftlichen
       Interpretation 100

4. **Erzählwerkstatt** 102

REDEN UND SCHWEIGEN –
UMGANG MIT SZENISCHEN TEXTEN

1. **Was ist ein Drama?** 105
   William Shakespeare

2. **Dramatische Texte untersuchen und verstehen** .. 107
   2.1 Der dramatische Auftakt:
       Problemstellung und Handlungsansätze 107
       Gotthold Ephraim Lessing
   2.2 Figurenkonzeption und Konfliktentwicklung 109
       Gotthold Ephraim Lessing
   2.3 Figurenkonstellation und Dialogstruktur 112
       Friedrich Schiller

3. **Auflösung der Form** 118
   Georg Büchner – Friedrich Schiller

4. **Eine Szene interpretieren** 122
   4.1 Den Inhalt einer Dramenszene wiedergeben 122
   4.2 Die Dialogstruktur einer Szene analysieren
       und beschreiben 122
   4.3 Die Funktion einer Szene analysieren
       und erläutern 123
   4.4 Eine Interpretation gliedern 123

5. **Theaterwerkstatt** 124
   *Wolf Wondratschek – Günther Guben –
   Botho Strauss – Giorgio Manganelli –
   Ernst Jandl – Wolf Biermann –
   Peter Handke – Ulla Hahn –
   Harald Hurst – Anton Čechov –
   Reinhard Lettau – George Tabori –
   Flann O'Brien*

THEMA „ZEIT" –
UMGANG MIT SACHTEXTEN

1. **Vorwissen und Ideen zu einem Thema entfalten –
   Ideenbörse zum Thema „Zeit"** 129

2. **Informationen zu einem Thema recherchieren** ... 130
   2.1 Nachschlagen – in Lexika, Wörterbüchern
       und CD-Rom-Enzyklopädien recherchieren ... 130
   2.2 Bibliografieren – in Katalogen und
       Datenbanken suchen 131
   2.3 Hyperlesen – im Internet surfen oder
       navigieren 132

3. **Effektive Lesetechniken einsetzen –
   Sachtexte gezielt lesen** 133
   Norbert Elias – Julius T. Fraser

4. **Inhalte eines Sachtextes verfügbar machen** 136
   4.1 Einen Text markieren 136
       Ernst Pöppel
   4.2 Zu einem Text einen Konspekt anlegen 137
       Peter Coveney/Roger Highfield
   4.3 Paraphrasieren und resümieren 138
       Norbert Elias

5. **Statistische Informationen verarbeiten –
   Daten verbalisieren** 140

6. Die Verwertbarkeit von Sachtexten einschätzen ... 142
   6.1 Darstellende und erklärende Textteile unterscheiden ... 142
   Norbert Elias
   6.2 Argumentierende und appellierende Textteile unterscheiden ... 143
   Norbert Blüm
   6.3 Darstellende und deutende Textteile unterscheiden ... 144
   Martin Burckhardt – Peter Gendolla

STRITTIGE THEMEN – ERÖRTERN

1. **Das Strittige erkennen** ... 149
   Henryk M. Broder
2. **Eine Argumentation analysieren** ... 152
   2.1 Positionen klären ... 152
   Marcel Reich-Ranicki – Elfriede Jelinek – Hartmut von Hentig
   2.2 Die Argumentationsstruktur untersuchen ... 154
   Ulrich Greiner
   2.3 Einen argumentativen Text beurteilen ... 157
3. **Eine textbezogene Erörterung schreiben** ... 158
   Ruth Klüger
4. **Eine textbezogene Erörterung überarbeiten** ... 162
5. **Einen Essay schreiben** ... 164
   Günter Kunert

WAS DARF SATIRE? – EINE FACHARBEIT SCHREIBEN

1. **Worum es bei der Fachbarbeit geht** ... 167
2. **Themenfindung und -eingrenzung** ... 168
3. **Suchstrategien zur Informationsbeschaffung** ... 171
4. **Texte und Materialien auswerten** ... 174
5. **Gliederung** ... 177

6. **Die Facharbeit zu Papier bringen** ... 178
   6.1 Einleitung und Schluss formulieren ... 178
   6.2 Den Hauptteil formulieren ... 179
   6.3 Formale Anlage der Arbeit ... 181
7. **Planen und Organisieren** ... 182
8. **Die Präsentation einer Facharbeit** ... 183

DER FALL GALILEO GALILEI – FACHÜBERGREIFENDES ARBEITEN

1. **Galileo Galilei: Zeit, Leben und Werk im Überblick** ... 185
2. **O früher Morgen des Beginnens ...** ... 189
   Bertolt Brecht*
3. **Disput der Wissenschaftler** ... 193
   Bertolt Brecht* – Christoph Helferich
4. **Inquisition** ... 196
   Bertolt Brecht* – Isabelle Stengers – Mario Biagioli – Papst Johannes Paul II.
5. **Galileis Verbrechen** ... 200
   Bertolt Brecht* – Lewis Mumford

FAKTEN, DATEN, INFORMATIONEN

Glossar ... 204
Rhetorische Figuren ... 222
Epochen- und Epochenumbrüche ... 224
Literarische Landkarte ... 226
Übersichten zur fachlichen Orientierung
   Umgang mit Gedichten ... 228
   Umgang mit erzählenden Texten ... 230
   Umgang mit szenischen Texten ... 232
   Umgang mit Sachtexten ... 234
   Elemente der Filmanalyse ... 236
Tipps zum Nachschlagen und Recherchieren ... 238
Textsortenverzeichnis ... 240
Autoren- und Quellenverzeichnis ... 241
Sachregister ... 244
Abbildungsverzeichnis ... 249

LESEN-LESEN-LESEN

Man kann das Leben nicht neu beginnen, wenn es vorüber ist, aber wenn man ein Buch in der Hand hält, ganz gleich, wie schwierig es zu verstehen ist, kann man am Schluss zum Anfang zurückkehren, von vorn beginnen, um das Schwierige und damit das ganze Leben zu begreifen.
(O. Pamuk)

Der Konsumbürger der Kulturnationen ist daran gewöhnt, verführt zu werden. Ohne Sex geht nichts mehr voran. Um wie viel sinnlicher als Schmelzkäse und Autopolitur ist ein vernünftiger Roman. Warum gibt es keine Plakattafeln, auf denen attraktive Frauen in täuschend echter Lust die Augen verdrehen, wenn ihnen ihr schöner Freund einen Roman statt einer Schachtel Kirschkonfekt mitbringt.
(J. v. Westphalen)

Wenn ein Buch und ein Kopf zusammenstoßen und es klingt hohl, ist das allemal das Buch?
(G. C. Lichtenberg)

Manchmal, o glücklicher Augenblick, bist du in ein Buch so vertieft, dass du ihn ihm versinkst – du bist gar nicht mehr da. Dein Körper verrichtet gleichmäßig seine innere Fabrikarbeit – du fühlst ihn nicht. Du fühlst dich nicht. Nichts weißt du von der Welt um dich herum, du hörst nichts, du siehst nichts, du liest.
(K. Tucholsky)

Ich glaube, man sollte überhaupt nur solche Bücher lesen, die einen beißen oder stechen. Wenn das Buch, das wir lesen, uns nicht mit einem Faustschlag auf den Schädel weckt, wozu lesen wir dann das Buch?
(F. Kafka)

Ich lese nichts lieber als Bücher von einigen Seiten. Sprachkürze gibt Denkweite.
(Jean Paul)

1 Umwerfende Leseerlebnisse

Dante Alighieri
Die göttliche Komödie

Wir lasen eines Tages zum Vergnügen
Von Lancelot, wie ihn die Liebe drängte:
Alleine waren wir und unverdächtig
Mehrmals ließ unsre Augen schon verwirren
5 Dies Buch und unser Angesicht erblassen,
Doch eine Stelle hat uns überwältigt.
Als wir gelesen, dass in seiner Liebe
Er das ersehnte Anlitz küssen musste,
Hat dieser, der mich niemals wird verlassen,
10 Mich auf den Mund geküsst mit tiefem Beben.
Verführer war das Buch und der's geschrieben.
An jenem Tage lasen wir nicht weiter.

(um 1315)

Italo Calvino
Abenteuer eines Lesers (Auszug)

Amedeo fühlte sich in einer glänzenden Verfassung. Das bedruckte Papier öffnete ihm das wahre Leben, ein tiefgründiges Leben voller Leidenschaften, und wenn er aufschaute, dann fand er ein zwar zufälliges, aber fürs Auge wohltuendes Zusammenklingen von Farben und Empfindungen, eine periphere und dekorative Welt, die ihn zu nichts verpflichtete. Die braun gebrannte Signora lächelte ihn von ihrer Matratze her an und winkte ihm zu, er antwortete mit einem Lächeln und einem Nicken und senkte wieder den Blick. Die Signora hat jedoch etwas gesagt.
„Wie bitte?"
„Sie lesen wohl immer?"
„Nun …"
15 „Ist das so interessant?"
„Ja."
„Dann viel Spaß!"
„Danke."
Er durfte die Augen nicht mehr heben, zumindest nicht vor dem Kapitelende. Er las es in einem Atemzug. Die Signora hatte jetzt eine Zigarette im Mund und gab ihm Zeichen, auf die Zigarette deutend. Amedeo hatte den Eindruck, dass sie schon seit einer Weile bemüht war, seine Aufmerksamkeit auf sich zu lenken. „Wie bitte?"
25 „… Streichhölzer …"
„Leider nein, ich rauche nicht."
Das Kapitel war zu Ende, Amedeo überflog die Zeilen des nächsten, die er außerordentlich anregend fand, aber damit er das neue Kapitel unbehelligt beginnen konnte, 30 musste so rasch wie möglich die Streichholzfrage geklärt werden. „Einen Moment!" Er stand auf und begann, halb betäubt von der Sonne, von einer Klippe zur anderen zu springen, bis er schließlich ein paar Leute fand, die rauchten. Er ließ sich eine Schachtel „Minerva" ge-35 ben, eilte zu der Signora, zündete ihr die Zigarette an, lief zurück, um die Schachtel abzugeben, hörte die freundliche Aufforderung: „Behalten Sie sie nur", eilte wieder zu der Signora, um ihr die Streichhölzer zu überlassen, sie bedankte sich, er zögerte einen Augenblick, 40 um etwas zum Abschied zu sagen, doch da begriff er, dass er nach diesem Zaudern etwas anderes sagen musste, und er fragte: „Sie baden nicht?"
„Bald", entgegnete die Signora. „Und Sie?"
„Ich war schon im Wasser."
45 „Sie springen nicht noch einmal hinein?"
„Doch, ich lese noch ein Kapitel, dann schwimme ich wieder ein bisschen."
„Ich auch, ich rauche nur die Zigarette zu Ende, dann springe ich ins Wasser."
50 „Also bis nachher." „Bis nachher." (…)
Da sich die Signora mit dem Rücken an eine Klippe gelehnt hatte, setzte er sich neben sie und legte ihr einen Arm um die Schultern, während er das Buch auf den Knien hielt. Er wandte sich ihr zu und küsste sie. Sie lös-55 ten sich und küssten sich von neuem. Dann senkte er den Kopf und begann wieder zu lesen.

Solange es möglich war, wollte er in der Lektüre fortfahren. Er fürchtete, es könnte ihm nicht gelingen, das Buch durchzulesen. Der Anfang eines Verhältnisses an der See konnte sehr wohl das Ende seiner einsamen, stillen Stunden bedeuten, einen grundverschiedenen Rhythmus, der sich seiner Ferientage bemächtigen würde! Man weiß ja: Hat man sich erst einmal ganz in ein Buch hineingelebt, dann ist, wenn man die Lektüre unterbrechen muss und erst einige Zeit später wieder aufnimmt, der größte Teil der Freude verloren; viele Einzelheiten sind vergessen, und es gelingt nicht, sich ebenso gut wie zuvor hineinzuversetzen.

Die Sonne ging allmählich hinter dem nächsten Vorgebirge unter, dann hinter dem folgenden und hinter dem, das danach kam, und ließ sie im Gegenlicht ohne Farben zurück. Die Badelustigen waren aus den Schluchten des Kaps verschwunden. Sie waren jetzt allein. Amedeo umspannte die Schultern der Sommerfrischlerin mit einem Arm, küsste sie auf den Hals und auf die Ohren – was ihr, wie er festzustellen glaubte, gefiel –, und wenn sie sich ihm zuwandte, küsste er sie auf den Mund; dann las er weiter. Vielleicht hatte er diesmal wirklich das ideale Gleichgewicht gefunden: Er hätte so noch ein ganzes Hundert Seiten lesen mögen. Aber wieder war sie es, die die Situation zu ändern versuchte. Sie begann sich steif zu machen, ihn zurückzudrängen und sagte schließlich: „Es ist spät. Gehen wir. Ich ziehe mich an."

Dieser plötzliche Entschluss eröffnete ganz andere Perspektiven. Amedeo wirkte ein wenig hilflos, aber er erwog nicht lange das Für und Wider. Er war am Höhepunkt des Buches angelangt, und ihr Satz „Ich ziehe mich an." hatte sich, kaum vernommen, in seinem Kopf in einen anderen verwandelt: Während sie sich anzieht, habe ich noch etwas Zeit, ein paar Seiten ungestört zu lesen.

Anna schmiegte sich mit solcher Wucht an ihn, dass er nur mit Mühe weiterlesen konnte.

Sie aber forderte ihn auf: „Halte bitte das Handtuch hoch" – sie duzte ihn jetzt vielleicht zum ersten Mal –, „damit mich keiner sieht." Die Vorsicht war überflüssig, denn der Felsenstrand war menschenleer, aber Amedeo tat ihr gern den Gefallen, zumal er das Handtuch im Sitzen halten und in dem Buch weiterlesen konnte, das auf seinen Knien lag.

Die Signora hatte hinter dem Handtuch den Büstenhalter abgelegt, ohne sich darum zu kümmern, ob er es sah oder nicht sah. Amedeo wusste nicht, sollte er sie anschauen und tun, als läse er, oder sollte er lesen, während er so tat, als schaute er zu. Ihn reizte das eine wie das andere, doch er hielt es für indiskret, sie anzustarren; las er aber weiter, dann wirkte er gewiss allzu gleichgültig. Die Signora wandte nicht die übliche Methode der Badenden an, die sich im Freien ankleiden, indem sie sich zuerst die Sachen überstreifen und dann den Badeanzug darunter ausziehen; nein, jetzt, da sie mit entblößter Brust dasaß, zog sie auch noch den Slip aus. In diesem Moment wandte sie ihm zum ersten Mal ihr Gesicht zu – es war ein trauriges Gesicht, mit einer Falte der Bitternis am Mund – und sie schüttelte den Kopf, sie schüttelte den Kopf und blickte ihn an.

Da es doch geschehen muss, soll es gleich geschehen! Dachte Amedeo und warf sich mit dem Buch in der Hand, einen Finger zwischen den Seiten, nach vorn; aber was er in ihrem Blick las – Tadel, Mitleid, Niedergeschlagenheit, als wollte sie zu ihm sagen: „Dummer, wir machen das, wenn uns nichts anderes übrig bleibt, aber auch du begreifst nichts, wie die anderen Männer!" –, das heißt, das was er nicht las, denn er verstand nicht, in den Augen zu lesen, sondern was er verschwommen merkte, rief in ihm einen solchen Gefühlsüberschwang für diese Frau hervor, dass er, während er sie umarmte und mit ihr auf die Gummimatratze fiel, kaum den Kopf nach dem Buch wandte, um zu sehen, ob es vielleicht im Meer gelandet war.

Aber es lag dicht neben der Matratze, aufgeschlagen, nur ein paar Seiten waren umgeblättert, und Amedeo, obzwar noch immer im Feuer der Umarmung, suchte eine Hand freizubekommen, um das Lesezeichen an die richtige Stelle zu schieben. Nichts ist nämlich ärgerlicher, als wenn man lesen will und dann erst blättern muss, ohne den Faden finden zu können.

Die Liebesharmonie war vollkommen. Sie hätte zwar etwas länger hinausgezögert werden können; aber war nicht alles blitzartig gewesen bei dieser Begegnung?

Es wurde dunkel. Unten endeten die Felsen, schräg abgleitend in einer kleinen Bucht. Sie war jetzt dort hinuntergegangen und stand im Wasser. „Komm her, lass uns noch einmal schwimmen ..." Amedeo biss sich auf die Lippen und zählte die Seiten, die er bis zum Schluss noch zu lesen hatte. *(1986)*

Klaas Huizing
Der Buchtrinker (Auszug)

Am 14. Mai entließ Falk Reinhold seine Freundin. Lange schon lag ein dichter Teppich Schimmel über ihrer Liebe. Dabei hatten beide, sie, die fünf Jahre ältere Buchhändlerin, und er, der früh gereifte Büchernarr, ihre Gefühle scheinbar gut konserviert. Aber bereits bevor er seine Heimatstadt (Kennen Sie Hermann Löns? Dann wissen Sie alles von der heidewattierten Gefühligkeit dieses Landstrichs und ihrer Bewohner.) verlassen hatte, war das Verfallsdatum deutlich überschritten. Auf dem Bahnhof, am Tag seiner Abreise, wölbte sich die vergangene Geschichte wie ein Aluminiumdeckel über einem verdorbenen Joghurt. Dabei war sie schön. Was man schön nennt. Dabei war sie intelligent. Was man intelligent nennt. Dabei war sie erotisch. Was man erotisch nennt. Genau da aber lag das Problem. Immer wickelte sie sich ein in die neuesten Moden. Imprägnierte sich mit den aktuellsten Texten, die sie überall aufspürte und süchtig verschlang. Klappte sie das Buch oder das Heft zu, dann sah sie aus wie eine Figur von Ingeborg Bachmann. Oder agierte so bösartig wie die Jelinek. Zog sie einen anderen Text an, überschrieb sie einfach den alten, der dann nur noch blass hindurchschimmerte.

Dazu Hochglanzimitationen. Von Birkenstock zu Pumps? Von lila Latzhose zu raffinierten Nylons? Von kleinem Verweigerungsbusen zu großen Schwelldekolletees? Für sie nur eine Frage der Einbildungskraft. (Fragen Sie bitte nicht, wie das funktioniert.) Honighaare, Pagenkopf, Knitterwelle. Immer en vogue. Immer ein lebendiges Zitat aus BRIGITTE, der FREUNDIN, der FÜR SIE. Immer ausgeschnittene COSMOPOLITAN. Falk Reinhold las in ihr wie in einem Readers's Digest für Kultur. Mit immer geringerem Interesse. (...)

Falk Reinhold verlor heute, am 14. Mai um 17.28 Uhr, endgültig die Lust an ihrem unendlichen Text und schrieb ihr einen kurzen Brief zum abrupten Abschied:

> Beste L.,
>
> Ich habe vergessen, wie Dein wirklicher Text eigentlich aussieht. So viele Zeilen habe ich an Dir gelesen, so viele Spuren verfolgt, daß ich den Anfang unserer Geschichte nicht mehr wiederfinde, und ich frage mich, ob es Dich als Autor hinter den vielen Buchstaben überhaupt noch gibt. Irgendwann und irgendwo bist Du in Gewimmel der Zeichen verschwunden, und ich habe Angst, mich im Unterholz der Bedeutungen zu verlieren. Ich finde keinen Geschmack mehr an Deinen Zeilen. Ich hasse die unerträgliche Leichtigkeit von Fortsetzungsromanen, und Du hast Dich schleichend dazu gemacht. Ich kündige das Abonnement und verweigere mich als Dein alter Leser.
>
> Ich nehme jetzt mein Lieblingsbuch – Du kennst es –, dessen Inhalt ich beinahe auswendig weiß und der doch beim Lesen mir immer unbekannte Züge zeigt, statt Deiner mit ins Bett. Wenn ich den leicht abgegriffenen Deckel hochhebe, schaut mich die erste Zeile augenzwinkernd an und begrüßt mich wie einen alten Bekannten. Ich weiß, was mich erwartet, und doch gibt es den spitzen Kitzel beim Wiederlesen des fast Immergleichen. Den habe ich bei Dir verloren. Du hast Dich aus meinem Leben herausgeschrieben. Ich kann nicht einmal mehr sagen, ich schließe das Kapitel unserer Geschichte, weil Du lange schon kein Buch mehr bist. Ich lasse einfach eine Lücke von sieben Buchstaben, in der Du Deinen unendlichen Text ohne mich weiterschreiben kannst.
>
> Falk.

(1994)

Tor Åge Bringsværd
Das Frühstück der Langschläferin (Auszug)

Jeder, der Felix Bartholdy auch nur ein bisschen gekannt hätte, würde geschworen haben, dass das unmöglich war, aber da stand er – mit einer Plastiktüte voll von eben gekauften Büchern und einem Kassenbon in der
5 Tasche – auf dem Bürgersteig vor Brentano's Filiale in der 8. Straße, New York, USA, Erde, Sonnensystem, Milchstraße – und spuckte innerlich vor sich aus, wenn er an weitere Druckerzeugnisse dachte. „Schaut her", rief er Passanten zu und öffnete seine Plastiktüte.
10 „Schaut her. Das ist doch Wahnsinn, oder? (…) Die habe ich alle heute Abend gekauft", schrie Felix Bartholdy. „Ich habe sie da drin gekauft." Er deutete über die Schulter. *„Aber kann mir jemand sagen, wo zum Teufel ich die Zeit hernehmen soll, das alles zu lesen?"* Er fing
15 an, Leute am Arm zu packen, wollte sie festhalten. „Ich besitze schon über zehntausend Bände. Circa viertausend davon habe ich noch gar nicht gelesen. Gewöhnlich lese ich zwei Bücher die Woche. Zwei Bücher in der Woche, das macht 104 Bücher pro Jahr. Um viertausend
20 Bände durchzuackern, brauche ich ca. 40 Jahre. Ich bin 43 Jahre alt. Wenn ich mit allen Büchern, die ich bereits gekauft *habe*, fertig bin, werde ich 83 Jahre sein. Und nicht genug damit …" Ihm wurde schwarz vor Augen, und er musste sich an die Hauswand lehnen. „Und nicht
25 genug damit", flüsterte Felix Bartholdy dem Mauerputz zu. „Ich kaufe neue Bücher. Ich hamstere. Ich raffe zusammen, was mir unter die Augen kommt. Ich bin krank. Ich kaufe mindestens fünfmal so viele Bücher wie ich lese. Meine Regale stehen voller Bücher, die ich nie-
30 mals öffnen werde. Sie vermehren sich unaufhörlich. Ich kann an keinem Buchladen vorbeigehen. Im Bett lese ich Kataloge, auf dem Klo Kritiken, und meine Tasche ist stets voll von literarischen Zeitschriften. Und ich kann nicht aufhören. *Ich kann nicht aufhören!*"
35 Er wollte sich übergeben. Der Griff an seiner Plastiktüte riss, und der Inhalt verteilte sich auf dem Bürgersteig. Freundliche Menschen hoben ihm die Bücher auf. „Lasst sie liegen", flüsterte Felix. „Liegen lassen, bitte". Doch niemand hörte auf ihn.
40 Bald werde ich gezwungen sein, 100 Jahre zu werden, dachte Felix. Und nicht lange, und ich muss 200 werden… Er fing zu kichern an. Er saß am Rand des Bürgersteigs und lachte, die Nebel um ihn verdichteten sich, ballten sich vor seinen Augen, und er hatte Schwierig-
45 keiten etwas zu sehen.
„Sind Sie krank?", sagte eine Stimme vom Himmel. „Brauchen Sie Hilfe?"
„Zwecklos, was Sie sagen", antwortete Felix und schüttelte den Kopf. „Das funktioniert nie. Ich werde nie 200
50 Jahre. Da rauche ich zu viel. Das ist der Fehler. Und nicht genug damit …"

© Insel Verlag, 1992

„Soll ich einen Arzt holen", sagte die Stimme ungeduldig. „Ihr Vertrauen in die ärztliche Kunst rührt mich zutiefst", sagte Felix mit einer Stimme, die man am besten
55 als *lallend* bezeichnen könnte. „Das Problem ist doch, dass jedes Jahr auf der Welt ca. 550 000 neue Bücher geschrieben und herausgegeben werden. Fünfhundertfünfzig Tausend! *Das heißt, in jeder Minute wird ein neues Buch herausgegeben!* IN JEDER VERDAMMTEN MI-
60 NUTE! Mich als gewöhnlichen Leser bringt das natürlich in eine schier aussichtslose Situation. Und nicht genug damit …"
„Oder kommen Sie selbst zurecht?"
„Vor diesem Hintergrund betrachtet", sagte Felix, blin-
65 zelte dabei in den Nebel und versuchte, den Rücken gerade zu halten, „erscheint Ihr Vertrauen in die ärztliche Kunst in einem etwas merkwürdigen Licht. Was hätte denn Ihrer Meinung nach Albert Schweitzer in diesem Fall getan – wenn er nicht schon vor einiger Zeit gestor-
70 ben wäre?"
„Sie sind besoffen", sagte die Stimme. Felix bemerkte, dass sie sich in einen grauen Mantel gehüllt hatte, um nicht zu frieren. Und einen Augenblick später – als der Nebel kurz aufriss – in einem Anfall von Hellsichtigkeit,
75 wie man ihn oft hat, bevor man endgültig im Dunkel versinkt, gelang es den Augen, quer über die Straße zu springen. Sie hüpften über Autos und Fußgänger, trafen wie zwei Tennisbälle auf die gegenüberliegende Hauswand und prallten mit dem Bild eines Plakates auf der
80 Netzhaut zurück. Das Plakat war vergilbt und zerrissen und enthielt die folgende, noch lesbare Botschaft:
EAT SHIT! 487 billion flies can't be wrong.
Und das war der letzte Gedanke, der ihn durchzuckte, bevor das Regenwetter in seinem Kopf ernsthaft los-
85 brach. Felix Bartholdy wurde ohnmächtig. *(1992)*

2 Lebenslänglich Bücher

Günter Grass
Fortsetzung folgt … (Auszug)

Rede anlässlich der Verleihung des Nobelpreises für Literatur in Stockholm am 7. Dezember 1999

Doch vorerst las ich in mich hinein. Ich las auf besondere Weise: mit den Zeigefingern in den Ohren. Erklärend muß dazu gesagt werden, daß meine jüngere Schwester und ich in beengten Verhältnissen, nämlich in einer Zweizimmerwohnung, also ohne eigene Kammer oder sonst einen noch so winzigen Verschlag aufgewachsen sind. Auf Dauer gesehen war das für mich von Vorteil, denn so lernte ich früh, mich inmitten von Personen und umgeben von Geräuschen dennoch zu konzentrieren. Wie unter einer Käseglocke aufgehoben, war ich so ans Buch und dessen erzählte Welt verloren, daß meine Mutter, die zu Scherzen neigte, nur um einer Nachbarin die gänzliche Absenz ihres Sohnes zu beweisen, eine Butterstulle, die neben meinem Buch lag und in die ich ab und zu biß, gegen ein Stück Seife – nehme an, Palmolive – eintauschte, woraufhin beide Frauen – meine Mutter mit gewissem Stolz – Zeugen wurden, wie ich, ohne den Blick vom Buch zu lösen, nach der Seife griff, zubiß und kauend eine gute Minute brauchte, um aus dem gedruckten Geschehen geworfen zu werden.
Solch frühe Einübung in konzentriertes Verhalten ist mir noch heute geläufig; doch nie wieder habe ich so besessen gelesen. Die Bücher fanden sich in einem Schränkchen hinter blauen Scheibengardinen. Meine Mutter war Mitglied in einem Buchclub: Dostojewskis und Tolstois Romane standen dort neben und zwischen einigen von Hamsun, Raabe und Vicki Baum. Auch Selma Lagerlöfs „Gösta Berling" war greifbar. Später fütterte mich die Stadtbibliothek. Doch den Anstoß hat wohl der Bücherschatz meiner Mutter gegeben. Sie, die genau rechnende Geschäftsfrau, die ihren Kolonialwarenladen zu Diensten unzuverlässiger Pumpkundschaft betrieb, liebte das Schöne, lauschte dem Volksempfängerradio Opern- und Operettenmelodien ab, hörte gerne meine vielversprechenden Geschichten, ging oft ins Stadttheater und nahm mich manchmal mit.
Aber diese nur flüchtig skizzierten Anekdoten, erlebt in der Enge kleinbürgerlicher Verhältnisse, die ich vor Jahrzehnten an anderer Stelle und mit fiktivem Personal episch breit ausgemalt habe, sind einzig dazu gut, mir bei der Beantwortung der Frage „Wie wurde ich Schriftsteller?" behilflich zu werden. Die Fähigkeit zur anhaltenden Tagträumerei, die Lust am Wortwitz und am Spiel mit Wörtern, die Sucht, nur deshalb und ohne Vorteil für sich zu lügen, weil das Schildern der Wahrheit zu langweilig gewesen wäre, kurz, was man vage genug Begabung nennt, war gewiß vorgegeben, doch ist es der jähe Einbruch der Politik ins familiäre Idyll gewesen, der dem allzu leicht dahinsegelnden Talent zu dauerhaftem Ballast und einigem Tiefgang verhalf.

Peter Weiss
Abschied von den Eltern (Auszug)

In den Büchern trat mir das Leben entgegen, das die Schule vor mir verborgen hatte. In den Büchern zeigte sich mir eine andere Realität des Lebens als die, in die meine Eltern und Lehrer mich pressen wollten. Die Stimmen der Bücher forderten mein Mittun, die Stimmen der Bücher forderten, dass ich mich öffnete und auf mich selbst besann. Ich stöberte in der Bibliothek meiner Eltern. Das Lesen dieser Bücher war mir verboten, ich musste die Bücher heimlich entwenden und die Lücken sorgsam ausgleichen, meine Lektüre fand unter der Bettdecke statt, beim Schein der Taschenlampe, oder im Klosett, oder unter der Tarnung von Schulbüchern. Das Chaos in mir von unausgegorenen Sehnsüchten, von romantischen Verstiegenheiten, von Ängsten und wilden Abenteuerträumen wurde aus unzähligen Spiegeln auf mich zurückgeworfen, ich bevorzugte das Anrüchige, Zweideutige, Düstere, suchte nach Schilderungen des Geschlechtlichen, verschlang die Geschichten von Kurtisanen und Hellsehern, von Vampiren, Verbrechern und Wüstlingen, und wie ein Medium fand ich zu den Verführern und Fantasten und lauschte ihnen in meiner Zerrissenheit und Melancholie. (…)
Im Lauf der Jahre wurde die Zwiesprache, die ich in den Büchern suchte, immer bestimmter und eindringlicher, richtete sich immer tiefer ins Persönliche, und so wurde sie auch immer seltener, denn nur wenige konnten etwas von den Dingen ausdrücken, in denen die Wurzeln des Daseins angerührt wurden. Alle Stadien meiner Entwicklung hatten ihre Bücher. In der Grünenstraße gab es einen großen gelben Pappband mit zerfledderten Kan-

ten, und darinnen wurde von den Abenteuern des kleinen Mucki berichtet. Der Mucki ist ein großer Held, so hieß es, er köpft die Disteln auf dem Feld. Ich sehe ihn vor mir, den Mucki, in seinen ausgebuchteten Cowboyhosen mit Lederfransen, mit dem breitrandigen Sombrero und dem Lasso, von Kakteen und Klapperschlangen umstellt. Mucki war mein frühstes Abbild, in seinem bösartigen Gesichtsausdruck zeigte sich, was in meiner eigenen Erscheinung so wohlgebändigt war, in ihm tobte sich meine erstickte Angriffswut aus, Mucki der Abenteurer und Gewalttäter, das war ich viel mehr als der sorgfältig gekämmte Knabe in der Spitzenbluse beim Sonntagsspaziergang. Der Struwwelpeter, mit seinem buschigen Haarwald und den langen Fingernägeln, führte mir, zusammen mit seinen Genossen, alle meine eigenen Gebrechen, Schrecken und Gelüste vor. Die naiven, farbstarken Bilder waren wie Szenerien aus meinen eigenen Träumen, da waren die abgeschnittenen, blutigen Daumen und die riesige aufklaffende Schere, die noch anderes abschneiden wollte, da war der Suppenkasper mit dem strengen, hageren Vater und der rundlichen Mutter, und seine Worte, meine Suppe ess ich nicht, nein, meine Suppe ess ich nicht, waren meine eigenen Worte, ich selbst war es, der auf dem Stuhl hin- und herschaukelte und beim Sturz das Tischtuch mit den Tellern und Gerichten in die Tiefe riss. Das war die Rache. Da hatten sie es für all ihr Zetern und Mahnen. Und dann das Wunschbild des Sterbens. Das Hungern war meine Vergeltung, mit dem Hungern strafte ich sie, den hageren Mann, die dicke Frau, süß war die Rache, in der ich selbst mit draufging. Dies alles im Bild zu sehen erleichterte mich, ein Teil des inneren Druckes war nach außen gezaubert worden.

(1961)

Helmut Krausser
In libris (Auszug)

Ich habe oft behauptet, meine erste Lektüre seien die griechischen Götter- und Heldensagen gewesen, in der Schwabschen Volksausgabe. Vielleicht war das eine Lüge und vorher kamen noch „Die fröhlichen Falkenbergs im Geisterhaus" von – ich weiß nicht mehr wem. Das ist lange her.
Wahr ist, woran man sich erinnert.
Letztgenanntes Buch tat mir, nur deshalb blieb sein Titel unvergessen, große Dienste. Indem ich es mit dem Papiermesser aushöhlte und drinnen verbotene Dinge versteckte. Feuerwerkskörper, eine selbstkonstruierte Miniaturguillotine für kriegsgefangene Wespen, Zeitungsausrisse nackter Frauen, Zigaretten.
Mein Vater brachte mir das Lesen bei, als ich gerade vier geworden war, und er tat es, damit ich in der Schule einen anständigen Vorsprung erzielen sollte. Er war sich nicht bewusst mir etwas zu geben, das seine erzieherische Tätigkeit konsequent auf viele Jahre hin unterlaufen und entwerten würde.
Karl May las ich mit sechs, den „Nürnberger Prozeß" mit neun, und wenn andere Cowboy & Indianer spielten, verurteilte und erhängte ich Nazigrößen im Luitpoldpark. Kishon liebte ich mit zehn, Hesse-Prosa mit zwölf. Kishon trug mir schiefe Blicke ein, schlimm wurde es mit vierzehn, als es bei Suhrkamp den fetten roten Band mit allen Brecht-Dramen gab. Mein Vater fragte mich, ob ich Kommunist sei, ich antwortete, dass in meinem Alter doch alle irgendwie Kommunisten seien. Es war als Beschwichtigung gemeint, und ich erntete Ohrfeigen.
Mit fünfzehn der Bukowski-Eklat. Es gab beim 2001-Verlag ein Paket, bestehend aus Gedichten, einer Lesungsschallplatte und einem Poster. Dieses Poster zeigte Buk im Unterhemd, an den Kühlschrank gelehnt, links neben sich eine abgetakelte Hure, rechts neben sich eine Bierflasche. Es hing kaum länger als eine Woche in meinem Zimmer, dann fetzte es mein Vater (auf Anordnung, natürlich, meiner Mutter) von der Wand. Man muss dazu sagen, dass – wäre schulisch alles in Ordnung gewesen – mir völlige Handlungs- und Meinungsfreiheit zugesichert gewesen wäre. Es handelte sich also keineswegs um eine ideologische Maßnahme, sondern um eine liebevolle.
Schulisch war überhaupt nichts in Ordnung. Dass ich im Französischunterricht unter der Bank Gedichte von Verlaine übersetzte, beeindruckte meinen Französischlehrer zwar, hinderte ihn gleichzeitig nicht, mir Sechser noch und noch zu verpassen. Ähnlich verhielt es sich mit der Physik, wo ich gern Nietzsche las. (In seinem Fall wussten meine Eltern nicht, wie sie zu dem stehen sollten, und ich denke, genau das war Nietzsches Lebensziel: Er hat alles daraufhin verfasst, meinen Eltern einmal unetikettiert zu begegnen. Ist ihm gelungen.) (…)
Nach dem Bukowski-Eklat bestrafte ich meine Eltern damit, nur noch sporadisch zur Schule zu gehen, schlechte Noten und blaue Briefe in einem sehr dicken Album zu sammeln.
Mit der Schultasche ging ich morgens in die Gemeindebücherei und las.
Stellte mir eine Art Stundenplan zusammen.
Zuerst eine Stunde schwere Philosophie. Hegel, Sartre, Marx, Heidegger.
Dann eine Stunde leichtere Belletristik, danach vielleicht etwas Lyrik, wie ein Stück Obst, und zum Ausklang

heiter einhändiges Sportlesen im de Sade oder in einem dieser Bände erlesener Kunstaktfotografie – den Pornos für betuliche Gemüter.
Die Bibliothekarin, wäre sie nicht doof und gemein gewesen, hätte, zwischen den Regalen, unter ihrem Schreibtisch oder sonst wo, viel Sex mit mir haben können, superstrapazierfähig ausdauernden Lustknabensex, der ihr von ihrer braunbestrumpften Nickelbrillenhässlichkeit her nicht zugestanden wäre, den sie von mir dennoch bekommen hätte, umsonst, heftig und regelmäßig, weil sie die einzige Frau an diesem einsamen Ort war. Unbegreiflich. So, als wär's umgekehrt gewesen, als hätte ich mich ihr schreiend verweigert, fragte sie mich eines Morgens, ob ich nicht wie alle Kinder schulpflichtig sei, ob sie nicht mal meine Eltern anrufen müsse...
Die darauf folgenden Prügel machten mich, das erste und einzige Mal, zum literarischen Märtyrer.
Ich verachte Märtyrer und Faust-Verschnitte, in sich gekrümmte Fäustlinge, die ihr Leben kompromisslos der Kunst widmen, deren Besessenheit in der Zwingburg eines Zieles landet, die unmenschlich werden und doch nicht göttlich. Das schönste an Märtyrern ist, dass sie tot sind.
Von da an bin ich schlauer gewesen, bin morgens weit gefahren, begann, die Büchereien systematisch zu wechseln, Bände, die mich interessierten, zu stehlen und im Wald zu lesen. Leihen ging nicht – unter sechzehn brauchte man eine Einverständniserklärung der Eltern, und die wollten, wie gesagt, alles fern halten, was mich vom *Lernen* ablenken konnte.
Meine erste geheime Bibliothek war in hohlen Bäumen gelagert, Holz zu Holz, es ging nicht anders, mein Zimmer wurde an jedem dritten Tag durchsucht. Ich verstehe meine Erzeuger, sie wollten verhindern, dass ich anders würde als sie selbst, sie hatten Angst um mich, ja, und begründete Angst – ich wollte ihnen wirklich in nichts ähneln. Das hat sie um den Verstand gebracht, sie hätten mich beinah zu Tode geliebt.

Meine erste geheime Bibliothek wurde von Schnecken und Würmern besucht und faulte im Herbstregen. Manche Bücher wurden von Spaziergängern gefunden und anstandslos mitgenommen.
Bücher zu stehlen ist ein fast ebenso sinnliches Vergnügen wie Bücher zu lesen. In vielen Fällen war es aufregender, das steht fest.
Mit siebzehn entdeckte ich die Faszination von Dichterlesungen in Bibliotheken und Buchhandlungen. Die Dichter waren mir eher schnurz, meist hörte ich gar nicht erst zu. Saß lieber hinten in der letzten Reihe und stopfte mir die Jackentaschen voll.
In der Germeringer Gemeindebücherei war das wie Fischen im Aquarium. Man saß (natürlich nur im Sommer) am offenen Fenster, warf die vorher ausgewählten Bücher dutzendweise raus ins Gebüsch und sammelte sie spät nachts ein. So kam ich nach und nach zu umfassendem bibliophilen Besitz.
Aber mit achtzehn, eine Stunde nach meinem Geburtstag, stieg ich in den nächsten Zug weit fort, ließ alles zurück, sogar die Bücher. Ein tiefer Einschnitt war nötig. Das Leben, das jetzt begann, als Mitglied einer Drückergang im VW-Bus quer durch Norddeutschland, vertrug sich nicht mit Büchern, es sei denn, dass es irgendwann in einem enden wird. Das ist eine andere Geschichte.
(...)
Das Lesen seither hat nie mehr den gefährdeten Zauber der frühen Jahre wiedergewonnen. Es sei denn im gloriosen Moment, in dem selber Geschriebenes für fertig *(vollendet)* befunden und an den Verlag geschickt wurde. Und immer, wenn eins meiner Kinder in der Auslage eines Antiquariates auftaucht, gibt mir das Stiche ins Herz: Jemand hat es AUSGESETZT! Mein Buch! Grausame Welt!
Aber wenn es, Wochen später, aus der Auslage wieder verschwunden ist, Aufatmen.
Jemand hat es adoptiert.
Danke. Behandelt es gut. *(1998)*

Felicitas Hoppe
Gesammeltes Unglück (Auszug)

An einem kalten schneereichen Tag im Dezember verkündete unsere Mutter, Anna Karenina werde sterben. Wie Blei liege ein Schicksal auf ihren Schultern, das unabwendbar sei. Und während wir den Schlitten zum vierten Mal den Abhang hinaufzogen, rief sie, jetzt schon unter Tränen, sie wird sich vor einen Zug werfen, ich sehe es ganz genau. Unsere schüchternen Einwände und Tröstungsversuche wies sie entschieden zurück. An Rettung, sagte sie, ist nicht zu denken, und sie behielt recht. Kurz vor Weihnachten war Anna Karenina tot, denn unsere Mutter las schnell wie eine Süchtige und gewissenhaft wie ein Beamter. Sie übersprang keine Seite, keine Zeile, kein Wort. Vorauseilende Neugier ließ sie nicht gelten. Wie das wirkliche Leben betrachtete sie die Bücher als praktische Aufgabe, als Abenteuer mit ungewissem Ausgang, als eine Art höheren Auftrag, den es auszuführen galt. Wer ihr diesen Auftrag erteilt hatte, blieb ein Rätsel, aber sobald unsere Mutter ein Buch in die Hand nahm, wurde sie von unberechenbarer Leidenschaft und ängstlicher Unruhe ergriffen, saß händeringend in der Küche und trat hin und wieder zwischen den Seiten hervor an die Haustür, als habe jemand geklopft und ihr ein Waisenkind auf die Schwelle gelegt, und sie ruhte nicht eher, als bis sie die Lektüre zu Ende gebracht hatte, ob sie ihr gefiel oder nicht. In unserem Haus gibt es keine ungelesenen Bücher.

Die Konsequenz, mit der unsere Mutter sich den Büchern unterwarf, erfüllte mich von Anfang an mit Faszination und Schrecken und einem tiefen Misstrauen gegen die Bücher selbst. Es war klar, dass unsere Mutter an ihnen litt. Sie konnte es unmöglich allein mit ihnen aushalten, sie suchte Zeugen und Mitwisserschaft für den unglaublichen Vorgang und dachte gar nicht daran, sich in die Welt der Bücher zurückzuziehen, sich auf ferne Reisen oder in fremde Träume zu begeben, sondern zerrte stattdessen die Schicksale aus dem düsteren Jenseits der so genannten Weltliteratur mit Gewalt hinein in das Diesseits unserer Schultage und Schlittenfahrten bis an den Mittagstisch, wo wir uns umzingelt fanden von polnischen Grafen, englischen Waisenkindern und russischen Idioten.

Beim Wäscheaufhängen und Unkrautjäten im Garten machte uns unsere Mutter, die weder für Zeitungen noch für die Nachbarschaft das geringste Interesse aufbringt, mit den wesentlichen Fragen des Lebens vertraut, mit Gott und dem Teufel, Liebe, Tod und Verrat und gebrochenen Knöcheln der Lieblingspferde von Thronfolgern. Und obwohl sie eine treue Verwalterin der ihr anvertrauten Stoffe war, wuchs ihr das Erzählte absichtslos über den Kopf, über die Erzählung hinaus und wurde so groß und so dringend, dass wir nachmittags schon wie Hunde an der Haustür lauerten und darauf warteten, dass sie sich endlich in unsere Arme hängte, um uns hinauszuführen und an frischer Luft in das nächste Kapitel einzuweihen.

Hier laufen wir und dort unsere Mutter. Wir hängen an ihren Armen und Lippen, bis sie sich plötzlich losreißt, ein Taschentuch aus dem Ärmel zieht und hoch in die Luft wirft. Die Arme nach vorne gestreckt in das kalte Nichts eines Wintertages, hören wir jetzt schon den Lärm der Schlacht, das Klirren von Schwertern und Rüstung, die Federn der Frau, den Handschuh, der lautlos zu Boden geht, den Wimpernschlag und den Tropfen im Glas, das rasche Wenden der Seiten, den Glockenschlag und den Kuss des Verräters, das Rattern der Räder der Kutsche, das Brodeln der Suppe, das Knurren der Mägen, das lange Warten hinter der Tür, bis endlich ihr Atem stehen bleibt wie eine hellgraue Fahne im Winterlicht: Nun, sagte sie, weiter bin ich noch nicht. Dann schwieg sie erschöpft und in Schweiß gebadet, und wir seufzten erleichtert im Chor und wünschten enttäuscht, sie hätte das nächste Kapitel auch schon gelesen.

Aber wir sind schon jetzt gut gerüstet und tapfer, wir fürchten weder Hunger noch Schnee, wir sind auf Entbehrung und Zahnschmerzen aus, auf harte Betten und Tee ohne Zucker. Wir möchten so leiden wie unsere Mutter oder wenigstens wie die schwindsüchtigen Frauen, die zu Hause auf unseren Fensterbänken hocken und schweigend in den Nachmittag starren wie der Gutsbesitzer, der auf dem Sofa liegt und beschließt, nie wieder aufzustehen, weil im Garten die Saat fault. Und wie leicht uns das fremde gesammelte Unglück macht. Wir sind auf alles gefasst, denn wir haben begriffen, worauf es im Leben ankommt, weil wir wissen, was es mit Büchern auf sich hat.

Nicht dass unsere Mutter einverstanden gewesen wäre. Sie wollte Gerechtigkeit, Trost, Brei für alle, Versöhnung, Treue und Glück. Sie musste rechten und richten und wurde nie fertig mit ihren Büchern, auch wenn sie sie längst beendet hatte. Im Gegenteil fing jetzt ihre Qual erst an. Sie wollte am liebsten von vorne beginnen, in der sinnlosen Hoffnung, sie habe das Wichtigste nur übersehen, überlesen, vielleicht falsch verstanden und werde, wenn sie nur alles gäbe, doch noch ein gutes Ende finden. Ein ungleicher Kampf, aber auch das war nur Vorwand. In Wahrheit wollte sie gar keine Schonung, die leichten, die dünnen, die freundlichen Bücher verachtete sie zutiefst. Den Trick kenne ich schon, rief sie empört, wenn sich plötzlich ein Schicksal ganz wie von selbst zwischen zwei Zeilen und ohne ihr Zutun lösen wollte. Das, sagte sie, ist nur erfunden, und sie behielt Recht.

(1998)

3 Bücher sind gefährlich

Stefan Heym
Die Schmähschrift (Auszug)

22. Mai 1703

... ließ den Gefangenen nach Whitehall schaffen und meinem Lord Nottingham vorführen. Mein Lord und Mr. DeFoe missfielen einander sofort; und wahrhaftig könnte es keinen größeren Gegensatz geben als den zwischen diesen beiden Männern: der eine lang und hager, finster, misstrauisch, der andere kurz und sehnig, ironisch und bemüht, seinen Witz zu zügeln, um seinen Inquisitor nicht unnütz zu reizen.

„Nun, da wir Sie haben, Mr. Ffooe", sagt mein Lord, „kann ich Ihnen nur eine Hoffnung bieten, nämlich auf die Gnade der Königin, was allerdings ein volles Geständnis voraussetzt. Sie werden nicht leugnen, nehme ich an, dass Sie der Verfasser der *Das kürzeste Verfahren mit den Abweichlern* betitelten Schmähschrift sind?"

Worauf Mr. DeFoe erwiderte, dass er das Büchlein wohl geschrieben habe, jedoch nicht in böser Absicht; allein man habe seine Worte falsch ausgelegt und missverstanden, wie es in der Weltgeschichte seit Sokrates leider schon vielen Autoren ergangen.

Mein Lord entgegnete, dass er mit dem Fall *Athenische Regierung gegen Sokrates*, dessen Fakten übrigens von Plato gründlich vernebelt worden, nicht befasst sei; wohl aber mit dem Fall *Königin gegen Daniel Ffooe*, in welchem die Tatsachen klar und gegenwärtig und unwiderleglich seien und als Corpus delicti eine so böswillige und spalterische Hetzschrift vorliege, wie noch nie eine den Unwillen der Königin erregt; und dass Mr. Ffooe der Nation einen schlimmen Dienst erwiesen, als er das skandalöse Machwerk verfasste und gar noch zum Druck gab.

„Euer Lordship", sagt Mr. DeFoe in süßestem Ton, „hätte ich gewusst, welch Ärgernis das Werkchen an höchsten Stellen herbeiführen würde, ich hätte mir lieber die Hand abgehackt als sie zum Schreiben benutzt." Doch war an den gekräuselten Lippen und den leuchtenden Augen deutlich zu erkennen, dass er insgeheim stolz auf die Wirkung seiner Gedanken war und den Ruhm genoss, welchen ihm seine Feder gebracht, selbst wenn derselbe mit Gefahren verbunden.

„Mr. Ffooe", sagt mein Lord, „ich möchte erwähnen, dass Ihre Ausflüchte unsre Zeit sinnlos in Anspruch nehmen und Ihnen nicht nützen. Jedem denkenden Menschen dürfte klar sein, dass ein Mann Ihres Metiers, ein Mann mit Ihrer Vergangenheit nicht auf eigene Rechnung arbeitet, und schon gar nicht bei einem Unternehmen, welches ein so ernsthaftes Risiko enthält; so dass andere, die sich im Hintergrund halten, ihn dazu ange-

Stefan Heym
Filz (Auszug)

[im Jahr 1992]

Einer der Vorteile eines Umsturzes ist, dass einem da Dokumente in die Hände fallen können, die sonst unter Siegel und Verschluss geblieben wären. Hier war es ein simples Verlagsgutachten, wie sie, verfasst möglichst von Fachleuten, jeder DDR-Verlag der zuständigen Abteilung des Kulturministeriums vorlegen musste, wenn er die Zuteilung von Papier zum Druck eines Titels beantragte – oder wenn ein Grund gesucht wurde zur Verdammung eines Buches. Das Verlagsgutachten war also auch eine Vorstufe der Zensur.

Dieses Gutachten behandelte eine lange Novelle von mir, betitelt „Die Schmähschrift", die zum ersten Mal im Jahre 1970 als Buch gedruckt worden war, allerdings in der Schweiz, und die, so meinte ich, eine Veröffentlichung auch in der DDR verdiente. Es wird darin von einer Begebenheit im Leben des Schriftstellers Daniel DeFoe erzählt, der 1702, anonym, eine Schmähschrift erscheinen ließ, The Shortest Way with the Dissenters, *zu Deutsch, „Das kürzeste Verfahren mit den Abweichlern". Der Icherzähler meiner Story ist eine fiktive Gestalt mit Namen Josiah Creech, persönlicher Referent, wie wir's heute nennen würden, des Earl of Nottingham, des Staatssekretärs der südlichen Abteilung der Regierung Ihrer Majestät, der Königin Anna von England; Creech ist betraut mit der Feststellung und Verfolgung des anonymen Autors der Schmähschrift; das Manuskript eines Tagebuchs aus der Zeit erhielt ich, wie ich im Vorwort meines kleinen Bandes andeutete, während des Londoner Blitzes aus den zarten Händen einer Miss Agnes Creech; und da am nächsten Tag eine deutsche Bombe das Haus zerstörte, in welchem Fräulein Agnes gewohnt hatte, konnte ich ihr, so schrieb ich, das Manuskript ihres Urahnen Josiah nicht mehr retournieren. Das Ganze war also eine sorgfältig kaschierte Fiktion, die aber auf geschichtlichen Fakten beruhte: Daniel DeFoe hatte eine solche Schmähschrift tatsächlich verfasst und in ihr die Dogmen der herrschenden Kirche durch nur geringfügige Übertreibungen ad absurdum geführt; und mein Mr. Creech ermittelte ihn sehr bald als Autor der Broschüre und veranlasste seine Verhaftung und ein Gerichtsverfahren gegen ihn: DeFoe wurde verurteilt, an drei Tagen hintereinander an drei verschiedenen Londoner Plätzen am Pranger zu stehen, eine lebensgefährliche Prozedur, falls nicht das Volk sich zugunsten des Delinquenten entschied.*

Im Falle DeFoe geschah gerade dies. Die Bürger von London umkränzten den Pranger mit Blumen und ließen

stiftet haben müssen. Wenn Sie mir diese nennen, Mr. Ffooe, verpfände ich mein Ehrenwort, dass das Gericht Sie mit einer nominellen Strafe entlässt; andernfalls kommen Sie an den Pranger, und unser Mr. Creech wird dafür Sorge tragen, dass die faulen Fische und die Ziegelsteine ihr Ziel nicht verfehlen."

Darauf erbleichte Mr. DeFoe und eine Schwäche in den Knien machte sich bemerkbar, so dass ich ihm einen Stuhl zuschob; mit Erlaubnis meines Lords nahm er darauf Platz und konnte nach einer Weile weitersprechen. „Ich will versuchen, Euer Lordship zu erklären", sagt er, „was im Kopf eines Schriftstellers, in dem meinigen wenigstens, vor sich geht, damit Euer Lordship begreift, dass hier niemand im Hintergrund lauert und keine Verschwörung im Spiel ist, sondern nur ein Mann mit seinen Gedanken und seiner Feder."

Mein Lord Nottingham verschränkte die langen Finger und lehnte sich spöttisch lächelnd zurück, sagte aber nichts.

„Das kommt wie ein Blitz aus heiterem Himmel", sagt Mr. DeFoe, „der eine Flamme entzündet; und nichts kann das Feuer löschen, bis es ausgebrannt hat. Oder wie ein Jucken, das nicht aufhören will, bis man sich blutig gekratzt hat."

„Was kommt wie ein Blitz?", sagt mein Lord. „Oder wie ein Jucken? Genau, bitte."

„Die Idee."

Die Züge meines Lords verdüsterten sich, da er glaubte, der Gefangene mokiere sich über ihn; allein Mr. DeFoe, ganz auf seinen Gegenstand bedacht, bemerkte es nicht.

„Ich habe die Predigten des Dr. Sacheverell und ähnlicher Eiferer gelesen", sagt der Gefangene, „ich habe die Reden geistig beschränkter Dunkelmänner gehört, die eine bigotte Vergangenheit zurücksehnen, und plötzlich war mir, als vernähme ich das glorreiche Lachen meines verstorbenen Königs William, dem zu dienen, und das Echo der Revolution, für die zu kämpfen ich die Ehre hatte; und ich erkannte, dass ich nichts weiter zu tun brauchte, als die Sache der regierungsamtlichen Dummköpfe bis ins Letzte darzustellen, um sie in ihrer eigenen Lächerlichkeit zu ertränken."

„Nun, Mr. Ffooe", sagt mein Lord, nachdem er schwer geschluckt, „Sie glauben doch selbst nicht, dass ich mich mit solchen Mitverschworenen wie dem Geist eines toten Königs und dem Echo einer Revolution zufrieden geben werde?"

Jetzt war Mr. DeFoe an der Reihe zu schlucken, denn er merkte, dass er in seinem Eifer, seine alleinige Urheberschaft an der Idee zu erhärten, die Möglichkeit übersehen hatte, dass mein Lord sich den geistig beschränkten Dunkelmännern hinzurechnen könnte. „Ich bitte Euer Lordship ergebenst um Verzeihung", sagt er, „falls ich in meinem Bemühen, die Einflüsse ein wenig zu be-

den Mann hochleben, der da mit dem Kopf im Querholz stand, unfähig sich zu rühren; und zu seinen Füßen wurde eine Neuauflage seiner amtlich verbotenen Broschüre mitsamt seinem neuesten Werk verkauft, der „Hymne an den Pranger", in welcher der Autor aufzählte, wer von Rechts wegen statt seiner an den Pranger gehörte: „Die Börsenmakler und die Spekulanten, die kirchlichen Würdenträger, das Juristenpack, und die Bullen der Regierung, drauf abgerichtet, Unschuld'ge zu Tod zu hetzen!" Die Bullen taten's dem Gutachter besonders an, wiesen sie doch auf die Polizisten auch der DDR-Gegenwart hin, die, zumindest im Unterbewusstsein des Gutachters, eine gewisse Ähnlichkeit mit den Büttel der Königin Anna zu haben schienen. Ja, noch mehr: nachdem er zugestanden, dass es ihm nicht gelungen sei, in einschlägigen Literaturgeschichten herauszufinden, ob es tatsächlich ein Pamphlet DeFoes mit dem Titel „Das kürzeste Verfahren mit den Abweichlern" gebe, und dass selbst neuere englische Wörterbücher keinen adäquaten Begriff für die ganz und gar moderne deutsche Wortbildung Abweichler verzeichneten, stellt er fest, „Autor S. H. identifiziert sich selbst mit der Figur des Dichters DeFoe auf der geistigen Grundlage der absoluten Freiheit des dichterischen Gedankens und verteidigt diesen Standpunkt gegen, wie er es gestaltet, engstirnige, orthodoxe (sprich: dogmatische) Staats- und Kirchen- (sprich: Partei-)vertreter. Das Buch ist also gleichnishaft und symbolisch zu verstehen, und im Grunde gibt es kaum eine Zeile darin, die nicht voller bösartiger Anspielungen und Bezüge steckt. H.s Schmähschrift ist eine Schmähschrift im wahrsten Sinne des Wortes – eine Schmähschrift wider uns"!

Nachdem der Gutachter dieses erkannt, sucht er nach Beweisen für seine These, dass es dem Autor S. H. weder um den historischen Daniel DeFoe geht noch um die gesellschaftlichen Missstände des frühkapitalistischen Englands. Das historische Gewand, so schreibt er, sei Verkappung und Mummenschanz zur Tarnung eines ganz anderen Anliegens: einen Angriff vorzutragen, nämlich gegen unsere Partei und die Regierung der DDR, insbesondere ihre Kulturpolitik im Zusammenhang mit dem 11. Plenum von 1965. Ganz deutlich werde die Sache, schließt er, schaut man sich die Hauptpersonen der kleinen Geschichte an.

„Es wird hier vom ‚Staatsrat' und seinen Mitgliedern gesprochen. Lord Nottingham, der Dienstherr des Erzählers Creech, soll ganz offensichtlich die in der Karikatur verschlüsselte Person des Genossen Prof. Kurt Hager wiedergeben. Das reicht sogar bis ins Wortspiel hinein: ‚Lang und hager', steht der Lord im persönlichen Dialog seinem Widerpart DeFoe gegenüber, und er ‚kaut an seiner schmalen Unterlippe'.

Der Mr. Robert Stephens, genannt Robin Mastschwein, zielt wohl auf die Person des Genossen Axen, und Lord

leuchten, welche das Herz eines Autors bewegen, mich mit ungerechtfertigter Leidenschaft ausgedrückt habe. Aber ich werde nun seit über vier Monaten von den Agenten Eurer Lordship verfolgt, mein Geschäft ist ruiniert, meine Frau wird von Gläubigern belagert, meinen Kindern mangelt es am Notwendigsten; ich muss mich Eurer Lordship klarmachen; denn ich bin ein Mann von Ehre und werde eher noch größeres Leid auf mich nehmen, als irgendwelche Menschen fälschlich bezichtigen."

Die Bittrede, an einen anderen gerichtet, wäre wohl von Nutzen gewesen; allein mein Lord Nottingham war ein Mann kühl bis an die Haarwurzel und störrisch wie ein Esel, sobald er eine vorgefasste Meinung hatte; in seiner Vorstellung war Mr. DeFoe nicht nur ein Schriftsteller und Satiriker, ein Mensch, der an jeder Autorität zweifelte und die bestehende Ordnung untergrub, kurz, der fleischgewordene Teufel, sondern mehr noch die Schlüsselfigur in einem Komplott, durch das mein Lord sich in eigner Person bedroht fühlte.

„Also, Mr. Ffooe", sagt er, „verstehe ich Sie richtig, dass Sie zur Zeit nicht in der Stimmung sind, Ihr Gewissen zu erleichtern, wodurch ich wiederum Ihre Lage erleichtern könnte?"

„Ich habe Eurer Lordship alles gesagt, was zu sagen wäre", sagt der Gefangene. „Ich bitte Sie dringend, bedenken zu wollen, dass ich in keiner Weise ein Verbrecher bin und dass ich vor dem Gesetz nur flüchtig wurde, weil Euer Lordships Agenten die außerordentlichsten Drohungen gegen mich äußerten, Drohungen, welche Euer Lordship heute und in deutlichen Worten selbst wiederholt haben."

„Mr. Creech", sagt mein Lord, „wollen Sie diesen Mann nach Newgate verbringen und einsperren lassen, dass er dort unter sicherer Bewachung bleibe, bis er, nachdem das Recht seinen Lauf genommen, wieder freigesetzt werden mag. Lassen Sie ihn in einer Kutsche mit bewaffneter Wache fahren, denn es besteht Grund zu der Annahme, dass seine Mitverschworenen versuchen könnten, ihn uns zu entführen. Und, Mr. Creech", fügt er hinzu, „wollen Sie den Oberaufseher anweisen lassen, mir den Gefangenen zu jeder beliebigen Tages- und Nachtzeit vorzuführen, sobald dieser ihm bedeutet, dass er ein Geständnis abzulegen bereit ist." *(1970)*

Godolphin gar, der Lordschatzmeister, der die Verfolgung DeFoes aus ‚Mitteln des Geheimdienstes' finanziert, soll offensichtlich die Person des Genossen Erich Honecker verkörpern. Und so redet DeFoe/Heym frank und frei von der Leber weg: ‚Ich habe die Reden geistig beschränkter Dunkelmänner gehört, die eine bigotte Vergangenheit zurücksehnen, und plötzlich war mir, als vernähme ich das glorreiche Lachen meines verstorbenen Königs William (gemeint ist wohl Genosse Wilhelm Pieck!), dem zu dienen, und das Echo der Revolution, für die zu kämpfen ich die Ehre hatte, und ich erkannte, dass ich nichts weiter zu tun brauchte, als die Sache der regierungsamtlichen Dummköpfe bis ins Letzte darzustellen, um sie in ihrer eigenen Lächerlichkeit zu ertränken.'"

Gott segne den Mann und sein Gutachten. Besser hätte er nicht darstellen können, wie die polizeilichen Normen, denen zufolge ein jeder a priori verdächtig war, und die detektivische Akribie der Geheimdienste das Denken und die Gefühle sonst sicher ganz vernünftiger und dem Sozialismus ergebener Bürger pervertierten und die Resultate ihrer Überlegungen zu Absurditäten werden ließen. (1993)

Umberto Eco

Der Name der Rose (Auszug)

„Aber was schreckt dich so sehr an dieser Abhandlung über das Lachen? Du schaffst das Lachen nicht aus der Welt, indem du dieses Buch aus der Welt schaffst."

„Nein, gewiss nicht. (...) Gewiss ist das Lachen dem Menschen eigentümlich, es ist das Zeichen unserer Beschränktheit als Sünder. Aus diesem Buch aber könnten verderbte Köpfe wie deiner den äußersten Schluss ziehen, dass im Lachen die höchste Vollkommenheit des Menschen liege! Das Lachen vertreibt den Bauern für ein paar Momente die Angst. Doch das Gesetz verschafft sich Geltung mit Hilfe der Angst, deren wahrer Name Gottesfurcht ist. Und aus diesem Buch könnte leicht der luziferische Funke aufspringen, der die ganze Welt in einen neuen Brand stecken würde, und dann würde das Lachen zu einer neuen Kunst, die selbst dem Prometheus noch unbekannt war: zur Kunst der Vernichtung von Angst! Der lachende Bauer fürchtet sich nicht vor dem Tod, solange er lacht, doch sobald die Ausschweifung vorüber ist, auferlegt ihm die Liturgie wieder nach dem göttlichen Plan die Angst vor dem Tod. Aus diesem Buch aber könnte das neue und destruktive Trachten nach Überwindung des Todes durch Befreiung von Angst entstehen. Und was wären wir sündige Kreaturen dann ohne die Angst, diese vielleicht wohltätigste und gnädigste aller Gaben Gottes? (...) Die einfachen Leute dürfen nicht reden. Dieses Buch hätte den Gedanken rechtfertigen können, die Sprache der einfachen Leute sei Trägerin einer Wahrheit. Das musste verhindert werden und das habe ich getan. Du sagst, ich sei der Teufel. Du irrst: Ich bin die Hand Gottes gewesen."

„Die Hand Gottes verhüllt nicht, sie schafft."

„Es gibt Grenzen, die man nicht überschreiten darf. Gott hat gewollt, dass auf bestimmten Büchern geschrieben steht: HIC SUNT LEONES."

„Gott hat auch die Ungeheuer geschaffen. Auch dich. Und er will, dass über alles gesprochen wird." Jorge streckte die zitternden Hände aus und griff nach dem Buch. Er zog es langsam zu sich heran und hielt es aufgeschlagen, ohne es umzudrehen, so dass William es weiterhin von der richtigen Seite betrachten konnte. „So, und warum", fragte er triumphierend, „hat er dann zugelassen, dass dieser Text verloren ging im Lauf der Jahrhunderte? Und dass die einzige uns erhaltene Abschrift, kaum dass sie irgendwann jemand vollendet hatte als Abschrift der einzigen damals erhaltenen Abschrift, über Jahrzehnte begraben blieb in den Händen eines Ungläubigen, der kein Griechisch verstand, und danach vergessen herumlag im hintersten Winkel einer alten spanischen Bibliothek, wo ich, nicht du, sie zu finden berufen war, um sie herzubringen in dieses Kloster und hier erneut zu verbergen über Jahrzehnte? Ich weiß es, jawohl, ich weiß es, als sähe ich's vor mir geschrieben in Lettern aus Diamant, denn meine Augen sehen Dinge, die du nicht siehst: Es war der Wille des Herrn, ich habe den Willen des Herrn gedeutet und ausgeführt. Im Namen des Vaters, des Sohnes und des Heiligen Geistes." (...)

Der Alte schwieg. Er hatte beide Hände flach auf das Buch gelegt und strich nun sanft, fast zärtlich über die Seiten, als wollte er sie behutsam glätten, um sie besser lesen zu können, oder als wollte er sie vor einem plötzlichen Zugriff schützen.

„All das hat jedenfalls nichts geholfen", sagte William. „Nun ist es zu Ende, ich habe dich gefunden, ich habe das Buch gefunden, und die Toten sind umsonst gestorben."

„Nicht umsonst", entgegnete Jorge. „Vielleicht waren es zu viele. Und wäre dir je noch geholfen mit einem Beweis, dass dieses Buch verflucht ist, so hast du ihn damit. Aber die Toten dürfen nicht umsonst gestorben sein, und damit sie nicht umsonst gestorben sind, wird ein weiterer Tod nicht zu viel sein."

Sprach's und begann mit seinen knochigen, welken Greisenhänden die mürben Seiten des Buches langsam in schmale Streifen zu reißen und sie sich in den Mund zu stecken, andächtig kauend, als verzehre er eine Hostie, um sie Fleisch von seinem Fleische werden zu lassen. *(1982)*

Klaas Huizing
Der Buchtrinker (Auszug)

1813 wird der Pfarrer Johann Georg Tinius wegen mehrfachen Mordes zu einer langjährigen Zuchthausstrafe verurteilt. Er wurde zum Verbrecher aus Leidenschaft, Objekte seiner Begierde waren Bücher. Auf den Spuren dieses Bibliomanen verstrickt sich ein Bücherfreak von heute – Falk Reinhold – in die Welt des Tinius. Während er hinter das Rätsel von Tinius' tödlicher Bücherwut zu kommen versucht, gerät sein eigenes Leben aus den Fugen.

Der korrekte Mörder
Bild 1: Man schreibt das Jahr 1810. Ein schwülheißer Sommertag im August. Im Postwagen von Weißenfels nach Leipzig sitzen zwei Personen. Ein junger, kräftig gebauter Viehhändler lässt seinen trägen und erschlafften Körper durch die sächsische Landschaft befördern. In seinen ausgeleierten Beinhosen staut sich mächtig die Hitze. Jedes Schlagloch schiebt die halb geöffnete Weste über den breiten Hosenbund und gibt für Sekunden nur den Blick frei auf eine prall gefüllte Geldkatze. Ihm gegenüber sitzt ein korrekt gekleideter bärtiger und bebrillter Herr mittleren Alters im blauen Reitermantel. Jeder der gelben Messingknöpfe ordentlich geschlossen. Allein dieser Anblick treibt dem Viehhändler neue Hitzewellen in das breite, narbige Gesicht. Langsam gleitet die Hand seines Mitreisenden in die linke Rocktasche und holt eine silberne Dose hervor. Als er die ihm angebotene Prise begierig aufschnupft, nehmen seine stumpfen Augen einen flüchtigen, seidenen Glanz an. Das Gespräch geht schleppender als die Postfahrt, weil zur Hitze jäh eine Schwere im Kopf hinzugekommen ist. Der andere Reisende legt nach. Bietet noch eine Prise an, die Lebensgeister zu erfrischen. Tief zieht er das Kraut in sich ein. Je tiefer es in den Körper einzieht, je mehr sackt er zusammen. An der letzten Poststation haben die Postler alle Mühe, den schlafenden Viehhändler zu wecken. Die Geldkatze fehlt. (Natürlich. Was haben Sie denn erwartet?)
An diesem Abend bringt Tinius einen besonders schweren Bücherkoffer aus Querfurt mit nach Weißenfels, den die drei Söhne nur mit Mühe in die obere Etage bugsieren können. In der Zwischenzeit füllt Johann Georg Tinius seine silberne Dose mit neuen Kräutern aus seinem Herbarium auf. (Wie überaus praktisch doch, dass er als Kind die Pflanzen studierte.)
(...)
Er spielt Bilder nach und ersteigert beinahe ein Buch
Falk Reinhold hatte die Lebensbeschreibung des Johann Georg Tinius leer getrunken. Seitdem war er sein Text. Allmählich begannen seine eigenen Zeichen schwächer zu werden, und die, mit denen er sich imprägniert hatte, stachen immer deutlicher hervor. Ließ sich das Leben eines Menschen nicht allein dann verstehen, wenn man ihm ganz eingeschrieben war und es ernsthaft wiederholte? Konnte Reinhold aber das merkwürdige und einmalige Leben des Johann Georg Tinius überhaupt wiederholen? Ganz davon zu schweigen, dass Reinholds zartfreche Silhouette überhaupt nicht zu dem Biedermanns-Gesicht des Tinius (Tinio, gen., jetzt hab ich's) passte. Und der bunte Strauß von Affekten, den Reinhold immer aufblühen ließ, vertrug sich überhaupt nicht mit der sturen Gleichmütigkeit von Tinius (Tinii also). Aber Reinhold will sich endlich randvoll sättigen. Der Lust am Text frönen. Vollständig. Ohne reservatio mentalis. Endlich musste er auch die anderen Texte bewohnen, die aus Tinius herausgeflossen waren. Im Gefängnis zumeist, Kassiberliteratur, die zu entziffern die Welt vergessen hatte. War es nicht Reinholds Aufgabe, sie zu dechiffrieren? Aber konnte das gelingen, wenn man die Bücher nicht besaß? Er musste sie besitzen, koste es, was es wolle.
Bild 1: Die Ausgabenschalter der Staatsbibliothek wirkten wie Zitate aus frühen Westernfilmen. Immer die Jalousien halb heruntergelassen. Immer mit hageren Gestalten, deren Backenknochen morbid hervortraten, besetzt. Immer aber auch der Geruch einer trügerischen Gegenwelt. Der Nächste, bitte. Auf Vorlage einer beigen Benutzerkarte, die auf den Namen O. Höffe lautet, bekommt ein Mann undefinierbaren Alters, bekleidet mit einem dunklen, sehr salopp sitzenden Straßenanzug, Backenbart und dicker Hornbrille, ein Buch ausgehändigt. Es heißt: „Die Offenbarung Johannis durch Einleuchtung, Übersetzung, Erklärung allen verständlich gemacht". Leipzig 1849. Der Verfasser ist Johann Georg Tinius. Der Mann nimmt das Buch, geht, ohne zu grüßen, in den Lesesaal, links die steile Treppe hinauf zu den großen, schweren Lexika und Folianten, schaut sich kurz um, schiebt das Buch hinten in die Hose, lässt die Anzugjacke offen, damit das Buch sich nicht abzeichnet, geht wieder nach unten, passiert die Aufsicht und fährt mit der U-Bahn nach Hause. Dort hört man ihn zweimal laut schimpfen, weil der Bart fester angeklebt ist als geplant. (Warum hält er sich auch nie an Anweisungen!) Schnell greift er zum Aspirin, hat doch die dicke Brille stechenden Kopfschmerz verursacht, und macht sich dann über seine Benutzerkarte her. Diesmal genau nach Vorschrift, die der nützliche Simmel (ist das nun ein guter Literat oder nicht?) im Schmöker „Es muss nicht immer Kaviar sein" minutiös aufgelistet hat, lässt er zunächst den Namen O. Höffe – so heißt ein Kommilitone – wieder verschwinden und dann seinen eigenen wieder auftreten. Dann macht er sich enthemmt über den neuen Tinius her. *(1994)*

4 Meine Bücher – meine Leseerfahrungen

Wir alle werden durch Bücher und Lesen beeinflusst. Zum Bestandteil unserer Biografie werden diese Leseerfahrungen, wenn wir sie in Zusammenhang miteinander bringen:
– die Reihe unserer Lieblingsbücher Revue passieren lassen,
– die wechselnden Vorlieben und Abneigungen bezeichnen,
– uns mit den Leseerfahrungen anderer auseinander setzen,
– Angebote des Buchmarkts, Lesetipps unserer Bekannten sammeln und prüfen,
– „Lesereisen" planen,
– Anregungen aus Büchern zu eigenen Schreibversuchen nutzen.

Die Anlage einer Lesemappe erleichtert die Arbeit an einer eigenen Lesebiografie. Beim Aufbau könnten Sie folgende Anregungen aufgreifen.

Meiner Lesekindheit auf der Spur

Stöbern im Bücherschrank – Befragen der Eltern – Kinderbücher wieder lesen – Erinnerungen auffrischen

Spätere Lesephasen

Zeitleiste anlegen – wichtige Bücher eintragen – Textstellen nachschlagen –
schriftlich/bildlich darstellen, was sie mir bedeutet haben – Unterbrechung der Lesephasen markieren

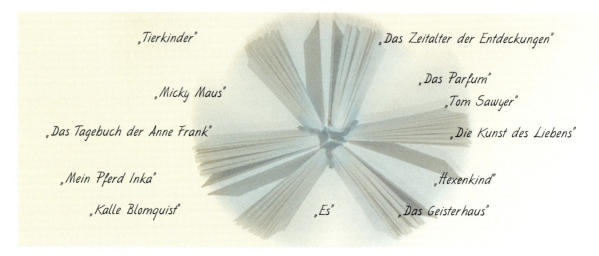

Was für ein Lesetyp bin ich? Brainstorming mit mir selbst

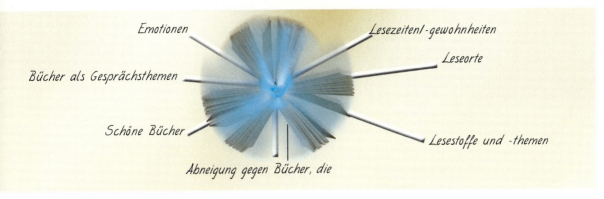

- Emotionen
- Lesezeiten/-gewohnheiten
- Leseorte
- Bücher als Gesprächsthemen
- Schöne Bücher
- Lesestoffe und -themen
- Abneigung gegen Bücher, die

Ein Buch erschließen

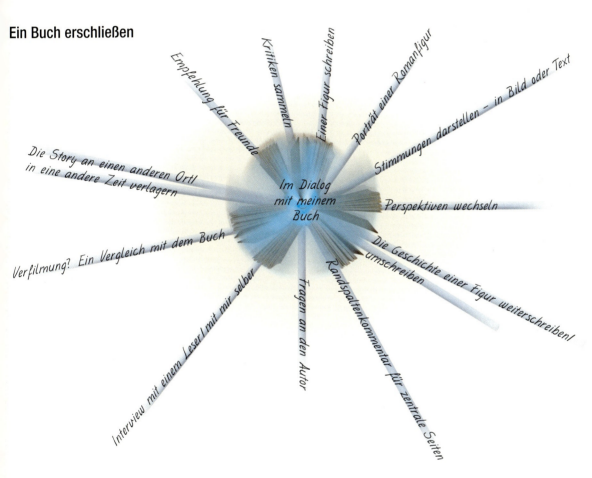

Im Dialog mit meinem Buch

- Empfehlung für Freunde
- Kritiken sammeln
- Einer Figur schreiben
- Porträt einer Romanfigur
- Stimmungen darstellen – in Bild oder Text
- Die Story an einen anderen Ort/ in eine andere Zeit verlagern
- Perspektiven wechseln
- Verfilmung? Ein Vergleich mit dem Buch
- Die Geschichte einer Figur weiterschreiben/ umschreiben
- Interview mit einem Leser/ mit mir selber
- Fragen an den Autor
- Randspaltenkommentar für zentrale Seiten

Listen und Sammlungen für die Mappe

- Lesevorhaben: mein Leseplan für die nächsten 12 Wochen
- Bücher im Gespräch: Die möchte ich lesen.
- Mein Lesekalender: gelesen und notiert im Laufe der Oberstufe
- Bücher, die ich weggelegt habe
- Meine Lieblingsgedichte
- Lesefunde: Sätze, die ich behalten möchte
- Aus Zeitungen: Neues vom Büchermarkt

1 Schreibsituationen und Schreibaufgaben analysieren

Am Anfang des Verfassens von Texten steht meist eine Aufgabe. Solche Aufgaben können aus konkreten Situationen des täglichen Lebens hervorgehen – man kann sie sich selbst stellen –, sie können auch von außen und damit von anderen Personen oder Institutionen (z. B. von der Schule als Hausarbeit oder Klausuraufgabe) vorgegeben werden. Ganz gleich, wie die Schreibaufgaben zu Stande kommen, sie müssen mit Bezug auf die jeweilige Situation sehr sorgfältig untersucht werden, damit man geeignete Strategien zur Bewältigung der Aufgabe suchen kann.

In der Kreisstadt Neuwalden ist ein größeres Stadtentwicklungsprojekt geplant. Dazu hat es einen Architektenwettbewerb gegeben. Bei der täglichen Redaktionsbesprechung des „Stadtanzeiger" geht die Chefredakteurin auf diesen Sachverhalt ein: „Lieber Herr Bernstorff, Sie gehen bitte zur Pressekonferenz ins Rathaus. Dort gibt der Bürgermeister um 17.00 Uhr die Ergebnisse des Architektenwettbewerbs bekannt. Sie wissen schon, es geht um das Neustadt-Viertel. Geben Sie sich Mühe, das soll morgen der Aufmacher für unsere Lokalseite werden."

❶ Was für einen Text würden Sie am nächsten Tag im „Stadtanzeiger" erwarten? Erörtern Sie, für welchen Anlass der Text geschrieben wird und welche Intention die Tagespresse üblicherweise damit verbindet.

❷ Wie würden Sie sich dieser Schreibaufgabe stellen?

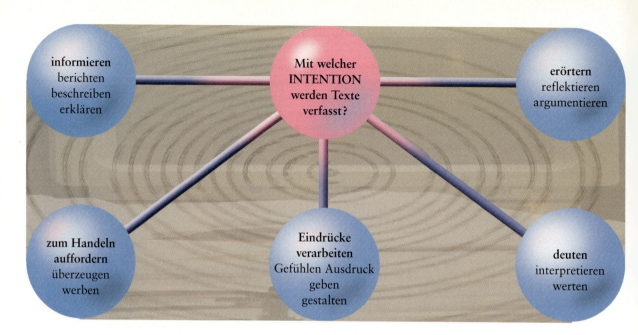

Dr. Bilfiger, Immobilienmakler: „Wir brauchen möglichst früh die Details der Bauplanung und der Bauausführung. Ihr wisst schon: Schnitt der Wohnungen, Materialien, Ausstattung etc. Ihr macht eine knappe Beschreibung des Gesamtvorhabens mit allen technischen Angaben, also Anzahl der Objekte, Größe, Preise. Dann müssen Menschen mit kurzen Zitaten zu Wort kommen, die in der Stadt im Grünen wohnen wollen. Das Ganze eingebettet in Bilder und Grafik – viel fürs Auge. Ein erster Entwurf der Präsentationsmappe müsste Mittwoch nächster Woche zur Besprechung vorliegen."

❸ Überprüfen Sie diese Schreibaufgabe im Detail, berücksichtigen Sie dabei die folgenden Fragen und setzen Sie die inneren Monologe fort.

Welche Intention/en sollte/n den Text prägen?	*Dominant ist die zum Kaufen auffordernde, also werbende Intention. Aber die kann hier nicht ohne Information verwirklicht werden – also die Wohnungsobjekte müssen in wesentlichen Details beschrieben werden. Letztlich müssen die potenziellen Käufer auch emotional angesprochen werden.*
Welche Textart/Textsorte wird erwartet?	*Klarer Fall. Hier geht es um eine besonders aufwändige Präsentationsmappe.*
An welche Adressaten ist der Text gerichtet?	…
Aus welchen Teilen bzw. einzelnen Aufträgen setzt sich die Schreibaufgabe zusammen?	…
Auf welche Materialien (Texte, Bilder, Statistiken etc.) bezieht sich die Schreibaufgabe?	…
Welche Freiheiten kann ich mir beim Schreiben nehmen?	…
Welche Zeit habe ich für die Bewältigung der Schreibaufgabe?	…
Welche Bedeutung hat das Schreibvorhaben für mich?	…

Auch im Deutschunterricht der Jahrgangsstufe 11 am Gymnasium Berhardinum sind der Architektenwettbewerb und das städtische Entwicklungsvorhaben zum Thema geworden. Schließlich liegt die Schule in dem Stadtteil, der umgestaltet werden soll. Nach gründlicher Befassung mit den Planungen, den Ergebnissen des Wettbewerbs und mit der öffentlichen Diskussion in den Medien wird folgende Schreibaufgabe gestellt: „Kann die moderne Architektur die Verantwortung des Menschen für Natur und Umwelt fördern – und wie könnte sie dieser Aufgabe gerecht werden?"

4 Überprüfen Sie die Schreibaufgabe im Detail: Was wird von Ihnen erwartet, wie wollen Sie sich der Aufgabe stellen?

Erörternde, reflektierende, argumentierende Texte

- **Leitende Intentionen:** Einsicht erzeugen, Zweifel beseitigen, Klarheit herstellen, ggfs. Handlungen auslösen oder begründen

- **Bezug zur Wirklichkeit:** Beschäftigung mit strittigen bzw. umstrittenen Sachverhalten, unterschiedlichen gedanklichen Positionen, divergierenden Normen, Wertvorstellungen

- **Inhaltliche Prüfkriterien:**
  → Habe ich die Problemstellung am Anfang klar und deutlich herausgearbeitet?
  → Habe ich meine gesamte Darstellung in einzelne Aspekte, Fragestellungen aufgegliedert und den Text in Abschnitte gegliedert?
  → Haben die einzelnen Abschnitte thematisch-inhaltlichen Zusammenhalt?
  → Werden unterschiedliche Positionen zu einzelnen Aspekte/Fragestellungen gegeneinander abgewogen?
  → Sind meine Argumente mit Beispielen und Belegen begründet?
  → Habe ich über die gesamte Darstellung hinweg folgerichtig und widerspruchsfrei argumentiert?
  → Habe ich alle irrelevanten und redundanten Aussagen getilgt?
  → Habe ich die Ergebnisse meiner Überlegungen abschließend übersichtlich zusammengefasst?

- **Sprachliche Prüfkriterien:**
  → Habe ich die Begriffe, mit denen ich arbeite, geklärt? Kann ich ihre Bedeutung voraussetzen oder muss ich sie selbst im Text definieren?
  → Habe ich zwischen Tatsachenaussagen und Werturteilen, Meinungen unterschieden? Habe ich die Aussagen eindeutig durch Rede kommentierende Verben gekennzeichnet?
  → Habe ich die logischen Beziehungen zwischen meinen Aussagen klar gekennzeichnet – u. a. durch angemessene Konjunktionen?
  → Habe ich das Präsens für die argumentierenden Passagen meines Textes eingehalten?

- **Textarten, -sorten:** z. B. Kommentare in den Medien – Reden im öffentlichen Leben – umfangreichere Leserbriefe – schulgebundene Formen: Stellungnahme, Erörterung, …

5 Erörtern Sie: *„Kann die moderne Architektur die Verantwortung des Menschen für Natur und Umwelt fördern – und wie könnte sie dieser Aufgabe gerecht werden?"* Überprüfen Sie Ihren eigenen Text anhand der oben stehenden inhaltlichen und sprachlichen Kriterien.

2 Eigene Kenntnisse aktivieren, recherchieren, Informationen aufbereiten

Zur Bearbeitung von Schreibaufgaben bedarf es oft der Anwendung von Kenntnissen und Informationen. In aller Regel verfügt man selbst – wenigstens zu einem Teil – schon über solche Kenntnisse, man muss sie sich nur zweckgerichtet bewusst machen und für die Schreibaufgabe aktivieren. Dann weiß man auch, welche Informationen noch fehlen. Man führt eine Recherche durch und bereitet die Informationen insgesamt so auf, dass man sich der Schreibaufgabe widmen kann.

© Wolfgang Senft, Veitshöchheim

Schreibaufgabe: Beschreiben Sie, wie man Dächer begrünt, sodass die Leser/innen für ihr Haus ein Dachbegrünungsprojekt in Angriff nehmen können ohne Gartenexperten sein zu müssen. Stellen Sie vorher die nötigen Recherchen an und bereiten Sie die Ergebnisse der Recherche für den folgenden Schreibprozess auf. Welche Textart/-sorte Sie wählen (Konstruktionsanweisung, Bericht in einer Gartenzeitschrift, ausführliche Beschreibung in einem Brief etc.), ist Ihnen überlassen.

❶ Analysieren Sie die Schreibaufgabe und die damit verbundenen Vorgaben.

Die Recherche über die praktischen und technischen Aspekte der Dachbegrünung hat zu folgenden Schwerpunkten und stichwortartigen Aufzeichnungen geführt:

Entwässerung
- *Normalerweise genügt Dachtraufe*
- *Sonst zusätzliche Drainage im Traufenbereich*

Warum Dachbegrünung?
- *wirkt der Versiegelung durch Baumaßnahmen entgegen*
- *schafft Vernetzung von Kleinbiotopen*
- *…*

Auffüllen mit Erde
- Dicke der Erdschicht abhängig von Art der Bepflanzung
- sollte mineralhaltig sein und wenig Kompostgehalt haben
- anspruchslose Pflanzen (Sedum, Hauswurz, Mauerpfeffer): 5 cm Erdschicht
- Kräuter, Wildblumen: 8 cm – 10 cm
- Grasdach = mind. 15 cm

Schutzbelag
- erst Schutzvlies auf das Dach
- dann Folie mit eingearbeitetem Wurzelschutz
- darauf wieder Schutzvlies gegen den Druck von Steinen u. Arbeitsschuhen
- bei stark geneigten Dächern: schwere Schutzvliese mit Gitterwaben aus Polyethylen zur Schubsicherung
- Folien und Vliese am Dach so befestigen, dass Wasser gut ablaufen kann

Welche Dächer sind geeignet?
- müssen Belastung standhalten
- müssen absolut dicht sein und dürfen keine Mängel aufweisen
- kleine, bis 15 Grad geneigte Dächer kann man selbst begrünen (Garagendach, Geräteschuppen)
- stark geneigte Dächer – nur mit Hilfe von Experten
- Dächer bis 45 Grad Neigung gehen an die Grenzen des Machbaren
- bei Flachdächern: Drainage-Schicht aus Blähton oder Lavagestein (4 – 10 cm)

Ergebnis
- Natur hält Einzug mit Besuch von Schmetterlingen und Hummeln
- bei richtiger Gestaltung nichts von aufgeschütteter Erde oder Drainage sichtbar

❷ Prüfen Sie, ob Sie über ausreichend Informationen verfügen, um einen informierenden/beschreibenden/ erklärenden Text zur Dachbegrünung schreiben zu können. Überlegen Sie, wo Sie nach weiteren Informationen recherchieren und welche Art von Informationen Sie auf diesem Wege erschließen könnten.

Die Natur steigt dem Haus aufs Dach

Das Haus an der Aachener Straße hat mich schon immer fasziniert. Wenn ich mit dem Fahrrad den kleinen Berg in die Innenstadt hinunterfahre, sehe ich keine roten oder schwarzen Dachziegel, sondern Gras, Blumen – und ich kann die Bienen, Hummeln und Schmetterlinge ahnen, die sich dort angesiedelt haben. Wenn schon die Straßen und Plätze in unserer Stadt
5 asphaltiert und versiegelt sind, könnte doch die Natur wenigstens den Häusern auf das Dach steigen!
Wie wäre es, wenn wir die Dächer unserer Garagen begrünen würden? Warum denken die Stadtväter nicht daran, die Dachflächen ihrer Schulen und Behörden der Natur zur Verfügung zu stellen? Zu schwer, zu teuer, zu kompliziert – denkt ihr? Weit gefehlt. Schon morgen
10 könnten wir mit dem Begrünen des Anbaus unserer Schule anfangen.
Am letzten Samstag habe ich mir endlich einen Ruck gegeben und den Besitzer des Hauses an der Aachener Straße nach seinem Dach gefragt und wie er es angefangen hat, den Trockenrasen auf sein Dach zu bringen. Ich habe ihn interviewt, dann in der Stadtbibliothek recherchiert – und hier sind die einfachen „Spielregeln" für die Dachbegrünung:
15 Zunächst prüfen wir, ob das Dach für die Begrünung überhaupt geeignet ist. Es muss stabil genug sein um die Belastung auszuhalten. Es darf keine Mängel aufweisen und muss absolut

dicht sein. Wichtig für unser Vorhaben ist die Dachneigung. Bis zu 15 Grad geneigte Dächer kann man selbst begrünen. Für stärker geneigte Dächer sollte man Experten hinzuziehen und spezielle Materialien verwenden. Bei Flachdächern ergeben sich keine besonderen Schwierigkei-
20 *ten. Allerdings sollte man eine Drainageschicht aus Blähton oder Lavagestein (4 bis 10 cm) aufbringen. (...)*
(Lea S., 17 Jahre)

3 Prüfen Sie den Text am folgenden „Steckbrief" für informierende, beschreibende, erklärende Texte. Um welche Textsorte handelt es sich hier wohl? An welche Adressaten ist der Text gerichtet? Welche Intentionen verbinden sich hier mit der des Informierens, Beschreibens, Erläuterns?

4 Setzen Sie den Text fort – oder schreiben Sie einen eigenen informierenden Text. Überprüfen Sie dann Ihren eigenen Text anhand der im „Steckbrief" genannten Kriterien.

Informierende, beschreibende, erklärende Texte

- **Leitende Intentionen:** Wissens- und Erfahrungsgleichstand in der Sache zwischen Schreibenden und Lesenden herstellen; Sachverhalten gerecht werden

- **Bezug zur Wirklichkeit:** Texte stellen Wirklichkeit bzw. Ausschnitte von Wirklichkeit realitätsgetreu dar; sie sind der Wirklichkeit verpflichtet – jedoch sind zu beachten:
  → Position und Interesse desjenigen, der einen solchen Text verfasst
  → Zweck des Textes
  → Adressaten und ihre Vorkenntnisse und Interessen

- **Inhaltliche Prüfkriterien:**
  → Habe ich die Sachverhalte korrekt und vollständig dargestellt?
  → Habe ich Abläufe und Prozesse in eine plausible und der Sache/dem Verfahren angemessene Reihenfolge gebracht?
  → Habe ich bei meiner Darstellung den Verstehenshorizont der Adressaten berücksichtigt?
  → Habe ich mich auf das Wesentliche beschränkt?
  → Habe ich meine eigene Perspektive und meine Interessen zum Ausdruck gebracht?

- **Sprachliche Prüfkriterien:**
  → Ist die Bezeichnung von Sachverhalten und Prozessen durch meine Wortwahl korrekt und eindeutig?
  → Habe ich so viele fachsprachliche Begriffe wie nötig verwendet und so wenige wie möglich?
  → Sind die fachsprachlichen Begriffe den Adressaten verständlich? Habe ich diese – je nach Adressatenkreis – in ausreichendem Maße erklärt und definiert?
  → Sind die Sätze klar und einfach konstruiert?
  → Habe ich räumliche, zeitliche und funktionale Zusammenhänge sachangemessen versprachlicht?
  → Ist Präsens das dominierende Tempus meiner beschreibenden/erklärenden Darstellung?

- **Textarten, -sorten:** z. B. Gebrauchsanweisungen, Personen-, Sach-, Bild-, Vorgangs-, Funktionsbeschreibungen; Reportagen; Inhaltsangaben; standardisierte Texte (Stellenausschreibung, Lebenslauf, Bewerbung) ...

3 Gestaltungsideen sammeln und strukturieren

Für das Schreiben und Gestalten von eigenen Texten braucht man Ideen – insbesondere wenn es sich dabei um Texte handelt, die keinem vordergründigen und praktischen Verwendungszweck dienen. Zur Vorbereitung auf den Schreibprozess kann man sich durch Bilder, Erinnerungen, andere Texte und vieles mehr inspirieren lassen und mit der Hilfe assoziativer Techniken einzelne Ideen zu einem Gefüge zusammenstellen, das dann den Formulierungsprozess beim Schreiben stützt.

Kurt Tucholsky
Mir fehlt ein Wort

Ich werde ins Grab sinken, ohne zu wissen, was die Birkenblätter tun. Ich weiß es, aber ich kann es nicht sagen. Der Wind weht durch die jungen Birken; ihre Blätter zittern so schnell, hin und her, daß sie ... was? Flirren? Nein, auf ihnen flirrt das Licht; man kann vielleicht allenfalls sagen: die Blätter flimmern ... aber es ist nicht das. Es ist eine nervöse Bewegung, aber was ist es? Wie sagt man das? Was man nicht sagen kann, bleibt unerlöst – ‚besprechen' hat eine tiefere Bedeutung. Steht bei Goethe ‚Blattgeriesel'? Ich mag nicht aufstehen, es ist so weit bis zu diesen Bänden, vier Meter und hundert Jahre. Was tun Birkenblätter –? (...)
Was tun die Birkenblätter –? Nur die Blätter der Birke tun dies; bei den andern Bäumen bewegen sie sich im Winde, zittern, rascheln, die Äste schwanken, mir fehlt kein Synonym, ich habe sie alle. Aber bei den Birken, da ist es etwas andres, das sind weibliche Bäume – merkwürdig, wie wir dann, wenn wir nicht mehr weiterkönnen, immer versuchen, der Sache mit einem Vergleich beizukommen; es hat ja eine ganze österreichische Dichterschule gegeben, die nur damit arbeitete, daß sie Eindrücke des Ohres in die Gesichtssphäre versetzte und Geruchsimpressionen ins Musikalische – es ist ein amüsantes Gesellschaftsspiel gewesen, und manche haben es Lyrik genannt. Was tun die Birkenblätter? Während ich dies schreibe, stehe ich alle vier Zeilen auf und sehe nach, was sie tun. Sie tun es. Ich werde dahingehen und es nicht gesagt haben. *(1929)*

1. Welche Erinnerungen, Erfahrungen und Gefühle werden bei Ihnen wach, wenn Sie sich mit Text und Bild beschäftigen?
2. Welche Impulse gehen davon aus für das Schreiben eines eigenen Textes?

Pine, willow and white birch trees, red foliage on florest floor

3. Haben Sie Ähnliches erlebt? Wie sieht Ihre „Geschichte" als Ideen-Skizze aus?

Birken am Abend und der Weg ins Moor

Der Abschied hatte wehgetan, und ich war total daneben. Du müsstest eigentlich wissen warum.

Die Sonne stand bereits tief am Himmel. Es wurde dunkel. Nicht mal gewunken hast du. Du hast dich nicht umgedreht, bist einfach gegangen. Und jetzt vor mir der Weg durchs
5 Moor, was für ein trauriger Abend!!! Immer wieder flitzen Momente durch meinen Kopf. Momente, die wir erst vor wenigen Minuten zusammen durchlebt haben. Was war das für ein Abschied: Ist er nur für diesen Tag, für diese Woche oder für immer? Tränen schießen mir in die Augen. Ich lasse sie von den letzten Sonnenstrahlen trocknen.

Vor dem Wäldchen fand ich eine Bank. Ich setzte mich, flennte weiter. Und dann langsam,
10 langsam drang dieses Flirren in meine Ohren. Oder war es ein Rascheln? Es klang eher gedämpft und doch metallisch. Sirrend. Kühl strich der Wind über mein verheultes Gesicht. Das Geräusch lebte auf und ab – mit dem Wind. Dann warf ich den Kopf in den Nacken und blickte nach oben.

Birkenblätter raschelten im Wind. Leicht gezackte Blättchen, unendlich viele, manche von
15 Insekten zerfressen, tanzten im Wind. Die Äste blieben still, und auch die Zweige bewegten sich nicht. Nur die Blättchen. Komisch – dachte ich – und irgendwie war ich plötzlich besser drauf. Das Schwarz-Weiß der Birkenstämme – mal im Schmerz verbogen, mal aufrecht und stolz – führte direkt ins Moor. Das schien mich nicht mehr zu schrecken. Wieder ein Blick in den flirrenden grün-metallischen Blätterhimmel. Ich fühle mich immer
20 besser – gar nicht mehr allein und einsam. Was für ein blöder Typ du doch bist. Du hättest nie eine Antenne für flirrende, sirrende, raschelnde Birkenblätter ...

④ Wie gefällt Ihnen dieser Text? Überprüfen Sie ihn am folgenden „Steckbrief" für „Eindrücke verarbeitende, Gefühle ausdrückende Texte".

Eindrücke verarbeitende, Gefühle ausdrückende Texte

- **Leitende Intentionen:** Zu sich selbst finden, Eindrücke verarbeiten, anderen sehr Persönliches mitteilen, auf sich aufmerksam machen, Anteilnahme, Mitleid, Bewunderung und Verständnis für die eigene Person wecken.

- **Bezug zur Wirklichkeit:** Darstellung von Erinnerungen, Erfahrungen, Erlebnissen, Gedanken, Gefühlen aus subjektiver Perspektive, auch Beugung der Wirklichkeit und fiktive Selbstdarstellung möglich

- **Inhaltliche Prüfkriterien:**
  → Spreche ich tatsächlich von mir?
  Ist der Bezug auf meine eigene Person ehrlich und authentisch?
  Oder gelingt mir ein überzeugender fiktionaler Ich-Entwurf?
  → Habe ich Innensichten geöffnet?
  → Habe ich ein individuelles Darstellungskonzept realisiert?
  → Habe ich Klischees vermieden?
  → Habe ich mein Darstellungskonzept konsequent von Anfang bis Ende durchgehalten?

- **Sprachliche Prüfkriterien:**
  → Habe ich mich um Originalität im Ausdruck bemüht, abgedroschene Wörter und Wendungen vermieden?
  → Ist die Innensicht durch erlebte Rede, stream-of-consciousness, überzeugend dargestellt?
  → Bin ich mit den Satzbauplänen flexibel und kreativ umgegangen (assoziativer Stil, evtl. auch auf Wirkung angelegte Satzabbrüche und Ein-Wort-Sätze)?
  → Habe ich ungewöhnliche Vergleiche und Metaphern gefunden?
  → Bin ich mit dem Tempusgebrauch flexibel zur Unterstützung meiner Aussagen umgegangen (z. B. Tempuswechsel, um die Unmittelbarkeit des dargestellten Augenblicks zu akzentuieren)?

- **Textarten, -sorten:** z. B. Tagebucheinträge, persönliche Briefe, Schilderungen, Erlebniserzählungen, biografische Erzählungen …

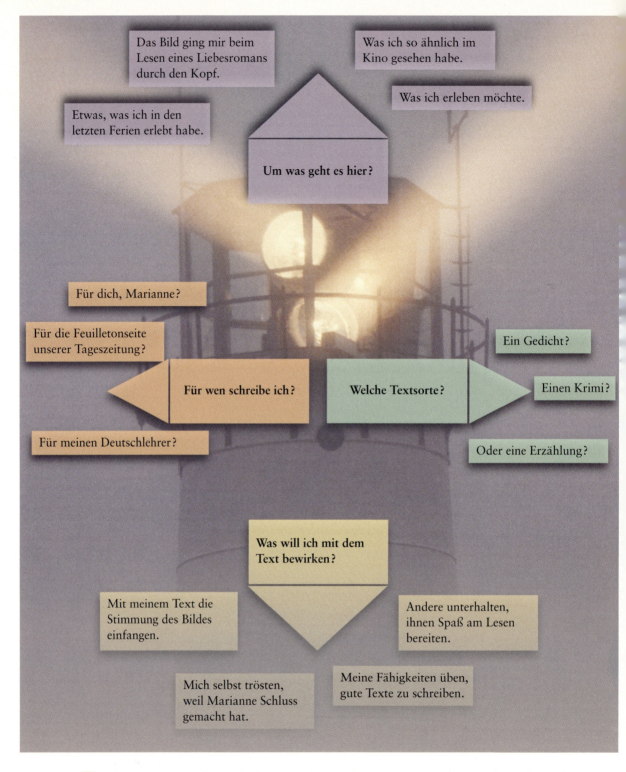

- **5** Welche Antworten zu den vier Fragen lassen sich zu plausiblen Konzepten für einen Text verbinden?
- **6** Planen Sie selbst einen Text, indem Sie an ein Bild, ein Stichwort, ein Objekt, ein Gefühl die vier Fragen des Assoziogramms stellen, sich Optionen ausdenken und dann mit dem Entwerfen ihres eigenen Textes beginnen.
- **7** Überprüfen Sie ihren Text mit Hilfe des „Steckbriefs" für „Eindrücke verarbeitende, Gefühle ausdrückende und gestaltende Texte" (S. 31).

4 Beispiele erkunden und dabei Ideen und Strategien für eigene Texte entwickeln

Schreibaufgaben enthalten oft Angaben zur Textsorte und zur übergreifenden Intention des gewünschten/geforderten Textes. Dennoch bleiben Spielräume für die eigene Gestaltung und Kreativität. Ideen und Strategien zur Bearbeitung von Schreibaufgaben kann man entwickeln, wenn man geeignete Beispiele untersucht und sich die Bestandteile und Wirkungsmittel bewusst macht, aus denen sich der eigene Text zusammensetzen soll. Zu überlegen ist, welche Wirkung man durch das Zusammenspiel der einzelnen Elemente erzielen will.

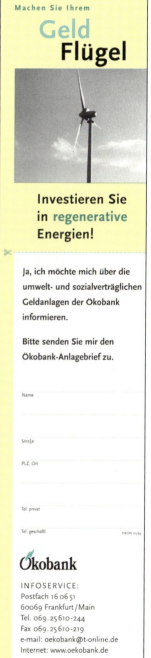

① Betrachten Sie die abgebildeten Anzeigen: Wie wirken Bild- und Textelemente zusammen; wie wird hier Interesse geweckt?

Schreibaufgabe:
Entwerfen Sie für eine Naturschutzorganisation eine ganzseitige Zeitschriftenanzeige, mit der um Spenden für die Rettung des Sibirischen Tigers geworben werden soll. Diese Anzeige soll in einem breiten Spektrum von Zeitschriften erscheinen, weil die Naturschutzorganisation sowohl an kleineren als auch an größeren Spendeneinnahmen interessiert ist.

② Wie wollen Sie sich dieser Schreibaufgabe stellen? Suchen Sie in der Zeitschriftenwerbung nach Modellen und Anregungen und ermitteln Sie, aus welchen Elementen Ihre Werbung für den Schutz des Sibirischen Tigers bestehen soll.

LOGO

Helfen Sie dem Tiger, den Sprung ins nächste Jahrtausend zu schaffen.

Mit einer Projekt-Patenschaft.

SLOGAN **Projekt-Paten für den Sibirischen Tiger gesucht**

»Rette mich, wer kann!«

Fordern Sie gleich weitere Unterlagen an:
☎ 01803/306206

- Von 1991 bis heute reduzierte sich der Bestand der Sibirischen Tiger von 400 auf 200 Tiere.
- Aus den Knochen der Tiere werden in Asien Arzneimittel gewonnen u. a. zur Behandlung von Rheuma und gegen Vergiftungen.
- Mit diesen Arzneimitteln kann man viel Geld verdienen.
- Länder wie China, Taiwan, Südkorea und Russland haben bislang wenig praktische Maßnahmen zum Schutz der Tiger ergriffen.
- An solche Maßnahmen denken die Politiker nur auf Druck der Weltöffentlichkeit.

③ Was können Sie noch über die Situation des Sibirischen Tigers herausfinden und über Maßnahmen zu seiner Rettung? Sammeln Sie weitere Ideen zur Formulierung des Werbetextes und der anderen Elemente für die Werbeseite.

④ Überlegen Sie eine Strategie für Ihre Werbeseite: Wie erzielen Sie Aufmerksamkeit und Anteilnahme? Wie bewegen Sie die Leser/innen zum aktiven Handeln und zum Spenden? Wollen Sie stärker auf Emotionen wie Mitleid und Empörung setzen oder auf Information? Was können die Elemente der Werbeseite dafür jeweils am besten leisten?

Zum Handeln auffordernde, überzeugende, werbende Texte

- **Leitende Intentionen:** Größere Öffentlichkeit oder Einzelpersonen beeinflussen, damit Botschaft, Position oder Meinung ohne weiteres Befragen akzeptiert oder eine erwünschte Handlung eingeleitet wird.

- **Bezug zur Wirklichkeit:** Herstellung einer vom Schreibenden erwünschten Wirklichkeit

- **Inhaltliche Prüfkriterien:**
  → Habe ich die Aufmerksamkeit der Leser geweckt – auch durch ungewöhnliche Mittel?
  → Habe ich die Interessen und Verstehensvoraussetzungen der Adressaten berücksichtigt?
  → Habe ich Botschaft(en) bzw. Handlungsziel einfach und klar in der Aussage präsentiert?
  → Habe ich ablehnende und kritische Reaktionen der Adressaten durch meine Gestaltungsstrategien möglichst eingeengt oder sogar außer Kraft gesetzt?

- **Sprachliche Prüfkriterien:**
  → Habe ich meine Botschaften und Handlungsziele knapp und attraktiv mit zündenden Schlüsselwörtern und Slogans präsentiert?
  → Habe ich ausreichend an der Attraktivität meines Textes gearbeitet – z.B. mit Wortspielen, Assoziationen, Bildern und Metaphern?
  → Habe ich meine Formulierungen, Wortwahl etc. auf Zielgruppe und Image des Beworbenen abgestimmt (z.B. Jugendsprache vs. Managersprache)?
  → In standardisierten Texten und amtlichen Dokumenten: Habe ich den Handlungsrahmen durch die entsprechenden juristischen und administrativen Begriffe und die entsprechenden Gebots- und Verbotsverben klar definiert?

- **Textarten, -sorten:** z.B. persönliche Appelle; öffentliche Reden und Resolutionen; Werbeplakate und Produktwerbung, standardisierte behördliche appellative Formen: Mahnungen, Zahlungsanweisungen, ...

⑤ Fertigen Sie jetzt unter Berücksichtigung des oben stehenden „Steckbriefs" eine ganzseitige Werbeanzeige an zum Thema Naturschutz.

5 Texte und Materialien erarbeiten und deuten

Für die Bewältigung von Schreibaufgaben, die zur Erarbeitung und Deutung von Materialien (z. B. Bilder, Filme, Karikaturen) und Texten auffordern, muss man sich zunächst sowohl im Ganzen als auch im Detail ihrer Inhalte vergewissern. Man wird dann die Materialien/Texte mehrfach „umkreisen", den Blick auf das Ganze und auf Einzelheiten richten, sich die eigene Sichtweise und den eigenen Verstehenshorizont bewusst machen, Beobachtungen und Eindrücke (in Form von Stichworten) notieren, Meinungen und Urteile bilden und auf dieser Grundlage die eigene Textproduktion vorbereiten.

Schreibaufgabe: Was sagt Haitzingers Karikatur über die politischen Bemühungen aus, die ökologischen Bedrohungen unserer Welt zu mindern oder zu beseitigen? Überprüfen Sie die Aussagen an eigenen Wirklichkeitserfahrungen: Stellen Sie fest, wie diese Karikatur auf Sie wirkt und welchen Gestaltungsmitteln diese Wirkung zuzuschreiben ist.

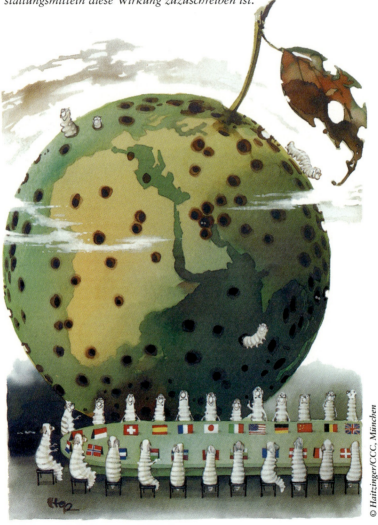

Haitzinger: Die Umweltkonferenz

1. Zu welchen Ergebnissen kommen Sie bei der Analyse der Schreibaufgabe?
2. Tauschen Sie erste spontane Reaktionen auf die Karikatur aus.

Vorbereitung auf den Schreibprozess

Erste Begegnung mit der Karikatur	Spontane Reaktionen als Notizen festhalten	– „Mein Blick wird sofort auf den Apfel bzw. den Globus gelenkt. Unsere arme Erde, angefressen und voller Löcher." – „Da ist etwas faul in unserer Umweltpolitik. Die Politiker als Maden, die unsere Welt durchlöchern?"
Motivische Schwerpunkte bilden – diese genauer untersuchen – auch in ihrem Verhältnis zueinander	Markierungen in eine Kopie der Karikatur eintragen – Teile des Bildes verdecken/aufdecken – Notizen nach motivischen Schwerpunkten anlegen – der Versuchung widerstehen, sofort mit dem Formulieren des eigenen Textes zu beginnen	Drei Motive: (a) unsere Erde als wurmstichiger Apfel, an dem selbst das Blatt schon angefressen ist, (b) der Konferenztisch mit den nationalstaatlichen Emblemen, (c) die Politiker als Maden. Grafisch stehen Weltkugel/Apfel und Konferenztisch im Spannungsverhältnis. Die Politiker/Maden bevölkern beides.
Aktivieren des eigenen Sprach-, Text-, Weltwissens	Über die zu erarbeitende Text/Bildsorte nachdenken, sich ihre Strukturmerkmale und Wirkungsmittel bewusst machen, eigene Wirklichkeitserfahrungen aktivieren	– Karikatur ist wie ein fiktionaler Text, der in sich abgeschlossen auf Wirklichkeit verweist und verschlüsselt Deutungen anbietet, – bezieht Wirkung aus der radikalen Zuspitzung, – will die Wahrheit auf den Punkt bringen, – erhebt Anklage und motiviert die Betrachter/innen, selbst Einfluss auf die Wirklichkeit zu nehmen und Missstände abzustellen
Hypothesen zu zentralen Aussagen	Verstehenshypothesen formulieren – diese gegeneinander abgleichen und auf Stimmigkeit überprüfen	– Die Welt als wehrloses Opfer – Diejenigen, die Umweltschäden verursachen, sind zugleich auch diejenigen, die die politische Verantwortung für den Fortbestand unserer Welt haben – hier werden die Böcke zu Gärtnern gemacht. – Und wo bleiben die Menschen, die Bürger/innen mit ihren politischen Rechten und ihrem Engagement für eine lebenswerte Welt in Haitzingers Karikatur?
Wirkungsmittel der Karikatur erkunden und ihre Funktion bestimmen	Sich der Darstellungs- und Wirkungsmittel bewusst werden – an eigener Person die Wirkung überprüfen	– Zwischen dem Konferenztisch der internationalen Politik und der Welt als Apfel sind die Sympathien klar verteilt: Vereinnahmung der Betrachter/innen gegen die Politik als Sachwalter der Umweltinteressen. – Das Reden über Umweltschäden und -bedrohungen hilft niemandem – vor allem wenn nicht alle Verantwortlichen am Konferenztisch sitzen. – Pessimistische Würdigung der Umweltpolitik immunisiert gegen die Erfolgsmeldungen anlässlich großer internationaler Umweltkonferenzen – macht skeptisch. – Wo bleiben die Impulse für eine Wende in der Umweltpolitik – stimmt mich eher depressiv. – Und warum werden die Teilerfolge z. B. im eigenen Land (Schadstoffverordnungen, Klärwerke, Solarenergie) nicht angedeutet?
		Und ich? Und wir alle? Was tun wir?

❸ Überprüfen und ergänzen Sie die Stichworte in der rechten Spalte. Zu welchen Ergebnissen hat Ihre Arbeit an der Karikatur geführt?

... Zuerst fällt mein Blick auf die Weltkugel, und ich erkenne die Konturen von Europa, Afrika und der arabischen Halbinsel. Maden und Würmer haben Löcher in großer Zahl
5 gefressen. Natürlich – Haitzinger stellt uns unsere Welt als wurmstichigen Apfel vor Augen. Dann fällt der Blick auf den unteren Teil des Bildes. Und da sind sie wieder, die Maden. Sie haben in der Rolle als politische
10 Führer am Konferenztisch Platz genommen und sollen Schäden verhindern oder beseitigen, die sie selbst zugelassen oder verursacht haben.
Der Bildaufbau der Karikatur ist einfach
15 und klar strukturiert. Haitzinger stützt sich auf drei Motive: die Weltkugel als wurmstichiger Apfel, der Konferenztisch als Arena der internationalen Politik und die Maden/ Würmer als Verantwortliche im doppelten
20 Sinne der Umweltschäden und der Politik. Mit der Wahl der Motive verbindet sich die emotionale Lenkung der Betrachter/innen. Sympathien werden zu der Welt als Apfel aufgebaut. Sie ist befallen, beschädigt, Opfer
25 – ohne Chance, sich zur Wehr zu setzen. Auf der anderen Seite lenkt Haitzinger die Antipathien auf die Maden/Würmer, auf eine eingeschränkte Zahl von Verantwortlichen und Tätern. Die einfache Botschaft der Kari-
30 katur ist wohl, dass man der Politik die Zukunft unserer Erde allein nicht überlassen kann ...
Spontan fühle ich mich zunächst zu Haitzingers Interpretation hingezogen. Und dann
35 kommen mir doch Zweifel, ob wir mit seiner schlichten Botschaft der Komplexität der Umweltprobleme beikommen können. Vieles bleibt in seiner Karikatur ausgeblendet ...

4 Dies sind Ausschnitte aus einem deutenden bzw. interpretierenden Schülertext. Wie ist der Schüler an die Schreibaufgabe herangegangen? Was geht diesen Ausschnitten voraus, was müsste noch folgen? Was sagen Sie zu der Reihenfolge der Abschnitte?

5 Überprüfen Sie den Textausschnitt an dem „Steckbrief" für deutende, interpretierende und wertende Texte. Was erscheint gelungen, was hätte besser gemacht werden können?

Erich Fried
Die Furt

Als ich zur Brücke kam
war sie ein Turm geworden
in dem stieg der Fluss
die Wendeltreppe hinauf

und durch sein leeres Bett
rollten die Autos
von satten Fischen gelenkt
auf Rädern aus Schlamm

Ich ging hinunter
und watete zwischen den Binsen
ich wollte hinüberhüpfen
von Muschel zu Muschel

Da kam ein Auto
und stieß mich tief in den Schlick
Ein Fisch stieg aus
und beugte sich über die Leiche

(1964)

F. C. Delius
An euch wird gedacht

An euch wird gedacht,
ihr Eisberge! Dichter in
Hochhäusern reden
von euch, die Wasserspiegel
steigen, Autos bremsen schon.

(1989)

6 Wählen Sie ein Gedicht und schreiben Sie dazu einen interpretierenden Text, indem Sie sich am folgenden „Steckbrief" orientieren.

Deutende, interpretierende, wertende Texte

- **Leitende Intentionen:** Sich mit Texten/Materialien/Objekten auseinander setzen, die auf unterschiedlichen Ebenen mehrdeutig und auf Wirkung angelegt sind.
  Solche Texte/Materialien/Objekte verweigern sich meist einer schnellen und oberflächlichen Sinnentnahme. Deshalb müssen sie in besonders sorgfältiger Weise und methodisch nachvollziehbar bearbeitet und erschlossen werden.
  → **Bezug zur Wirklichkeit:** Im Vordergrund steht der Bezug zu dem zu analysierenden Text/Material/Objekt und wie sich darin Wirklichkeit spiegelt. Erst in zweiter Linie geht es um die Bezüge zur außertextlichen Wirklichkeit. Sie sind die Grundlage für Sinnentnahme und Wirkungsanalyse.

- **Inhaltliche Prüfkriterien:**
  → Habe ich die zu analysierenden und zu deutenden Texte/Materialien vorgestellt (z. B. Nennung von Titel, Autor, Charakterisierung der Textgattung, -art) und beschrieben (z. B. inhaltliche Zusammenfassung)?
  → Habe ich die leitenden Fragestellungen präzisiert?
  → Habe ich meine Vorgehensweise und meine Methoden vorgestellt und meinen eigenen Verstehenshorizont beschrieben?
  → Werde ich den Texten/Materialien gerecht, indem ich mehrere und unterschiedliche Aspekte untersuche?
  → Habe ich meine Beobachtungen und Schlussfolgerungen mit Beispielen (Zitate) belegt?

- **Sprachliche Prüfkriterien:**
  → Habe ich klar zwischen Tatsachenaussagen und Werturteilen bzw. Meinungen unterschieden (z. B. durch Rede kommentierende Verben)?
  → Sind die Angaben zu Textstellen und Zitaten eindeutig und vollständig? Sind die Zitate als solche gekennzeichnet?
  → Habe ich mich in meinen Formulierungen so weit zurückgenommen, dass der zu erarbeitende Text alle Aufmerksamkeit der Leser bekommt (Ausnahme: Essay, Rezension)?
  → Benutze ich die Fachsprache der Textanalyse und -deutung korrekt und unaufdringlich?

- **Textarten, -sorten:** Rezensionen, Essays, kultur-, literaturwissenschaftliche Abhandlungen; schulgebundene Formen: Textbeschreibung, -analyse, -interpretation, ...

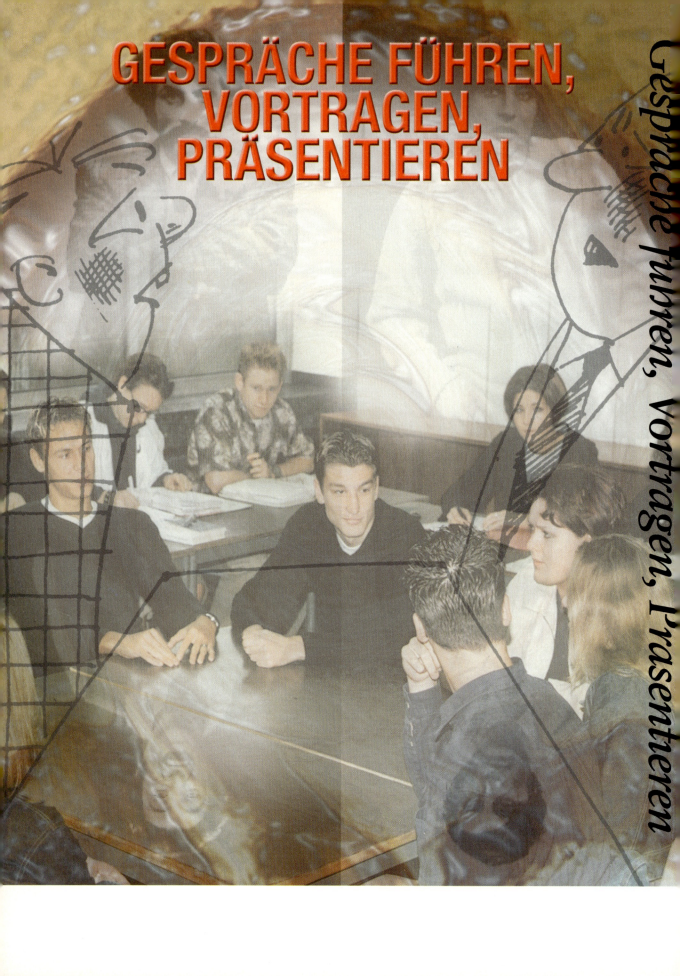

1 Gespräche führen

- *Mündliche Kommunikation in der Gesellschaft:* An Gesprächssituationen außerhalb der Schule kann der enge Zusammenhang zwischen Kommunikationsstörungen und Gesprächsbedingungen beobachtet werden. So lassen sich Faktoren für gelingende Kommunikation erschließen.
- *Mündliche Kommunikation in der Schule:* Gespräche in der Schule unterliegen besonderen Bedingungen. Sie zu erforschen kann helfen, die eigene Kommunikation zu optimieren. Dabei werden verschiedene Gesprächsformen erprobt und in der „Metakommunikation" wird über Gesprächsverhalten gesprochen.

1.1 Kaufen – Verkaufen: Verzerrte Kommunikation

Jens Sparschuh
Der Zimmerspringbrunnen (Auszug)

Seminarraum II, 9.15 Uhr. Thema: Training Standardsituationen. Anschließend: Auswertung, Erfahrungsaustausch, Brainstorming. Strüver (mittelgroß, rötliches, vorne gelichtetes Haar, hinten zu einem Zopf zusammengebunden) wirft seine Seidenjacke lässig über eine Stuhllehne, kommt gleich zur Sache: „Na, dann wollen wir mal. – Herr Nöstich. Sie sind bitte mal der Kunde!"
„War ich doch schon letztes Jahr", will Nöstich einwenden, doch Strüver ungerührt: „Dann wissen Sie ja, wie es geht."
Nöstich, die Augenbrauen hochgezogen, steht auf und geht langsam nach vorn. Strüver sieht in seiner Liste nach und bestimmt einen Herrn Filzbach (Stuttgart), der sofort rot wird, zum Firmenvertreter. „Alles klar", sagt der Angesprochene tapfer, scheint aber betroffen zu sein.
„Bitte", sagt Strüver, jetzt Regisseur. Er hat sich in seinem Stuhl zurückgelehnt, die Beine übereinander geschlagen, die Arme verschränkt und spitzt erwartungsvoll den Mund.
Nöstich steckt seine Brille weg, schiebt die Haare mit der Hand nach hinten. Ohne Brille sehen seine Augen gläsern aus. Er sieht sich um. Sein Blick fällt auf Strüver. Da verschränkt auch Nöstich die Arme. Gelangweilt sieht er aus dem Fenster. Einige Male wechselt er noch Stand- und Spielbein, dann hat er seine Position gefunden.
Endlich, nachdem er erst noch seinen Musterkoffer präpariert hat, ist auch Filzbach (Stuttgart) soweit. Mit weit ausholenden Schritten geht er nach vorn, stoppt aber plötzlich – wie vor einer unsichtbaren Wand. Er überprüft den Sitz seiner Krawatte, dann bohrt sich sein rechter Zeigefinger durch die Luft … Er hält aber noch einmal inne und beugt sich weit vor. Angestrengt scheint er etwas zu entziffern, und zwar dort, wohin gerade sein Zeigefinger unterwegs gewesen ist … (…)
Filzbach (Stuttgart) hat sich nun wieder aufgerichtet und sein Zeigefinger erreicht das Ziel: „Ding-dong", macht es jetzt aus Filzbachs Mund …

„Wenn ich hier mal kurz unterbrechen darf", mischt sich Strüver ein. „Herr Nöstich – Sie warten wohl gerade auf unseren Vertreter?"
„Nö", gibt Herr Nöstich offen zu.
„Es sah aber so aus", sagte Strüver streng. Dann, ermahnend: „Sie sind also gerade beschäftigt, Herr Nöstich."
Nöstich nickt.
„Na, was denn nun?", drängt Strüver, er blickt auf die Uhr. Da fuhrwerkt Nöstich plötzlich, für alle ziemlich unerwartet, mit geballter Faust vor seinem Bauch herum, immer hin und her.
Strüver sieht ihn ratlos an.
„Ich bügele …", gibt Nöstich bekannt.
„Ach so", sagt Strüver, „ich hatte mich nur gewundert, warum Sie dabei so in der Weltgeschichte herumgucken."
„Ich sehe dabei fern."
„Na gut – Sie bügeln also und sehen dabei fern. – Plötzlich …", gibt Strüver jetzt, mit rascher Kopfbewegung, an Filzbach (Stuttgart) weiter, „plötzlich …"
„Ding-dong", macht Filzbach (Stuttgart) erwartungsgemäß.
Nöstich stellt das Bügeleisen ab und schreitet zur „Tür". Er öffnet sie, aber nur halb – was Strüver mit einem leichten Nicken quittiert.
„Guten Tag, Herr Nöstich", beginnt nun Filzbach (Stuttgart), „das ist aber schön, dass ich Sie antreffe." Er sagt das alles sehr akzentuiert, überdeutlich. (Deswegen vielleicht wirkt es nicht ganz echt.)
Filzbachs Vertreterhand schiebt sich Nöstich entgegen. Der will gerade zugreifen – da meldet sich wieder Strüver: „Kann es sein, dass es riecht? Herr Nöstich – Ihr Bügeleisen! Kann da nichts anbrennen?"
„O ja, Mensch!" Nöstich rennt zurück ins Zimmer.
Unschlüssig steht Filzbach (Stuttgart) zwischen Tür und Angel. Dann traut er sich ein Stück in die Wohnung hinein. (Vielleicht will er helfen?) Strüver schließt die Augen, verzweifeltes Kopfschütteln.

Da kommt Nöstich wieder.
Halblaut gibt Strüver weitere Regieanweisungen: „Gut, das ist zwar nicht schön, aber das gibt es ja. Unserem Kunden passt der Termin heute nicht. Das Bügeleisen hat gerade das Wohnzimmer in Brand gesetzt, eine Familienfeier ist im Gange oder irgendeine andere Katastrophe. – Was nun?!"
„Na, ich frage ihn, ob ich nicht besser zu einem anderen Zeitpunkt …"
„Na – fragen Sie das mal, Herr Filzbach. Aber, bitte: Sie sprechen mit Ihrem Kunden, nicht mit mir. Ich schaue nur zu. – Und verlassen Sie bitte wieder unauffällig die Wohnung …"
Filzbach tritt rasch ein paar Schritte zurück.
„Herr Nöstich, wann würde es Ihnen denn mal passen?", fragt nun also Filzbach (Stuttgart); er versucht, dabei Herrn Nöstich verschmitzt und aufmunternd anzublicken …
„Stopp!", bricht Strüver, sichtlich entnervt, ab. „Machen wir mal eine Zwischenauswertung. Sonst vergessen wir ja all Ihre Glanzlichter! Anders gefragt: Was kann in den ersten 15 Sekunden alles falsch gemacht werden? Dafür war das hier ja geradezu eine Lehrvorführung."
Bevor jemand etwas sagen kann, versucht Filzbach (Stuttgart) sich zu rechtfertigen: „Draußen klappt es ja! Aber hier, im Seminar, vor Zuschauern – da hab ich Stress. Ich bin doch kein Schauspieler."
„So?", fragt Strüver, „das ist aber schade."
„Außerdem unterbrechen Sie immer!", sagt Filzbach leise, seine Stimme zittert dabei.
„Herr Filzbach – draußen sind Sie doch auch nicht ungestört, da werden Sie *laufend* unterbrochen! – Ist jemandem etwas aufgefallen?"
Jemand meldet sich: Die Verabredung am Ende sei nicht sehr überzeugend gewesen …
„Richtig", sagt Strüver, „das war grundfalsch."
Da Filzbach (Stuttgart) ihn nur verständnislos anblickt, gibt Strüver gleich selbst eine Erklärung: „Wenn Sie so unbestimmt ins Blaue hinein fragen, ob Sie nicht irgendwann mal wiederkommen sollen – wissen Sie, was der Kunde Ihnen da völlig zu Recht antwortet? ‚Ach, lassen Sie mal', sagt er, ‚das muss nicht sein, ich brauche doch gar nichts.' – Herr Filzbach, der Kunde sucht in diesem Vorstadium spontan den Ausweg. Und Sie, mit Ihrer, entschuldigen Sie schon, herzigen Frage, haben ihm den Fluchtweg gezeigt! Was fragen wir also?"
Da niemand antwortet, gibt Strüver die Antwort: „Die richtige Frage könnte sein: ‚Ich sehe, dass es Ihnen heute schlecht passt. Ich kann Ihnen folgende Ausweichtermine vorschlagen: am nächsten Dienstag, nach 18 Uhr, oder am nächsten Donnerstag, da schon ab 17 Uhr.'
Was gewinnen wir damit?
1. Der Kunde (und das ist psychologisch in dieser Phase sehr wichtig) hat die Freiheit, sich zu entscheiden;
2. Die grundsätzliche ‚Ob-überhaupt'-Entscheidung aber haben wir ihm mit unserer Detailfrage schon unauffällig abgenommen. Das ist schon gegessen.
Nun ist der Kunde am Zug. Er kann sich entscheiden. Wir haben ihm die Wahl gelassen, Dienstag oder Donnerstag. Wir haben ihm die Initiative zugespielt. Und wenn er sich dann, meinetwegen halbherzig, ein ‚Na gut, kommen Sie Donnerstag' abringt, hat sich *er* entschieden, hat er uns eingeladen. – Das kommt dann übrigens gleich in die Kunden-Vorlaufmappe! Wenn wir dann Donnerstag in der Tür stehen, können wir nämlich sagen: ‚Guten Abend. Sie hatten mich für heute eingeladen …' Ein Punkt für uns! (,Wir sind nun extra gekommen …' usw., schlechtes Gewissen beim Kunden, wenn er jetzt nein sagt.)
Vergessen Sie nicht: In dieser Anlaufphase will der Kunde nur eines: uns loswerden. Und wir reichen ihm mit der Dienstag-Donnerstag-Frage den rettenden Strohhalm! Damit wird er uns ja erstmal los. Aufgeschoben, nicht aufgehoben, klar.
Eine klassische Eröffnung! Scheinbare Niederlage – wir haben für den Anfang nichts erreicht –, kommen aber als ‚alte Bekannte' ein paar Tage später wieder.
Aber – das war ja nicht alles. Was war vorher schon falsch?" *(1995)*

---

1 Fertigen Sie zu verschiedenen Gesprächssituationen im Text zeichnerische Skizzen an, die die Rollenbeziehung und das Gesprächsverhalten der jeweils beteiligten Figuren visuell zum Ausdruck bringen (Comic-Stil oder Storyboard). – Stellen Sie gegebenenfalls in Standbildern die Situationen nach um die Zeichnungen zu kontrollieren. Benutzen Sie dabei die Gesprächsbeiträge der Figuren als Argumente für Ihre Ideen.

2 *Kommunikationsstörungen* sind sehr nachteilig im Zusammenleben der Menschen:
– Untersuchen Sie, wie dieses Problem hier im Rahmen eines Trainings für Verkäufer angegangen wird. Unterscheiden Sie die zwei Ebenen im Text: Seminargespräche – simulierte Verkaufsgespräche.
– Erläutern Sie, wie die literarische Gestaltung das Problem besonders pointiert zu vermitteln vermag.

3 Verzerrte Kommunikation in Schulungssituationen und in Verkaufsgesprächen: Erörtern Sie die Ursachen.

4 Gelungene Kommunikation: Wann würden Sie Gespräche so bewerten? – Schreiben Sie Ihre Gedanken auf und machen Sie Ihre Vorstellungen an Beispielen klar.

Hans Fallada
Kleiner Mann, was nun? (Auszug)

Und er sagt mit einer tiefen Verbeugung: „Was steht bitte zu Diensten, meine Herrschaften?" und dabei läßt er seinen Blick ganz gleichmäßig einen Augenblick auf jedem der vier Gesichter ruhen, damit keines zu kurz kommt.
Eine Dame sagt ärgerlich: „Mein Mann möchte einen Abendanzug. Bitte, Franz, sag doch dem Verkäufer selbst, was du willst!"
„Ich möchte ...", fängt der Herr an.
„Aber Sie scheinen ja nichts wirklich Vornehmes zu haben", sagt die zweite Dame in den Dreißigern.
„Ich habe euch gleich gesagt, geht nicht zu Mandel", sagt die Ältliche. „Mit so was muß man zu Obermeyer."
„... einen Abendanzug haben", vollendet der Herr mit den blaßblauen Kugelaugen.
„Einen Smoking?" fragt Pinneberg vorsichtig. Er versucht, die Frage gleichmäßig zwischen den drei Damen aufzuteilen und doch auch den Herrn nicht zu kurz kommen zu lassen, denn selbst ein solcher Wurm kann einen Verkauf umschmeißen.
„Smoking!" sagen die Damen empört.
Und die Strohblonde: „Einen Smoking hat mein Mann natürlich. Wir möchten einen Abendanzug."
„Ein dunkles Jackett", sagt der Herr.
„Mit gestreiftem Beinkleid", sagt die Dunkle, die die Schwägerin zu sein scheint, aber die Schwägerin der Frau, so daß sie als die Schwester des Mannes wohl noch ältere Rechte über ihn hat.
„Bitte schön", sagt Pinneberg. (...)
„Nein, doch nicht so was", sagt die Frau, als Pinneberg ein Jackett in die Hand nimmt. (...)
„Wenn der Herr die Schulter etwas anheben wollte?"
„Daß du die Schulter nicht anhebst! Mein Mann läßt immer die Schultern hängen. Dafür muß es eben unbedingt passend sein."
„Dreh dich mal um, Franz."
„Nein, ich finde, das ist ganz unmöglich."
„Bitte, Franz, rühr dich etwas, du stehst da wie ein Stock."
„Das ginge vielleicht eher."
„Warum ihr euch hier bei Mandel quält ...?"
„Sagen Sie, soll mein Mann ewig in diesem einen Jackett rumstehen? Wenn wir hier nicht bedient werden ..."
„Wenn wir vielleicht dies Jackett anprobieren dürften ..."
„Bitte, Franz."
„Nein, das Jackett will ich nicht, das gefällt mir nicht."
„Wieso gefällt dir denn das nicht? Das finde ich sehr nett!"
„Fünfundfünfzig Mark."
„Ich mag es nicht, die Schultern sind viel zu wattiert."
„Wattiert mußt du haben, bei deinen hängenden Schultern."
„Saligers haben einen entzückenden Abendanzug für vierzig Mark. Mit Hosen. Und hier soll ein Jackett ..."
„Verstehen Sie, junger Mann, der Anzug soll was hermachen. Wenn wir hundert Mark ausgeben sollen, können wir auch zum Maßschneider gehen." (...)
„Probier dies mal über, Franz."
„Nein, ich probier nichts mehr über, ihr macht mich doch bloß schlecht."
„Was soll denn das wieder heißen, Franz? Willst du einen Abendanzug haben oder nicht?"
„Du!"
„Nein, du willst ihn."
„Du hast gesagt, der Saliger hat einen, und ich mache mich einfach lächerlich mit meinem ewigen Smoking."
„Dürfte ich gnädiger Frau noch dies zeigen? Ganz diskret, etwas sehr Vornehmes." Pinneberg hat sich entschlossen, auf Else, die Strohblonde, zu tippen.
„Das finde ich wirklich ganz nett. Was kostet er?"
„Allerdings sechzig. Aber es ist auch etwas ganz Exklusives. Gar nichts für die Masse." (...)
„Also Franz, jetzt ziehst du das Jackett an."
„Er hat es doch schon angehabt!"
„Nicht dies!"
„Doch."
„Also, jetzt gehe ich, wenn ihr euch hier streiten wollt."
„Ich gehe auch. Else will wieder um jeden Preis ihren Willen durchsetzen."
Allgemeine Aufbruchstimmung. Die Jacketts werden, während die spitzen Reden hin und her fliegen, hierhin geschoben, dorthin gezerrt ... *(1932)*

5 Welche Auffälligkeiten zeigt die mündliche Kommunikation in Falladas Kaufhaus-Situation? Erörtern Sie, wie es hier zu Kommunikationsstörungen kommt.

6 Um das sprachliche Verhalten von Dialogpartnern zu verstehen, muss man beobachten, wie ihre Kommunikation in größere Handlungszusammenhänge eingebettet ist, wie sprachliche Handlungen zur *Verständigung*, zur *Kooperation* oder zum *Konkurrenzkampf* eingesetzt werden und woran es liegt, dass Kommunikation gelingt oder misslingt. Dabei ist zu klären, wie sich die spezifischen Umstände einer **Situation**, die **Handlungen** und die **Rede-** oder **Gesprächsbeiträge** gegenseitig beeinflussen.
Erläutern Sie derartige Einflüsse an den beiden Romanausschnitten.

© Robert Gernhardt, Frankf./M.

7 *Kommunikation erforschen:*
– Schreiben Sie Situationsskizzen und Dialoge aus der Erinnerung, mit denen Sie eigene Kommunikationserfahrungen vorstellen können.
– Erkunden Sie fremde Kommunikationssituationen und halten Sie die Vorgänge in einem Gesprächsprotokoll fest.
– Bringen Sie Erzähltexte oder szenische Texte mit, die sich für die Untersuchung von Gesprächsverhalten eignen.
– Wählen Sie gesprächsintensive Ausschnitte aus Filmen oder Videoausschnitte aus Talkshows.
a) Untersuchen Sie die Gesprächsbeiträge, die Gesprächsinformation und den Gesprächsverlauf.
b) Achten Sie auf die Gesprächsziele und auf Gesprächsstörungen sowie deren Ursachen.

Kommunikationsanalyse

1. **Situationsanalyse:**
Welche Faktoren der Situation bestimmen die Art und das Zusammenspiel des Handelns und des Redens?
– Ort/Raum, Zeit, Klima, Atmosphäre, Gegenstände, Personen, Rollenverteilung, Gefühle, wirtschaftliche Lage, körperliche Befindlichkeit etc.

2. **Handlungsanalyse:**
Welche Handlungen wirken auf die Situation und das Gespräch ein oder gehen aus ihnen hervor?
– konkrete Handlungen: aufstehen, Kaffee eingießen, Formular reichen …;
– nonverbale Handlungen: lächeln, sich räuspern, mit den Fingern trommeln …;
– vorausgehende Handlungen (Auslöser): ein Kopfschütteln, ein freundlicher Klaps auf die Schulter, …;
– Folgehandlungen (Ergebnis): eine Ablehnung, ein Handschlag, ein Vertrag, …;
– erinnerte Handlungen: Erfahrungen mit dem Gegenüber, …;
– vorgestellte Handlungen: unterdrückte Wunschvorstellungen, erwartete Handlungen in der Zukunft etc.

3. **Rede-/Gesprächsanalyse:**
Welche Bedeutung haben Gesprächs- oder Redeteile für die Situation und die konkreten Handlungen?
– Sprachliche Handlungen: bitten, fordern, lügen, beschuldigen, danken, Rat erteilen, bestreiten, …;
– Redeorganisation: Tagesordnung, Vergabe des Rederechts, Sprecherwechsel, Unterbrechungen; Gesprächsinitiativen, Redeanteile, Dominanz, Schweigen
– Rhetorische Mittel, Intonation, Pausen, …

Störfaktoren in Gesprächen

- *Mangelnde Eindeutigkeit:* Missverständnis, Ironie, Zweideutigkeit, Anspielung, Wortspiel
- *Irreversibilität sprachlicher Äußerungen:* Schimpfwort, Beleidigung, Zote
- *Mangelnde Konvention:* fehlende Beachtung der Gepflogenheiten, z. B. der Höflichkeit
- *Mangelnde Sachkenntnis:* Uninformiertheit oder Inkompetenz in bestimmen Bereichen
- *Formelhafter, phrasenhafter Sprachgebrauch:* Das war immer schon so. – Der kleine Mann, …
- *Zurückhaltung von Informationen:* alle Formen der Zensur, des Lügens, der Täuschung, des Übergehens
- *Mangelnder Adressatenbezug:* Sprecher achtet nicht auf Verständlichkeit und Aufnahmefähigkeit
- *Mangelnde Hörbereitschaft:* fehlendes, überkritisches, misstrauisches Zuhören
- *Negative Sozialbeziehungen:* Ablehnung, Rivalität, Abgrenzung, Isolation, Neid, Arroganz, …
- *Problematische Lebenssituation:* persönliche Schwierigkeiten, Gefühlsverwirrungen, Stress, …
- *Berufliche und ökonomische Probleme:* Karrierestreben, Konkurrenz, Mobbing, Angst vor Arbeitslosigkeit, …

A)

B)

8 In Gesprächssituationen hat jeder Gesprächspartner selbst bestimmte Absichten und Erwartungen an den anderen – bewusst oder unbewusst. Und jeder Gesprächspartner stellt sich in einer **Partnerhypothese** die Absichten des anderen und dessen Erwartungen an ihn vor. – Durch Fehlinterpretationen kann es dabei zu Kommunikationsstörungen kommen. – Untersuchen Sie an diesen beiden Beispielen die Absichten und Erwartungen und die denkbaren Partnerhypothesen. Formulieren Sie sie aus.

9 Erläutern Sie an diesen Beispielen, wie das Zusammenspiel der verschiedenen Kommunikationsfaktoren funktioniert. Entwerfen Sie dazu ein eigenes Kommunikationsmodell.

10 Erörtern Sie, welche Faktoren für das Gelingen von Kommunikation wesentlich sind.

1.2 Das müssen Sie erklären … – Schulische Kommunikation

Unterrichtsgespräch zu

Heinrich von Kleist: Das Bettelweib von Locarno

Lehrer (L) liest vorne an seinem Tisch sitzend den Text vor; die 13 Schülerinnen und Schüler (S) sitzen im Hufeisen und lesen mit.

L: So weit die Geschichte. – So, Sie haben sie jetzt gelesen. Was fällt Ihnen dazu ein? Was möchten Sie sagen, fragen?

S (*Klaus, leise*): Und wenn die Marquise nicht gestorben ist, dann lebt sie noch heute.

L: Haben alle verstanden? – Sagen Sie noch mal laut!

S (*Klaus, laut*): Und wenn die Marquise nicht gestorben ist, dann lebt sie noch heute.

L: Sagen Sie mal, warum diese Wendung Ihnen jetzt in den Sinn gekommen ist!

S (*Klaus*): Ja, das hört sich total märchenhaft an, allein schon durch den Geist.

L: Märchen, Geist … – Monika.

S (*Monika*): Ja, am Anfang wird da etwas Böses getan, und hinterher kommt dann das dicke Ende, und das Böse wird gerächt, und auf höchst dramatische Weise. Vor allem finde ich es auch etwas apart, dass ihnen überhaupt nie einfällt, dass sie die Frau in der Ecke dabei umgebracht haben, sondern da ein Riesentheater machen und tausendmal in diesem Zimmer übernachten um das rauszukriegen.

L: Langsam! Können Sie das noch mal sagen: Was fällt ihnen nicht ein?

S (*Monika*): Ja, die tun ja …, es trägt sich ja hier so zu, dass die Leute nicht wissen, warum der Geist hier in der Gegend rumrennt. Und das find ich schon ein bisschen komisch.

L (*an alle*): Hm, was meinen Sie dazu? – *Pause*

S (*Monika*): Da rennt ja doch so'n Geist …, also dieser Geist, der steht wieder auf, und das beruht auf 'ner Sache, die sie selber verursacht haben. Warum sie sich da nicht mehr daran erinnern, sie selber?!

S (?): Ja, selber.

L: Ja, lassen wir doch dem Gedanken mal nachgehen. Bitte schön!

S (*Ingo zu Monika*): Ja, und wenn sie sich daran erinnern, ein Geist, der da herumspukt, bleibt es in der Geschichte ja immer noch, auch wenn sie wüssten, dass es der Geist des armen Bettelweibs ist. Was bringt ihnen das?

S (*Monika*): Ja, mir ist das alles zu dramatisch, das ganze Ende, der ganze Eklat!

L: Moment, können Sie das mal versuchen zu erklären, warum Ihnen das zu dramatisch ist.

S (*Monika*): Ja, also wie diese Sache mit dem Hund geschildert wird und wie der dann das Zimmer ansteckt, des Lebens müde, das ist also, find ich, leicht übertrieben.

L: Übertrieben im Vergleich womit?

S (*Monika*): Ja, in dem, was ich so normalerweise lesen würde, glaube ich eben: Das ist echt …, das hat wirklich so'n bisschen Märchencharakter, wo alles so ausgebreitet wird.

L: Ah so, also „übertrieben" im Sinne „übersteigert", was die Dramentechnik anbetrifft; also gut. – Wollte jemand sich dazu äußern oder einen anderen Eindruck formulieren? Sie können also einfach ungeordnet, jetzt einfach Ihre Eindrücke sagen.

S (*Ingo*): Es ist formal jetzt, hier die langen Sätze … – die Zahlen hier an der Seite sind ja nicht irgendwelche Zeilenzahlen, sondern, wie ich das jetzt so gesehen hab, sind es die …, werden die Sätze nummeriert, die einzelnen Sätze. Und da sieht man ja schon, dass hier ungewöhnlich lange Sätze drin sind, praktisch aneinander gereiht.

S (*mehrere*): hoho!

L: Hoffentlich lachen Sie auch aus dem richtigen Grund.

S (*Karin*): Ja, das haben wir ja im Deutschunterricht durchgenommen.

L: Also langsam, langsam! Da schlägt mein Deutschlehrerherz! Das müssen wir klären, bevor wir über alles Weitere reden: Wie sind die aneinander gereiht?

S (*Andreas*): Parataxe ist falsch.

S (*mehrfach*): Nein, Aneinanderreihung!

S (*mehrfach*): Ja, mein ich doch: Aneinanderreihung!

S (*mehrere*): Das ist aber 'ne Hypotaxe!

S (*Andreas zu Ingo*): Hypotaxe ist ja keine Aneinanderreihung, ist ja nicht einfach so: (*Hackbewegung mit den Händen.*)

S (*Ingo*): Ja, ich versteh schon.

S (*Andreas*): Bitte macht weiter so.

L: Lasst uns also klären: Was bezeichnet man als Parataxe?

S (*mehrere*): eine Aneinanderreihung.

L: Wenn Hauptsätze aneinander gereiht werden. – Und was ist eine Hypotaxe?

S (*leise, mehrere*): Verschachtelt …

L: Wenn über- und untergeordnete Sätze miteinander verbunden werden. Alles klar? – Also eine Aneinanderreihung von Hypotaxen, wenn schon! Ja, alles klar? – (*zu Ingo*) Aber weiter, ich wollte Sie nicht unterbrechen.

S (*Ingo*): Sehr spannend gestaltet, auch sprachlich, zum Beispiel hier, wo die jetzt … im 16. Satz wird dann sprachlich hier mit „tapp! tapp!" gearbeitet, mit so geräuschähnlichen Worten wird dann also die Spannung gesteigert. Da!

L: Moment, langsam! War es das oder wollten Sie noch etwas sagen?

S (*Ingo*): Nein, ich wollte nur auf die Spannung hinweisen.

L: Sehr gut. Übrigens darf ich, damit Sie alle das jetzt verstehen, was jeder von Ihnen sagt, darauf hinweisen: Haben Sie das verstanden, welche Sorte von Sprache dieses „tapp! tapp!" ist, im Unterschied zu dem übrigen Text? (*Pause*)

L: Sagen Sie es noch mal, wie Sie es erklärt haben!

S (*Ingo*): Ich sagte: Das ist schon, ja, bezogen auf das Geräusch der Schritte.

L: Ja, das heißt: Es ist lautmalerisch.

S (*mehrere*): Lautmalerisch.

L: So, gut, jetzt wollten Sie etwas sagen?!

S (*Claudia*): Ja, dass ich eigentlich finde, diese langen Sätze sind alle für mich sehr schwer zu verstehen; also sie sind schon zu verstehen, aber wenn man dann am Ende des Satzes angekommen ist, da weiß man gar nicht mehr so recht, wie der angefangen hat.

L: Genau, deswegen ist das so schwer zu lesen.

S (*Claudia*): Das macht die Sache so schwierig. – Ich könnte mir vorstellen, wenn ich davon ein ganzes Buch lesen müsste, dass ich dafür wesentlich länger brauchen würde als für ein Buch mit kürzeren Sätzen.

L: Ja, das ist richtig. – Übrigens, das darf ich auch sagen: Deswegen hab ich es vorgelesen. Denn das wäre nicht fair gewesen zu sagen: Will das mal einer von Ihnen lesen? – Das kann man gar nicht ohne hängen zu bleiben lesen, wenn man das zum ersten Mal liest. Ich hab das zu Hause trainiert; also es ist nicht so, als wenn ich das so lesen könnte. Es ist völlig richtig: Das ist sehr schwer zu lesen. – So, noch Eindrücke?!

S (*Monika*): Also, mir kommt das so vor wie ein Märchen für Erwachsene.

L: Erklären!

S (*Monika*): Ja, weil es hat …, also wenn ich es das erste Mal höre, ist es fast langweilig. Weil ich mir am Anfang schon gedacht habe: Wir haben ja dieses „Erdbeben von Chili" da gelesen, das war auch ein ganz dramatisches Ende, wo sich alle umgebracht haben. So, da hab ich mir schon am Anfang gedacht, dass das irgendwie gerächt wird. Aber er [Kleist] schreibt das trotzdem noch so weit. Und das ist ja auch oft im Märchen so, dass man eigentlich schon weiß: Ja, am Ende, der wird den Prinz oder die Prinzessin schon bekommen. – Und das eben ist ein bisschen anders geschrieben als ein Märchen, was man auch den Kindern vorliest, obwohl man sich drum streitet, ob man es Kindern vorlesen soll. Deswegen würde ich sagen: Märchen für Erwachsene.

S (*?, leise*): Warum für Erwachsene?

L: Für Erwachsene wegen der Schwierigkeit mit der Sprache?

S (*Monika*): Ja.

L: Ah ja, gut. – Bitte! – Ah, Entschuldigung, Sie wollten schon lange was sagen.

S (*Andreas*): Was mir nämlich aufgefallen ist: In Satz 17 ist – so weit ich das überblicken kann – die einzige wörtliche Rede vorhanden in der Form von zwei Worten: „Wer da?"

S (*Ingo*): Spannung!!

L: Ja.

S (*Andreas*): Eben!

L: Schön, gut. Wollen Sie es gleich zu erklären versuchen? Es muss nicht sein. Also, die Beobachtung ist schon mal richtig: die einzige wörtliche Rede. Nun, wo Sie es schon entdeckt haben, kann man natürlich auch gleich fragen: Hat das 'ne Funktion?

(*Transkript der Anfangsphase eines Unterrichtsgesprächs, Jg. 12, 1986*)

❶ Hier gibt es besondere Spielregeln gegenüber anderen Gesprächssituationen: Vergleichen Sie die schulische Kommunikation mit der außerschulischen. Wo liegen hier die Probleme?

❷ Untersuchen Sie das vorliegende Unterrichtsgespräch:
   a) *das Gesprächsverhalten:* die Lehrer-Schüler-Interaktion und die Schüler-Schüler-Interaktion, die Abfolge von Fragen und Antworten, die Spielräume für Schülerinnen und Schüler, die Rolle des Lehrers, die Streuung der Beteiligung etc. – Unterscheiden Sie „gelenkte" und „offene Phasen" des Unterrichtsgesprächs.
   b) *die inhaltliche Entwicklung:* die Einführung neuer Teilthemen oder Aspekte, die Aufnahme eines Gedankens durch die Mitschüler, die Fortführung eines Ansatzes, die Zwischenergebnisse. – Klären Sie den Lernprozess.
   c) *die typisch „mündliche Sprache":* Prüfen Sie Formulierungen und „Fehler" im Vergleich zum schriftlichen Standarddeutsch. Erstellen Sie Kategorien, unter denen die Abweichungen zu bündeln sind.

Häufige Fehler in Gesprächen

- *auf der Seite der Sprechenden:*
  - Sie übersehen die Antworten der vorausgegangenen Sprecher und wiederholen schon Gesagtes.
  - Sie haben noch zu wenig Ideen, reden aber weiter, sodass sie das Gleiche in anderen Worten wiederholen.
  - Sie bringen ungeordnet zu viele Ideen in die Äußerungen ein und stellen keinen Zusammenhang her.
  - ...
- *auf der Seite der Zuhörenden:*
  - Sie legen sich ihren Beitrag schon zurecht, während noch ein anderer spricht; so bekommen sie für den weiteren Gesprächsgang Wichtiges nicht mit.
  - Sie vergessen, was gesagt wurde, und können dann nicht anknüpfen.
  - Sie hören eher auf Details und bekommen so den ganzen Sinn des Beitrags nicht mit.
  - ...

❸ Setzen Sie sich mit typischen Mängeln in Unterrichtsgesprächen auseinander. Ergänzen Sie die Liste gegebenenfalls nach Ihren Erfahrungen.

1.3 Gesprächslabor

Zur Übung und Reflexion der **Gesprächsformen**, die in der Oberstufe gezielt eingesetzt werden können, wird ein „Gesprächslabor" (fish bowl) eingerichtet:
Der Kurs oder die Klasse wird halbiert und man setzt sich in zwei Kreisen hintereinander. Die Besetzung des äußeren und des inneren Kreises sollte ab und zu wechseln. – Beide Kreise haben verschiedene Funktionen: Gespräche führen oder über Gespräche sprechen.

© Günther Einecke

Kommunikation: Gespräche über ein Thema führen

<u>Innen</u> sitzt die *Experimentalgruppe*, die Versuchspersonen, die Gespräche führen:
Sie achtet auf das Thema der Gespräche und die zu erprobende Gesprächsform. Dabei erprobt sie, welche *Gesprächsformen* sich *für die Oberstufe* eignen und zu welchen Zwecken sie günstig erscheinen.

Metakommunikation: über Gespräche und Gesprächsverhalten sprechen

<u>Außen</u> sitzt die *Beobachtergruppe*, die das Gesprächsverhalten verfolgt und Beobachtungen für die anschließende Metakommunikation notiert:
- Themaentwicklung – Inhalte, Gedankensprünge, ...
- Initiativen, Sprechanteile, Dominanz, Störungen, ...
- sprachliche Kontakte, Einbeziehung anderer, Gesprächsordnung, ...

„Was da abläuft, ist extrem" – Mobbing in der Schule

„So was ist natürlich total verpönt bei uns", sagt Marko, Wortführer der Schreihälse. Wer keine teuren „Label-Anziehsachen" hat, wie fast alle Schüler des Gymnasiums im Hamburger Elbvillenviertel Othmarschen, „der wird die ganze Zeit geärgert" (Marko). Hänseln und Piesacken sind angesagt, wenn jemand „äußerlich nicht so schön ist", eine große Nase hat, zu dick ist oder lispelt, berichtet Marko.

Die Hatz beginnt jeden Morgen neu. Wenn Julian die Klasse betritt, röhrt es von verschiedenen Plätzen: „Ah, guckt mal, was der wieder für Bio-Klamotten anhat!" Manchmal stülpt ihm jemand den Kragen um und ruft: „Der trägt ja einen Pullover von C&A!" (…)

Besonders schwer haben es diejenigen, die „gut in der Schule sind und immer nett zu den Lehrern": Die werden, so Marko, „am schlimmsten gemobbt".

Der hübsche Junge in den trendigen „Dickies", den viel zu weiten und zu langen Hosen, weiß, wovon er redet: Mobbing, das aus der Arbeitswelt der Erwachsenen bekannte Phänomen, ist auch in den Klassenzimmern und auf dem Pausenhof üblich.

Der neue Begriff, vom englischen „Mob" („Pöbel") hergeleitet, beschreibt eine vertraute Erscheinung: Fast jeder Schüler hat schon das Drangsalieren, Quälen, Beschimpfen oder Ausgrenzen einzelner durch gleichaltrige Klassentyrannen miterlebt, fast jeder Erwachsene kann sich daran erinnern.

Mobbing gehört zur Schülerkultur, wie Mechthild Schäfer sagt, Wissenschaftlerin am Max-Planck-Institut für psychologische Forschung in München: „An deutschen Schulen wird mindestens eines von zehn Kindern ernsthaft schikaniert und mehr als eines von zehn Kindern schikaniert andere."

Beim Mobbing geht es nicht um die gelegentliche, gewöhnliche und bald wieder vergessene Stichelei oder Rauferei. „Mobbing hat System", erklärt die Psychologin. (…) Das typische Mobbing-Opfer, so Schulpsychologe Knaack, „frisst seine Ängste in sich hinein, posaunt den Frust niemals heraus und gewöhnt sich schließlich an die Rolle, es entsteht eine Spirale aus Angst und Gewalt".

Vorrangig betroffen, das zeigte die in Schleswig-Holstein vorgelegte Studie, sind „männliche Schüler zwischen 13 und 15 Jahren". Die Kommunikation zwischen den attackierten Kindern und den Lehrern ist „dürftig", fanden Knaak und Hanewinkel: Nur jeder Dritte unter den Opfern teilt seinen Kummer den Lehrern mit und nur jeder vierte Lehrer spricht ein Opfer von sich aus an – ein folgenschweres Versäumnis, denn: „Duldung von Mobbing bedeutet Ermutigung der Täter" (Knaak).

Jungen und Mädchen, das zeigten (…) Untersuchungen, wenden beim Triezen der Schwächeren unterschiedliche Strategien an: Mädchen bevorzugen indirekte Bosheiten wie Gerüchteverbreiten, Ignorieren oder „Manipulation der Freundschaftsbeziehungen" (Olweus): Sie spannen beispielsweise einem anderen Mädchen die beste Freundin aus. Typisch für Jungen sind direkte, grobe Attacken wie körperliche Gewalt und Beschädigung von Sachen. (…)

„Die Täter können kaum dingfest gemacht werden, denn die Vorfälle sind nicht konkret genug", erklärt aus seiner langjährigen Schulerfahrung Christian Damerius, Studiendirektor am Gymnasium Wentorf bei Hamburg. (…)

(Der Spiegel, 1997)

Kommunikation

Gesprächsform: Blitzlicht
Im Gesprächslabor geben alle Teilnehmer im inneren Kreis spontan eine Antwort auf die jeweilige Frage; sie gehen nicht auf Vorredner ein. – Das Wort wird im Uhrzeigersinn an den Nachbarn weitergegeben; so soll das Rederecht in der Reihenfolge der Sitzenden weiterlaufen; jeder ist zu einem kurzen Beitrag verpflichtet. Dann ist Schluss.

Thema: „Wann kann man von sprachlicher Gewalt sprechen?"

Gesprächsform: Partnergespräch
Die Teilnehmerinnen und Teilnehmer im inneren Kreis tauschen ihre (auch außerschulischen) Erfahrungen zu einem bestimmten Thema aus.

Thema: „Handelt es sich bei den berichteten Erfahrungen mit sprachlicher und nichtsprachlicher Gewalt um Mobbing oder nicht?" (Es geht dabei nicht um einfaches Ärgern, sondern darum, dass Mitschüler über einen längeren Zeitraum zu Opfern von Lästereien, Angriffen und Schikanen gemacht werden und darunter leiden ohne sich wehren zu können.)

Gesprächsform: Offene Diskussion
Ohne Gesprächsleiter diskutiert die innere Gruppe das Thema. Dabei ist jede/r für die *Gesprächsentwicklung* mitverantwortlich.

Thema: „Welche Rolle spielen Kleidung und Ausstattung eines Schülers oder einer Schülerin für das Ansehen unter den Mitschülern?"

Gesprächsform: Moderierte Diskussion
Mit einem Gesprächsleiter (Moderator) diskutiert die innere Gruppe das zuvor vereinbarte Thema. Dabei achtet vor allem der Moderator auf die *Gesprächsordnung*. Er spricht in der Regel nicht zur Sache, sondern achtet u. a. auf die Einhaltung vereinbarter „Spielregeln" (Ausreden-Lassen, Begrenzung der Länge von Redebeiträgen usw.) sowie auf die Einhaltung von Rednerliste und Zeitplan. Wo dies notwendig ist, fasst er mehrere Beiträge oder die Ergebnisse der Diskussion zusammen. Muss eine Entscheidung getroffen werden, stellt er die diskutierten Standpunkte zur Abstimmung.

Thema: „Wie hängen Mobbing und schulischer Leistungsdruck zusammen?" oder: *„Ist verbales Mobbing nur die Spitze des Eisbergs ‚Gewalt'?"*

Metakommunikation

Über das Gespräch sprechen: Die Schülerinnen und Schüler im äußeren Kreis sprechen nach jeder Gesprächsrunde in einer Auswertung über die erlebten Gesprächsabläufe. Dabei müssen sie darauf achten, dass sie nicht zur Sache reden. Ihr Gesprächsgegenstand ist jeweils das vorherige Gespräch. Dabei sind folgende Fragen hilfreich:

1. Wie ist die Experimentalgruppe mit dem Thema inhaltlich zurecht gekommen? Wie wurden Beiträge von Vorrednern weiter entwickelt? Sind die Gesprächsteilnehmer in der Sachebene zu Ergebnissen gekommen?

2. Wie sind die Teilnehmer der Experimentalgruppe miteinander umgegangen? Was hat sich in der Beziehung der Teilnehmer untereinander gezeigt? Wie wurde das Gespräch geregelt? Gab es eine Gesprächsordnung? Wie hat sie funktioniert?

Oft ist es bei der Klärung dieser Fragen hilfreich auf Äußerungen zu achten, die das Gespräch steuern, z.B.: *Ich sehe das so … – Das ist eine gute Idee. – Das wäre erst noch zu beweisen. – Das stimmt zwar, aber das könnte man auch anders sehen … – Gib' mal ein Beispiel! – Noch einmal zu Anne … – Könntet ihr mich erst ausreden lassen? – Ich möchte noch einmal auf dich zurückkommen. – Komm doch zum Thema! – Nur kurz noch …!*

Hilfsmittel „Rollenspiel"

Manche Probleme, insbesondere strittige Themen, lassen sich mitunter besser in Form von Rollenspielen behandeln. Dabei übernehmen die Teilnehmerinnen und Teilnehmer des Innenkreises festgelegte Rollen, während die „Beobachter" im äußeren Kreis zusätzlich darauf achten, ob es den Diskussionsteilnehmern gelingt ihre Rolle wirkungsvoll und realitätsnah auszufüllen.

1 Führen Sie ein Gesprächslabor zur Behandlung und Lösung des folgenden Falles durch, indem Sie zunächst im inneren Kreis zur Sache diskutieren (Kommunikation) und anschließend den Verlauf der Diskussion reflektieren (Metakommunikation). Verwenden Sie für die Übung die nachstehenden Situations- und Rollenkarten.

Situationskarte

Im BG-Gymnasium in E. forderte im 12. Jahrgang der Schüler K. von seinem erfolgreicheren Mitschüler A. immer wieder, die Hausaufgaben „geliehen" zu bekommen; A. sollte ihm auch Teile eines Referats anfertigen; bei Klassenarbeiten sollte er sich neben K. setzen und seine Ergebnisse übermitteln etc. – K. drohte: Wenn A. seinen Forderungen nicht nachkomme, werde er den Mitschülerinnen sagen, dass A. Angst vor Frauen habe. – Da A. darauf nicht einging, erzählte K. im Kurs, A. nehme für das Abgucken-Lassen 10,– Euro pro Klassenarbeit. Und K. beschimpfte über Wochen A. als „Schleimer", „Streber", „Softei" und „Warmduscher". Es tauchten auch Zettel mit A.s Namen und solchen Bezeichnungen auf. Trat A. zu einer Gruppe von Mitschülern hinzu, reagierte K. jedes Mal mit: Du hast gerade noch gefehlt! – Schließlich, bei einer Klassenarbeit, als sich K. neben A. setzen konnte, brüllte K. auf einmal laut heraus, A. solle endlich mit dem Pfuschen aufhören und seine Aufgaben selbst machen, ohne ihn zu stören. – A. erbleichte, ihm wurde schlecht und er konnte die Klausur nicht zu Ende schreiben. – Der Kurslehrer, Herr P., wurde hellhörig und bestellte K. und A. sowie die Kurssprecherin M. zu sich.

Rollenkarten

Mobbingopfer
A. – versucht zunächst die Situation zu verharmlosen – dann leugnet er die Probleme – schließlich erwähnt er verschiedene frühere Vorfälle

Kurslehrer
Herr P. – zunächst versucht er ein vermittelndes Gespräch – dann wendet er sich an M. als Zeugin – schließlich beginnt er mit einem Verhör K.s – er zeigt, dass er um Mobbing Bescheid weiß

Kurssprecherin
M. – sie weicht zunächst auf Fragen aus – dann berichtet sie, dass mehrere Schülerinnen bereits einmal über das Problem zwischen A. und K. gesprochen hätten – es wird deutlich, dass einige Kursteilnehmer A. für arrogant halten, weil er mit seinen Leistungen auftrumpfe

Mobber
K. – er geht gleich zum Angriff über und bezeichnet A. als unsozial – außerdem hätten viele Mitschüler die Nase voll von ihm – schließlich muss er einzelne Aktivitäten zugeben

❷ Klären Sie, worin sich die verschiedenen Gesprächsformen unterscheiden:
  – Funktion eines Blitzlichts im Unterricht,
  – Vorteile und Nachteile der offenen und der moderierten Diskussion,
  – sinnvolle Gelegenheiten für Partnergespräche,
  – Probleme mit Unterrichtsgesprächen, …

2 Vortragen

Reden für den Ernstfall kann man vorweg spielerisch üben. Neben dem Redeinhalt werden der Auftritt mit seinem Publikumsbezug, die eigene Stimme und Sprache sowie die Körpersprache wichtig.
- Rede spielerisch: In einer lockeren 2-Minuten-Rede die Redesituation, die Wirkung und die Hörerreaktion erleben
- Rede im Ernstfall: Auf der Grundlage von Sachinformationen einen Kurzvortrag halten und dabei die Entfaltung eines Themas üben
- Rede als fachliche Leistung einbringen: Ein mündliches Referat vortragen und dabei die Reduktion der schriftlichen Ausarbeitung üben

2.1 Statements abgeben

Sie können zu einem Thema, das diesmal selbst nicht im Mittelpunkt stehen soll, zwei Minuten lang sprechen und dabei vor allem spielerisch Ihre rednerischen und theatralischen Fähigkeiten einsetzen. Sie stellen kurz Ihren eigenen Standpunkt zum Thema und das eine oder andere Argument dar. – Vorbereitungszeit: 2 Minuten – Redezeit: 2 Minuten

Themen: Jobben neben der Schule? – Nach dem Abi Beruf oder Studium? – Familie, nein danke? – Arbeitspflicht für Jugendliche? – Liebe, nur ein anderes Wort für Sex? – Sollten Schüler selbst bestimmen, was sie lernen? – Nachts an roten Ampeln halten? – …

So kommt man in einen Rederhythmus:
→ Sagen Sie, was Sie mitteilen wollen: der **Einstieg**
→ Teilen Sie Ihren Standpunkt mit: der **Redekern**
→ Fassen Sie das Gesagte zusammen: der **Schluss**

① Bereiten Sie das Statement in zwei Minuten vor.

② Geben Sie vor der Gruppe Ihr Statement ab. Beachten Sie, dass es nicht länger als zwei Minuten sein darf.

③ Erfinden Sie gegebenenfalls weitere Themen für Statements.

2.2 Kurzvorträge halten

Mit *Stichwortkarte* reden:
- Nutzen Sie DIN-A6-Karteikarten.
- Schreiben Sie lesbar Ihre Teilthemen auf.
- Schreiben Sie zu einzelnen Inhalten nur Stichworte, keine Sätze.
- Verwenden Sie unterschiedliche Schriftgrößen.
- Arbeiten Sie mit Symbolen zur Betonung.

In einer 10-Minuten-Rede zum „*Kommunikationsmodell*" von Friedemann Schulz von Thun geht es darum, einen Sachverhalt klar und nachvollziehbar darzustellen. Dazu stützen Sie sich auf Sachinformationen. Wesentlich ist, dass Sie die knappen Sachtexte für sich so aufbereiten, dass Sie mit Stichwortkarte in eigenen Worten zum Thema sprechen können. Sie werden üben, wie man einen *Sachaspekt entfaltet*, um 10 Minuten Redezeit zu erreichen. Dazu ist es hilfreich, das Thema in Teilthemen zu gliedern und mit Beispielen zu erklären.

Friedemann Schulz von Thun
Miteinander reden (Auszüge)

I. Die Anatomie einer Nachricht

Für mich selbst war es eine faszinierende „Entdeckung", (...) *dass ein und dieselbe Nachricht stets viele Botschaften gleichzeitig enthält.* Dass jede Nachricht ein ganzes Paket mit vielen Botschaften ist, macht den Vorgang der zwischenmenschlichen Kommunikation so kompliziert und störanfällig, aber auch so aufregend und spannend.

Um die Vielfalt der Botschaften, die in einer Nachricht stecken, ordnen zu können, möchte ich vier seelisch bedeutsame Seiten an ihr unterscheiden. Ein Alltagsbeispiel: Der Mann (= Sender) sagt zu seiner am Steuer sitzenden Frau (= Empfänger): „Du, da vorne ist Grün!" – Was steckt alles drin in dieser Nachricht, was hat der Sender (bewusst oder unbewusst) hineingesteckt, und was kann der Empfänger ihr entnehmen?

1. Sachinhalt (oder: Worüber ich informiere)

Zunächst enthält die Nachricht eine Sachinformation. Im Beispiel erfahren wir etwas über den Zustand der Ampel – sie steht auf Grün. Immer wenn es „um die Sache" geht, steht diese Seite der Nachricht im Vordergrund – oder sollte es zumindest. (...)

2. Selbstoffenbarung (oder: Was ich von mir selbst kundgebe)

In jeder Nachricht stecken nicht nur Informationen über die mitgeteilten Sachinhalte, sondern auch Informationen über die Person des Senders. (...) Allgemein gesagt: In jeder Nachricht steckt ein Stück Selbstoffenbarung des Senders. Ich wähle den Begriff Selbstoffenbarung, um damit sowohl die gewollte *Selbstdarstellung* als auch die unfreiwillige *Selbstenthüllung* einzuschließen. (...)

3. Beziehung (oder: Was ich von dir halte und wie wir zueinander stehen)

Aus der Nachricht geht ferner hervor, wie der Sender zum Empfänger steht, was er von ihm hält. Oft zeigt sich dies in der gewählten Formulierung, im Tonfall und anderen nichtsprachlichen Begleitsignalen. Für diese Seite der Nachricht hat der Empfänger ein besonders empfindliches Ohr; denn hier fühlt er sich als Person in bestimmter Weise behandelt (oder misshandelt). In unserem Beispiel gibt der Mann durch seinen Hinweis zu erkennen, dass er seiner Frau nicht recht zutraut, ohne seine Hilfe den Wagen optimal zu fahren.
Möglicherweise wehrt sich die Frau gegen diese „Bevormundung" und antwortet barsch: „Fährst du oder fahre ich?" – wohlgemerkt: Ihre Ablehnung richtet sich in diesem Fall nicht gegen den Sachinhalt (dem wird sie zustimmen!). Sondern ihre Ablehnung richtet sich gegen die empfangene Beziehungsbotschaft.
Allgemein gesprochen: Eine Nachricht senden heißt auch immer, zu dem Angesprochenen eine bestimmte Art von Beziehung auszudrücken. Streng genommen ist dies natürlich ein spezieller Teil der Selbstoffenbarung. Jedoch wollen wir diesen Beziehungsaspekt als davon unterschiedlich behandeln, weil die psychologische Situation des Empfängers verschieden ist: Beim Empfang der Selbstoffenbarung ist er ein nicht selbst betroffener *Diagnostiker* („Was sagt mir deine Äußerung über *dich* aus?"), beim Empfang der Beziehungsseite ist er selbst „betroffen" (oft im doppelten Sinn des Wortes). (...)

4. Appell (oder: Wozu ich dich veranlassen möchte)

Kaum etwas wird „nur so" gesagt – fast alle Nachrichten haben die Funktion, auf den Empfänger *Einfluss zu nehmen*. In unserem Beispiel lautet der Appell vielleicht: „Gib ein bisschen Gas, dann schaffen wir es noch bei Grün!"
Die Nachricht dient also (auch) dazu den Empfänger zu veranlassen, bestimmte Dinge zu tun oder zu unterlassen, zu denken oder zu fühlen. Dieser Versuch Einfluss zu nehmen kann mehr oder minder offen oder versteckt sein – im letzteren Falle sprechen wir von Manipulation. (...)

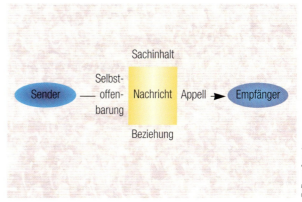

Halten wir fest: Ein und dieselbe Nachricht enthält viele Botschaften; ob er will oder nicht – der Sender sendet immer gleichzeitig auf allen vier Seiten. Die Vielfalt der Botschaften lässt sich mit Hilfe des Quadrates ordnen. Dieses „Drumherum" der Botschaften bestimmt die psychologische Qualität einer Nachricht. (…)

II. Mit vier Ohren empfangen

Wir haben das Nachrichten-Quadrat überwiegend aus der Sicht des Senders betrachtet: Er teilt Sachinformationen mit; stellt sich dabei gleichzeitig selbst dar; drückt aus, wie er zum Empfänger steht, sodass sich dieser in der einen oder anderen Weise behandelt fühlt; und versucht Einfluss auf das Denken, Fühlen und Handeln des anderen zu nehmen. (…)

Betrachten wir das Quadrat aus der Sicht des Empfängers. Je nachdem auf welche Seite er besonders hört, ist seine Empfangstätigkeit eine andere: Den Sachinhalt sucht er zu verstehen. (…) Durch die Beziehungsseite ist der Empfänger persönlich besonders betroffen (…). Die Auswertung der Appellseite schließlich geschieht unter der Fragestellung „Wo will er mich hinhaben?" bzw. in Hinblick auf die Informationsnutzung (…).

Der Empfänger ist mit seinen zwei Ohren biologisch schlecht ausgerüstet: Im Grunde braucht er „vier Ohren" – ein Ohr für jede Seite.

Je nachdem, welches seiner vier Ohren der Empfänger gerade vorrangig auf Empfang geschaltet hat, nimmt das Gespräch einen sehr unterschiedlichen Verlauf. Oft ist dem Empfänger gar nicht bewusst, dass er einige seiner Ohren abgeschaltet hat und dadurch die Weichen für das zwischenmenschliche Geschehen stellt. (…) Was zwischenmenschliche Kommunikation so kompliziert macht, ist: Der Empfänger hat prinzipiell die freie Auswahl, auf welche Seite der Nachricht er reagieren will. (…)

Bei vielen Empfängern ist – unabhängig von den Situationserfordernissen – ein Ohr auf Kosten der anderen besonders gut ausgebildet.

Selbstoffenbarungsohr: Was sagt er über sich? Was ist das für einer?

Sachohr: Was ist der Sachverhalt? Wie ist er zu verstehen?

Beziehungsohr: Was hält der andere von mir? Wie redet der mit mir?

Appellohr: Was soll ich tun, denken, fühlen?

© Peter Louin

1. Das „Sach-Ohr"

Viele Empfänger (vor allem Männer und Akademiker) sind darauf geeicht, sich auf die Sachseite der Nachricht zu stürzen und das Heil in der Sachauseinandersetzung zu suchen. Dies erweist sich regelmäßig dann als verhängnisvoll, wenn das eigentliche Problem nicht so sehr in einer sachlichen Differenz besteht, sondern auf der zwischenmenschlichen Ebene liegt. (…)

2. Das „Beziehungs-Ohr"

Bei manchen Empfängern ist das auf die Beziehungsseite gerichtete Ohr so groß und überempfindlich, dass sie in viele beziehungsneutrale Nachrichten und Handlungen eine Stellungnahme zu ihrer Person hineinlegen oder übergewichten. Sie beziehen alles auf sich, nehmen alles persönlich, fühlen sich leicht angegriffen und beleidigt. Wenn jemand wütend ist, fühlen sie sich beschuldigt, wenn jemand lacht, fühlen sie sich ausgelacht, wenn jemand guckt, fühlen sie sich kritisch gemustert, wenn jemand weggguckt, fühlen sie sich gemieden und abgelehnt. Sie liegen ständig auf der „Beziehungslauer". (…)

3. Das „Selbstoffenbarungs-Ohr"

Verglichen mit dem überempfindlichen Beziehungs-Ohr kann es seelisch gesünder sein, ein gut gewachsenes Selbstoffenbarungs-Ohr zu haben, welches die Nachricht unter dem Aspekt aufnimmt: „Was sagt sie mir über *dich*?" (…)

Diese Empfangsweise kann sogar dann angebracht sein, wenn explizite Beziehungsbotschaften ankommen. (…)

4. Das „Appell-Ohr"

Von dem Wunsch beseelt, es allen recht zu machen und auch den unausgesprochenen Erwartungen der Mitmenschen zu entsprechen, ist manchem Empfänger mit der Zeit ein übergroßes Appell-Ohr gewachsen. Sie hören auf der Appellseite geradezu „das Gras wachsen", sind dauernd auf dem „Appell-Sprung". Kleinste Signale werden auf ihre Appell-Komponente hin untersucht. (…) Der Empfänger mit dem übergroßen Appell-Ohr ist meist wenig bei sich selbst, hat keine „Antenne" für das, was er selbst will und fühlt. (…)

Die ankommende Nachricht:
Ein „Machwerk" des Empfängers

Die Nachricht, so haben wir gesehen, „hat es in sich": Eine Vielfalt von Botschaften auf allen vier Seiten steckt darin, teils explizit, teils absichtlich vom Sender hineingetan, teils unabsichtlich mit „hineingerutscht". Dieses ganze Paket kommt nun beim Empfänger an. Aber im Unterschied zu Paketen, die mit der Post ankommen, ist der empfangene Inhalt hier nicht gleich dem abgesendeten Inhalt. Wir haben gesehen, was der Empfänger allein schon dadurch mit der Nachricht alles machen kann,

dass er seine vier Ohren in unterschiedlich starkem Maße auf Empfang schaltet. Jetzt kommt noch hinzu, dass der Empfänger einige der Seiten der Nachricht in den „falschen Hals" kriegen kann. Wie kommt das?
Um zu kommunizieren muss der Sender seine zu übermittelnden Gedanken, Absichten, Kenntnisse – kurz: einen Teil seines inneren Zustandes – in vernehmbare Zeichen übersetzen. (…) Die Zeichen sind es, die zum Empfänger „auf die Reise" geschickt werden. Was nicht mit auf die Reise gehen kann, das sind die Bedeutungen, die der Sender mit den Zeichen verbindet. Vielmehr ist ein empfangendes Gehirn notwendig, das in der Lage ist, Bedeutungen in die Zeichen neu hineinzulesen. (…) Bei diesem Akt der Bedeutungsverleihung ist der Empfänger in starkem Maße auf sich selbst gestellt; das Ergebnis (…) hängt ab von seinen Erwartungen, Befürchtungen, Vorerfahrungen – kurzum: von seiner ganzen Person. So mag es geschehen, dass manche Botschaft überhaupt nicht ankommt (etwa wenn der Empfänger den „mürrischen Unterton" nicht mitkriegt); oder dass er mehr „hineinliest" in die Nachricht, als der Sender hineinstecken wollte (etwa wenn der Empfänger einen „Vorwurf" auf der Beziehungsseite heraushört, den der Sender nicht erheben wollte); oder dass er sich angegriffen fühlt, obwohl der Sender nur einen „lustigen" Gesprächsanlass suchte.

Fassen wir zusammen: In die ankommende Nachricht investiert der Empfänger gleichsam seine ganze Person – sie ist zu einem gut Teil „sein eigenes Werk". *(1981)*

① Stellen Sie in einer 10-Minuten-Rede die Kommunikationsfaktoren nach Schulz von Thun dar.

② Informieren Sie sich über andere „Kommunikationsmodelle" (→ z. B. Facetten. Sprache und Rhetorik) und stellen Sie diese in einer 10-Minuten-Rede vor.

③ Werten Sie die 10-Minuten-Reden gemeinsam aus; beachten Sie bei Ihrer Kritik die unten stehenden Hinweise.

Konstruktiv Kritik üben:
Nach einer Rede wird eine Kritik annehmbar, wenn sie folgende Spielregeln beachtet:
– Möglichst genaue Beobachtungen mitteilen, nicht sofort pauschal bewerten.
– Nicht sofort Schwachpunkte nennen, sondern mit dem Positiven beginnen.
– Etwas als persönlichen Eindruck deutlich machen: „ich" habe das so gehört …
– Gute Ratschläge kommen nur an, wenn sie realistisch sind und dem Redner tatsächlich helfen könnten.
– Sich vorstellen, man könnte der nächste Redner sein.

Um eine Rede besprechen zu können ist es hilfreich, während der Rede oder direkt im Anschluss Notizen zu machen. Sie könnten dabei auf folgende Punkte achten:

Beobachtung	! = was mir auffällt	? = was mir unklar ist	+ = was mir gefällt	– = was mir missfällt
Inhalt/Ideen/Aufbau				
Stimme/Lautstärke/Betonung				
Tempo/Pausen				
Aussprache				
Körpersprache				

2.3 Mündliches Referat nach schriftlicher Ausarbeitung

© Günther Einecke

Das mündliche Referat basiert auf einer schriftlichen Ausarbeitung, die eine gegliederte, auf Quellen fußende, gedanklich entwickelte und angemessen formulierte Erarbeitung eines Sachverhalts darstellt. Zur Erarbeitung eines „schriftlichen Referats" können Sie die Hinweise für die „Facharbeit" (→ „Was darf Satire?" – Eine Facharbeit schreiben, S. 166–183) nutzen.

Für die Vermittlung Ihrer Ergebnisse im mündlichen Referat kommt es nun darauf an, den Text sinnvoll auf Wesentliches zu *komprimieren* und dennoch so ausführlich in den Erklärungen zu sein, dass die Mitschüler Ihre Erkenntnisse verstehen und verarbeiten können.

Ihr mündliches Referat:

- mit einer Vortragsdauer von 15–20 Minuten
- gestützt auf eine Stichwortkarte (Gliederung, Schlüsselwörter, Daten, …)
- ein auf die Mitschüler hinzielender Vortrag
- mit einem „Hand-out" (auch „Paper" oder „Thesenpapier") zur Orientierung und Veranschaulichung für die Mitschüler: Gliederung des Vortrags, Zusammenfassung, Daten, Übersichten, Konspekt des Referats, …
- oder mit Tafeltext oder Folie, die den Gedankengang oder die Ergebnisse verdeutlichen

① Bereiten Sie mit Hintergrundliteratur ein Referat vor zu einem Thema wie: „Kommunikation in der Schule", „Kommunikation im Straßenverkehr", „Kommunikation in der Politik".
Unterscheiden Sie beim Schreiben die schriftliche Langfassung vom mündlichen Referat. Formulieren Sie also zunächst ihren Text, die Abschnitte, die Sätze und Gedanken klar aus.

② Komprimieren Sie danach Ihr schriftliches Referat auf eine Vortragslänge von 15–20 Minuten. Fertigen Sie ein Hand-out oder eine Folie (s. S. 59/60) für Ihre Mitschüler und eine Stichwortkarte für sich selbst an.

③ Komprimieren Sie als alternative Übung einen Fachartikel aus einer Fachzeitschrift von ca. 15 Seiten Länge auf ca. 5 Seiten und bereiten Sie einen Vortrag darüber vor. Nutzen Sie dabei die folgenden Ratschläge.

Mündliche Referate für Zuhörer gestalten

1. Aufbau vom Endpunkt her

Am besten legt man als erstes sein Ziel fest, man plant also das Referat von hinten. Das Ergebnis muss bei der Ausarbeitung des Referats schon feststehen. – Aber auch für den *Vortrag* gilt, dass die Zuhörer zum einen schon am Anfang über das Ziel des Referats informiert werden sollten (advance organizer). Zum anderen wird der Vortragstext selbst auf das Ziel hin aufgebaut, auf den zentralen Aspekt. Den Zuhörern muss am Ende das Ergebnis einleuchten und besonders ins Gedächtnis eindringen. Durch diese Pointierung wie auch durch die doppelte Nennung als Ziel und als Ergebnis bleibt das Wesentliche haften.

2. Einsatz von Zielsätzen

Führen Sie die Zuhörer in Ihre Ziele ein. – Informieren Sie vorweg über Ihre Absichten, Ihren Untersuchungsansatz und Ihre Vorgehensweise und machen Sie die Zuhörer so auf Ihr Ergebnis gespannt. – Beispiele:
- *Ich möchte aufzeigen, wie der „Generationskonflikt" in der Zeit des Sturm und Drang zu verstehen ist.*
- *Ich möchte die wesentlichen Unterschiede zwischen romantischer und moderner Naturlyrik klar machen. Dabei gehe ich folgendermaßen vor: …*

3. Transparente und rhetorische Darbietung

Machen Sie Ihren Zuhörern die Gliederung Ihres Vortrags nach Ober- und Unterpunkten transparent. Setzen Sie mehrere Maßnahmen ein: Vorausschau zu dem, was die Hörer zu erwarten haben – rhetorische Fragen, um die Zuhörer in den Weg einzubeziehen – Zwischenüberschriften während des Vortrags – Zusammenfassungen nach Teilabschnitten und am Ende – Stimmwechsel und Bewegungswechsel im Raum zur Betonung …

Die vier Verständlichmacher (nach Langer, Schulz von Thun und Tausch):
EINFACHHEIT – ÜBERSICHTLICHKEIT – PRÄGNANZ – STIMULANZ

1. Einfach sprechen, nicht kompliziert:
- in kurzen Sätzen anschaulich und konkret sprechen
- verbal formulieren, Nominalstil vermeiden: „unter Berücksichtigung der Fakten …"
  → „wenn ich die Fakten betrachte, …"
- wenig Fremdwörter – notwendige Fachbegriffe erklären
- wenig Floskeln und Füllwörter *(„irgendwie; nicht wirklich; meiner Meinung nach; also; wenn man so will; wie soll ich sagen";* …*),* außer bei der Suche nach dem nächsten Gedanken oder Satz; besser eine Pause

2. Übersichtlich gliedern, nicht chaotisch vortragen:
- das Ziel zu Beginn verdeutlichen
- die Gliederung bei der Einleitung ankündigen
- in einer nachvollziehbaren Reihenfolge aufbauen
- Abschnitte oder Argumente durchnummerieren
- bei Absätzen Pausen machen

3. Kurz sprechen, nicht weitschweifig werden:
- auf die wesentlichen Punkte begrenzen, aber nicht im Telegrammstil
- keine Ausflüge in Nebenthemen oder Erlebnisse
- Wiederholungen wichtiger Punkte und Zusammenfassungen sind erlaubt, damit man sich Zentrales besser merkt.

4. Hörerfreundlich reden, keine Langeweile verbreiten:
- direkte Anrede der Zuhörer, nicht nur einmal am Anfang des Vortrags
- Rückbezüge und Querverweise auf Vorwissen aus dem Unterricht herstellen
- lebensnahe, auch heitere Beispiele einblenden
- rhetorische oder direkte Fragen zur Einbeziehung der Zuhörer

❹ Prüfen Sie als Vortragende Ihre Redegrundlage (z. B. Ihre Stichwortkarten) oder als Zuhörende den Vortrag anhand der genannten Kriterien.

3 Präsentieren und visualisieren

Die meisten Menschen behalten gut, was sie sehen. Besser ist eine „mehrkanalige Aufnahme": Akustische und optische Mittel werden eingesetzt. Noch besser ist die Eigenaktivität: Man lernt, indem man lehrt.
- Bei Kurzvorträgen sich selbst präsentieren und auf Körpersprache achten,
- Arbeitsprodukte präsentieren und dabei verschiedene Medien benutzen: Folie, Tafel, Hand-out, Wandzeitung,
- Ergebnisse visualisieren und dabei verschiedene grafische Mittel einsetzen.

3.1 Auf Körpersprache achten

© Peter Lowin

① Spielen Sie diese Posen nach. – Verbalisieren und interpretieren Sie Ihr Erlebnis beim „Auftritt".

② Reflektieren Sie, ob man für bestimmte Gelegenheiten auch bestimmte Formen der Körpersprache zu beachten hat.

③ Erörtern Sie die Kommentare zu den folgenden Formen der Körpersprache.

Wenn plötzlich der Redner oder Hörer:	Dann kann dies bedeuten:
die Stirn runzelt	Entrüstung, Kritik
die Augenbrauen hebt	Ungläubigkeit oder Arroganz
die Brille (hastig) abnimmt	Nervosität, Angriff, kein Einverständnis
sich kurz an die Nase greift	bin ertappt, Verlegenheit
sich die Nase reibt	Nachdenklichkeit
mit dem Oberkörper weit nach vorn kommt	Interesse, will unterbrechen
die Arme verschränkt	Ablehnung, verschlossen, hat Angst; aber auch: Frieren
mit den Fingern trommelt	nervös, zur Sache kommen
die Hand in die Hosentasche steckt	Entspannung oder Arroganz
…	…

④ Stellen Sie Formen der Körpersprache zusammen, die man bewusst einsetzen kann, um bestimmte Wirkungen zu erzielen. Erklären Sie die Funktion bestimmter Signale an beispielhaften Situationen der Präsentation.

3.2 Ergebnis-Folien zu Arbeitsergebnissen im Unterricht oder zum Referat

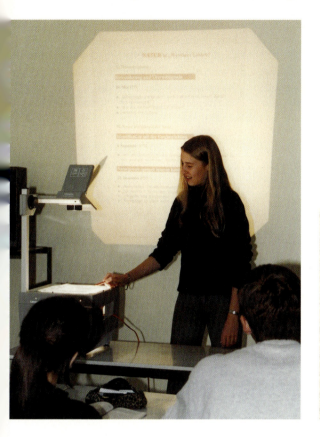

– Folien gezielt einsetzen: zur Vorstellung der Ergebnisse nach längeren Arbeitsphasen
– Folie großzügig beschriften: Buchstaben ca. 5 mm oder bei PC-Schrift mind. 14 Punkt
– die Textmenge beschränken: vor allem Schlüsselwörter, Daten und grafische Elemente
– Zuhörer im Auge behalten: sich neben den Projektor mit dem Blick zum Publikum stellen
– an der Folie auf dem Projektionstisch demonstrieren, sich nicht zur Projektionswand umdrehen
– Folien-Vorträge möglichst nicht unterbrechen

Immanuel Kant: Was ist Aufklärung? (1784)
Argumentation Satz 1–6

1. **Definition** Aufklärung = Ende der Unmündigkeit
2. **Definition** Unmündigkeit = nicht selbstständig denken
   ↓
3. **These**   sie ist selbstverschuldet
4. **Ursachen**
   nicht   a) Mangel des Verstandes
   sondern b) Mangel des Mutes
5. **Konkretisierung**
         Leitung durch andere
6. **Aufforderung!**   ↕
   a) Zitat – lat.   Gegensatz
   b) Wahlspruch ↕
         ☞ Habe Mut zu eigenem Denken
         ↓
7. **Folgerung**   Kern der Aufklärung ✓

❶ Überprüfen und erörtern Sie die Gestaltung der Folie zur Argumentation in Kants Text.

❷ Analysieren Sie andere Abschnitte aus Kants Text und gestalten Sie Folien.

❸ Entwickeln Sie eine Folie zum Thema „Kommunikation" – s. Aufgaben S. 56.

3.3 Hand-out (Paper, Thesenpapier) zu einem Referat

Mit einem Hand-out kann man sein Referat zuhörerfreundlich gestalten. Die Hauptinformationen werden übersichtlich auf einem Blatt dargestellt. Dies Blatt kann man vor dem Referat austeilen, wenn die Zuhörer sich mit einer Gliederung über den Ablauf des Referats begleitend orientieren sollen. Man kann es aber auch nach dem Referat austeilen, wenn die Zuhörer mit einer Zusammenfassung nur die Quintessenz des Vortrags erhalten sollen. – *Visualisierung* der Ergebnisse, d.h. gute grafische Gestaltung, macht den Vortrag effektiv und zuhörerfreundlich. Die Übersichtlichkeit durch Hervorhebungen, Raumaufteilung, grafische Mittel etc. wird zu einer wichtigen Merkhilfe.

Gesellschaftliche Bedingungen für die Literatur im Vormärz

Restauration Wiener Kongress 1815: die alten Monarchien →	Vormärz: Aufbruch und Unruhen →	Märzrevolution 1848 in Berlin und Wien (Frankfurter Paulskirche)

die nationale Frage
- gegen Kleinstaaterei
- gegen „Erbfeind Frankreich"
- z.T. gegen Preußen als Vormacht

- für einen Einheitsstaat aller Deutschen
- für den Rhein als Grenze
- z.T. für die großdeutsche Lösung (inkl. Österreich)
- für die konstitutionelle Monarchie

die liberale Frage
- gegen Tyrannenherrschaft und Obrigkeitsstaat
- gegen die Ständeordnung
- gegen Zensur

- für eine Republik
- für eine demokratische Verfassung und ein Parlament
- für die Grund- und Menschenrechte

die soziale Frage
- gegen die Verelendung im Zuge der Frühindustrialisierung
- gegen Ausbeutung

- für Revolution und soziale Gerechtigkeit
- für die Abschaffung von Privilegien
- für eine Arbeiterbewegung

die emanzipatorische Frage
- gegen die traditionelle Frauenrolle
- gegen die Ausgrenzung der Frau aus Politik und Gesellschaft

- für mehr Selbstbestimmung der Frau
- für freie Liebe
- für berufliche Möglichkeiten wie die Männer

→ **Politisierung der Literatur: Anklage, Forderung – Parteilichkeit, Tendenz**

Autorinnen und Autoren: Louise Aston – Bettina von Arnim – Ludwig Börne – Georg Büchner – Annette von Droste-Hülshoff – Ferdinand Freiligrath – Friedrich Gerstäcker – Heinrich Heine – Georg Herwegh – August Heinrich Hoffmann von Fallersleben – Fanny Lewald – Louise Otto-Peters – Charles Sealsfield – Georg Weerth

---

❶ Beschreiben und bewerten Sie die Gestaltung des Hand-outs im Hinblick auf den Einsatz grafischer und sprachlicher Mittel. Wie ist seine Wirkung?

❷ Gestalten Sie zu einem Referat, einer Epoche, einem Autor oder einem aktuellen Thema ein Hand-out.

3.4 Wandzeitung zu einer Gruppenarbeit oder einem Projekt

Es gibt Arbeitsergebnisse im Unterricht nach Gruppenarbeiten, aus Projekten, Exkursionen etc., die dem gesamten Kurs mitzuteilen sind. – Dafür hat sich die Wandzeitung bewährt, da man hiermit größere Komplexe darstellen und durch *plakative Mittel* die Vorstellung der Ergebnisse aktuell unterstützen sowie dauerhaft präsentieren kann.

Ausschnitt aus einem Literaturprojekt in Jg. 12: *Gerhard Hauptmann, Vor Sonnenaufgang*

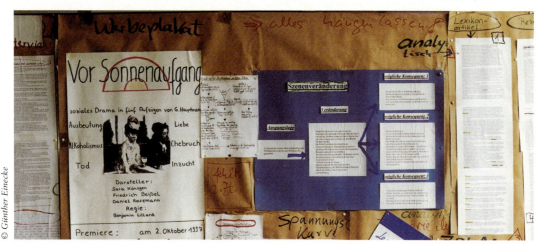

© Günther Einecke

① Prüfen Sie die abgebildete Schülerarbeit.
Ziehen Sie dazu die unten stehenden Beispiele für gängige Visualisierungsformen mit heran.

© Peter Louin

② Erproben Sie an einem Beispiel aus dem laufenden Unterricht die Visualisierung von Arbeitsergebnissen.

ICH-NATUR

Umgang mit Gedichten

Ernst Ludwig Kirchner, Holzschnitt zu einem Text aus „Umbra Vitae" von Georg Heym

1 Erfahrungen mit Gedichten

Um einen Zugang zum Verständnis von Lyrik zu gewinnen, kann man über unterschiedliche Erfahrungen nachdenken, die andere (z. B. Schriftsteller, Literaturwissenschaftler, Schüler) mit Gedichten gemacht haben oder die man selbst bereits gesammelt hat.
Solche Erfahrungen können theoretisch formuliert oder auch praktisch – z. B. durch Schreiben von Gedichten – erworben sein.

Die Behauptung, die Poesie sei tot, läßt sich beim besten Willen nicht aufrechterhalten. Es gibt in Deutschland keinen Redakteur, keinen Lektor, keinen Kritiker, der sie nicht widerlegen könnte. Auf den Tischen dieser Leute stapelt sich das Eingesandte. Sie sehen sich von Versen förmlich eingeschneit und wissen, daß es nicht nur Zehn-, sondern Hunderttausende von Dichterinnen und Dichtern in diesem Land gibt. Es sind Menschen aus allen Klassen, Schichten und Berufen, Männer und Frauen, alte wie junge, die da zur Feder oder zum PC greifen. Allerdings sind Schüler und Studenten in der Überzahl. Daraus könnte man schließen, daß ein poetischer Schub, heute wie vor hundert Jahren, zum normalen Prozeß der Sozialisation gehört. In diesem Verstand ist die Lyrik zweifellos eine Form der Selbstverständigung und der Selbsttherapie geblieben.
(Hans Magnus Enzensberger, 1989)

Jemand schreibt ein Gedicht aus den verschiedensten Gründen: um das Herz seiner Geliebten zu erobern; um eine Haltung auszudrücken zu der ihn umgebenden Realität, sei es die einer Landschaft oder eines Staates; um seinen Gemütszustand in einem bestimmten Augenblick festzuhalten; oder um, wie er in diesem Moment glaubt, eine Spur auf Erden zu hinterlassen. (…)
Jemand, der ein Gedicht schreibt, tut dies nicht, weil er um Nachruhm buhlt, obgleich er hofft, dass sein Gedicht ihn überleben wird, wenn auch nur kurz. Jemand, der ein Gedicht schreibt, tut dies, weil ihm die Sprache die nächste Zeile diktiert oder souffliert. (…)
Jemand, der ein Gedicht schreibt, tut dies vor allem, weil das Schreiben von Gedichten den Geist, das Denken und das Erfassen des Universums auf außerordentliche Weise beschleunigt. Wer diese Beschleunigung einmal am eigenen Leib erlebt hat, ist nicht länger in der Lage, auf die Chance einer Wiederholung dieses Erlebnisses zu verzichten: Er wird abhängig von diesem Schaffensprozeß, so wie andere abhängig werden von Drogen oder Alkohol. Wer in dieser Weise abhängig wird von der Sprache, ist das, was man einen Dichter zu nennen pflegt.
(Joseph Brodsky, 1987)

Der Grund deiner Klagen liegt, wie mir scheint, in dem Zwang, den dein Verstand deiner Imagination auflegte. Ich muss hier einen Gedanken hinwerfen und ihn durch ein Gleichnis versinnlichen. Es scheint nicht gut und dem Schöpfungswerke der Seele nachteilig zu sein, wenn der Verstand die zuströmenden Ideen gleichsam an den Toren schon zu scharf mustert. Eine Idee kann, isoliert betrachtet, sehr unbeträchtlich und sehr abenteuerlich sein, aber vielleicht wird sie durch eine, die nach ihr kommt, wichtig; vielleicht kann sie in einer gewissen Verbindung mit anderen, die vielleicht ebenso abgeschmackt scheinen, ein sehr zweckmäßiges Glied abgeben: Alles dies kann der Verstand nicht beurteilen, wenn er sie nicht so lange festhält, bis er sie in Verbindung mit diesen anderen angeschaut hat. Bei einem schöpferischen Kopfe hingegen, däucht mir, hat der Verstand seine Wache vor den Toren zurückgezogen, die Ideen stürzen pêle-mêle herein, und alsdann erst übersieht und mustert er den großen Haufen. – Ihr Herren Kritiker, und wie ihr Euch sonst nennt, schämt oder fürchtet Euch vor dem augenblicklichen, vorübergehenden Wahnwitze, der sich bei allen eigenen Schöpfern findet, und dessen längere oder kürzere Dauer den denkenden Künstler von dem Träumer unterscheidet. Daher Eure Klagen über Unfruchtbarkeit, weil ihr zu früh verwerft und zu strenge sondert. (…)
(Schiller an Körner, Weimar, den 1. Dezember 1788)

Lyrik ist eine einfache Gattung. Sie bestimmt sich wenn nicht streng so doch klar durch Form und Gegenstand. Wo die ihr eigene Form (stilisierte Knappheit) und der ihr eigene Gegenstand (das arg strapazierte „lyrische Ich") preisgegeben sind, wird Lyrik preisgegeben. Was bleibt, ist allenfalls noch „das Lyrische".
(Peter Wapnewski, 1977)

① Wie äußern sich die Autoren über die Eigenart von Gedichten, über deren Entstehensbedingungen, deren Wirkung, …? Welche Auffassung(en) können Sie nachvollziehen, vielleicht aus eigener Erfahrung?

Rose Ausländer
Alles kann Motiv sein

Warum ich schreibe?
Weil Wörter mir diktieren: Schreib uns. Sie wollen verbunden sein, Verbündete. Wort mit Wort mit Wort. Eine Wortphalanx für, die andere gegen mich. Ins Papierfeld einrücken wollen sie, da soll der Kampf ausgefochten werden. Ich
5 verhalte mich oft skeptisch, will mich ihrer Diktatur nicht unterwerfen, werfe sie in den Wind. Sind sie stärker als er, kommen sie zu mir zurück, rütteln und quälen mich, bis ich nachgebe. So, jetzt lasset mich in Frieden. Aber Wörter sind keine fügsamen Figuren, mit denen man nach Belieben verfahren kann. Ich hätte sie missverstanden, behaupten sie, sie hätten es anders gemeint. Sie
10 seien nicht auf der richtigen Stelle untergebracht, murren sie. Scheinheilige, die friedfertig und unbewegt auf der weißen Fläche stehen. Das ist Täuschung. Hart sind sie, auch die zartesten. Wir sehen uns an, wir lieben uns. Meine Bäume, meine Sterne, meine Brüder: In diesem Stil rede ich zu ihnen. Sie drehen den Stil um, greifen mich an, zwingen mich, sie hin- und herzuschieben,
15 bis sie glauben, den ihnen gebührenden Platz eingenommen zu haben.
Warum schreibe ich? Weil ich, meine Identität suchend, mit mir deutlicher spreche auf dem wortlosen Bogen. Er spannt mich. Ich bin gespannt auf die Wörter, die zu mir kommen wollen. Ich rede mit ihnen zu mir, zu dir, rede dir zu, mich anzuhören. Die Welt stellt mir hinterlistige Fragen. Meine Wörter ant-
20 worten ihr offenherzig mit Fragen. Geheimschriftlich blättert sich mein Leben ab, Blatt für Blatt: Jahre, die sich Verse auf das undurchdringliche Woher-Wohin? machen. Ich lege Rechenschaft ab, über mich, meine Umgebung, Zustände, Zusammenhänge. Meine Wörter wollen gebucht werden: Soll und Haben. Du sollst uns haben, sagen sie, wenn du uns ins Buch einträgst. Ich sträube
25 mich. Ich denke viele Gedichte und Geschichten, schreibe nur einen kleinen Bruchteil davon. Warum? Weil. Erklärungen sind nur ein kleiner Bruchteil der Wahrheit. *(1971)*

Rose Ausländer
Wann ziehn wir ein

Wann ziehn wir ein
ins besamte Wort
Löwenzahnhaus
feingesponnen
im luftfarbnen Licht

Kein Luftschloss
Wortall
jedes Wort
in der Kugel
ein Samen

Wann graben wir aus
den verschütteten Quell
werfen alle Münzen
in den Brunnen
schöpfen Wassersterne
für die Löwenzahnwiese

Wann ziehn wir ein
in den Löwenzahnstern
ins besamte Wort

(1967)

❷ Hier antwortet eine Lyrikerin auf die Frage, warum sie Gedichte schreibt. Vergleichen Sie ihre Gedanken mit ihrem Gedicht.

Erfahrungen mit Gedichten

Ich finde es wichtig, dass sich jeder einmal ein bisschen mit Gedichten beschäftigt und vor allen Dingen lernt darüber nachzudenken. Der allgemeine Sinn eines Gedichtes ist für mich nämlich das Allerwichtigste. Ein Gedicht muss mich ansprechen und mir etwas vermitteln können, zum Beispiel kann ich bei jahreszeitenbezogenen Gedichten besonders schöne Erinnerungen wieder herauskramen und darin schwelgen. Wenn es aber im Unterricht dann an das „Erbsenzählen" geht, bin ich meistens ziemlich hilflos und kann damit nichts anfangen. Viele Gedichte werden dadurch noch unverständlicher und man ist am Ende absolut desinteressiert und demotiviert.
Ricarda Wehner, 17 Jahre (1994)

Da ich selbst ab und zu Gedichte schreibe, weiß ich, wie schwer es ist, Gedanken und Gefühle in Reime zu pressen. Oft bin ich fast am Verzweifeln, weil sich einfach keine passenden Reimwörter finden lassen. Doch irgendwie drücken die Verse hinterher trotzdem das aus, was ich sagen wollte. Es macht Spaß zu dichten und ich bin jedes Mal sehr stolz auf mich, wenn es mir gelungen ist, meine Gedanken und Gefühle für die Nachwelt zu „konservieren". Wenn mein Partner, der Leser, nachempfinden kann, was ich im Augenblick des Schreibens fühlte, dann ist der Zweck meiner Gedichte erfüllt. Mehr kann und will ich nicht verlangen.
Petra Stürzer, 17 Jahre (1994)

❸ Welche Erfahrungen haben die Schülerinnen mit Gedichten gemacht? Und wie sind Ihre eigenen Erfahrungen …?

Kastanien

Kastanien fallen,
    liegen,
werden gesammelt.

Kastanien sind braun,
    schön,
fühlen sich gut an.

Kastanien bedeuten Herbst,
    buntes Laub,
Samen für einen neuen Baum.

Kristina Kremer, 18 Jahre (1997)

Herbstlich

Wenn der Wind
Durch die Baumkronen fährt,
Wenn die Blätter
Auf der Straße tanzen,
Wenn die Vögel
Nach Süden ziehen
Und
Wenn die Schornsteine
Rauchen,
Dann ist die Zeit,
In der man auf
Das nächste Jahr wartet,
Auf den Frühling.
Dann ist Herbst.

Christoph Juhnke, 17 Jahre (1994)

Herbst

Die Felder sind geerntet
Das Stroh liegt in den Scheunen
Vögel ziehen in den Süden
Über bunt gefärbte Wälder

Die Tage werden kürzer
Nebel liegt über den Feldern
Tau hängt in den Spinnenfäden
Die Luft ist kühl und feucht

Selten schaut die Sonne hinter den Wolken hervor
Taucht die Landschaft in goldenes Licht
Strahlen schimmern durch die Bäume
Lassen die gefärbten Blätter leuchten

Wind und Sturm fegen über das Land
Biegen die Äste
Wirbeln Blätter von den Bäumen
Heben Drachen in die Lüfte

Anke Willmann, 17 Jahre (1997)

---

④ Wie schätzen Sie diese Schüler-Gedichte ein?

⑤ Versuchen Sie selbst ein Gedicht zu einem bestimmten Motiv (z.B. Jahreszeit, Landschaft, Naturgegenstand, …) zu schreiben.

2 Gedichte verstehen und beschreiben

2.1 Der Sprecher im Gedicht

Der Leser versteht die Aussagen in einem Gedicht meist unmittelbar als Äußerungen des Dichters und identifiziert den Sprecher im Gedicht mit dem Autor. Streng genommen kann man aber nicht wissen, ob z. B. ein Ich-Sprecher im Gedicht mit dem Autor identisch ist, solange man außer dem Gedichttext keine weiteren Informationen hat. Deshalb bezeichnet man gewöhnlich das Subjekt, aus dessen Perspektive gesprochen wird, als Sprecher im Gedicht (oder als „lyrisches Ich"). Der Autor erschafft den Sprecher gleichsam als eine poetische Gestalt oder Instanz, aus deren Sicht dem Leser Wahrnehmungen, Erlebnisse, Gefühle und Gedanken vermittelt werden.

Der Sprecher im Gedicht kann sich als „Ich" äußern oder als Rollenfigur (im so genannten Rollengedicht), er kann auch ganz zurücktreten. Der Leser kann in Gedichten oft verschiedene Sprechweisen unterscheiden, z. B. beschreibend, reflektierend, mahnend, jubelnd, klagend, bittend usw., die der – äußeren und inneren – Situation des Sprechers und seiner Haltung entspringen; diese Haltung prägt die „innere Form" des Gedichts.

Johann Wolfgang von Goethe
Nähe des Geliebten

Ich denke dein, wenn mir der Sonne Schimmer
    vom Meere strahlt;
ich denke dein, wenn sich des Mondes Flimmer
    in Quellen malt.

Ich sehe dich, wenn auf dem fernen Wege
    der Staub sich hebt;
in tiefer Nacht, wenn auf dem schmalen Stege
    der Wandrer bebt.

Ich höre dich, wenn dort mit dumpfem Rauschen
    die Welle steigt.
Im stillen Haine geh' ich oft zu lauschen,
    wenn alles schweigt.

Ich bin bei dir, du seist auch noch so ferne,
    du bist mir nah!
Die Sonne sinkt, bald leuchten mir die Sterne.
    O wärst du da!

(1795)

Sarah Kirsch
Schlehen

Ahornfarben das Haar im September
Schlehen reiß ich und Brombeeren süß
Vom Strauch ab für seinen Mund, und in
Die Haut treib ich Dornen

(1969)

Christine Lavant
Im Geruch der frühen Früchte

Im Geruch der frühen Früchte
und schon leicht entlaubt
bangt der Obstwald, Vogelflüchte
kreisen um sein Haupt.
Drüber wird der Himmel fahler
und ein ungewöhnlich schmaler
Mond begibt sich zart
in den kleinen Sternenanger.
Südwind rüstet sich zu langer
wilder Himmelfahrt.
Nordostwolken drohen düster,
in dem welken Schilfgeflüster
duckt sich Furcht und Hohn
und im Weidenlaub die Meise.
Alles geht im Schwermutkreise,
nur ein Glockenton
preist die Flucht der Jahreszeiten
als des Schöpfers Maß
und die frühen Früchte gleiten
glücklich in das Gras.

(1959)

---

① Untersuchen Sie, wie der Sprecher in den drei Gedichten jeweils in Erscheinung tritt, als „Ich", als Rollenfigur oder neutral. Wie wirkt sich das auf die Aussage der Gedichte aus und welche Wirkung hat das auf den Leser?

② Verfassen Sie selbst ein kleines Gedicht und setzen Sie dabei bewusst den Sprecher ein. Oder: Suchen Sie ein Gedicht aus und verändern Sie die Rolle des Sprechers. Wie verändert sich dadurch die Wirkung des Gedichts?

Johann Wolfgang von Goethe
Meeresstille

Tiefe Stille herrscht im Wasser,
Ohne Regung ruht das Meer,
Und bekümmert sieht der Schiffer
Platte Fläche rings umher.
Keine Luft von keiner Seite!
Todesstille fürchterlich!
In der ungeheuren Weite
Reget keine Welle sich.

(1796)

Glückliche Fahrt

Die Nebel zerreißen,
Der Himmel ist helle,
Und Äolus löset
Das ängstliche Band.
Es säuseln die Winde,
Es rührt sich der Schiffer.
Geschwinde! Geschwinde!
Es teilt sich die Welle,
Es naht sich die Ferne;
Schon seh' ich das Land!

(1796)

Rainer Maria Rilke
Herbsttag

Herr: es ist Zeit. Der Sommer war sehr groß.
Leg deinen Schatten auf die Sonnenuhren,
und auf den Fluren lass die Winde los.

Befiehl den letzten Früchten voll zu sein;
gieb ihnen noch zwei südlichere Tage,
dränge sie zur Vollendung hin und jage
die letzte Süße in den schweren Wein.

Wer jetzt kein Haus hat, baut sich keines mehr.
Wer jetzt allein ist, wird es lange bleiben,
wird wachen, lesen, lange Briefe schreiben
und wird in den Alleen hin und her
unruhig wandern, wenn die Blätter treiben.

(1902)

Jürgen Becker
Natur-Gedicht

in der Nähe des Hauses,
der Kahlschlag, Kieshügel, Krater
erinnern mich daran –
nichts Neues; kaputte Natur,
aber ich vergesse das gern,
solange ein Strauch steht

(1974)

Braunkohle-Tagebau bei Espenhain, südl. von Leipzig

③ Untersuchen Sie in den Gedichten unterschiedliche Sprechweisen und versuchen Sie zu klären, wie diese durch die Situation und die Haltung des Sprechers geprägt werden. Lesen Sie dazu einander die Gedichte laut vor und erproben Sie, welche Intonation dem jeweiligen Gedicht am meisten gemäß ist.

④ Schreiben Sie selbst ein kleines Gedicht, in dem Sie die Situation und Haltung des Sprechers sowie dessen Sprechweise erproben. Stellen Sie Ihre Texte einander vor und sprechen Sie über deren Wirkung.

2.2 Die Form des Gedichts

Ein Gedicht ist – als ein poetisch besonders „verdichteter" Text – durch eine besondere Form gekennzeichnet, d.h. das Gedicht weist z.B. Verse, einen bestimmten Aufbau (z.B. Strophen, evtl. sogar eine bestimmte Gedichtform, z.B. Sonett), Reimbindung und einen bestimmten Sprechtakt (Metrum, Rhythmus) auf.

Auch im syntaktischen (Satzbau) und semantischen Bereich (z.B. in der Wortwahl) kann durch besondere Formelemente (z.B. Antithesen, Wiederholungen) die äußere Form des Gedichts der „inneren Form" im Sinne einer Konzentration, Sinnverdichtung oder Vereinfachung entsprechen.

Salvator Rosa, Demokrit in Meditation, um 1650

Andreas Gryphius
Einsamkeit

In dieser Einsamkeit der mehr denn öden Wüsten,
Gestreckt auf wildes Kraut, an die bemooste See,
Beschau ich jenes Tal und dieser Felsen Höh,
Auf welchen Eulen nur und stille Vögel nisten.

Hier, fern von dem Palast, weit von des Pöbels Lüsten,
Betracht ich, wie der Mensch in Eitelkeit vergeh,
Wie auf nicht festem Grund all unser Hoffen steh,
Wie die vor Abend schmähn, die vor dem Tag uns grüßten.

Die Höhl, der raue Wald, der Totenkopf, der Stein,
Den auch die Zeit auffrisst, die abgezehrten Bein
Entwerfen in dem Mut unzählige Gedanken.

Der Mauren alter Graus, dies ungebaute Land
Ist schön und fruchtbar mir, der eigentlich erkannt,
Dass alles, ohn ein Geist, den Gott selbst hält, muss wanken.

(1650)

❶ Versuchen Sie sich das Gedicht zu erschließen, indem Sie es mehrfach laut sprechen.
Achten Sie darauf, wo Sie Betonungsakzente gesetzt haben. Können Sie Regelmäßigkeiten feststellen?

❷ Ziehen Sie zur Vergewisserung über das Metrum Informationen über Versfuß (Jambus, Trochäus, Daktylus, Anapäst) und Versart (Alexandriner) heran.

Die Eigenschaft des Alexandriners, sich in zwei Hälften zu trennen, und die Natur des Reims, aus zwei Alexandrinern ein Couplet zu machen, bestimmen nicht bloß die Sprache, sie bestimmen auch den ganzen inneren Geist. (…) Alles stellt sich dadurch unter die Regel des Gegensatzes.

(Schiller in einem Brief an Goethe am 15.10.1799)

❸ Untersuchen Sie, wie der „innere Geist" des Gryphius-Gedichts durch die „Eigenschaft des Alexandriners" sowie durch „die Natur des Reims" geprägt wird. Gilt Schillers Behauptung „Alles stellt sich dadurch unter die Regel des Gegensatzes" uneingeschränkt für das Gedicht?

4. Informieren Sie sich auch über die Gedichtform „Sonett". Wie stehen im Gryphius-Gedicht die Quartette und Terzette inhaltlich zueinander? Entspricht die äußere Form des Gedichts seiner „inneren Form"?

5. Versuchen Sie die Haltung des Sprechers im Gedicht zu bestimmen. Informieren Sie sich dazu (z.B. in Ihrer Literaturgeschichte) über Lebensgefühl und poetische Tendenzen der Barock-Zeit. Berücksichtigen Sie besonders das Stichwort „Eitelkeit" (vanitas). Versuchen Sie das Gedicht nach Form und Aussage als typisch für die Barockzeit zu erläutern.

6. Vergleichen Sie Gryphius' Gedicht mit Trakls Gedicht „Verfall" oder mit Rilkes Gedicht „Blaue Hortensie":
   – Untersuchen Sie, wie der Kontrast zwischen den Quartetten und den Terzetten inhaltlich sowie in der Bildlichkeit, den klanglichen Mitteln und der Wortwahl zum Ausdruck kommt.
   – Vergleichen Sie die Haltung des Sprechers im von Ihnen gewählten Gedicht mit derjenigen im Gryphius-Gedicht. Können Sie auch bei Trakl bzw. Rilke zeittypische Tendenzen nachweisen?

Georg Trakl
Verfall

Am Abend, wenn die Glocken Frieden läuten,
Folg ich der Vögel wundervollen Flügen,
Die lang geschart, gleich frommen Pilgerzügen,
Entschwinden in den herbstlich klaren Weiten.

Hinwandelnd durch den dämmervollen Garten
Träum ich nach ihren helleren Geschicken
Und fühl' der Stunden Weiser kaum mehr rücken.
So folg ich über Wolken ihren Fahrten.

Da macht ein Hauch mich von Verfall erzittern.
Die Amsel klagt in den entlaubten Zweigen.
Es schwankt der rote Wein an rostigen Gittern,

Indes wie blasser Kinder Todesreigen
Um dunkle Brunnenränder, die verwittern,
Im Wind sich fröstelnd blaue Astern neigen.

(1909)

Rainer Maria Rilke
Blaue Hortensie

So wie das letzte Grün in Farbentiegeln
sind diese Blätter, trocken, stumpf und rauh,
hinter den Blütendolden, die ein Blau
nicht auf sich tragen, nur von ferne spiegeln.

Sie spiegeln es verweint und ungenau,
als wollten sie es wiederum verlieren,
und wie in alten blauen Briefpapieren
ist Gelb in ihnen, Violett und Grau;

Verwaschnes wie an einer Kinderschürze,
Nichtmehrgetragnes, dem nichts mehr geschieht:
wie fühlt man eines kleinen Lebens Kürze.

Doch plötzlich scheint das Blau sich zu verneuen
in einer von den Dolden, und man sieht
ein rührend Blaues sich vor Grünem freuen.

(1906)

2.3 Sprache im Gedicht

Eigenart und Wirkung eines Gedichts können durch bestimmte sprachliche Mittel geprägt werden, beispielsweise durch einen bestimmten Satzbau (z. B. Inversion), durch die Wahl auffälliger Wörter (Bedeutung, Bildgehalt, Sprachebene) und klanglicher Mittel (z. B. Assonanzen) sowie durch bestimmte stilistische Mittel (z. B. Wiederholung, Kontrast).

Joseph von Eichendorff
Der Abend

Schweigt der Menschen laute Lust:
Rauscht die Erde wie in Träumen
Wunderbar mit allen Bäumen,
Was dem Herzen kaum bewusst,
Alte Zeiten, linde Trauer,
Und es schweifen leise Schauer
Wetterleuchtend durch die Brust.

(1826)

Versuche aus dem Unterricht

Wenn die laute Lust der Menschen schweigt, rauscht die Erde wunderbar mit allen Bäumen wie in Träumen. Was dem Herzen kaum bewusst ist, (nämlich) alte Zeiten, linde Trauer ...?

laute Lust, laute – rauscht, Träumen – Bäumen, rauscht – kaum, ...

Menschen – Lust – Erde – Träume – Bäume – Herz – Zeiten – Trauer – Schauer – Brust
laut – wunderbar – alt – lind – leise – ...
schweigen – rauschen – schweifen

① Versuchen Sie zu ermitteln, was den Betrachtern des Gedichts jeweils aufgefallen ist. Setzen Sie gegebenenfalls die Untersuchungen fort.

② Formulieren Sie Ihre Ergebnisse zu den Gesichtspunkten Satzbau, Wortwahl, Klang, stilistische Mittel usw. in einem zusammenhängenden Text und versuchen Sie die Aussage bzw. Wirkung (Verhältnis Mensch – Natur) zu erläutern.

Johannes Bobrowski
Der Wanderer

Abends,
der Strom ertönt,
der schwere Atem der Wälder,
Himmel, beflogen
von schreienden Vögeln, Küsten
der Finsternis, alt,
darüber die Feuer der Sterne.

Menschlich hab ich gelebt,
zu zählen vergessen die Tore,
die offenen. An die verschlossnen
hab ich gepocht.

Jedes Tor ist offen.
Der Rufer steht mit gebreiteten
Armen. So tritt an den Tisch.
Rede: Die Wälder tönen,
den eratmenden Strom
durchfliegen die Fische, der Himmel
zittert von Feuern.

(1962)

③ Versuchen Sie dieses Gedicht zu erschließen, indem Sie den (oben genannten) Gesichtspunkten nachgehen, es mit Eichendorffs Gedicht vergleichen und die Haltung des Sprechers erläutern.

2.4 Bildlichkeit im Gedicht

> Gedichte entfalten ihre Aussage und Wirkung meist nicht abstrakt, sondern anschaulich, sinnlich: Sie wollen die Sinne ansprechen, sie können geradezu „mit Worten gemalte Bilder" sein, wenn sie z. B. Vergleiche, Metaphern, bestimmte Bilder verwenden. Auch Symbol und Chiffre gehören zur Bildsprache von Gedichten.

Heinrich Heine
Aus alten Märchen winkt es

Aus alten Märchen winkt es
hervor mit weißer Hand,
da singt es und da klingt es
von einem Zauberland:

wo große Blumen schmachten
im goldnen Abendlicht,
und zärtlich sich betrachten
mit bräutlichem Gesicht; –

wo alle Bäume sprechen
und singen, wie ein Chor,
und laute Quellen brechen
wie Tanzmusik hervor; –

und Liebesweisen tönen,
wie du sie nie gehört,
bis wundersüßes Sehnen
dich wundersüß betört!

Ach, könnt ich dorthin kommen,
und dort mein Herz erfreun,
und aller Qual entnommen,
und frei und selig sein!

Ach! jenes Land der Wonne,
das seh ich oft im Traum;
doch kommt die Morgensonne,
zerfließt's wie eitel Schaum.

(1822/23)

1. Vergegenwärtigen Sie sich, welche Sinne (Hören, Sehen, …) in diesem Gedicht angesprochen werden.
2. Ein Experiment zur Wahrnehmung der „Seh-Eindrücke" (Bilder): Schließen Sie die Augen und lassen Sie sich das Gedicht langsam vorlesen. Was „sehen" Sie?
3. Beachten Sie zur Funktion der Bilder den Aufbau des Gedichts (I, II – IV, …). Welche Rolle spielen die Bilder für den Sprecher?
4. Versuchen Sie am Text – an der Bildlichkeit, der Wortwahl, den klanglichen Mitteln, dem Schluss – aufzuzeigen, wie Heine das romantische Gedicht verfremdet.

Johann Wolfgang von Goethe
Mächtiges Überraschen

Ein Strom entrauscht umwölktem Felsensaale,
dem Ozean sich eilig zu verbinden;
was auch sich spiegeln mag von Grund zu Gründen,
er wandelt unaufhaltsam fort zu Tale.

Dämonisch aber stürzt mit einem Male –
ihr folgen Berg und Wald in Wirbelwinden –
sich Oreas, Behagen dort zu finden,
und hemmt den Lauf, begrenzt die weite Schale.

Die Welle sprüht und staunt zurück und weichet
und schwillt bergan, sich immer selbst zu trinken;
gehemmt ist nun zum Vater hin das Streben.

Sie schwankt und ruht, zum See zurückgedeichet;
Gestirne, spiegelnd sich, beschaun das Blinken
des Wellenschlags am Fels, ein neues Leben.

(1807/08)

5. Beschreiben Sie das Naturgeschehen im Gedicht. Zeigen Sie, wie das Geschehen durch die Strophengliederung des Sonetts strukturiert wird und wie dabei Einzelbilder zu einem Gesamtbild zusammengefügt werden.

Der Naturvorgang weist – als lyrisches Bild – über sich hinaus auf einen bestimmten allgemeinen Lebens- und Erfahrungszusammenhang. Für diese Funktion des lyrischen Bildes verwendet Goethe den Begriff „Symbol":

„Die Symbolik verwandelt die Erscheinung in Idee, die Idee in ein Bild, und so, dass die Idee im Bild immer unendlich wirksam und unerreichbar bleibt …" *(Maximen und Reflexionen)*

„Das Wahre lässt sich niemals von uns direkt erkennen: wir schauen es nur im Abglanz, im Beispiel, Symbol, in einzelnen und verwandten Erscheinungen …" *(Versuch einer Witterungslehre)*

6 Versuchen Sie den „Symbolgehalt" des Gedichts „Mächtiges Überraschen" zu bestimmen, indem Sie den Naturvorgang mit Goethes Gedanken der Bescheidung des Strebens, der Begrenzung der Freiheit und darin dem Gewinn neuen Lebens in Zusammenhang bringen.

Conrad Ferdinand Meyer
Der römische Brunnen

Aufsteigt der Strahl und fallend gießt
er voll der Marmorschale Rund,
die, sich verschleiernd, überfließt
in einer zweiten Schale Grund;
die zweite gibt, sie wird zu reich,
der dritten wallend ihre Flut,
und jede nimmt und gibt zugleich
    und strömt und ruht.

(1882)

7 C. F. Meyer möchte das Bild des römischen Brunnens als Symbol verstanden wissen. Vergleichen Sie den „Naturvorgang" in diesem Gedicht mit dem bei Goethe und versuchen Sie das symbolische Bild zu deuten.

Friedrich Hölderlin
Hälfte des Lebens

Mit gelben Birnen hänget
und voll mit wilden Rosen
das Land in den See,
ihr holden Schwäne,
und trunken von Küssen
tunkt ihr das Haupt
ins heilignüchterne Wasser.

Weh mir, wo nehm ich, wenn
es Winter ist, die Blumen, und wo
den Sonnenschein,
und Schatten der Erde?
Die Mauern stehn
sprachlos und kalt, im Winde
klirren die Fahnen.

(1803)

Anselm Kiefer: Inflammation, 1983–86

8. Besonders in der modernen Lyrik, aber auch schon früher, kommt es oft zu einer Individualisierung, Privatisierung, Verschlüsselung, ja Verfremdung des sprachlichen Bildes zur Chiffre. Dabei kann das Bild in Bildzeichen zerfallen, deren Bedeutung und Zusammenhang schwer zu „entziffern" sind. Für den Leser ergibt sich daraus aber auch die Chance zu individuellen, subjektiven „Lesarten".
Welche „Lesarten" des Hölderlin-Gedichts entwickeln Sie?

9. Versuchen Sie die Chiffren des Gedichts (z. B. „Rosen", „Schwäne", „Mauern", ...) zu klären. Berücksichtigen Sie dazu die kontextuelle Bedeutung (z. B. „Rosen", „wilde Rosen": Blumen, zusammen mit Früchten – „gelbe Birnen": Zeichen des Sommers, der Fülle, der Reife, ...) sowie die assoziative Bedeutung (z. B. „sprachlose Mauern": Trennung, Einsamkeit, Entfremdung, ...).

10. Beachten Sie für die Gesamtdeutung des Gedichts auch den Kontrast: in der Form (den Strophen), in den Bildern/Chiffren, im Rhythmus, im inhaltlichen Aufbau und in der Haltung des Sprechers.

Peter Huchel
Das Zeichen

Baumkahler Hügel,
noch einmal flog
am Abend die Wildentenkette
durch wässrige Herbstluft.
War es das Zeichen?
Mit falben Lanzen
durchbohrte der See
den ruhlosen Nebel.

Ich ging durchs Dorf
und sah das Gewohnte.
Der Schäfer hielt den Widder
gefesselt zwischen den Knien.
Er schnitt die Klaue,
er teerte die Stoppelhinke.
Und Frauen zählten die Kannen,
das Tagesgemelk.
Nichts war zu deuten.
Es stand im Herdbuch.

Nur die Toten,
entrückt dem stündlichen Hall
der Glocke, dem Wachsen des Epheus,
sie sehen
den eisigen Schatten der Erde
gleiten über den Mond.
Sie wissen, dieses wird bleiben.
Nach allem, was atmet
in Luft und Wasser.

Wer schrieb
die warnende Schrift,
kaum zu entziffern?
Ich fand sie am Pfahl,
dicht hinter dem See.
War es das Zeichen?

Erstarrt
im Schweigen des Schnees,
schlief blind
das Kreuzotterndickicht.

(1963)

11. Anders als bei Hölderlin wird in diesem Gedicht die Chiffrierung selbst zum Thema: „War es das Zeichen?" Versuchen Sie den Hintergrund dieser Frage (des lyrischen Ichs) aus den unterschiedlichen Bildern der Strophen zu erläutern.

12. Warum wird die Frage im Gedicht nicht beantwortet? Oder stellt die letzte Strophe eine Antwort dar?

13. Versuchen Sie dem Gedicht Huchels, auch im Vergleich mit dem Gedicht Hölderlins, eine Antwort zu entnehmen auf die Frage, warum viele moderne Lyriker zur Chiffre greifen.
Sie können zur Klärung auch das folgende Gedicht und den theoretischen Text von Günter Eich heranziehen.

Günter Eich
Der große Lübbe-See

Kraniche, Vogelzüge,
deren ich mich entsinne,
das Gerüst des trigonometrischen Punkts.

Hier fiel es mich an,
vor der dunklen Wand des hügeligen Gegenufers,
der Beginn der Einsamkeit,
ein Lidschlag, ein Auge,
das man ein zweites Mal nicht ertrüge,
das Taubenauge mit sanftem Vorwurf,
als das Messer die Halsader durchschnitt,
der Beginn der Einsamkeit,
hier ohne Boote und Brücken,
das Schilf der Verzweiflung,
der trigonometrische Punkt,
Abmessung im Nichts,
während die Vogelzüge sich entfalten,
Septembertag ohne Wind,
güldene Heiterkeit, die davonfliegt,
auf Kranichflügeln, spurlos.

(1955)

Günter Eich
Trigonometrische Punkte

(...) ich schreibe Gedichte, um mich in der Wirklichkeit zu orientieren. Ich bezeichne sie als trigonometrische Punkte oder als Bojen, die in einer unbekannten Fläche den Kurs markieren.

Erst durch das Schreiben erlangen für mich die Dinge Wirklichkeit. Sie ist nicht meine Voraussetzung, sondern mein Ziel. Ich muss sie erst herstellen.

Ich bin Schriftsteller, das ist nicht nur ein Beruf, sondern eine Entscheidung, die Welt als Sprache zu sehen. Als die eigentliche Sprache erscheint mir die, in der das Wort und das Ding zusammenfallen. Aus dieser Sprache, die sich rings um uns befindet, zugleich aber nicht vorhanden ist, gilt es zu übersetzen. Wir übersetzen, ohne den Urtext zu haben. Die gelungenste Übersetzung kommt ihm am nächsten und erreicht den höchsten Grad von Wirklichkeit.

Ich muss gestehen, dass ich in diesem Übersetzen noch nicht weit fortgeschritten bin. Ich bin über das Dingwort noch nicht hinaus. Ich befinde mich in der Lage eines Kindes, das Baum, Mond, Berg sagt und sich so orientiert.

(1956)

Michael Krüger
Nachgedicht

Die Zeichen sprechen
eine andere Sprache:

das ist ihr gutes Recht.
Wir haben uns zu fest
auf ihre Zweideutigkeit
verlassen,

jetzt sind wir beleidigt
und schweigsam. Schon wieder
sitzen wir fest
auf fremden Stühlen und wühlen
ergeben in Papierbergen. Vieles
reimt sich wieder,

was uns vor ein paar Jahren
wie ein Versprecher vorkam.

(1976)

⑪ Wie äußert sich das Gedicht eines zeitgenössischen Autors zu der Bedeutung von „Zeichen"?

⑫ Erproben Sie selbst lyrische „Zeichen", die Ihnen einen – für Sie wichtigen – Zusammenhang erschließen.

3 Ein Gedicht interpretieren

das Gedicht untersuchen	das Gedicht schriftlich interpretieren	die Interpretation überarbeiten
– mehrfach lesen – erste Eindrücke festhalten – sich die Wirkung bewusst machen – sich dabei an Textauffälligkeiten orientieren – eine (oder mehrere) „Verstehenshypothese(n)" entwickeln – seine „Verstehenshypothese(n)" am Gedichttext überprüfen – dazu das Gedicht im Einzelnen untersuchen – Untersuchungsergebnisse festhalten und in einen sinnvollen Zusammenhang bringen – Hintergrundwissen aktivieren – seine „Verstehenshypothese(n)" kritisch überprüfen – …	schrittweise, z. B. 1. Einleitung 2. Inhaltswiedergabe 3. Beschreibung, Erklärung und Deutung 4. Schluss (vgl. Seite 77)	z. B. anhand einer Checkliste – Verstehenhypothese(n) überprüfen – kontextualisieren – hierarchisieren – akzentuieren – zitieren – Fachwörter benutzen – angemessen formulieren – Tempus verwenden – Absätze machen – rechtschreiben (vgl. Seite 81)

Ingeborg Bachmann
Die große Fracht

Die große Fracht des Sommers ist verladen,
das Sonnenschiff im Hafen liegt bereit,
wenn hinter dir die Möwe stürzt und schreit.
Die große Fracht des Sommers ist verladen.

Das Sonnenschiff im Hafen liegt bereit,
und auf die Lippen der Galionsfiguren
tritt unverhüllt das Lächeln der Lemuren.
Das Sonnenschiff im Hafen liegt bereit.

Wenn hinter dir die Möwe stürzt und schreit,
kommt aus dem Westen der Befehl zu sinken:
doch offnen Augs wirst du im Licht ertrinken,
wenn hinter dir die Möwe stürzt und schreit.

(1953)

❶ Lesen Sie das Gedicht mehrfach (möglichst auch laut) und halten Sie Ihre ersten Eindrücke fest.

❷ Machen Sie sich die Wirkung bewusst, die das Gedicht auf Sie hat. Versuchen Sie die Wirkung bzw. Ihr vorläufiges Verständnis des Gedichts in einer oder mehreren „Verstehenshypothese(n)" festzuhalten. Lassen Sie sich dabei von dem leiten, was Ihnen an dem Gedicht besonders auffällt, z. B. am Thema, an der inhaltlichen Aussage oder an der Form und Gestaltung. Vielleicht haben Sie auch Kenntnisse zur Autorin, zum literaturgeschichtlichen Hintergrund usw., die Ihre Hypothesenbildung bestimmen.

„Verstehenshypothesen" von Teilnehmern eines Deutsch-Kurses:

(1) „Ich vermute, dass mit der Überschrift ‚Die große Fracht nicht' nur die Ernte ‚des Sommers', sondern des ganzen Lebens gemeint ist …"

(2) „Das Gedicht wirkt auf mich ruhig, schön und ‚erfüllt' und zugleich etwas beängstigend und unheimlich …"

(3) „Der Sprecher im Gedicht redet einen Adressaten, ein ‚du' an, meint aber wohl auch sich selbst. Seine Haltung und seine Sprechweise scheinen mir durch eine ruhige Gelassenheit bestimmt zu sein. …"

(4) „Durch die Wiederholung von Versen – I, 1 in I, 4; I, 2 in II, 1 und 4; I, 3 in III, 1 und 4 – werden die Strophen eingerahmt und untereinander verbunden; das Gedicht wirkt dadurch ein wenig wie ein Lied, harmonisch und geschlossen …"

(5) „Dieses Gedicht scheint mir eine gedankliche Aussage zu enthalten, die aber nicht abstrakt, sondern durch Bilder vermittelt wird …"

(6) „Ich kenne von Ingeborg Bachmann das Gedicht ‚An die Sonne', in dem das Leben mit seinen Sonnen- und Schattenseiten gepriesen wird. Ähnlich scheint mir dieses Gedicht …"

(7) „Es handelt sich offenbar um ein modernes Gedicht, weniger wegen der Form als wegen der ungewöhnlichen Metaphern wie z.B. ‚Sonnenschiff' …"

- ❸ Überprüfen Sie diese sowie Ihre eigenen „Verstehenshypothesen", indem Sie das Gedicht untersuchen. Ziehen Sie dazu die Gesichtspunkte heran, die Sie in Kapitel 2 erarbeitet haben (zum Sprecher und seiner Situation und Haltung, zur Form, zur Sprache, zum Klang, zur Bildlichkeit). Versuchen Sie dabei gleichsam in einen „Dialog" mit dem Text einzutreten.
- ❹ Formulieren Sie zu Ihren Beobachtungen Teilergebnisse, die Sie z.B. stichwortartig festhalten. Versuchen Sie anschließend Ihre Ergebnisse in einen Zusammenhang zu bringen.
- ❺ Überlegen Sie, welche zusätzlichen Kenntnisse Sie aktivieren können, z.B. zur Autorin Ingeborg Bachmann, zur Epoche der Moderne, zum Aspekt „hermetische Lyrik" u.a., …
- ❻ Überprüfen Sie Ihre „Verstehenshypothese(n)" kritisch. Eventuell müssen Sie diese modifizieren oder revidieren. Versuchen Sie auf diesem Wege – durch einen wiederholten „Dialog" mit dem Text – zu nachvollziehbaren, überprüfbaren Ergebnissen zu kommen.

Für eine schriftliche Darstellung Ihrer Ergebnisse können sie folgendem Gliederungsvorschlag folgen:

1. Schritt: Einleitung

Hier stellen Sie den Text vor und nennen Autor, (Textsorte), Überschrift und Thema des Gedichts, Erscheinungsweise usw. Außerdem formulieren Sie Ihre „Verstehenshypothese(n)".

2. Schritt: Inhaltswiedergabe

Hier geben Sie – soweit möglich und sinnvoll – den „Inhalt" des Gedichts zusammenfassend, knapp und distanziert wieder. Dabei können Sie den Strophen folgen (soweit gegeben). Achten Sie darauf, dass Sie sich nicht in Einzelheiten verlieren, dass Sie übergeordnete, zusammenfassende, eigenständige Formulierungen finden und den Text nicht wiederholen. Auch Ihre „Verstehenshypothese(n)" sollten Sie hier nicht wiederholen, selbst wenn diese – indirekt – in die Inhaltswiedergabe einfließt(-en). Je nach Art des Gedichts kann es auch sinnvoll sein, die Inhaltswiedergabe in den nächsten Schritt zu integrieren.

3. Schritt: Beschreibung, Erklärung und Deutung

Hier stellen Sie die Ergebnisse Ihrer Beobachtungen zur Wirkung und Gestaltung des Gedichts geordnet und im Zusammenhang dar. Dabei sollten Sie Untersuchungsergebnisse nicht einfach mechanisch auflisten („Erbsen zählen"), sondern zu erklären versuchen,

- wie/auf welche Weise die Wirkung des Gedichts durch auffällige Gestaltungselemente zustande kommt,
- wie Gestaltungselemente in Beziehung zueinander stehen,
- wie sich Gestaltungselemente mit inhaltlichen Aussagen verbinden,
- ob bzw. wie Ihre Beobachtungen sich auf Ihre „Verstehenshypothese(n)" beziehen und diese bestätigen oder modifizieren.

Bei Ihrem Vorgehen können Sie zwischen zwei Darstellungsmöglichkeiten wählen:

- Sie untersuchen das Gedicht schrittweise, z.B. nach Strophen, und beschreiben jeweils auffällige Wirkungselemente (= verlaufsorientierte Darstellung).
- Anspruchsvoller ist die aspektorientierte Darstellung: Sie beschreiben unterschiedliche Aspekte des Gedichts, deren Funktion für die Wirkung Sie aufzeigen.
  Dabei beziehen Sie sich – implizit und auch explizit – auf Ihre „Verstehenshypothese(n)". Die Aspekte können Sie nach dem Grad ihrer Bedeutung ordnen oder indem Sie vom Einfachen zum Komplexen fortschreiten. Auf diese Weise können Sie zu einer eigenständigen, das Gedicht erschließenden Interpretation gelangen.

4. Schritt: Schluss

Der Schluss gibt Ihnen Gelegenheit, das Gedicht in einen größeren Zusammenhang zu stellen. Hier können Sie – falls nicht bereits im 3. Schritt geschehen – Kenntnisse zum Autor, zur Epoche, zum Thema, ... zu einer Vertiefung Ihrer Deutung einbringen. Sie können auch Ihre persönliche Auffassung zu dem Gedicht äußern.
Dieser Schritt kann entfallen, wenn Sie nicht noch etwas Neues vorzubringen haben.

---

❼ Untersuchen und überprüfen Sie kritisch diesen Gliederungsvorschlag.

Ingeborg Bachmann: Die große Fracht
Interpretation von Bernd Hinney, 12. Klasse, LK Deutsch 1998

Einleitung

Das Gedicht „Die große Fracht" von Ingeborg Bachmann entstammt ihrer Sammlung „Die gestundete Zeit" (1953) und schildert die Selbstreflexion eines lyrischen Ichs, welches am Hafen das Ende des Sommers wahrnimmt und dadurch zum Nachdenken angeregt wird.
Ich vermute, dass es dabei über die unmittelbar inhaltliche Aussage hinaus um den Tod und die Frage nach einem erfüllten menschlichen Leben geht. Diese Gedanken werden offenbar nicht abstrakt vorgetragen, sondern in einem poetischen Bild gestaltet.

Inhaltswiedergabe

Das Gedicht beinhaltet neben der Naturbetrachtung – das Ende der Jahreszeit Sommer – eine Reflexion über das Ende der menschlichen Lebenszeit und den Abschied im Allgemeinen. Die Dichterin verdeutlicht einen Kontrast zwischen Regel- und Gesetzmäßigkeiten und dem Zyklus der Natur und dem endgültigen Ende der menschlichen Existenz. Aus dem Gedicht geht hervor, dass man unvorbereitet und unerwartet mit der Situation des Abschieds konfrontiert werden kann.

Beschreibung, Erklärung, Deutung

Das Gedicht ist in drei Strophen zu je vier Zeilen (Quartette) unterteilt. Das Verhältnis zwischen Vers und Satz ist das des Zeilenstils, wobei Satz- und Versende übereinstimmen, sodass der Vers mit einer Pause schließt. Dieses trägt zu dem ruhigen, bedächtigen und melodischen Rhythmus des Gedichts bei. In dem gesamten Gedicht kommt nur einmal ein Zeilensprung (Enjambement) vor; der Satz überspringt hierbei das Versende und setzt sich im Folgenden fort, sodass keine Pause entsteht. Dieses Enjambement befindet sich exakt in der Mitte des Gedichts (II, 2-3) und betont durch die stilistische Ausnahme/Einmaligkeit den inhaltlichen Wendepunkt des Gedichts.
Das Metrum ist gleichmäßig steigend das des jambischen Versmaßes. Die Gliederung des Gedichts ist einfach. Endreimschema ist der umarmende Reim, welcher jeweils einen Paarreim in sich einschließt (abba). Interessant und heraustretend ist die Verknüpfung der einzelnen Strophen miteinander. Es ist zu beobachten, dass der Anfangs- und Endvers einer jeden Strophe wortidentisch ist (Repetitio) und bereits in der ersten Strophe festgelegt ist. So wird der zweite Vers der ersten Strophe – „das Sonnenschiff im Hafen liegt bereit" – zum wortgleichen umarmenden Reim der zweiten Strophe, und der dritte Vers der erste Strophe wird als umarmender Reim der dritten Strophe wieder aufgegriffen, Variationen bieten die Paarreime. Diesem Schema zufolge ist das Fehlen einer vierten Strophe logisch erklärbar.
Es liegt die Vermutung nahe, dass der durchkonzipierte Aufbau die Regelmäßigkeit der Natur widerspiegeln soll, welche in dem Gedicht eine große Rolle spielt. Die Verknüpfung von Naturbeschreibung und Reflexion gelingt durch die Wahl der Bilder. Die zentrale Metapher ist das „Sonnenschiff" (I, 2), der jeweils die Begriffe „Fracht" und „Sommer" zugeordnet sind (I, 1). Die Jahreszeit Sommer wird der Sonne (Natur) und die Fracht dem Schiff (Nautik) untergeordnet. Somit vereinigt die Metapher zwei unterschiedliche Sachbereiche in einem Wort und erfährt dadurch eine zweideutige Sinngebung. Bei der Metapher des „Sonnenschiffs" handelt es sich um eine absolute Metapher, welche von dem verständlichen Sprachgebrauch losgelöst ist und deren Sinn nur aus dem Zusammenhang des Gedichts oder anderer Gedichte der Autorin zu erschließen ist. In Ingeborg Bachmanns Gedicht „An die Sonne" kommen die Verse „Nichts Schöneres unter der Sonne, als unter der Sonne zu sein" vor, in welchen die Sonne mit dem Leben selbst gleichgesetzt wird. Vor diesem Hintergrund könnte das „Sonnenschiff" in „Die große Fracht" auch als Lebensschiff verstanden werden. Die Übertragung der vier Jahreszeiten – Frühling, Sommer, Herbst und Winter – auf die Phasen des menschlichen Lebens – Jugend, Blüte, Alter und Tod – liegt nahe.
In der ersten Strophe wird das Ende des Sommers durch das Bild einer großen, verladenen Fracht, welche zum Auslaufen bereitliegt, metaphorisch überhöht verdeutlicht. Der zentrale Ort ist der Hafen, welcher die Ambivalenz von Ankunft und Abfahrt, Einlaufen und Auslaufen in sich vereint. Durch das Verb „bereitliegen" wird jedoch deutlich, dass das Auslaufen des Schiffes – das Schwinden des „Sommers" – unmittelbar bevorsteht. In dem Paarreim der

zweiten Strophe wandeln sich die Galionsfiguren des Schiffes vor dem Auge des Betrachters – des lyrischen Ichs – in Spiegelung der Geister der Verstorbenen. Die Lemuren fallen in den Bildbereich der Mythologie. In dem Bild der Geister von Verstorbenen eröffnen sich assoziativ Vorstellungen der griechischen Mythologie: Das Totenschiff, welches die Toten in die Unterwelt verfrachtet, wo fortan Hades, der Gott der Unterwelt, im ewigen Dunkel über die Schatten der Verstorbenen wacht. Der mythologische Bildbereich vereindeutigt die schon in der ersten Strophe stattgefundene Bedeutungsübertragung von Sonnenschiff = Lebensschiff. Durch den Paarreim der zweiten Strophe, der durch ein Enjambement verbunden ist, erfährt das Gedicht einen Wendepunkt. Durch das deutlich wahrnehmbare Lächeln der Lemuren wird das Sonnenschiff zum Untergangsschiff, dem das Sinken unmittelbar bevorzustehen scheint. Die Allgegenwärtigkeit der Abschiedsstimmung zieht sich durch das ganze Gedicht und das Ende scheint unausweichlich. Selbst wenn die Galionsfiguren als solche real existent sind, so spürt der Betrachter – das lyrische Ich – schon den Geist des Todes über der Szenerie.

In der letzten Strophe wird nun endgültig der „Befehl zu sinken" (III, 2) erteilt. Wichtig ist dabei die Richtungsangabe „aus dem Westen". Hiermit bezieht sich Ingeborg Bachmann auf den Sonnenkreislauf, wonach die Sonne im Osten auf- und im Westen untergeht. Da die Sonne in der Zentralmethapher „Sonnenschiff" enthalten ist, ist der Befehl zum Sinken unumgehbar. Es ist faszinierend, wie vielschichtig das Gedicht ist. Mit dem Sinken des Sonnenschiffes sind dem Leser mehrere Assoziationen ermöglicht: das Untergehen der Sonne, das Sinken eines Schiffes oder das Abschließen einer Lebensphase, die unwiderbringlich sein wird.

In dem Paarreim der dritten Strophe sind die Verse durch eine Antithese („doch", III, 3) kontrastiert: „kommt aus dem Westen der Befehl zu sinken; *doch* offnen Augs wirst du im Licht ertrinken" (III, 2, 3). Hier wird deutlich, dass die Selbstreflexion des lyrischen Ichs im Gegensatz zum Sonnenschiff auf den Untergang nicht vorbereitet ist. Während das Sonnenschiff „bereitliegt" und somit auf das Ende vorbereitet scheint, befürchtet das lyrische Ich, mit geöffneten Augen im Licht ertrinken zu müssen und nicht in der Lage zu sein, die Augen rechtzeitig zu schließen. Es besteht ein Kontrast zwischen der Gesetzmäßigkeit der Natur und dem Wunsch des Ididviduums, sich dem Zyklus entziehen zu können. Wichtig ist in der dritten Strophe der Begriff des „Befehls" (III, 2). Ein Befehl kann nur von etwas/jemandem erteilt werden, was/der stärker und mächtiger ist als man selbst. Die Natur ist zweifelsohne langlebiger und gewaltiger als eine einzelne Kreatur, die ja stets nur einen kleinen Teil des Ganzen darstellt. Ingeborg Bachmann verdeutlicht, dass alles im Leben, selbst das Leben an sich, ein Ende finden wird, doch dass es dem Menschen – dem lyrischen Ich – schwer fällt, diese Unumstößlichkeit zu akzeptieren.

Die Tatsache, dass das Gedicht sich mit der Thematik des Abschiedes und des Niedergangs beschäftigt, wird auch in der Wahl der verwendeten Verben spürbar: stürzen (I, 3), sinken (III, 2) und ertrinken (III, 3); alle diese Verben sind Synonyme für untergehen oder zugrunde gehen. In der ersten und dritten Strophe stürzt und schreit die Möwe. Die Sturzflüge der Möwen können beängstigend mitanzusehen sein, doch ihr Klageschrei kann direkt befremdend und mitleiderweckend wirken. Die Möwe könnte in dem Gedicht „Die große Fracht" die Funktion haben, den Schmerz, welchen der Abschied mit sich bringt, durch ihr Geschrei zum Ausdruck zu bringen. Die Überschrift des Gedichts ist mehrdeutig: „Die große Fracht". Sie könnte für die Hindernisse und Belastungen, Schätze und Bereicherungen – Erfahrungen eines bestimmten Lebensabschnitts – stehen, an welchen der Mensch zu tragen hat. (...)

Die in dem Gedicht zum Tragen kommenden Ängste und Zweifel dürften jeden schon einmal beschäftigt haben. Ständig ist man Dingen und Situationen ausgesetzt, die nur von kurzer Dauer sind. Das Gefühl des Ausgeliefertseins an die Mühle der Natur kann schon ziemlich beängstigend sein. Auch berührt es, dass die Autorin Ingeborg Bachmann an ihrem Wohnsitz in Rom selbst vom Tod überrascht wurde. Sie starb im Alter von 47 Jahren im Feuer. Vor diesem Hintergrund erfährt das Gedicht meiner Meinung nach eine zusätzliche beklemmende und traurige Stimmung. Nichtsdestotrotz ist es beeindruckend, wie viel mit nur zwölf Zeilen gesagt und ausgedrückt werden kann.

Schluss

⑧ Diese Gedichtinterpretation ist als Langzeithausaufgabe im Rahmen eines Deutsch-Leistungskurses geschrieben und als „sehr gut" beurteilt worden.
Können Sie sich dieser Beurteilung anschließen?
Vergleichen Sie die Interpretation mit Ihrem eigenen Gedichtverständnis und Ihren Untersuchungsergebnissen.

⑨ Untersuchen Sie die Interpretation anhand des Gliederungsvorschlags (S. 77) im Einzelnen.
Gelingt es dem Verfasser sein Gedichtverständnis dem Leser verständlich und überzeugend zu vermitteln?
Wählt der Verfasser die verlaufs- oder die aspektorientierte Darstellungsweise?
Wie schätzen Sie den Schreibstil des Verfassers ein?

⑩ Verbessern Sie die Interpretation, indem Sie einzelne Passagen gegebenenfalls neu schreiben.

Peter Huchel
Löwenzahn

Fliegen im Juni auf weißer Bahn
flimmernde Monde vom Löwenzahn,
liegst du versunken im Wiesenschaum,
löschend der Monde flockenden Flaum.

Wenn du sie hauchend im Winde drehst,
Kugel auf Kugel sich weiß zerbläst,
Lampen, die stäubend im Sommer stehn,
wo die Dochte noch wolliger wehn.

Leise segelt das Löwenzahnlicht
über dein weißes Wiesengesicht,
segelt wie eine Wimper blass
in das zottig wogende Gras.

Monde um Monde wehten ins Jahr,
wehten wie Schnee auf Wange und Haar.
Zeitlose Stunde, die mich verließ,
da sich der Löwenzahn weiß zerblies.

(1927/1928)

Sarah Kirsch
Im Sommer

Dünnbesiedelt das Land.
Trotz riesigen Feldern und Maschinen
Liegen die Dörfer schläfrig
In Buchsbaumgärten; die Katzen
Trifft selten ein Steinwurf.

Im August fallen Sterne.
Im September bläst man die Jagd an.
Noch fliegt die Graugans, spaziert der Storch
Durch unvergiftete Wiesen. Ach, die Wolken
Wie Berge fliegen sie über die Wälder.

Wenn man hier keine Zeitung hält
Ist die Welt in Ordnung.
In Pflaumenmuskesseln
Spiegelt sich schön das eigne Gesicht und
Feuerrot leuchten die Felder.

(1977)

⑪ Wählen Sie eines der beiden Gedichte aus. Versuchen Sie dessen Eigenart (in Aussage, Wirkung, Gestaltung) durch einen Vergleich mit Ingeborg Bachmanns Gedicht zu klären.

⑫ Schreiben Sie zu dem Gedicht eine zusammenhängende Interpretation. Orientieren Sie sich dabei an den vier Gliederungsschritten (siehe S. 75).

⑬ Überprüfen Sie abschließend Ihre Darstellung kritisch (und verfahren Sie nicht nach dem „Pilatus-Prinzip": „Was ich geschrieben habe, das habe ich geschrieben."). Die nebenstehende Checkliste kann Ihnen helfen.

⑭ Achten Sie – z. B. bei Klausuren – immer genau auf die Aufgabenstellung, die mehrgliedrig sein kann und oft bestimmte Akzente setzt. Was würde sich z. B. an Ihrem Vorgehen ändern, wenn die Aufgabenstellung lauten würde:
(1) Interpretieren Sie das Gedicht ... von Huchel/Kirsch.
(2) Vergleichen Sie das Gedicht mit dem von Ingeborg Bachmann in Bezug auf wesentliche Gemeinsamkeiten und Unterschiede.
(3) Welches der beiden Gedichte spricht Sie mehr an? Begründen und erläutern Sie Ihre Auffassung.

⑮ Der Vergleich zweier Gedichte kann einem helfen, Besonderheiten in Wirkung und Gestaltung klarer zu erkennen. Probieren Sie das aus, indem Sie die beiden Gedichte von Peter Huchel und Sarah Kirsch oder auch die beiden folgenden Gedichte miteinander vergleichen.

Eduard Mörike
Um Mitternacht

Gelassen stieg die Nacht ans Land,
Lehnt träumend an der Berge Wand,
Ihr Auge sieht die goldne Waage nun
Der Zeit in gleichen Schalen stille ruhn;
    Und kecker rauschen die Quellen hervor,
    Sie singen der Mutter, der Nacht, ins Ohr
        Vom Tage,
    Vom heute gewesenen Tage.

Das uralt alte Schlummerlied,
Sie achtets nicht, sie ist es müd;
Ihr klingt des Himmels Bläue süßer noch,
Der flüchtgen Stunden gleichgeschwungnes Joch.
    Doch immer behalten die Quellen das Wort,
    Es singen die Wasser im Schlafe noch fort
        Vom Tage,
    Vom heute gewesenen Tage.

(1828)

Rose Ausländer
Nachtzauber

Der Mond errötet
Kühle durchweht die Nacht

Am Himmel
Zauberstrahlen aus Kristall
Ein Poem
besucht den Dichter

Ein stiller Gott
schenkt Schlaf
eine verirrte Lerche
singt im Traum
auch Fische singen mit
denn es ist Brauch
in solcher Nacht
Unmögliches zu tun

(1956)

Checkliste

– Habe ich meine „Verstehenshypothese(n)" kritisch überprüft?

– Habe ich genügend „kontextualisiert", d.h. habe ich Kenntnisse über Hintergrund und Zusammenhang des Gedichts eingebracht?

– Habe ich „hierarchisiert", d.h. habe ich meine Beobachtungen übergeordneten Gesichtspunkten zugeordnet?

– Habe ich beim Interpretieren des Gedichts zwischen Wesentlichem und weniger Wichtigem unterschieden, habe ich also „akzentuiert"?

– Habe ich meine Beobachtungen am Text – z.B. durch Zitate – belegt?

– Habe ich eine korrekte Zitierweise verwendet?

– Habe ich Fachwörter benutzt und diese korrekt verwendet (z.B. Unterscheidung von Metrum und Rhythmus, von Autor und Sprecher, von Kontrast und Widerspruch, ...)?

– Habe ich (in meinem sprachlichen Ausdruck) ökonomisch, treffend, sinnvoll, verständlich formuliert (z.B. Hauptsache im Hauptsatz, Vermeidung „semantischer Inkongruenz", Vermeidung von Ungenauigkeiten im grammatischen und semantischen Bezug, Vermeidung von Floskeln wie „einfach", „halt", „eben", „ganz klar", ...)?

– Habe ich meinen Text – durch eine klare Gliederung (Absätze) – übersichtlich gestaltet?

– Habe ich meinen Text auf Fehler durchgelesen?

4 Gedicht-Werkstatt

Gedichte verstehen – Gedichte machen, das sind keine Alternativen, sondern einander ergänzende Zugänge zur Lyrik: Wenn ich Gedichte zu verstehen gelernt habe, kann ich auch selbst besser Gedichte machen; und umgekehrt: Wenn ich selbst Gedichte schreibe, schärfen sich meine Sinne für die „Spielbedingungen", für die Eigenart von Gedichten.

Man kann Gedichte frei erfinden. Man kann sich aber auch durch „kreative Impulse" anregen lassen: ein Gedicht nach einem Gedicht verfassen, zu einem Bild ein Gedicht produzieren, eine Text-Bild-Collage herstellen, Kürzestgedichte schreiben, mit Sprache experimentieren, …

Gedichte nach Gedichten

Johann Wolfgang von Goethe
Wandrers Nachtlied

Der du von dem Himmel bist,
Alles Leid und Schmerzen stillest,
Den, der doppelt elend ist,
Doppelt mit Erquickung füllest,
Ach, ich bin des Treibens müde,
Was soll all der Schmerz und Lust?
Süßer Friede,
Komm, ach komm in meine Brust!

(1776)

Ein Gleiches

Über allen Gipfeln
Ist Ruh,
In allen Wipfeln
Spürest du
Kaum einen Hauch;
Die Vögelein schweigen im Walde.
Warte nur, balde
Ruhest du auch.

(1780)

Karl Krolow
Ein Ähnliches

Hübsch eingeritzt
– ein für alle Mal sitzt
das, spürest du.
Du bist im Nu
wie die Vögelein schweigend im
　　Walde.
Warte nur: Balde
rutscht die Müllhalde
auf dich zu.

(1965)

Gedichte nach Bildern

© Quint Buchholz/VG Bildkunst, Bonn 2000

Reinhard Lettau
Buch Bein Flug Reim

Warum ich mit dem Buch schon lange durch die Luft geflogen bin?
Wir fanden's kühl und still hier. Es kommen keine Leute hin:
　　Mit einem Buch am Bein
　　Fliegt man nie allein!

(1997)

Text-Bild-Collagen

(siehe Seite 62)

Kürzestgedichte

Günter Eich
Vorsicht

Die Kastanien blühn.
Ich nehme es zur Kenntnis,
äußere mich aber nicht dazu.

(1966)

Friederike Mayröcker
Früher

Früher,
als die Bäume
noch grünten,
werden die sagen,
die nach uns
kommen …

(1982)

Sprachexperimente

Tristan Tzara
Um ein dadaistisches Gedicht zu machen

Nehmt eine Zeitung.
Nehmt Scheren.
Wählt in dieser Zeitung einen Artikel von der
    Länge aus,
die Ihr Eurem Gedicht zu geben beabsichtigt.
Schneidet den Artikel aus.
Schneidet dann sorgfältig jedes Wort dieses
    Artikels
aus und gebt sie in eine Tüte.
Schüttelt leicht.
Nehmt dann einen Schnipsel nach dem anderen
    heraus.

Schreibt gewissenhaft ab
in der Reihenfolge, in der sie aus der Tüte
    gekommen
sind.
Das Gedicht wird euch ähneln.
    Und damit seid ihr ein unendlich origineller
Schriftsteller
mit einer charmanten, wenn auch von den
    Leuten unverstandenen
Sensibilität

(1920)

Anja Wolff
Guten Morgen

Guten Morgen
Frühstücksbrett,
der Himmel schickt *Das*
missverstandene Paradies
ZUM REGENWALD!
Damit die Urwaldriesen
jammern und Die
Innenstadt aufblüht.
DIE Alternative: den TOURIST
nicht RETTEN!
Unentwegt schrumpft
Die Freude des Lebens
        Helfen Sie mit!

(1994)

① Lassen Sie sich von den „kreativen Impulsen"
zu eigenen Texten bzw. Gedichten anregen.
Experimentieren Sie mit Sprache. Berücksichtigen
Sie bei der Überarbeitung Ihrer Texte das, was
Sie in den Kapiteln 2 und 3 erarbeitet haben.

② Tragen Sie einander Ihre Gedichte vor, besprechen
Sie die Gedichte. Wollen Sie ihre Gedichte
(und Ihre Text-Bild-Collagen) vielleicht zu einer
kleinen „Ausstellung" und/oder zu einem „Buch"
zusammenstellen?

UNHEIMLICHES

Umgang mit erzählenden Texten

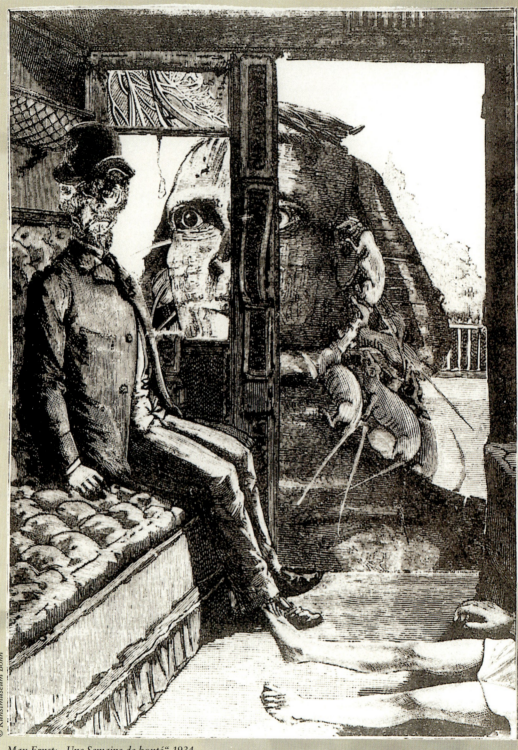

Max Ernst: „Une Semaine de bonté" 1934

1 Die fiktionale Welt des Erzählens

Erzählende Literatur weist vielerlei Bezüge zu unserer Wirklichkeit auf. Sie kann uns eher unwirklich erscheinen, weil sie die Gesetze unserer Erfahrungswelt durchbricht (z. B. fantastische Literatur), sie kann diese aber auch möglichst naturgetreu oder realistisch darzustellen versuchen. In jedem Fall aber erschafft der Autor eines erzählenden Textes eine eigenständige literarische Wirklichkeit, eine fiktionale Welt. Der Leser eignet sich diese Welt auf ganz subjektive Weise an, dabei kommen seine Fantasie, seine Gefühle und Erfahrungen ins Spiel.

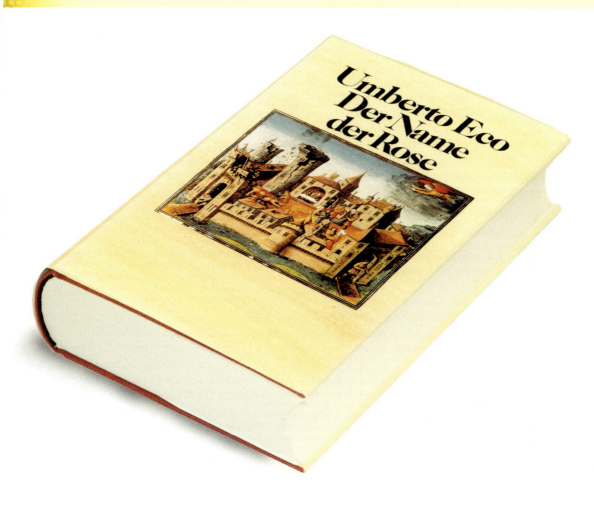

© Carl Hanser Verlag München/Wien

Es war ein klarer spätherbstlicher Morgen gegen Ende November. In der Nacht hatte es ein wenig geschneit, und so bedeckte ein frischer weißer Schleier, kaum mehr als zwei Finger hoch, den Boden. Noch bei Dunkelheit, 5 gleich nach Laudes, hatten wir talabwärts in einem Dorf die Messe gehört. Dann waren wir aufgebrochen, um beim ersten Tageslicht in die Berge zu gehen.
Als wir den steilen Pfad erklommen, der sich die Hänge hinaufwand, sah ich zum ersten Mal die Abtei. Nicht ihre Mauern überraschten mich, sie glichen den anderen, die ich allerorten in der christlichen Welt gesehen, sondern die Massigkeit dessen, was sich später als das Aedificium herausstellen sollte. Es war ein achteckiger Bau, der aus der Ferne zunächst wie ein Viereck aussah (die 15 höchstvollendete Form, Ausdruck der Beständigkeit und Uneinnehmbarkeit der Stadt Gottes). Seine Südflanke ragte hoch über das Plateau der Abtei, während die Nordmauern unmittelbar aus dem Berghang zu wachsen schienen gleich schräg im Fels verwurzelten Bäumen. 20 Von unten gesehen schien es geradezu, als verlängerte sich der Felsen zum Himmel, um in einer gewissen Höhe, ohne sichtbaren Wandel in Färbung und Stoff, zum mächtigen Turm zu werden – ein Werk von Riesenhand, geschaffen in größter Vertrautheit mit Himmel 25 und Erde. Drei Fensterreihen skandierten den Tripelrhythmus des Aufbaus, dergestalt dass, was physisch als

Quadrat auf der Erde stand, sich spirituell als Dreieck zum Himmel erhob. Beim Näherkommen sahen wir dann, dass aus der quadratischen Grundform an jeder
30 ihrer vier Ecken ein siebeneckiger Turm hervorsprang, der jeweils fünf Seiten nach außen kehrte, sodass mithin vier der acht Seiten des größeren Achtecks in vier kleinere Siebenecke mündeten, die sich nach außen als Fünfecke darstellten. Niemandem wird die herrliche Ein-
35 tracht so vieler heiliger Zahlen entgehen, deren jede einen erhabenen geistigen Sinn offenbart: acht die Zahl der Vollendung jedes Vierecks, vier die der Evangelien, fünf die der Weltzonen, sieben die der Gaben des Heiligen Geistes. Nach Umfang und Form erschien mir der
40 Bau nicht unähnlich jenen gewaltigen Burgen, die ich später im Süden der italienischen Halbinsel sah, Castel Ursino oder auch Castel del Monte, aber dank seiner uneinnehmbaren Lage wirkte er düsterer noch als jene und war sehr wohl dazu angetan, den Wanderer, der
45 sich ihm nahte, erschauern zu lassen. Dabei konnte ich noch von Glück sagen, dass ich ihn erstmals an einem klaren Herbstmorgen erblickte und nicht etwa an einem stürmischen Wintertag. Jedenfalls flößte mir die Abtei alles andere als Gefühle
50 der Heiterkeit ein, ich empfand bei ihrem Anblick eher ein Schaudern und eine seltsame Unruhe. Und das waren, weiß Gott, keine Fantasiegespinste meiner furchtsamen Seele, es war vielmehr die korrekte Deutung unzweifelhafter Vorzeichen, dem Fels eingeschrieben seit
55 jenem Tage, da einst die Riesen Hand an ihn legten, bevor noch die Mönche in ihrem vergeblichen Streben sich erkühnten, ihn zum Hüter des göttlichen Wortes zu weihen. *(1982)*

① Sehen Sie sich Buchcover und -titel sowie die abgedruckte Passage des Buches genauer an: Welche Leseerwartungen werden bei Ihnen erzeugt? Was für einen Text erwarten Sie? Welche Anzeichen lassen vermuten, dass es sich bei diesem Buch eher um einen fiktionalen Text als um einen Sachbericht handelt?

② Untersuchen Sie im Detail, wie Eco die Welt in diesem Erzähltext aufbaut und wie Sie als Leser in diese Welt hineingezogen werden.

③ Klären Sie die Begriffe „Fiktion", „Fiktionalität" und „fiktionale Welt" mit Hilfe von Lexika; ziehen Sie dazu auch das Glossar im Anhang heran.

Umberto Eco gibt in der „Nachschrift zum Namen der Rose" Einblicke in seine Arbeit als Schriftsteller und beschreibt, wie er eine Romanwelt erschafft:

Wer erzählen will, muss sich zunächst eine Welt erschaffen, eine möglichst reich ausstaffierte bis hin zu den letzten Details. Angenommen, ich schaffe mir einen Fluss, zwei Ufer, auf deren linkes ich einen Angler setze, ausge-
5 stattet mit einem jähzornigen Charakter und einem nicht ganz sauberen Strafregister, so könnte ich schon zu schreiben beginnen, indem ich in Worte fasse, was unvermeidlich geschehen muss. Was tut ein Angler? Er angelt (schon habe ich eine Reihe von mehr oder minder
10 unausweichlichen Begriffen, Gesten, Bewegungen). Und was geschieht dann? Entweder gibt es in meinem Fluss Fische, die anbeißen, oder es gibt keine. Gibt es welche, so wird sie der Angler angeln und zufrieden nach Hause gehen. Gibt es keine, so wird er, jähzornig wie er ist,
15 vielleicht wütend werden und seine Angelrute zerbrechen. Nicht eben viel, aber schon ein Ansatz. Nun gibt es jedoch ein indianisches Sprichwort, das heißt: „Setz dich ans Ufer des Flusses und warte, bald wird deines Feindes Leiche vorbeischwimmen." Was, wenn nun eine
20 Leiche den Fluss heruntergeschwommen käme (ist doch die Möglichkeit einer Wasserleiche dem intertextuellen Bezugsfeld des Flusses prinzipiell inhärent)? Vergessen wir nicht, dass mein Angler ein nicht ganz sauberes Strafregister hat. Wird er die Polizei holen und riskieren,
25 dass er Ärger bekommt? Wird er davonlaufen? Wird er so tun, als ob er die Leiche nicht sieht? Wird er vor Angst vergehen, weil die Leiche am Ende tatsächlich die seines Feindes ist? Wird er vor lauter Wut platzen, weil er die langersehnte Rache nun nicht mehr vollziehen
30 kann? Wie man sieht, genügt es, die eigene Welt mit wenigem auszustaffieren, und schon hat man den Ansatz zu einer Geschichte. Auch schon den Ansatz zu einem Stil, denn ein Angler, der angelt, verlangt von meiner Erzählung einen ruhigen, fließenden Rhythmus, skandiert
35 nach dem Muster seiner Erwartung, die geduldig sein muss, aber auch nach dem Muster seiner jähen Wutausbrüche. Das Problem ist, die Welt zu errichten, die Worte kommen dann fast wie von selbst. (…)
Das erste Jahr der Arbeit an meinem Roman verging mit
40 dem Aufbau der Welt. Lange Listen der Bücher, die in einer mittelalterlichen Bibliothek stehen konnten. Namen- und Datenregister für viele Personen, viele mehr, als am Ende in die Geschichte hineinkamen. Denn ich musste ja schließlich auch wissen, wer die anderen Mön-
45 che waren, die nicht im Buch auftreten; es war nicht nötig, dass der Leser ihre Bekanntschaft machte, aber ich musste sie kennen. Wer hat gesagt, die Epik müsse dem Einwohnermeldeamt Konkurrenz machen? Aber

vielleicht muss sie auch dem Bauamt Konkurrenz machen. Also ausgedehnte architektonische Studien, anhand von Bildern, Fotos und Grundrissen in der Enzyklopädie der Architektur, um den Plan der Abtei festzulegen, die Entfernungen, ja selbst die Anzahl der Stufen einer Wendeltreppe. Marco Ferreri hat mir später gesagt, dass meine Dialoge filmgerecht seien, da sie die richtige Länge hätten. Kein Wunder: Wenn zwei meiner Personen miteinander redeten, während sie vom Refektorium zum Kapitelsaal gingen, schrieb ich mit dem Plan der Abtei vor Augen, und wenn sie angelangt waren, hörten sie auf zu reden.
Um frei erfinden zu können, muss man sich Beschränkungen auferlegen. In der Lyrik kann die Beschränkung durch das Versmaß gegeben sein, durch den Reim oder auch durch das, was Zeitgenossen den Atem nach dem Gehör genannt haben. In der Epik wird die Beschränkung durch die zugrunde liegende Welt gegeben. Das ist keine Frage des Realismus (obwohl es *sogar* den Realismus erklärt): Man kann sich auch eine ganz irreale Welt errichten, in der die Esel fliegen und die Prinzessinnen durch einen Kuss geweckt werden, aber auch diese rein fantastische und „bloß mögliche" Welt muss nach Regeln existieren, die vorher festgelegt worden sind (zum Beispiel muss man wissen, ob es eine Welt ist, in der Prinzessinnen nur durch den Kuss von Prinzen geweckt werden können oder auch durch den Kuss einer Hexe, und ob der Kuss einer Prinzessin nur Kröten in Prinzen zurückverwandelt oder auch, sagen wir, Gürteltiere). *(1984)*

④ Arbeiten Sie mit Hilfe des Textes und eigener Leseerfahrungen heraus, mit welchen Elementen eine fiktionale Welt ausgestattet werden muss und welche weiteren Gesichtspunkte für die Arbeit an einem Erzähltext wichtig sind.

⑤ Üben Sie sich in der Rolle eines Schriftstellers und entwickeln Sie einen „Bauplan" für das weitere Geschehen in der Geschichte vom Angler und der Leiche: Überlegen Sie zunächst, welche Art von Geschichte es werden soll (Detektivgeschichte, fantastische Erzählung, …), wie Sie den Handlungsfaden weiterspinnen wollen und welche weiteren Erzählelemente Sie dazu benötigen.
Schreiben Sie mit Ihren Erzählelementen den Anfang der Geschichte vom Angler, der eines Tages am Ufer eines Flusses sitzt, als plötzlich eine Leiche den Fluss herunterschwimmt …

⑥ Stellen Sie sich vor, die Geschichte hätte sich tatsächlich ereignet. Versetzen Sie sich in die Rolle eines Lokalreporters und verfassen Sie eine Zeitungsmeldung.

⑦ Vergleichen Sie die Texte und entwickeln Sie Kriterien zur Unterscheidung dieser beiden Prosaformen.

Umberto Eco
Nachschrift zum Namen der Rose (Auszug)

Nichts ist erfreulicher für den Autor eines Romans, als Lesarten zu entdecken, an die er selbst nicht gedacht hatte und die ihm von Lesern nahe gelegt werden. Als ich theoretische Werke schrieb, war meine Haltung gegenüber den Rezensenten die eines Richters: Ich prüfte, ob sie mich verstanden hatten, und beurteilte sie danach. Mit einem Roman ist das ganz anders. Nicht dass man als Romanautor keine Lesarten finden könnte, die einem abwegig erscheinen, aber man muss in jedem Fall schweigen und es anderen überlassen, sie anhand des Textes zu widerlegen. Die große Mehrheit der Lesarten bringt jedoch überraschende Sinnzusammenhänge ans Licht, an die man beim Schreiben nicht gedacht hatte. (…)
Der Autor müsste das Zeitliche segnen, nachdem er geschrieben hat. Damit er die Eigenbewegung des Textes nicht stört. *(1984)*

Umberto Eco

⑧ Lesen ist nicht einfach Informationsentnahme. Welche Rolle weist Eco dem Leser fiktionaler Texte zu? Was versteht er wohl unter der „Eigenbewegung des Textes"?

2 Erzählende Texte untersuchen und verstehen

2.1 Erzählbeginn, Erzählperspektive und Erzählhaltung

> Mit dem Beginn des Erzählens „zieht" uns der Autor in die fiktionale Welt hinein. Dies kann auf verschiedene Weise geschehen, z. B. durch einleitende Informationen zu Ort, Zeit und Figuren, durch eine Selbstdarstellung des Erzählers oder auch durch eine Eröffnung, die uns unmittelbar in das Geschehen versetzt.
>
> Dabei wählt der Autor eine bestimmte Erzählperspektive, durch die uns das erzählte Geschehen vermittelt wird und die unsere Wahrnehmung als Leserin/Leser steuert. Der Erzähler, der nicht mit dem Autor verwechselt werden darf, kann dabei als vermittelnde Instanz mehr oder weniger erkennbar sein, je nachdem, ob er eher allwissend und kommentierend in Erscheinung tritt (auktorialer Erzähler), das Geschehen eher distanziert aus Sicht einer einzelnen Figur in der 3. Person Singular beschreibt (personaler oder neutraler Erzähler) oder aber als Icherzähler auftritt und die subjektive Sicht dieser Figur auf das Geschehen mitteilt.

Franz Kafka
Die Verwandlung (Auszug)

Als Gregor Samsa eines Morgens aus unruhigen Träumen erwachte, fand er sich in seinem Bett zu einem ungeheueren Ungeziefer verwandelt. Er lag auf seinem panzerartig harten Rücken und sah, wenn er den Kopf ein wenig hob, seinen gewölbten, braunen, von bogenförmigen Versteifungen geteilten Bauch, auf dessen Höhe sich die Bettdecke, zum gänzlichen Niedergleiten bereit, kaum noch erhalten konnte. Seine vielen, im Vergleich zu seinem sonstigen Umfang kläglich dünnen Beine flimmerten ihm hilflos vor den Augen.

„Was ist mit mir geschehen?" dachte er. Es war kein Traum. Sein Zimmer, ein richtiges, nur etwas zu kleines Menschenzimmer, lag ruhig zwischen den vier wohlbekannten Wänden. Über dem Tisch, auf dem eine auseinander gepackte Musterkollektion von Tuchwaren ausgebreitet war – Samsa war Reisender –, hing das Bild, das er vor kurzem aus einer illustrierten Zeitschrift ausgeschnitten und in einem hübschen, vergoldeten Rahmen untergebracht hatte. Es stellte eine Dame dar, die, mit einem Pelzhut und einer Pelzboa versehen, aufrecht dasaß und einen schweren Pelzmuff, in dem ihr ganzer Unterarm verschwunden war, dem Beschauer entgegenhob.

Gregors Blick richtete sich dann zum Fenster, und das trübe Wetter – man hörte Regentropfen auf das Fensterblech aufschlagen – machte ihn ganz melancholisch. „Wie wäre es, wenn ich noch ein wenig weiterschliefe und alle Narrheiten vergäße", dachte er, aber das war gänzlich undurchführbar, denn er war daran gewöhnt, auf der rechten Seite zu schlafen, konnte sich aber in seinem gegenwärtigen Zustand nicht in diese Lage bringen. Mit welcher Kraft er sich auch auf die rechte Seite warf, immer wieder schaukelte er in die Rückenlage zurück. Er versuchte es wohl hundertmal, schloss die Augen um die zappelnden Beine nicht sehen zu müssen und ließ erst ab, als er in der Seite einen noch nie gefühlten, leichten, dumpfen Schmerz zu fühlen begann.

„Ach Gott", dachte er, „was für einen anstrengenden Beruf habe ich gewählt! Tagaus, tagein auf der Reise. Die geschäftlichen Aufregungen sind viel größer, als im eigentlichen Geschäft zu Hause, und außerdem ist mir doch diese Plage des Reisens auferlegt, die Sorgen um die Zuganschlüsse, das unregelmäßige, schlechte Essen, ein immer wechselnder, nie andauernder, nie herzlich werdender menschlicher Verkehr. Der Teufel soll das alles holen!" Er fühlte ein leichtes Jucken oben auf dem Bauch; schob sich auf dem Rücken langsam näher zum Bettpfosten um den Kopf besser heben zu können; fand die juckende Stelle, die mit lauter kleinen weißen Pünktchen besetzt war, die er nicht zu beurteilen verstand; und wollte mit einem Bein die Stelle betasten, zog es aber gleich zurück, denn bei der Berührung umwehten ihn Kälteschauer.

Er glitt wieder in seine frühere Lage zurück. „Dies frühzeitige Aufstehen", dachte er, „macht einen ganz blödsinnig. Der Mensch muss seinen Schlaf haben. Andere Reisende leben wie Haremsfrauen. Wenn ich zum Beispiel im Laufe des Vormittags ins Gasthaus zurückgehe, um die erlangten Aufträge zu überschreiben, sitzen diese Herren erst beim Frühstück. Das sollte ich bei meinem Chef versuchen; ich würde auf der Stelle hinausfliegen. Wer weiß übrigens, ob das nicht sehr gut für mich wäre. Wenn ich mich nicht wegen meiner Eltern zurückhielte, ich hätte längst gekündigt, ich wäre vor den Chef hingetreten und hätte ihm meine Meinung von Grund des Herzens aus gesagt. Vom Pult hätte er fallen müssen! Es ist auch eine sonderbare Art, sich auf das Pult zu setzen und von der Höhe herab mit dem Angestellten zu reden, der überdies wegen der Schwerhörigkeit des Chefs ganz

nahe herantreten muss. Nun, die Hoffnung ist noch nicht gänzlich aufgegeben; habe ich einmal das Geld beisammen, um die Schuld der Eltern an ihn abzuzahlen – es dürfte noch fünf bis sechs Jahre dauern –, mache ich die Sache unbedingt. Dann wird der große Schnitt gemacht. Vorläufig allerdings muss ich aufstehen, denn mein Zug fährt um fünf."
Und er sah zur Weckuhr hinüber, die auf dem Kasten tickte. „Himmlischer Vater!" dachte er. Es war halb sieben Uhr und die Zeiger gingen ruhig vorwärts, es war sogar halb vorüber, es näherte sich schon drei viertel. Sollte der Wecker nicht geläutet haben? Man sah vom Bett aus, dass er auf vier Uhr richtig eingestellt war; gewiss hatte er auch geläutet. Ja, aber war es möglich, dieses möbelerschütternde Läuten ruhig zu verschlafen? Nun, ruhig hatte er ja nicht geschlafen, aber wahrscheinlich desto fester. Was aber sollte er jetzt tun?
(1912)

Edgar Allen Poe
Der Untergang des Hauses Usher (Auszug)

Einen ganz stillen, trüben, toten und tiefherbstlichen Tag hindurch war ich, die Wolken hingen lastend schwer vom Himmel, allein, zu Pferde, durch einen Landstrich von einzigartiger Ödnis geritten und kam endlich, als die Schatten des Abends die Finger reckten, in den Umkreis des melancholischen Hauses Usher. Ich kann es nicht erklären – doch schon der erste Anblick des Gemäuers bedrückte meine Seele mit unerträglicher Düsternis. Ich sage unerträglich, weil das Gefühl durch keine der halb-angenehmen, weil poetischen Empfindungen gelindert wurde, mit denen die Seele gewöhnlich selbst die ernstesten Szenen des Trostlosen oder Schaurigen aufnimmt. Ich betrachtete das Bild vor mir – das Haus und seine eintönigen Ländereien, die öden Mauern, die blinden, augengleichen Fenster, ein paar wuchernde Binsenbüschel und ein paar weißliche Stümpfe abgestorbener Bäume – und der Anblick bereitete mir eine solche Beklemmung der Seele, dass ich sie keinem anderen Gefühle auf Erden besser vergleichen kann als dem Nachtraum des Opiumessers: dem bittren Sturz in die Alltäglichkeit, dem Schauer, wenn der Schleier fällt. Etwas Eisiges lag in der Luft, ein Sinken, Mürbheit des Herzens, eine unerlöste Trübsal des Gedankens, die keine noch so gewaltsame Verführung der Fantasie hochpeitschen konnte zu Erhabenheit, zu Größe. Was war es nur – ich hielt grübelnd inne – was war es nur, das meine Nerven beim Anblick des Hauses Usher in einen solchen Reizzustand versetzte? Dunkel schien dies Rätsel mir, ganz und gar verworren; auch konnte ich mich der Schattengestalten nicht erwehren, die mich bei meiner Grübelei bedrängten. Ich musste mich schließlich mit der unbefriedigenden Schlussfolgerung begnügen, dass es zwar ganz ohne Zweifel Ensembles von Dingen gibt, die jedes für sich genommen ganz einfacher Natur sind, dass also nur ihre *Fügung* eine solche Wirkung auf uns hat, dass aber die Analyse ihrer Wirkweise zu den Dingen zählt, die uns Sterblichen nicht gegeben sind. Möglich wäre es immerhin, so dachte ich, dass schon eine etwas andere Anordnung der Bildbestandteile hinreichen würde, seine Fähigkeit, unsern Sinn zu verdüstern, abzuschwächen oder sogar aufzuheben; diesem Gedanken folgend, lenkte ich mein Pferd an den steilen Rand eines sumpfigen, schwarz schimmernden Teiches, der, von keinem Hauch bewegt, neben dem Wohnhause lag, und spähte hinab – doch mit einem Schauder, durchdringender noch als zuvor – auf das verzerrte und auf dem Kopfe stehende Spiegelbild der grauen Binsen, der gespenstischen Baumstümpfe und der blinden, augengleichen Fenster.

Simon Marsden: Lowther Castle

Dennoch nahm ich mir vor, in diesem Haus der Düsternis einen Aufenthalt von mehreren Wochen zu nehmen. Sein Besitzer, Roderick Usher, war einer der engsten Spielgefährten meiner Knabenzeit gewesen; doch waren viele Jahre vergangen, seit wir uns zuletzt gesehen. Jüngst hatte mich aber, als ich mich in einem entlegenen Teile des Landes aufhielt, ein Brief erreicht – ein Brief von ihm – dessen maßlos zudringlicher Charakter keine andere als eine mündliche Beantwortung zuließ. Die Handschrift zeugte von einer erheblichen Reizung der Nerven. Der Schreiber berichtete von akutem körperlichen Leiden, von geistiger Zerrüttung, die ihn niederdrücke, und von dem dringenden Wunsche, mich, seinen besten und in der Tat einzigen persönlichen Freund, wiederzusehen, da er hoffe, die Heiterkeit meiner Gesellschaft werde seinem Zustand etwas Erleichterung verschaffen. Es war der Ton, in dem all dies, und vieles mehr, gesagt war – das Herzblut, das aus seiner Bitte sprach – das mir kein Zögern erlaubte, und ich gehorchte daher unverzüglich dieser, wie ich bei mir dachte, höchst eigenartigen Aufforderung. *(1839)*

Gabriel García Márquez
Ein sehr alter Herr mit riesengroßen Flügeln
(Auszug)

Am dritten Regentag hatten sie im Innern des Hauses so viele Krebse getötet, dass Pelayo durch seinen überschwemmten Hinterhof waten musste, um sie ins Meer zu werfen, denn das Neugeborene hatte die ganze Nacht gefiebert, und man glaubte, der Pestgestank sei daran schuld. Die Welt war trostlos seit Dienstag. Der Himmel und das Meer waren ein einziges Aschgrau und der Sand des Strandes, der im März funkelte wie Glutstaub, hatte sich in einen Brei aus Schlamm und verfaulten Seemuscheln verwandelt. Das Licht war so fahl am Mittag, dass Pelayo, nachdem er die Krebse fortgeworfen hatte, beim Heimkehren nur mit Mühe wahrnahm, was sich da hinten im Hof bewegte und jammerte. Er musste ganz nahe herantreten um zu entdecken, dass es ein alter Mann war, der mit dem Gesicht im Schlamm lag und sich trotz großer Anstrengungen nicht aufrichten konnte, weil ihn seine riesengroßen Flügel daran hinderten.

Erschreckt von diesem Alptraum, lief Pelayo zu Elisenda, seiner Frau, die gerade dem kranken Kind Umschläge machte, und führte sie in die Tiefe des Hofs. Beide beobachteten den gefallenen Körper mit stummer Bestürzung. Er war gekleidet wie ein Lumpensammler. Auf dem Kahlkopf waren ihm nur ein paar verblichene Strähnen, im Mund nur wenige Zähne erhalten geblieben, und sein beklagenswerter Zustand eines durchnässten Urgroßvaters hatte ihn aller Größe beraubt. Seine großen Aasgeierflügel, schmutzig und zerrupft, lagen für immer gestrandet im Schlamm. Pelayo und Elisenda betrachteten ihn so lange und so aufmerksam, dass sie sich sehr rasch von ihrer Verblüffung erholten und er ihnen schließlich ganz vertraut vorkam. Sie wagten ihn anzusprechen und er antwortete in unverständlicher Mundart, aber mit kräftiger Seemannsstimme. So kam es, dass sie das Unschickliche der Flügel übersahen und vernünftig folgerten, er sei ein einsamer Schiffbrüchiger irgendeines im Sturm verschollenen ausländischen Schiffes. Trotzdem riefen sie eine Nachbarin, die alle Dinge des Lebens und des Todes kannte, damit diese ihn sich ansah, und ihr genügte ein Blick um die beiden über ihren Irrtum aufzuklären.

„Es ist ein Engel", sagte sie. „Er ist sicherlich wegen des Kindes gekommen, aber der Ärmste ist so alt, dass der Regen ihn zu Fall gebracht hat."

Am nächsten Tag wusste alle Welt, dass in Pelayos Haus ein Engel aus Fleisch und Blut gefangen lag. In Anbetracht des Urteilsspruchs der weisen Nachbarin, für welche die Engel dieser Zeiten flüchtige Überlebende einer himmlischen Verschwörung waren, hatten sie nicht das Herz gehabt ihn mit Stockschlägen zu töten. Pelayo, bewaffnet mit seinem Polizeidienerknüppel, überwachte ihn den ganzen Nachmittag von der Küche aus, und bevor er zu Bett ging, zerrte er ihn aus dem Schlamm und sperrte ihn zu den Hühnern in das drahtvergitterte Hühnergatter. Um Mitternacht, als der Regen aufhörte, töteten Pelayo und Elisenda noch immer Krebse. Kurz darauf erwachte das Kind, fieberfrei und esslustig. Nun fühlten sie sich großmütig und beschlossen, den Engel auf ein Floß zu setzen, mit Trinkwasser und Proviant für drei Tage, um ihn auf hoher See seinem Los zu überlassen. Doch als sie beim ersten Frühlicht in den Hinterhof hinaustraten, fanden sie die gesamte Nachbarschaft vor dem Hühnergatter versammelt, wo diese ohne die geringste Ehrerbietung mit dem Engel Schabernack trieb und ihm Essbares durch die Löcher des Drahtgeflechts zuwarf, als sei er kein übernatürliches Geschöpf, sondern ein Zirkustier. *(1968)*

1. Welchen der drei Erzähltexte würden Sie am liebsten weiterlesen? Wie stellen Sie sich den weiteren Verlauf der Handlung vor? Begründen Sie Ihre Antwort anhand der Leseerwartungen, die der Erzählanfang bei Ihnen auslöst.

2. Analysieren Sie die Art der Eröffnung in den Erzählanfängen: Wie wird der Leser in das Geschehen eingeführt, welche Informationen erhält er, was bleibt offen?
Vergleichen Sie diese Erzählanfänge mit dem Erzählanfang des Romans „Der Name der Rose".

3. Untersuchen Sie in den drei Texten die jeweilige Erzählperspektive. Machen Sie sich ein möglichst genaues Bild vom Erzähler. Wer ist das, der zu uns spricht? Wird er als Persönlichkeit erkennbar? Welche Erzählhaltung nimmt er zu dem Erzählten ein? (Ist er z. B. sachlich, unbeteiligt, distanziert, ironisch, engagiert, wertend?)

4. Experimentieren Sie mit den unterschiedlichen Erzählperspektiven. Schreiben Sie z. B. die Ich-Erzählung in eine Er/Sie-Erzählung um. Verändern Sie dabei auch die Erzählhaltung. Sprechen Sie über die unterschiedliche Wirkungsweise.

5. Erkunden Sie Erzählanfang und Erzählperspektive auch an anderen Erzähltexten Ihrer Wahl.

2.2 Person und Handlung

> Eine Handlung wird vom Autor erfunden und auf eine bestimmte Weise erzählt. Sie kann durch inneres und äußeres Geschehen entfaltet werden, sie kann eher straff (erzählender Bericht) oder durch szenische Darstellung eher breit entwickelt werden, sie kann kontinuierlich der Reihe nach oder diskontinuierlich mit Erzählsprüngen oder Unterbrechungen dargestellt werden. Durch Verzögerungen im Handlungsablauf, Überraschungseffekte oder Andeutungen wird Spannung erzeugt. Personen (Erzählfiguren) setzen Handlungen in Gang, sie reagieren auf diese und sie müssen Entscheidungen treffen. Beziehungen zwischen Personen eröffnen ganz bestimmte Handlungsmöglichkeiten, durch die sich ein Geschehen entscheidend verändern kann.
>
> Der Erzähler kann Personen direkt darstellen durch Beschreibung oder Erzählerkommentar oder indirekt durch szenische Darstellung, in der sie wie auf einer Bühne in Aktion gezeigt werden. Personen können von außen mit den Augen anderer gesehen werden oder sich von innen mitteilen (innerer Monolog als stummes Selbstgespräch in der Ich-Form oder erlebte Rede als Wiedergabe von Gedanken und Gefühlen in der Er/Sie-Form).

E. T. A. Hoffmann

Der Sandmann (Auszug)

Die Hauptfigur Nathanael erinnert sich an ein schreckliches Kindheitserlebnis. Durch gruselige Sandmanngeschichten seiner Kinderfrau und mysteriöse Geräusche am Abend hat sich in ihm die Vorstellung von einem wirklich existierenden grausamen Mann gebildet.

Einmal war mir jenes dumpfe Treten und Poltern besonders graulich; ich frug die Mutter, indem sie uns fortführte: „Ei Mama! wer ist denn der böse Sandmann, der uns immer von Papa forttreibt? – wie sieht er denn aus?" „Es gibt keinen Sandmann, mein liebes Kind", erwiderte die Mutter, „wenn ich sage, der Sandmann kommt, so will das nur heißen, ihr seid schläfrig und könnt die Augen nicht offen behalten, als hätte man euch Sand hineingestreut." – Der Mutter Antwort befriedigte mich nicht, ja in meinem kindischen Gemüt entfaltete sich deutlich der Gedanke, dass die Mutter den Sandmann nur verleugne, damit wir uns vor ihm nicht fürchten sollten, ich hörte ihn ja immer die Treppe heraufkommen. Voll Neugierde, Näheres von diesem Sandmann und seiner Beziehung auf uns Kinder zu erfahren, frug ich endlich die alte Frau, die meine jüngste Schwester wartete: Was denn das für ein Mann sei, der Sandmann? „Ei Thanelchen", erwiderte diese, „weißt du das noch nicht? Das ist ein böser Mann, der kommt zu den Kindern, wenn sie nicht zu Bett gehen wollen und wirft ihnen Hände voll Sand in die Augen, dass sie blutig zum Kopf herausspringen, die wirft er dann in den Sack und trägt sie in den Halbmond zur Atzung für seine Kinderchen; die sitzen dort im Nest und haben krumme Schnäbel, wie die Eulen, damit picken sie der unartigen Menschkindlein Augen auf." – Grässlich malte sich nun im Innern mir das Bild des grausamen Sandmanns aus; sowie es abends die Treppe heraufpolterte, zitterte ich vor Angst und Entsetzen. Nichts als den unter Tränen hergestotterten Ruf: Der Sandmann! der Sandmann! konnte die Mutter aus mir herausbringen. Ich lief darauf in das Schlafzimmer und wohl die ganze Nacht über quälte mich die fürchterliche Erscheinung des Sandmanns. –

Als ich zehn Jahre alt geworden, wies mich die Mutter aus der Kinderstube in ein Kämmerchen, das auf dem Korridor unfern von meines Vaters Zimmer lag. Noch immer mussten wir uns, wenn auf den Schlag neun Uhr sich jener Unbekannte im Hause hören ließ, schnell entfernen. In meinem Kämmerchen vernahm ich, wie er bei dem Vater hereintrat und bald darauf war es mir dann, als verbreite sich im Hause ein feiner seltsam riechender Dampf. Immer höher mit der Neugierde wuchs der Mut, auf irgendeine Weise des Sandmanns Bekanntschaft zu machen. Oft schlich ich schnell aus dem Kämmerchen auf den Korridor, wenn die Mutter vorübergegangen, aber nichts konnte ich erlauschen, denn immer war der Sandmann schon zur Türe hinein, wenn ich den Platz erreicht hatte, wo er mir sichtbar werden musste. Endlich von unwiderstehlichem Drange getrieben, beschloss ich, im Zimmer des Vaters selbst mich zu verbergen und den Sandmann zu erwarten.

An des Vaters Schweigen, an der Mutter Traurigkeit merkte ich eines Abends, dass der Sandmann kommen werde; ich schützte daher große Müdigkeit vor, verließ schon vor neun Uhr das Zimmer und verbarg mich dicht neben der Türe in einen Schlupfwinkel. Die Haustür knarrte, durch den Flur ging es, langsamen, schweren, dröhnenden Schrittes nach der Treppe. Die Mutter eilte mit dem Geschwister mir vorüber. Leise – leise öffnete ich des Vaters Stubentür. Er saß, wie gewöhnlich, stumm und starr den Rücken der Türe zugekehrt, er bemerkte mich

nicht, schnell war ich hinein und hinter der Gardine, die einem gleich neben der Türe stehenden offnen Schrank, worin meines Vaters Kleider hingen, vorgezogen war. – Näher – immer näher dröhnten die Tritte – es hustete und scharrte und brummte seltsam draußen. Das Herz bebte mir vor Angst und Erwartung. – Dicht, dicht vor der Türe ein scharfer Tritt – ein heftiger Schlag auf die Klinke, die Tür springt rasselnd auf! – Mit Gewalt mich ermannend gucke ich behutsam hervor. Der Sandmann steht mitten in der Stube vor meinem Vater, der helle Schein der Lichter brennt ihm ins Gesicht! – Der Sandmann, der fürchterliche Sandmann ist der alte Advokat Coppelius, der manchmal bei uns zu Mittage isst!

Aber die grässlichste Gestalt hätte mir nicht tieferes Entsetzen erregen können als eben dieser Coppelius. – Denke dir einen großen breitschultrigen Mann mit einem unförmlich dicken Kopf, erdgelbem Gesicht, buschigten grauen Augenbrauen, unter denen ein Paar grünliche Katzenaugen stechend hervorfunkeln, großer, starker über die Oberlippe gezogener Nase. Das schiefe Maul verzieht sich oft zum hämischen Lachen; dann werden auf den Backen ein paar dunkelrote Flecke sichtbar und ein seltsam zischender Ton fährt durch die zusammengekniffenen Zähne. Coppelius erschien immer in einem altmodisch zugeschnittenen aschgrauen Rocke, ebensolcher Weste und gleichen Beinkleidern, aber dazu schwarze Strümpfe und Schuhe mit kleinen Steinschnallen. Die kleine Perücke reichte kaum bis über den Kopfwirbel heraus, die Kleblocken standen hoch über den großen roten Ohren und ein breiter verschlossener Haarbeutel starrte von dem Nacken weg, sodass man die silberne Schnalle sah, die die gefältelte Halsbinde schloss. Die ganze Figur war überhaupt widrig und abscheulich; aber vor allem waren uns Kindern seine großen knotigten, haarigten Fäuste zuwider, sodass wir, was er damit berührte, nicht mehr mochten. Das hatte er bemerkt und nun war es seine Freude, irgend ein Stückchen Kuchen oder eine süße Frucht, die uns die gute Mutter heimlich auf den Teller gelegt, unter diesem oder jenem Vorwand zu berühren, dass wir, helle Tränen in den Augen, die Näscherei, der wir uns erfreuen sollten, nicht mehr genießen mochten vor Ekel und Abscheu. Ebenso machte er es, wenn uns an Feiertagen der Vater ein klein Gläschen süßen Weins eingeschenkt hatte. Dann fuhr er schnell mit der Faust herüber oder brachte wohl gar das Glas an die blauen Lippen und lachte recht teuflisch, wenn wir unsern Ärger nur leise schluchzend äußern durften. Er pflegte uns nur immer die kleinen Bestien zu nennen; wir durften, war er zugegen, keinen Laut von uns geben und verwünschten den hässlichen, feindlichen Mann, der uns recht mit Bedacht und Absicht auch die kleinste Freude verdarb. Die Mutter schien ebenso, wie wir, den widerwärtigen Coppelius zu hassen; denn sowie er sich zeigte, war ihr Frohsinn, ihr heiteres, unbefangenes Wesen umgewandelt in traurigen, düstern Ernst. Der Vater betrug sich gegen ihn, als sei er ein höheres Wesen, dessen Unarten man dulden und das man auf jede Weise bei guter Laune erhalten müsse. Er durfte nur leise andeuten und Lieblingsgerichte wurden gekocht und seltene Weine kredenzt.

Als ich nun diesen Coppelius sah, ging es grausig und entsetzlich in meiner Seele auf, dass ja niemand anders als er der Sandmann sein könne, aber der Sandmann war mir nicht mehr jener Popanz aus dem Ammenmärchen, der dem Eulennest im Halbmonde Kinderaugen

zur Atzung holt – nein! – ein hässlicher gespenstischer Unhold, der überall, wo er einschreitet, Jammer – Not – zeitliches, ewiges Verderben bringt.

Ich war festgezaubert. Auf die Gefahr entdeckt und, wie ich deutlich dachte, hart gestraft zu werden, blieb ich stehen, den Kopf lauschend durch die Gardine hervorgestreckt. Mein Vater empfing den Coppelius feierlich. „Auf! – zum Werk", rief dieser mit heiserer, schnarrender Stimme und warf den Rock ab. Der Vater zog still und finster seinen Schlafrock aus und beide kleideten sich in lange, schwarze Kittel. Wo sie *die* hernahmen, hatte ich übersehen. Der Vater öffnete die Flügeltür eines Wandschranks; aber ich sah, dass das, was ich so lange dafür gehalten, kein Wandschrank, sondern vielmehr eine schwarze Höhlung war, in der ein kleiner Herd stand. Coppelius trat hinzu und eine blaue Flamme knisterte auf dem Herde empor. Allerlei seltsames Geräte stand umher. Ach Gott! – wie sich nun mein alter Vater zum Feuer herabbückte, da sah er ganz anders aus. Ein grässlicher krampfhafter Schmerz schien seine sanften ehrlichen Züge zum hässlichen widerwärtigen Teufelsbilde verzogen zu haben. Er sah dem Coppelius ähnlich. Dieser schwang die glutrote Zange und holte damit hellblinkende Massen aus dem dicken Qualm, die er dann emsig hämmerte. Mir war es, als würden Menschengesichter ringsumher sichtbar, aber ohne Augen – scheußliche, tiefe schwarze Höhlen statt ihrer. „Augen her, Augen her!" rief Coppelius mit dumpfer dröhnender Stimme. Ich kreischte auf von wildem Entsetzen gewaltig erfasst und stürzte aus meinem Versteck heraus auf den Boden. Da ergriff mich Coppelius, „kleine Bestie! – kleine Bestie!" meckerte er zähnefletschend! – riss mich auf und warf mich auf den Herd, dass die Flamme mein Haar zu sengen begann: „Nun haben wir Augen – Augen – ein schönes Paar Kinderaugen." So flüsterte Coppelius, und griff mit den Fäusten glutrote Körner aus der Flamme, die er mir in die Augen streuen wollte. Da hob mein Vater flehend die Hände empor und rief: „Meister! Meister! lass meinem Nathanael die Augen – lass sie ihm!" Coppelius lachte gellend auf und rief: „Mag denn der Junge die Augen behalten und sein Pensum flennen in der Welt; aber nun wollen wir doch den Mechanismus der Hände und der Füße recht observieren." Und damit fasste er mich gewaltig, dass die Gelenke knackten, und schrob mir die Hände ab und die Füße und setzte sie bald hier, bald dort wieder ein. „'s steht doch überall nicht recht! 's gut so wie es war! – Der Alte hat's verstanden!" So zischte und lispelte Coppelius; aber alles um mich her wurde schwarz und finster, ein jäher Krampf durchzuckte Nerv und Gebein – ich fühlte nichts mehr. Ein sanfter warmer Hauch glitt über mein Gesicht, ich erwachte wie aus dem Todesschlaf, die Mutter hatte sich über mich hingebeugt. „Ist der Sandmann noch da?" stammelte ich. „Nein, mein liebes Kind, der ist lange, lange fort, der tut dir keinen Schaden!" – So sprach die Mutter und küsste und herzte den wiedergewonnenen Liebling.
(1817)

① Untersuchen Sie, wie in diesem Text das unheimliche Geschehen entfaltet wird (Erzählperspektive/-haltung, Figurenkonstellation, Ablauf der Ereignisse, Darstellungsformen, innere und äußere Handlung).

② Markieren Sie diejenigen Handlungselemente, die Spannung auslösen, und versuchen Sie ihre Machart und Wirkung zu beschreiben. Überprüfen und ergänzen Sie gegebenenfalls folgende Definition, beziehen Sie dabei auch andere Texte dieses Kapitels mit ein: Spannung ist „*Destabilisierung (…), beispielsweise, wenn Informationsmangel, Vieldeutigkeit, Widersprüchlichkeit und Undurchschaubarkeit uns keinen einfachen, sicheren Umgang mit einer Situation erlauben oder es uns unmöglich machen zu erkennen, worauf ein in Gang gekommener Prozess hinausläuft.*" (Dieter Wellershoff, 1992)

③ Analysieren Sie die Personendarstellung:
– Welche Darstellungsformen und sprachlichen Mittel werden verwendet, damit die Erzählfigur Coppelius Kontur gewinnt, welche Haltung nimmt der Ich-Erzähler zu ihr ein und welche Wirkung wird erzeugt?
– Welches Bild erhält der Leser von Nathanael, wodurch entsteht es?

④ Nathanaels Erlebnisse werden rückblickend in der Vergangenheitsform dargestellt. Es finden sich aber auch Ansätze zur Gestaltung des unmittelbaren kindlichen Erlebens (z. B. 3. und 5. Abschnitt).
– Gestalten Sie einen Abschnitt zu einem inneren Monolog aus, indem Sie Nathanaels Gefühle, Ängste, Augenblicksregungen in der Ich-Form und im Präsens darstellen („Was soll ich bloß tun?").
– Klären Sie den Unterschied zwischen innerem Monolog und erlebter Rede (sprachliche Unterschiede, Wirkungsweise). Ziehen Sie dafür den letzten Abschnitt aus dem Text „Die Verwandlung" hinzu.

⑤ Am Ende bleibt offen, wie der unheimliche Vorgang zu erklären ist. Schreiben Sie einen Anschlusstext, der das Rätsel „löst" (z. B. einen Dialog zwischen Nathanael und seiner Mutter, eine Tagebucheintragung der Mutter oder kommentieren Sie das Geschehen aus der Sicht eines neutralen oder auktorialen Erzählers).

2.3 Zeit und Ort

Eine Geschichte kann chronologisch, der Reihe nach, erzählt werden. Es gibt aber auch die Möglichkeit in der Zeit vor- oder zurückzuspringen (Vorausdeutung bzw. Rückblende), um z. B. den kausalen Zusammenhang zwischen weit auseinander liegenden Ereignissen zu verdeutlichen.
Ein weiterer Aspekt ist das Verhältnis von Erzählzeit und erzählter Zeit. Häufig umfasst die erzählte Zeit viel mehr als die Lesezeit, wenn z. B. längere Zeitspannen in wenigen Sätzen zusammengefasst werden (= Zeitraffung). Beide können aber auch in etwa zusammenfallen (Zeitdeckung, z. B. bei Dialogen in der szenischen Darstellung). Vergleichbar mit der Zeitlupe beim Film ist die Zeitdehnung, wenn die Erzählzeit länger ist als das Geschehen selbst.
Orte sind oft nicht nur Hintergrundgemälde für eine Handlung, sondern haben eine atmosphärische oder symbolische Funktion für den Erzähltext. Das gilt ebenso für bestimmte Gegenstände, die immer wieder auftauchen und auf etwas anderes hinzuweisen scheinen.

Heinrich von Kleist
Das Bettelweib von Locarno

Am Fuße der Alpen, bei Locarno im oberen Italien, befand sich ein altes, einem Marchese gehöriges Schloss, das man jetzt, wenn man vom St. Gotthard kommt, in Schutt und Trümmern liegen sieht: ein Schloss mit hohen und weitläufigen Zimmern, in deren einem einst, auf Stroh, das man ihr unterschüttete, eine alte kranke Frau, die sich bettelnd vor der Tür eingefunden hatte, von der Hausfrau aus Mitleiden gebettet worden war. Der Marchese, der, bei der Rückkehr von der Jagd, zufällig in das Zimmer trat, wo er seine Büchse abzusetzen pflegte, befahl der Frau unwillig, aus dem Winkel, in welchem sie lag, aufzustehen, und sich hinter den Ofen zu verfügen. Die Frau, da sie sich erhob, glitschte mit der Krücke auf dem glatten Boden aus, und beschädigte sich, auf eine gefährliche Weise, das Kreuz; dergestalt, dass sie zwar noch mit unsäglicher Mühe aufstand und quer, wie es vorgeschrieben war, über das Zimmer ging, hinter dem Ofen aber, unter Stöhnen und Ächzen, niedersank und verschied.

Mehrere Jahre nachher, da der Marchese, durch Krieg und Misswachs, in bedenkliche Vermögensumstände geraten war, fand sich ein florentinischer Ritter bei ihm ein, der das Schloss, seiner schönen Lage wegen, von ihm kaufen wollte. Der Marchese, dem viel an dem Handel gelegen war, gab seiner Frau auf, den Fremden in dem oben erwähnten, leer stehenden Zimmer, das sehr schön und prächtig eingerichtet war, unterzubringen. Aber wie betreten war das Ehepaar, als der Ritter mitten in der Nacht, verstört und bleich, zu ihnen herunterkam, hoch und teuer versichernd, dass es in dem Zimmer spuke, indem etwas, das dem Blick unsichtbar gewesen, mit einem Geräusch, als ob es auf Stroh gelegen, im Zimmerwinkel aufgestanden, mit vernehmlichen Schritten, langsam und gebrechlich, quer über das Zimmer gegangen, und hinter dem Ofen, unter Stöhnen und Ächzen, niedergesunken sei.

Der Marchese erschrocken, er wusste selbst nicht recht warum, lachte den Ritter mit erkünstelter Heiterkeit aus, und sagte, er wolle sogleich aufstehen, und die Nacht, zu seiner Beruhigung, mit ihm in dem Zimmer zubringen. Doch der Ritter bat um die Gefälligkeit, ihm zu erlauben, dass er auf einem Lehnstuhl, in seinem Schlafzimmer übernachte, und als der Morgen kam, ließ er anspannen, empfahl sich und reiste ab.

Dieser Vorfall, der außerordentliches Aufsehen machte, schreckte auf eine dem Marchese höchst unangenehme Weise, mehrere Käufer ab; dergestalt, dass, da sich unter seinem eigenen Hausgesinde, befremdend und unbegreiflich, das Gerücht erhob, dass es in dem Zimmer, zur Mitternachtsstunde, umgehe, er, um es mit einem entscheidenden Verfahren niederzuschlagen, beschloss, die Sache in der nächsten Nacht selbst zu untersuchen. Demnach ließ er, beim Einbruch der Dämmerung, sein Bett in dem besagten Zimmer aufschlagen, und erharrte, ohne zu schlafen, die Mitternacht. Aber wie erschüttert war er, als er in der Tat, mit dem Schlage der Geisterstunde, das unbegreifliche Geräusch wahrnahm; es war, als ob ein Mensch sich von Stroh, das unter ihm knisterte, erhob, quer über das Zimmer ging, und hinter dem Ofen, unter Geseufz und Geröchel niedersank. Die Marquise, am andern Morgen, da er herunter kam, fragte ihn, wie die Untersuchung abgelaufen; und da er sich, mit scheuen und ungewissen Blicken umsah, und, nachdem er die Tür verriegelt, versicherte, dass es mit dem Spuk seine Richtigkeit habe: so erschrak sie, wie sie in ihrem Leben nicht getan, und bat ihn, bevor er die Sache verlauten ließe, sie noch einmal, in ihrer Gesellschaft, einer kaltblütigen Prüfung zu unterwerfen. Sie hörten aber, samt einem treuen Bedienten, den sie mitgenommen hatten, in der Tat, in der nächsten Nacht, dasselbe unbegreifliche, gespensterartige Geräusch; und nur der dringende Wunsch, das Schloss, es koste was es wollte, los zu werden, vermochte sie, das Entsetzen, das sie ergriff, in Gegenwart ihres Dieners zu unterdrücken, und dem Vorfall irgendeine gleichgültige und zufällige Ursache, die sich entdecken lassen müsse, unterzuschieben. Am Abend des dritten Tages, da beide, um der Sache auf den Grund zu kommen, mit Herzklopfen wieder die Treppe zu dem Fremdenzimmer bestiegen, fand sich zufällig der Haushund, den man von der Kette losgelassen hatte, vor der Tür desselben ein; dergestalt, dass beide, ohne sich bestimmt zu erklären, vielleicht in der unwillkürlichen Absicht, außer sich selbst noch etwas Drittes, Lebendiges, bei sich zu haben, den Hund mit sich in das Zimmer nahmen. Das Ehepaar, zwei Lichter auf dem Tisch, die Marquise unausgezogen, der Marchese Degen und Pistolen, die er aus dem Schrank genommen, neben sich, setzen sich, gegen elf Uhr, jeder auf sein Bett; und während sie sich mit Gesprächen, so gut sie vermögen, zu unterhalten suchen, legt sich der Hund, Kopf und Beine zusammen gekauert, in der Mitte des Zimmers nieder und schläft ein. Drauf, in dem Augenblick der Mitternacht, lässt sich das entsetzliche Geräusch wieder hören: jemand, den kein Mensch mit Augen sehen kann, hebt sich, auf Krücken, im Zimmerwinkel empor; man hört das Stroh, das unter ihm rauscht; und mit dem ersten Schritt: tapp! tapp! erwacht der Hund, hebt sich plötzlich, die Ohren spitzend, vom Boden empor, und knurrend und bellend, grad als ob ein Mensch auf ihn eingeschritten käme, rückwärts gegen den Ofen weicht er aus. Bei diesem Anblick stürzt die Marquise, mit sträubenden Haaren, aus dem Zimmer; und während der Marquis, der den Degen ergriffen: wer da? ruft, und da ihm niemand antwortet, gleich einem Rasenden, nach allen Richtungen die Luft durchhaut, lässt sie anspannen, entschlossen, augenblicklich, nach der Stadt abzufahren. Aber ehe sie noch einige Sachen zusammengepackt und aus dem Tore herausgerasselt, sieht sie schon das Schloss ringsum in Flammen aufgehen. Der Marchese, vom Entsetzen überreizt, hatte eine Kerze genommen, und dasselbe, überall mit Holz getäfelt wie es war, an allen vier Ecken, müde seines Lebens, angesteckt. Vergebens schickte sie Leute hinein, den Unglücklichen zu retten, er war auf die elendiglichste Weise bereits umgekommen, und noch jetzt liegen, von den Landleuten zusammengetragen, seine weißen Gebeine in dem Winkel des Zimmers, von welchem er das Bettelweib von Locarno hatte aufstehen heißen.

(1810)

① Lesen Sie den Text und achten Sie auf die Zeit (Erzählzeit), die Sie dazu benötigen.
Vergleichen Sie: Über welchen Zeitraum erstreckt sich das erzählte Geschehen (erzählte Zeit)?

② Untersuchen Sie nun die Zeitgestaltung genauer und machen Sie sich ihre erzählerische Funktion klar.
Gehen Sie dabei Abschnitt für Abschnitt vor:
– Welche Ereignisse werden zeitraffend, welche zeitdeckend oder zeitdehnend erzählt, wo liegt der Hauptakzent?
– Gibt es Vorausdeutungen oder Rückblenden?

③ Analysieren Sie die sprachliche Darstellung des vierten Spukerlebnisses (ab Z. 92):
Welche Auffälligkeiten erkennen Sie?

④ Experimentieren Sie mit der Zeitgestaltung:
Bringen Sie die Geschichte in eine andere Reihenfolge oder bauen Sie da, wo es Ihnen sinnvoll erscheint, Rückblenden oder Vorausdeutungen ein.
Stellen Sie das vierte Spukerlebnis zeitraffend dar oder die Begegnung zwischen Bettelweib und dem Marchese zeitdeckend.
Sprechen Sie über die veränderte Wirkung.

⑤ Versuchen Sie sich ein möglichst genaues Bild vom Ort des Geschehens zu machen, indem Sie sich eine Skizze anfertigen (äußeres Umfeld, zentraler Raum des Geschehens, Winkel, Ofen).
Was passiert wo? Welche erzählerische Bedeutung hat der Winkel?

3 Einen Erzähltext interpretieren und darüber schreiben

In Kapitel 2 wurden wichtige Strukturelemente erzählender Texte vorgestellt und untersucht. In einer Interpretation werden nun die Ergebnisse der Textanalyse deutend miteinander verknüpft. Um von einem ersten Verstehen eines Erzähltextes zu einer schriftlichen Interpretation zu gelangen, bedarf es also mehrerer Schritte:

1. Zunächst sollte man sich die eigene individuelle Lesart deutlich machen. Diese bildet so etwas wie eine erste (vorläufige) Verstehenshypothese.

2. Im Anschluss daran wird diese durch eine genaue Arbeit am Text überprüft. Dabei ist eine Orientierung an den in Kapitel 2 erarbeiteten Strukturelementen sinnvoll, es sollten aber auch andere für die jeweilige Textart wesentlichen Gesichtspunkte erfasst werden (z. B. die Parabelstruktur). Neben diesem werkimmanenten Verfahren können sich auch andere Zugänge der Deutung als fruchtbar erweisen, indem z. B. auf die Biografie des Autors oder den geschichtlichen Kontext des Textes Bezug genommen wird. Am Ende dieses Arbeitsschrittes steht gegebenenfalls eine Korrektur oder Modifikation der ersten Lesart.

3. Erst danach erfolgt die Verschriftlichung. Die Ergebnisse und Beobachtungen werden geordnet, in einen schlüssigen Zusammenhang gebracht und es wird aufgezeigt, welche Bedeutung (Botschaft) der Text für den Leser hat.

3.1 Individuelle Lesarten

H. C. Artmann

???

1. Die verantwortung eines weichenstellers der Union Pacific Ges. ist eine große, ihm obliegt die sorge um mensch und vieh, aber auch sachschaden hat er tunlichst zu vermeiden.

2. Der weichensteller besitzt ein buch, in dem er immer liest. 10 jahre besitzt er dieses buch, aber er beginnt nach seite 77 jedes mal wieder von vorne, weiter würde er es nie lesen, er hat da so eine vorahnung. Blödsinn, murmelt er, und beginnt trotzdem wieder bei seite 1.

3. Die meiste zeit aber raucht er seine geliebte pfeife, er hat keine frau, er sieht den ersten stern am abendhimmel aufglänzen, er geht in das intime grün der brennnesseln hinter dem haus austreten, er ist sonst ein frühaufsteher und trinkt nach dem essen ein bier.

4. Der letzte zug kommt stets um 21 uhr 35 durch, er sieht den letzten waggon in der ferne verschwinden, der bremser hat ihm zugewinkt, er ist seit jahren sein freund, obgleich er noch nie mit ihm gesprochen hat.

5. Das buch des weichenstellers ist ein alter penny-shocker mit dem titel „Der Mann vom Union Pacific Express". Heute beschließt er den roman bis ans ende zu lesen, doch es schwant ihm nichts gutes.

6. Einmal stand ein fremder bremser auf der hinteren plattform des letzten waggons; ob er ein aushelfer war?

7. Gegen 23 uhr wird der weichensteller durch einen ungewöhnlichen lichtschein aufmerksam, er geht vor das haus und sieht einen zug anrollen, der in keinem fahrplan verzeichnet steht, er rollt vollkommen lautlos an ihm vorbei, auf der plattform des letzten waggons steht der fremde von damals und bläst mundharmonika.

8. Der weichensteller reibt sich die augen, ihm kommt das alles eigenartig vor, er ist ja ganz allein, er geht ins haus zurück, er trinkt ein extrabier und verklebt die seiten 78 bis 126 mit kleister. So, meint er, wäre es das beste.
(1967)

❶ Lesen Sie den Text von H. C. Artmann und machen Sie sich Ihr spontanes Verständnis deutlich, indem Sie ihm einen Titel geben.

❷ Vergleichen Sie Ihre jeweiligen Überschriften. Welche individuellen Lesarten drücken sich darin aus und wie erklären Sie sich diese? Ziehen Sie zur Erklärung Ecos Gedanken zur „Eigenbewegung des Textes" (Seite 87) und folgende Aussagen des französischen Philosophen und Schriftstellers Jean Paul Sartre hinzu:

Jean Paul Sartre
Lesen ist gelenktes Schaffen*

Lesen ist gelenktes Schaffen. Einerseits hat das literarische Objekt tatsächlich keine andere Substanz als die Subjektivität des Lesers: die Erwartung *Raskolnikoffs* ist meine Erwartung, die ich ihm leihe; ohne diese Ungeduld bleiben nur nichts sagende Schriftzeichen übrig; sein Hass gegen den Untersuchungsrichter, der ihn vernimmt, ist mein Hass, den die Schriftzeichen in mir wecken (...), und der Untersuchungsrichter selbst würde ohne den Hass, den ich durch *Raskolnikoff* hindurch gegen ihn hege, gar nicht existieren; dieser Hass macht ihn lebendig, er ist sein Fleisch und Blut. Andererseits sind die Wörter gleichsam Schlingen, um unsere Empfindungen zu wecken und wieder gegen uns zu richten; jedes Wort ist ein Weg zur Transzendenz, es bezeichnet unsere Neigungen, nennt sie mit Namen, legt sie einer imaginären Figur zu, die es auf sich nimmt, sie an unserer Statt zu erleben, und die keine andere Substanz hat als eben diese geliehenen Leidenschaften; es gibt ihnen Gegenständlichkeit, Perspektive und einen Horizont. So bleibt für den Leser noch alles zu tun, und doch ist alles schon getan; das Werk existiert nur genau auf der Ebene seiner Fähigkeiten; während er liest und schafft, weiß er, dass er in seiner Lektüre immer weitergehen, dass er immer tiefgründiger schaffen könnte; und deshalb kommt das Werk ihm unerschöpflich und undurchdringlich vor wie ein Ding. Dieses von Qualität unabhängige Produzieren, das sich entsprechend der Subjektivität, die es hervorruft, unter unseren Augen in undurchdringliche Objektivitäten verwandelt, würde ich gern mit jener „rationalen Intuition" vergleichen, die Kant der göttlichen Vernunft vorbehalten hat. *(1950)*

Raskolnikoff = Hauptfigur in Dostojewskis Roman „Schuld und Sühne". Er tötet eine alte Wucherin, um mit dem geraubten Geld sein Studium zu finanzieren.

Edward Hopper: Railroad Sunset

3.2 Vorarbeiten am Text

Randnotizen (links):

rätselhafte Vorahnung:
bezieht das Buch auf sich!
sein Schicksal?

Die alltägliche Welt des Weichenstellers:
geordnet und kalkulierbar

Übereinstimmung
Realität ↔ Buch → unheimliche Parallele:
Spiegelbild
siehe 2.
Der Fremde als Teil der Alltagswelt?
Frage betont Unsicherheit

Einbruch der anderen Welt:
unplanmäßiger geisterhafter Zug
→ Hinweis auf Übersinnliches

Vielleicht alles nur ein Traum?
Aber er verklebt die Seiten!
Ist das eine Lösung?

Text:

1. Die verantwortung eines weichenstellers der Union Pacific Ges ist eine große, ihm obliegt die sorge um mensch und vieh, aber auch sachschaden hat er tunlichst zu vermeiden.

2. Der weichensteller besitzt ein buch, in dem er immer liest. 10 jahre besitzt er dieses buch, aber er beginnt nach seite 77 jedes mal wieder von vorne, weiter <u>würde er es nie lesen</u>, er hat da so eine <u>vorahnung</u>. Blödsinn, murmelt er, und beginnt trotzdem wieder bei seite 1.

3. Die meiste zeit aber raucht er seine geliebte pfeife, er hat keine frau, er sieht den ersten stern am abendhimmel aufglänzen, er geht in das intime grün der brennnesseln hinter dem haus austreten, er ist sonst ein frühaufsteher und trinkt nach dem essen ein bier.

4. Der letzte zug kommt stets um 21 uhr 35 durch, er sieht den letzten waggon in der ferne verschwinden, der bremser hat ihm zugewinkt, er ist seit jahren sein freund, obgleich er noch nie mit ihm gesprochen hat.

5. Das buch des weichenstellers ist ein alter pennyshocker mit dem titel „<u>Der Mann vom Union Pacific Express</u>". Heute beschließt er den roman bis ans ende zu lesen, <u>doch es schwant ihm nichts gutes.</u>

6. Einmal stand ein <u>fremder bremser</u> auf der hinteren plattform des letzten waggons; <u>ob er ein aushelfer war</u>?

7. Gegen 23 uhr wird der weichensteller durch einen <u>ungewöhnlichen</u> lichtschein aufmerksam, er geht vor das haus und sieht einen zug anrollen, <u>der in keinem fahrplan verzeichnet steht</u>, er rollt <u>vollkommen lautlos</u> an ihm vorbei, auf der plattform des letzten waggons steht <u>der fremde von damals</u> und bläst mundharmonika.

8. Der weichensteller <u>reibt sich die augen</u>, ihm kommt das alles <u>eigenartig</u> vor, er ist ja ganz allein, er geht ins haus zurück, er trinkt ein extrabier und <u>verklebt die seiten 78 bis 126</u> mit kleister. So, meint er, wäre es das beste.

① Untersuchen Sie arbeitsteilig die Randspaltennotizen:
Was ist dem Leser bzw. der Leserin aufgefallen (inhaltlich, sprachlich)?
Welche Folgerungen hat er/sie daraus gezogen?
Welche Textsignale wurden besonders berücksichtigt, welche eher vernachlässigt?

1. Die verantwortung eines weichenstellers der Union Pacific Ges. ist eine große, ihm obliegt die sorge um mensch und vieh, aber auch sachschaden hat er tunlichst zu vermeiden.

2. Der weichensteller besitzt ein buch, in dem er immer liest. 10 jahre besitzt er dieses buch, aber er beginnt nach seite 77 jedes mal wieder von vorne, weiter würde er es nie lesen, er hat da so eine vorahnung. Blödsinn, murmelt er, und beginnt trotzdem wieder bei seite 1.

3. Die meiste zeit aber raucht er seine geliebte pfeife, er hat keine frau, er sieht den ersten stern am abendhimmel aufglänzen, er geht in das intime grün der brennnesseln hinter dem haus austreten, er ist sonst ein frühaufsteher und trinkt nach dem essen ein bier.

4. Der letzte zug kommt stets um 21 uhr 35 durch, er sieht den letzten waggon in der ferne verschwinden, der bremser hat ihm zugewinkt, er ist seit jahren sein freund, obgleich er noch nie mit ihm gesprochen hat.

5. Das buch des weichenstellers ist ein alter pennyshocker mit dem titel „Der Mann vom Union Pacific Express". Heute beschließt er den roman bis ans ende zu lesen, doch es schwant ihm nichts gutes.

6. Einmal stand ein fremder bremser auf der hinteren plattform des letzten waggons; ob er ein aushelfer war?

7. Gegen 23 uhr wird der weichensteller durch einen ungewöhnlichen lichtschein aufmerksam, er geht vor das haus und sieht einen zug anrollen, der in keinem fahrplan verzeichnet steht, er rollt vollkommen lautlos an ihm vorbei, auf der plattform des letzten waggons steht der fremde von damals und bläst mundharmonika.

8. Der weichensteller reibt sich die augen, ihm kommt das alles eigenartig vor, er ist ja ganz allein, er geht ins haus zurück, er trinkt ein extrabier und verklebt die seiten 78 bis 126 mit kleister. So, meint er, wäre es das beste.

Randspaltennotizen:

allgemeine Darstellung
nummerierte Abschnitte → wie Dienstplan
Kleinschreibung
↓
viele Zeitadverbien: immer, jedes Mal, stets u. a.
Zeitform: Präsens (tägliche Wiederholung)
↓
Leben des Weichenstellers: Routine / Monotonie / Einsamkeit
sprachlich: kurze Hauptsätze, Wiederholung „er", eintönige Sprache

prägnanter Einschnitt: Heute
Hinweis auf Veränderungswillen
↓ einmal

das Ungewöhnliche als Unterbrechung der Alltagsmonotonie

Bild für Freiheit?
aber:
Angst vor Veränderung
erneuter Einstieg in die Routine
→ Parabel? Gleichnis?

---

② Auf dieser Seite finden Sie in der Randspaltennotiz das Stichwort Parabel. Die Interpretation eines parabolischen Textes bedarf besonderer Kategorien, die mit seiner Struktur zusammenhängen. Informieren Sie sich über diese Textform und überlegen Sie, ob der vorliegende Text als eine Parabel „gelesen" werden kann und welche Konsequenzen sich daraus für seine Deutung ergeben würden.

③ Versuchen Sie die unterschiedlichen Lesarten/Verstehenshypothesen zu formulieren, die sich aus den Notizen ergeben. Vergleichen Sie diese mit Ihrem eigenen Textverständnis. Welche Lesart überzeugt Sie mehr?

3.3 Entwürfe von Teilen einer schriftlichen Interpretation

(...)
Ein einfacher Mann wagt es nicht, mit seinen Gewohnheiten zu brechen. Er lebt sein Leben nach festgelegten Regeln, so wie die Züge nach einem fixierten Fahrplan fahren. Der genaue Hinweis auf die Ankunft des letzten Zuges präzisiert auf die Minute genau die zeitliche Struktur, die das Leben des Weichenstellers bestimmt. Diese Struktur gibt Sicherheit und Ordnung, hat aber auch Monotonie zur Folge. Im 7. Abschnitt wird der Weichensteller jedoch einem ungewöhnlichen Ereignis ausgesetzt: Ein außerplanmäßiger Zug fährt vorbei, Sinnbild für die Möglichkeit einer Veränderung. Aber der Weichensteller ergreift die Chance eines Neubeginns nicht. Er entscheidet sich gegen das Fremde und Unbekannte und hält an seiner Alltagsroutine fest.
(...)

(...)
Durch die vielen Zeitadverbien („stets", „seit jahren", „immer", „jedes mal") unterstreicht der Autor die Routine, die in dem Leben des Weichenstellers liegt. Dass es keine Alternative hierzu gibt, wird durch das „nie" im 4. Abschnitt angedeutet. Auch die ständigen Wiederholungen, die Zeitform des Präsens und die kurzen aneinander gereihten Hauptsätze sind ein erzählerisches Mittel, um auf die immer wiederkehrenden, eintönigen und andauernden Handlungsabläufe hinzuweisen. Auffällig ist auch die Kleinschreibung sämtlicher Wörter bis auf die Anfangsbuchstaben. Sie wirkt wie ein monotoner Fluss und soll wohl das Nichtvorhandensein von Höhepunkten aufzeigen. Aufschlussreich ist in diesem Zusammenhang, dass die Schreibweise des Buchtitels davon ausgenommen wird (5. Abschnitt). (...)

(...)
das Buch, in dem der Weichensteller liest, spielt eine wichtige Rolle. Es ist ein Pennyschocker. Ich stelle mir vor, dass es ein spannendes, vielleicht auch unheimliches oder fantastisches Abenteuer enthält. Der Weichensteller, dessen Lebensumstände und Verhaltensweisen als so eintönig und langweilig beschrieben werden, scheint also noch in einer anderen Welt zu leben, einer Art Ersatzwelt. Dieser Mann ist demnach interessanter, als es auf den ersten Blick erscheint. Warum liest er aber immer nur bis S. 77? Ist das vielleicht der Punkt, an dem die Grenzen zwischen Fantasie und Realität sich vermischen, an dem er in der Hauptfigur des Buches sein eigenes Spiegelbild entdeckt? Er hat eine Vorahnung, wie es im 2. Abschnitt heißt. Hier bekommt der Text für mich eine fast bedrohliche Dimension, obwohl er wenig offensichtliche Spannungselemente enthält. Plötzlich wird die Möglichkeit einer anderen Wirklichkeit eröffnet, die sich unserem Alltagswissen entzieht. (...)

(...)
Dieser rätselhafte Text lässt keine eindeutige „Lösung" zu. Vieles bleibt offen: Bezieht sich der Titel des Pennyschockers auf den Weichensteller, seinen Freund, den Bremser, oder auf den fremden Mundharmonikaspieler? Was steht auf den verklebten Seiten und in welcher Beziehung steht der Zug, der „in keinem Zugplan verzeichnet steht" dazu? Vielleicht ist das alles ja auch nur ein Traum? Und wenn nicht: Glaubt der Weichensteller tatsächlich, dass das Verkleben von Buchseiten sein Schicksal aufhält? Der Autor, der mir bekannt ist durch seinen schwarzen Humor und seine Nonsensgeschichten, treibt auch in diesem Text ein ziemliches Verwirrspiel mit seinen Lesern (...)

① Vergleichen Sie die Textausschnitte: Welche unterschiedlichen Verstehenshypothesen sind erkennbar? Auf welche Weise werden diese belegt und begründet? Welche Zugänge werden deutlich?
Wo wird eher von dem Textinhalt selbst, wo von der Wirkung des Textes auf den Leser, wo von seiner „Machart" ausgegangen?

② Welche Texte bzw. welche Textaussagen überzeugen Sie, welche finden Sie fragwürdig oder schwer nachvollziehbar? Woran liegt das jeweils?

③ Verändern Sie gegebenenfalls eine Textpassage, schreiben Sie eine Version weiter oder formulieren Sie eine eigene Version zu einem Beobachtungsaspekt, der Ihnen wichtig erscheint.

④ Machen Sie sich anhand Ihres Textes deutlich, welchen „Schritt" Sie innerhalb der schriftlichen Interpretation vollzogen haben, welche jeweils vorausgehen bzw. folgen müssten.

⑤ Wählen Sie aus dem Teil „Texte und Themen" einen Erzähltext aus und verfassen Sie eine schriftliche Interpretation.
Orientieren Sie sich dabei an dem hier eingeübten Verfahren und informieren Sie sich zusätzlich im Kapitel „Ich/Natur – Umgang mit Gedichten" über die einzelnen Arbeitsschritte beim Verfassen eines Interpretationsaufsatzes.

Beachten Sie zusätzlich:

- *Handelt es sich bei dem zu interpretierenden Erzähltext um einen in sich geschlossenen Text (Kurzgeschichte, Parabel) oder um einen Auszug aus einem größeren Werk (z.B. Roman)?*
Bei einem Textauszug müssen Sie auch dessen Kontext ermitteln, sich also möglichst mit dem Inhalt des gesamten Werkes vertraut machen, um den Entwicklungsstand des Geschehens und der Figuren darstellen zu können.

- *Welche Zugänge wollen Sie bei der Interpretation anwenden?*
Vereinfacht dargestellt lassen sich folgende Verfahren unterscheiden:
der **werkimmanente Ansatz**, der bei dem Text selbst ansetzt und seine Strukturen, sprachlichen Mittel usw. zu erfassen sucht,
der **biografische Ansatz**, der von der Lebensgeschichte des Autors ausgeht,
der **leserorientierte Ansatz**, der beim Leser ansetzt und untersucht, welche Gefühle/Gedanken der Text in ihm auslöst,
der **literaturhistorische Ansatz**, der den Text in seinen geschichtlichen/gesellschaftlichen Kontext stellt.

Häufig ergänzt der eine Ansatz den anderen. In der Regel wird man vom Text selbst ausgehen, aber auch auf andere Interpretationsverfahren zurückgreifen, wenn dadurch eine Vertiefung der Deutung erreicht werden kann, z.B. biografische Zeugnisse eines Autors einbeziehen oder den geschichtlichen Kontext berücksichtigen.

4 Erzählwerkstatt

Eigene Schreibversuche können zu einer genaueren Wahrnehmung von Eigenheiten literarischer Texte führen und stellen deshalb eine sinnvolle Ergänzung zu den eher analytisch-reflexiven Untersuchungs- und Arbeitsweisen dar.
Die Erzählwerkstatt will Sie dazu anregen, selbst oder gemeinsam mit anderen eigene Texte zu schreiben und dabei Fantasie und Produktivität zu entwickeln. Man kann von vorgegebenem Material ausgehen (Texte, Bilder o. Ä.) oder auch der eigenen Vorstellungskraft freien Lauf lassen.

Erzähltexte transformieren

In den vorherigen Kapiteln haben Sie schon verschiedene Möglichkeiten kennen gelernt, wie Sie literarische Erzähltexte ausgestalten oder verändern können.

- Erzählfiguren durch Tagebuchnotizen, Briefe, einen Lebenslauf zusätzliches Profil geben
- Erzählperspektiven und -haltungen verändern
- in einem anderen Stil erzählen
- Vorgeschichten oder Fortsetzungen schreiben
- die Handlung eines Erzähltextes in eine andere Reihenfolge bringen
- einen inneren Monolog/eine erlebte Rede für eine Erzählfigur verfassen
- Erzähltexte in eine andere Textsorte (z. B. dramatischen Text, Zeitungstext) umschreiben
- …
- …

Vielleicht entdecken Sie noch andere produktive Zugänge und probieren Sie an Texten Ihrer Wahl aus ..

Bilder als Erzählimpulse nutzen

Bilder sind nicht stumm. Sie lösen in uns Gefühle, Gedanken, Assoziationen, Fantasien aus, die in Geschichten umgesetzt werden können.

Alexander M. Iwanow:
Einmal wird auch in unserer Straße ein Fest sein.
1987.

Minisagas ausgestalten

Handlungskerne in Minisagas können ausgestaltet und entfaltet werden. Dabei ist eine Vielzahl von literarischen Handlungskompositionen möglich. Versuchen Sie auch ein und dieselbe Handlung in unterschiedlichen Variationen darzustellen, indem Sie die Gestaltungsmittel (äußere Form, Erzählperspektive, Sprache) verändern.

Beispiel für eine Minisaga:

„Was hätten Sie denn gemacht?", fragte sie den Polizisten, als sie ihm ihren Revolver gab, „in einem Haus, in dem ein junger Mann Nacht für Nacht von zwei bis drei Uhr Posaune übt?"

Erzählimpulse aufgreifen

Sie können auch Anregungen aus dem Alltag (ein Erlebnis, eine Wahrnehmung, ein Gespräch) oder aus den Medien zum Erzählen nutzen. Lassen Sie sich z. B. durch eine kurze Zeitungsmeldung anregen und entwickeln Sie daraus eine fantastische Geschichte oder eine Kriminalgeschichte oder …

Rostfarbener Hundehaufen löst Bombenalarm aus

Drama in Nürnberg: Vier entlaufene Eisbären erschossen

1 Was ist ein Drama?

Dramatische Texte sind auf Inszenierung angelegt. Der gedruckte Text vermittelt nur einen Bruchteil dessen, was eine Theateraufführung ausdrückt; er ist dabei nur ein Element der Aufführung. Meist wird ein dramatischer Text für eine Aufführung bearbeitet. Streichungen, Textumstellungen und Ergänzungen dienen der bühnenwirksamen Einrichtung von literarischen Vorlagen.

William Shakespeare
Ein Sommernachtstraum, 2. Akt, 2. Szene
(Erstveröffentlichung 1600)

Lysander und Hermia treten auf → sagt er! (H. sollte also nicht erschöpft wirken ...)
LYSANDER: Schöns Lieb, du bist erschöpft von diesem Wald,
Und ich gesteh, ich weiß den Weg nicht mehr. → klassischer Trick (Tank leer, Reifenpanne ...)
Wenn es dir recht ist, Hermia, mach jetzt Halt,
das meint er nicht! Wir rasten, denn bei Tag ists nicht so schwer.
HERMIA: Ja, gut, Lysander, machs dir wo bequem, ≙ woanders: sie hat ihn verstanden und will nicht
Mir ist die Böschung hier ganz angenehm.
LYSANDER: Ein Rasenfleck sei Kissen für uns zwei: ≙ Gefühl ... Sex ... zuletzt: Moral
Ein Herz, ein Bett, ein Körper, eine Treu!
HANDLUNG! HERMIA: Nein, mein Lysander! Mir zuliebe, Lieber,
Lieg nicht so nah! Lege dich dort hinüber. sie wehrt ab: HANDLUNG
LYSANDER: Liebste, missdeute meine Unschuld nicht.
stellt sich unschuldig Liebe versteht doch, was die Liebe spricht.
Ich mein, *mein* Herz ist so verwebt in deines: } produziert „Text", raspelt Süßholz: Liebe, Herz, Treue – ein letzter Versuch
Wir machen ganz von selbst daraus nur eines.
[Zwei Busen kettet aneinand' ein Schwur,
Daher in beiden *eine* Treue nur.]
Erlaube drum, dass ich mich an dich schmiege:
Hermia, ich lüge nicht, wenn ich so liege. → HANDLUNG
HERMIA: Lysander fügt die Worte wirklich fein. → spöttisch: ich durchschaue dich
Mein Hochmut und mein Stolz verdienten Rüge,
Wenn Hermia sagte, daß Lysander lüge.
Doch sei so lieb und nett und sag nicht nein,
Wenn ich dich bitte: halt den Abstand ein, → HANDLUNG / Handgemenge!
Mein Freund, den man für ziemlich halten kann
Für Mädchenehr und einen Ehrenmann.
sie zeigt es Soweit entfernt bleib, Freund, und nimmer wende
Von mir dich ab bis an dein selig Ende. nimmt Treueaspekt auf
LYSANDER: Du betest schön, Lieb! Ich sag Amen drauf. liebevoll? enttäuscht? ironisch? böse?
Brech ich die Treu, so hör mein Leben auf!
hat aufgegeben Hier ist mein Lager. Schlaf und träum voll Glück!
HERMIA: Das halbe Glück wünsch ich auf dich zurück!

① Vergleichen Sie das Original mit der bearbeiteten Fassung und dem Szenenfoto. Welche Aufgaben erfüllen die Randnotizen der Dramaturgin? An welchen Stellen würden Sie Momente des Schweigens – Pausen – fixieren?

Außersprachliche Darstellungselemente

Das Drama unterscheidet sich von den beiden anderen literarischen Gattungen vor allem dadurch, dass es kein reines Sprachkunstwerk ist, sich nicht allein im Medium der Sprache vollzieht. Über diese wichtige Eigenart der dramatischen Gattung sieht man leicht hinweg, wenn man nur den Dramentext vor sich hat. Dieser jedoch ist in mancher Hinsicht mit einer Partitur vergleichbar und verwirklicht sich immer erst im Augenblick seiner Aufführung. Deshalb ist das Drama als „synästhetischer" Text zu begreifen. *(Horst Spittler, 1991)*

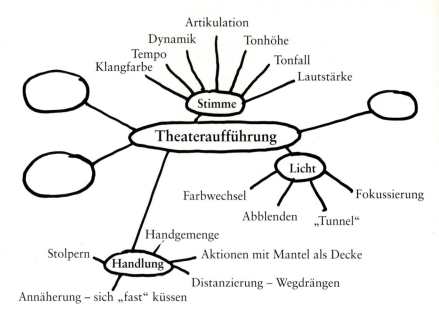

❷ Ergänzen Sie das Schaubild ausgehend von der Regiefassung und dem Szenenfoto und erläutern Sie anschließend das Zitat mit Hilfe der grafischen Darstellung.

❸ Inwiefern zwingt die Entwicklung einer bühnenwirksamen Aufführung eines Theaterstückes alle Beteiligten zu einer Deutung des dramatischen Originals? Veranschaulichen Sie mit Beispielen, auf welchen verschiedenen Ebenen sich solche Textdeutungen auswirken können.

Drei Zitate zur Diskussion

> Ein Theater hängt nicht organisch mit der Literatur zusammen und seine Aufgabe besteht nicht in der Wiedergabe der Werke der Dramatiker.
> *(Alexander Tairow)*

> Der Text macht das europäische Theater aus und nichts anderes.
> Der Text ist die wesentliche Erfindung.
> *(Peter Stein)*

Shakespeare ist nicht unser Zeitgenosse. Seine erste Lehre kann nicht sein, Shakespeare zu spielen; müsste fast sein, Shakespeare *nicht* zu spielen.
Shakespeares Bühne spielte ausschließlich für Zeitgenossen, und das war die erste Bedingung dafür, dass es Shakespeare überhaupt gab. Die erste Frage, die uns Shakespeare stellt, ist daher die nach *unserem* Shakespeare. (…)
Kunstwerke werden mit der Zeit unverständlich, nicht indem sie sich ändern, sondern gerade indem sie sich nicht verändern. Sie werden notiert und fixiert, und sie bleiben in verdinglichter Form in der lebendigen Sprache liegen. Was sich verändert, ist die Welt, die sie umgibt, in die sie eingebettet sind. (…)

Ein altes Werk kann daher durch „Werktreue" nicht gerettet werden, es kann nicht „authentisch" interpretiert werden. *Wo der Kontext sich verändert hat, muss auch das Werk verändert werden, um es zu erhalten.* (…)
Wir können das Globe nachbauen, und wir können Shakespeares Stücke dort oder anderwärts so aufführen, wie das vermutlich früher geschah – Authentizität wird damit nicht erreicht; sie hat nur scheinbar ihr Maß im Original.
Authentizität, wenn überhaupt, findet im Spiel statt, im Hier-und-Jetzt, in der Interaktion zwischen Konsument und Produzent, zwischen Schauspieler und Publikum. *(Norbert Kentrup, 1997)*

2 Dramatische Texte untersuchen und verstehen

2.1 Der dramatische Auftakt: Problemstellung und Handlungsansätze

> Zu Beginn eines Dramas wird der Zuschauer mit dem Ort, der Zeit, den Figuren der Handlung bekannt gemacht und zentrale Konfliktansätze werden erkennbar; man nennt diesen Teil die dramatische *Exposition* (lat. = Darlegung). Im Theater des 18. Jahrhunderts fällt diese mit dem ersten Akt zusammen.

Gotthold Ephraim Lessing
Emilia Galotti (Auszug)

Personen
EMILIA GALOTTI
ODOARDO und CLAUDIA GALOTTI, *Eltern der Emilia*
HETTORE GONZAGA, *Prinz von Guastalla*
MARINELLI, *Kammerherr des Prinzen*
CAMILLO ROTA, *einer von des Prinzen Räten*
CONTI, *Maler*
GRAF APPIANI
GRÄFIN ORSINA
ANGELO und einige Bediente

Erster Aufzug
(Die Szene, ein Kabinett des Prinzen)

Erster Auftritt
DER PRINZ *(an einem Arbeitstische, voller Briefschaften und Papiere, deren einige er durchläuft):* Klagen, nichts als Klagen! Bittschriften, nichts als Bittschriften! – Die traurigen Geschäfte; und man beneidet uns noch! – Das glaub' ich; wenn wir allen helfen könnten: dann wären wir zu beneiden. – Emilia? *(indem er noch eine von den Bittschriften aufschlägt, und nach dem unterschriebnen Namen sieht)* Eine Emilia? – Aber eine Emilia Bruneschi – nicht Galotti. Nicht Emilia Galotti. – Was will sie, diese Emilia Bruneschi? *(Er lieset)* Viel gefordert; sehr viel. – Doch sie heißt Emilia. Gewährt! *(Er unterschreibt und klingelt; worauf ein Kammerdiener hereintritt)* Es ist wohl noch keiner von den Räten in dem Vorzimmer?
DER KAMMERDIENER: Nein.
DER PRINZ: Ich habe zu früh Tag gemacht. – Der Morgen ist so schön. Ich will ausfahren. Marchese Marinelli soll mich begleiten. Lass ihn rufen. *(Der Kammerdiener geht ab)* – Ich kann doch nicht mehr arbeiten. – Ich war so ruhig, bild' ich mir ein, so ruhig – Auf einmal muss eine arme Bruneschi, Emilia heißen: – weg ist meine Ruhe, und alles! –
DER KAMMERDIENER *(welcher wieder hereintritt):* Nach dem Marchese ist geschickt. Und hier, ein Brief von der Gräfin Orsina.
DER PRINZ: Der Orsina? Legt ihn hin.
DER KAMMERDIENER: Ihr Läufer wartet.
DER PRINZ: Ich will die Antwort senden; wenn es einer bedarf. – Wo ist sie? In der Stadt? oder auf ihrer Villa?
DER KAMMERDIENER: Sie ist gestern in die Stadt gekommen.
DER PRINZ: Desto schlimmer – besser; wollt' ich sagen. So braucht der Läufer umso weniger zu warten. *(Der Kammerdiener geht ab.)* Meine teure Gräfin! *(bitter, indem er den Brief in die Hand nimmt.)* So gut, als gelesen! *(und ihn wieder wegwirft)* – Nun ja; ich habe sie zu lieben geglaubt! Was glaubt man nicht alles? Kann sein, ich habe sie auch wirklich geliebt. Aber – ich habe!
DER KAMMERDIENER *(der nochmals hereintritt)*: Der Maler Conti will die Gnade haben – –
DER PRINZ: Conti? Recht wohl; lasst ihn hereinkommen. – Das wird mir andere Gedanken in den Kopf bringen. – *(Steht auf.)*

Zweiter Auftritt
Conti, der Prinz

DER PRINZ: Guten Morgen Conti. Wie leben Sie? Was macht die Kunst?
CONTI: Prinz, die Kunst geht nach Brot.
DER PRINZ: Das muss sie nicht; das soll sie nicht, – in meinem kleinen Gebiete gewiss nicht. – Aber der Künstler muss auch arbeiten wollen.
CONTI: Arbeiten? Das ist seine Lust. Nur zu viel arbeiten müssen, kann ihn um den Namen Künstler bringen.
DER PRINZ: Ich meine nicht vieles; sondern viel: ein Weniges; aber mit Fleiß. – Sie kommen doch nicht leer, Conti?
CONTI: Ich bringe das Porträt, welches Sie mir befohlen haben, gnädiger Herr. Und bringe noch eines, welches Sie mir nicht befohlen: Aber weil es gesehen zu werden verdienet –
DER PRINZ: Jenes ist? – kann ich mich doch kaum erinnern –
CONTI: Die Gräfin Orsina.
DER PRINZ: Wahr! – Der Auftrag ist nur ein wenig lange her.
CONTI: Unsere schönen Damen sind nicht alle Tage zum Malen. Die Gräfin hat, seit drei Monaten, gerade ein

Mal sich entschließen können, zu sitzen.
DER PRINZ: Wo sind die Stücke?
CONTI: In dem Vorzimmer: ich hole sie.

Dritter Auftritt

70 DER PRINZ: Ihr Bild! – mag! – Ihr Bild, ist sie doch nicht selber. – Und vielleicht find' ich in dem Bilde wieder, was ich in der Person nicht mehr erblicke. – Ich will es aber nicht wieder finden. – Der beschwerliche Maler! Ich glaube gar, sie hat ihn bestochen. – Wär' es auch!
75 Wenn ihr ein anderes Bild, das mit andern Farben, auf einen andern Grund gemalet ist, – in meinem Herzen wieder Platz machen will: – Wahrlich, ich glaube, ich wär' es zufrieden. Als ich dort liebte, war ich immer so leicht, so fröhlich, so ausgelassen. – Nun bin ich von al-
80 lem das Gegenteil. – Doch nein; nein, nein! Behäglicher, oder nicht behäglicher: ich bin so besser.
(...)

Achter Auftritt

Camillo Rota. Schriften in der Hand. Der Prinz.

85 DER PRINZ: Kommen Sie, Rota, kommen Sie. – Hier ist, was ich diesen Morgen erbrochen. Nicht viel Tröstliches! – Sie werden von selbst sehen, was darauf zu verfügen. – Nehmen Sie nur.
CAMILLO ROTA: Gut, gnädiger Herr.
90 DER PRINZ: Noch ist hier eine Bittschrift einer Emilia Galot – – Bruneschi will ich sagen. – Ich habe meine Bewilligung zwar schon beigeschrieben. Aber doch – die Sache ist keine Kleinigkeit. – Lassen Sie die Ausfertigung noch anstehen – Oder auch nicht anstehen: wie Sie wol-
95 len.
CAMILLO ROTA: Nicht wie ich will, gnädiger Herr.
DER PRINZ: Was ist sonst? Etwas zu unterschreiben?
CAMILLO ROTA: Ein Todesurteil wäre zu unterschreiben.
DER PRINZ: Recht gern. – Nur her! geschwind.
100 CAMILLO ROTA *(stutzig und den Prinzen starr ansehend)* Ein Todesurteil, sagt' ich.
DER PRINZ: Ich höre ja wohl. – Es könnte schon geschehen sein. Ich bin eilig.
CAMILLO ROTA *(seine Schriften nachsehend)*: Nun hab
105 ich es doch wohl nicht mitgenommen! – – Verzeihen Sie gnädiger Herr. – Es kann Anstand damit haben bis morgen.
DER PRINZ: Auch das! – Packen Sie nur zusammen: ich muss fort – Morgen, Rota, ein mehres! *(Geht ab.)*
110 CAMILLO ROTA *(den Kopf schüttelnd, indem er die Papiere zu sich nimmt und abgeht)*: Recht gern? – Ein Todesurteil recht gern? – Ich hätt' es ihn in diesem Augenblicke nicht mögen unterschreiben lassen, und wenn es den Mörder meines einzigen Sohnes betroffen hätte. –
115 Recht gern! recht gern! – Es geht mir durch die Seele dieses grässliche Recht gern! *(1772)*

① Lesen Sie die Anfangsszenen aus Lessings Emilia Galotti mit verteilten Rollen. Dabei soll deutlich werden, wie Sie die Figuren und das Geschehen einschätzen. Probieren Sie verschiedene Sprechhaltungen aus.

② Tauschen Sie Ihre ersten Eindrücke aus und klären Sie anschließend im Gespräch:
- was vorher passiert sein könnte;
- wo das Stück spielt;
- wann das Stück spielt;
- welches vermutlich die *Hauptfiguren* sind und wie sie vorgestellt werden;
- welche Rolle die *Requisiten* spielen;
- welche *Handlungs- und Konfliktansätze* weitergedacht werden können.

Hypothesen eines Grundkurses zur Frage nach der grundlegenden Problemstellung:

A Als Handlungsansatz zeichnet sich die Rivalität zwischen der Gräfin Orsina, die sozial höher gestellt ist, und ihrer bürgerlichen Gegenspielerin Emilia ab, die reizvoller erscheint. Im II. Akt ist dementsprechend das Einfädeln eines Intrigenspiels zu erwarten.

B Das Bild des Malers Conti gibt dem Prinzen Anlass zum Nachdenken über seine Vergangenheit, Gegenwart und Zukunft. Der Prinz befindet sich an einem Wendepunkt. Man kann damit rechnen, dass ihm Marchese Marinelli, mit dem er ausfahren will, hilft, oder dass sich auch die Eltern Emilias einmischen werden. Das Grundproblem besteht jedenfalls zwischen „altem Trott", d.h. überlebten Formen und Gefühlen, und einer neuen Haltung.

C Der Konflikt liegt in der Person des Prinzen, der zwei Gesichter zeigt. Er schwankt zwischen Menschenverachtung auf der beruflichen Ebene und Liebe auf der persönlichen Ebene. Offensichtlich geht es also um einen Konflikt zwischen Zwängen und individuellen Wünschen. Offen ist, ob Rota es schafft, das Todesurteil abzuwenden. Offen ist ebenso, welche Rolle Emilia Galotti spielt, die bisher noch nicht zu Wort gekommen ist.

③ Überprüfen und bewerten Sie die Positionen ausgehend von Textsignalen.

2.2 Figurenkonzeption und Konfliktentwicklung

> Bevor man eine Rolle gekonnt sprechen, spielen, ausstatten oder inszenieren kann, ist es nötig, den Entwurf der Rolle im Text – die äußeren und inneren Merkmale einer Figur – zu klären.
> Um die Konfliktentwicklung zu verfolgen, lohnt es sich, innere Konfliktlagen einzelner Figuren, aber auch äußere Ereignisse aufzuspüren, die die Spannung weiter aufbauen und die Handlung vorantreiben. Solche personen- oder situationsgebundenen „erregenden Momente" können sich als Schlüssel zur Analyse und zur Weiterverarbeitung erweisen.
> Der Text eines Dramas kann dementsprechend wie eine Wegskizze gelesen werden, in der verschiedene Wegweiser als Signale verzeichnet sind, die auf den Zielpunkt, die Konfliktlösung, hinweisen.

Gotthold Ephraim Lessing
Emilia Galotti, zweiter Aufzug (Auszug)

[In Lessings Drama Emilia Galotti tritt die Hauptfigur erst im sechsten Auftritt des zweiten Aufzuges in Erscheinung.]

Sechster Auftritt
Emilia und Claudia Galotti

EMILIA (*stürzet in einer ängstlichen Verwirrung herein*): Wohl mir! wohl mir! Nun bin ich in Sicherheit. Oder ist er mir gar gefolgt? (*Indem sie den Schleier zurückwirft und ihre Mutter erblickt*) Ist er, meine Mutter? ist er? – Nein, dem Himmel sei Dank!
CLAUDIA: Was ist dir, meine Tochter? was ist dir?
EMILIA: Nicht, nichts –
CLAUDIA: Und blickest so wild um dich? Und zitterst an jedem Gliede?
EMILIA: Was hab' ich hören müssen? Und wo, wo hab' ich es hören müssen?
CLAUDIA: Ich habe dich in der Kirche geglaubt –
EMILIA: Eben da! Was ist dem Laster Kirch' und Altar? – Ah, meine Mutter! (*sich ihr in die Arme werfend*)
CLAUDIA: Rede, meine Tochter! – Mach' meiner Furcht ein Ende. – Was kann dir da, an heiliger Stätte, so Schlimmes begegnet sein?
EMILIA: Nie hätte meine Andacht inniger, brünstiger sein sollen, als heute: nie ist sie weniger gewesen, was sie sein sollte.
CLAUDIA: Wir sind Menschen, Emilia. Die Gabe zu beten ist nicht immer in unserer Gewalt. Dem Himmel ist beten wollen, auch beten.
EMILIA: Und sündigen wollen, auch sündigen.
CLAUDIA: Das hat meine Emilia nicht wollen!
EMILIA: Nein, meine Mutter; so tief ließ mich die Gnade nicht sinken. – Aber dass fremdes Laster uns, wider unsern Willen, zu Mitschuldigen machen kann!
CLAUDIA: Fasse dich! – Sammle deine Gedanken, so viel dir möglich. – Sag' es mir mit eins, was dir geschehen.
EMILIA: Eben hatt' ich mich – weiter von dem Altare als ich sonst pflege, – denn ich kam zu spät – auf meine Knie gelassen. Eben fing ich an, mein Herz zu erheben: als dicht hinter mit etwas seinen Platz nahm. So dicht hinter mir! – Ich konnte weder vor, noch zur Seite rücken, – so gern ich auch wollte; aus Furcht, dass eines andern Andacht mich in meiner stören möchte. – Andacht! das war das Schlimmste, was ich besorgte. – Aber es währte nicht lange, so hört' ich, ganz nah' an meinem Ohre, – nach einem tiefen Seufzer, – nicht den Namen einer Heiligen, – den Namen, – zürnen Sie nicht, meine Mutter – den Namen Ihrer Tochter! – Meinen Namen! – O dass laute Donner mich verhindert hätten, mehr zu hören! – Es sprach von Schönheit, von Liebe – Es klagte, dass dieser Tag, welcher mein Glück mache, – wenn er es anders mache – sein Unglück auf immer entscheide. – Es beschwor mich – hören musst' ich dies alles. Aber ich blickte nicht um; ich wollte tun, als ob ich es nicht hörte. – Was konnt' ich sonst? – Meinen guten Engel bitten, mich mit Taubheit zu schlagen; und wann auch, wann auch auf immer! – Das bat ich: das war das Einzige, was ich beten konnte. – Endlich ward es Zeit, mich wieder zu erheben. Das heilige Amt ging zu Ende. Ich zitterte, mich umzukehren. Ich zitterte, ihn zu erblicken, der sich den Frevel erlauben dürfen. Und da ich mich umwandte, da ich ihn erblickte –
CLAUDIA: Wen, meine Tochter?
EMILIA: Raten Sie, meine Mutter; raten Sie – Ich glaubte in die Erde zu sinken – Ihn selbst.
CLAUDIA: Wen, ihn selbst?
EMILIA: Den Prinzen.
CLAUDIA: Den Prinzen! – O gesegnet sei die Ungeduld deines Vaters, der eben hier war, und dich nicht erwarten wollte!
EMILIA: Mein Vater hier? – und wollte mich nicht erwarten?
CLAUDIA: Wenn du in deiner Verwirrung auch ihn das hättest hören lassen!
EMILIA: Nun, meine Mutter? – Was hätt' er an mir Strafbares finden können?

CLAUDIA: Nichts; eben so wenig, als an mir. Und doch, doch – Ha, du kennst deinen Vater nicht! In seinem Zorne hätt' er den unschuldigen Gegenstand des Verbre-
75 chens mit dem Verbrecher verwechselt. In seiner Wut hätt' ich ihm geschienen, das veranlasst zu haben, was ich weder verhindern, noch vorhersehen können. – Aber weiter, meine Tochter, weiter! Als du den Prinzen erkanntest – Ich will hoffen, dass du deiner mächtig genug
80 warest, ihm in Einem Blicke alle die Verachtung zu bezeigen, die er verdienet.
EMILIA: Das war ich nicht, meine Mutter! Nach dem Blicke, mit dem ich ihn erkannte, hatt' ich nicht das Herz, einen zweiten auf ihn zu richten. Ich floh' –

„Emilia Galotti" (Jenny Schily), Staatsschauspiel Dresden, 1996

85 CLAUDIA: Und der Prinz dir nach –
EMILIA: Was ich nicht wusste, bis ich in der Halle mich bei der Hand ergriffen fühlte. Und von ihm! Aus Scham musst' ich Stand halten: mich von ihm loszuwinden, würde die Vorbeigehenden zu aufmerksam auf uns ge-
90 macht haben. Das war die einzige Überlegung, deren ich fähig war – oder deren ich nun mich wieder erinnere. Er sprach; und ich hab' ihm geantwortet. Aber was er sprach, was ich ihm geantwortet; – fällt mir es noch bei, so ist es gut, so will ich es Ihnen sagen, meine Mutter.
95 Itzt weiß ich von dem allen nichts. Meine Sinne hatten mich verlassen. – Umsonst denk' ich nach, wie ich von ihm weg, und aus der Halle gekommen. Ich finde mich erst auf der Straße wieder; und höre ihn hinter mir he[r] kommen; und höre ihn mit mir zugleich in das Haus tr[e]-
100 ten, mit mir die Treppe hinaufsteigen – –
CLAUDIA: Die Furcht hat ihren besondern Sinn, mein[e] Tochter! – Ich werde es nie vergessen, mit welcher Ge[-] bärde du hereinstürztest. – Nein, so weit durfte er nic[ht] wagen, dir zu folgen. – Gott! Gott! wenn dein Vater da[s]
105 wüsste! – Wie wild er schon war, als er nur hörte, das[s] der Prinz dich jüngst nicht ohne Missfallen gesehen! Indes, sei ruhig, meine Tochter! Nimm es für eine[n] Traum, was dir begegnet ist. Auch wird es noch wenige[r] Folgen haben, als ein Traum. Du entgehest heute m[it]
110 eins allen Nachstellungen.
EMILIA: Aber nicht, mein[e] Mutter? Der Graf muss d[as] wissen. Ihm muss ich es sa[-] gen.
115 CLAUDIA: Um alle Welt nich[t]! – Wozu? warum? Willst d[u] für nichts, und wieder f[ür] nichts ihn unruhig machen[?] Und wann er es auch it[zt]
120 nicht würde: wisse, mei[n] Kind, dass ein Gift, welch[es] nicht gleich wirket, daru[m] kein minder gefährliches Gi[ft] ist. Was auf den Liebhab[er]
125 keinen Eindruck mach[en] kann ihn auf den Gema[hl] machen. Den Liebhab[er] könnt' es sogar schmeichel[n,] einem so wichtigen Mitbe[-]
130 werber den Rang abzulau[-] fen. Aber wenn er ihm de[n] nun einmal abgelaufen ha[t,] ah, mein Kind, – so wird a[us] dem Liebhaber oft ein gan[z]
135 anderes Geschöpf. Dein gu[-] tes Gestirn behüte dich vo[r] dieser Erfahrung.
EMILIA: Sie wissen, mein[e] Mutter, wie gern ich Ihren bessern Einsichten mich in a[l]-
140 lem unterwerfe. – Aber, wenn er es von einem andern e[r-] führe, dass der Prinz mich heute gesprochen? Würd[e] mein Verschweigen nicht, früh oder spät, seine Unruh[e] vermehren? – Ich dächte doch, ich behielte lieber vor ih[m] nichts auf dem Herzen.
145 CLAUDIA: Schwachheit! verliebte Schwachheit! – Nei[n,] durchaus nicht, meine Tochter! Sag' ihm nichts. La[ss] ihn nichts merken.
EMILIA: Nun ja, meine Mutter! Ich habe keinen Wille[n] gegen den Ihrigen. – Aha! *(Mit einem tiefen Atemzug[e.)]*
150 Auch wird mir wieder ganz leicht. – Was für ein albe[r]- nes, furchtsames Ding ich bin! – Nicht, meine Mutter[?]

– Ich hätte mich noch wohl anders dabei nehmen können, und würde mir eben so wenig vergeben haben.
CLAUDIA: Ich wollte dir das nicht sagen, meine Tochter, bevor dir es dein eigner gesunder Verstand sagte. Und ich wusste, er würde dir es sagen, sobald du wieder zu dir selbst gekommen. – Der Prinz ist galant. Du bist die unbedeutende Sprache der Galanterie zu wenig gewohnt. Eine Höflichkeit wird in ihr zur Empfindung; eine Schmeichelei zur Beteuerung: ein Einfall zum Wunsche; ein Wunsch zum Vorsatze. Nichts klingt in dieser Sprache wie alles: und alles ist in ihr so viel als nichts.
EMILIA: O meine Mutter! – so müsste ich mir mit meiner Furcht vollends lächerlich vorkommen! – Nun soll er gewiss nichts davon erfahren, mein guter Appiani! Er könnte mich leicht für mehr eitel, als tugendhaft, halten. – Hui! dass er da selbst kömmt! Es ist sein Gang.

1. Untersuchen Sie, welche Figuren in diesem Dialog *direkt* oder *indirekt* vorgestellt werden und auf welche Weise diese Figuren Profil gewinnen. Welche *inneren* und *äußeren* Merkmale der Figuren kommen zur Sprache? Was wird nicht exponiert?

2. Konzentrieren Sie sich auf den *inneren Konflikt* Emilias, der sich in ihrer „Verwirrung" (Regieanweisung Z. 2) zeigt.
   – Untersuchen Sie dazu Zeile 30–60 genauer: Wie manifestiert sich diese „Verwirrung" sprachlich?
   – Versuchen Sie unter Berücksichtigung der gesamten Szene den Einfluss der Eltern und ihrer Normen und den Stellenwert des Prinzen einzuschätzen.
   – Formulieren Sie Ihre Ergebnisse in einer zusammenhängenden Figurenanalyse Emilias oder notieren Sie, was Emilia und Claudia verschweigen.

3. Untersuchen Sie, was die Figuren zur Spannungssteigerung beitragen.

4. Die folgenden Aufzüge finden auf dem Lustschloss Dosala des Prinzen statt. Wie könnte der Schluss des Dramas aussehen? Spinnen Sie den Faden fort und entwerfen Sie ausgehend von den in der Exposition erkennbaren Konfliktansätzen und den Figurenkonzeptionen einen geeigneten Dramenverlauf.

5. Vergleichen Sie Ihre Entwürfe und deren Wirkungsabsichten und stellen Sie Ihre Ergebnisse in einen Zusammenhang mit den Wirkungsabsichten Lessings.

Brief Lessings an Nicolai vom 13.11.1756

Es kann sein, dass wir dem Grundsatze: *Das Trauerspiel soll bessern*, manches elende, aber gut gemeinte Stück schuldig sind; es kann sein, sage ich, denn diese Ihre Anmerkung klingt ein wenig zu sinnreich, als dass ich sie gleich für wahr halten sollte. Aber das erkenne ich für wahr, dass kein Grundsatz, wenn man sich ihn recht geläufig gemacht hat, bessere Trauerspiele kann hervorbringen helfen als der: *Die Tragödie soll Leidenschaften erregen*. (…)
Wenn es also wahr ist, dass die Kunst des tragischen Dichters auf die sichere Erregung und Dauer des einzigen Mitleidens geht, so sage ich nunmehr, die Bestimmung der Tragödie ist diese: Sie soll *unsre Fähigkeit, Mitleid zu fühlen*, erweitern. Sie soll uns nicht bloß lehren, gegen diesen oder jenen Unglücklichen Mitleid zu fühlen, sondern sie soll uns soweit fühlbar machen, dass uns der Unglückliche zu allen Zeiten und unter allen Gestalten rühren und für sich einnehmen muss. Und nun berufe ich mich auf einen Satz, den Ihnen Herr Moses [Mendelssohn] vorläufig demonstrieren mag, wenn Sie, Ihrem eigenen Gefühl zum Trotz, daran zweifeln wollen. *Der mitleidigste Mensch ist der beste Mensch*, zu allen gesellschaftlichen Tugenden, zu allen Arten der Großmut der aufgelegteste. Wer uns also mitleidig macht, macht uns besser und tugendhafter, und das Trauerspiel, das jenes tut, tut auch dieses, oder – es tut jenes, um dieses tun zu können. Bitten Sie es dem Aristoteles ab, oder widerlegen Sie mich.
Auf gleiche Weise verfahre ich mit der Komödie. Sie soll uns zur Fertigkeit verhelfen, alle Arten des Lächerlichen leicht wahrzunehmen. Wer diese Fertigkeit besitzt, wird in seinem Betragen alle Arten des Lächerlichen zu vermeiden suchen und eben dadurch der wohlgezogenste und gesittetste Mensch werden. Und so ist auch die Nützlichkeit der Komödie gerettet.
Beider Nutzen, des Trauerspiels sowohl als des Lustspiels, ist von dem Vergnügen unzertrennlich; denn die ganze Hälfte des Mitleids und des Lachens ist Vergnügen, und es ist großer Vorteil für den dramatischen Dichter, dass er weder nützlich noch angenehm, eines ohne das andere sein kann.

2.3 Figurenkonstellation und Dialogstruktur

> Theaterstücke bilden Beziehungsstrukturen und Beziehungsverläufe ab. Das *Erforschen von Beziehungen der Figuren zueinander* steht im Mittelpunkt jedes Spiels. Die Untersuchung des Beziehungsgeflechts, der Figurenkonstellation, steht folglich auch im Mittelpunkt der Analyse eines einzelnen Dialogs.
>
> Jede Szene, jedes Theaterstück ist eine Abfolge von Beziehungshandlungen, die einen Verlauf zeigen, sich Schritt für Schritt entwickeln, manchmal verändern.
>
> Sprechen kann man dabei als eine besondere Art des Handelns verstehen. Durch die *Analyse der auffälligen Sprechakte* und der *sprachlichen Besonderheiten*, aber auch der *nonverbalen Aktionen* in einer Szene gewinnt man das „Beweismaterial", das die Aussagen über die Absichten, Motive, Gefühle der Figuren und ihrer Beziehungen zueinander begründen kann.

Friedrich Schiller
Maria Stuart, 3. Aufzug, 4. Auftritt

[*In dieser Szene führt Friedrich Schiller dem Zuschauer ein klassisches Rededuell vor Augen. Das „königliche Streitgespräch" bildet den Höhepunkt des 1800 in Weimar uraufgeführten Dramas.*]

Die Vorigen, Elisabeth, Graf Leicester, Gefolge.
ELISABETH *(zu Leicester):* Wie heißt der Landsitz?
LEICESTER: Fotheringhayschloss.
ELISABETH *(zu Shrewsbury):*
5 Schickt unser Jagdgefolg, voraus nach London.
Das Volk drängt allzuheftig in den Straßen.
Wir suchen Schutz in diesem stillen Park.
(Talbot entfernt das Gefolge. Sie fixiert mit den Augen die Maria, indem sie zu Paulet weiterspricht.)
10 Mein gutes Volk liebt mich zu sehr. Unmäßig,
Abgöttisch sind die Zeichen seiner Freude,
So ehrt man einen Gott, nicht einen Menschen.
MARIA *(welche diese Zeit über halb ohnmächtig auf die Amme gelehnt war, erhebt sich jetzt, und ihr Auge be-*
15 *gegnet dem gespannten Blick der Elisabeth. Sie schaudert zusammen und wirft sich wieder an der Amme Brust):*
O Gott, aus diesen Zügen spricht kein Herz!
ELISABETH: Wer ist die Lady?
20 *(Ein allgemeines Schweigen.)*
LEICESTER: – Du bist zu Fotheringhay, Königin.
ELISABETH *(stellt sich überrascht und erstaunt, einen finstern Blick auf Leicester richtend):*
Wer hat mir das getan? Lord Leicester!
25 LEICESTER:
Es ist geschehen, Königin – Und nun
Der Himmel deinen Schritt hierher gelenkt,
So lass die Großmut und das Mitleid siegen.
SHREWSBURY:
30 Lass dich erbitten königliche Frau,
Dein Aug' auf die Unglückliche zu richten,
Die hier vergeht vor deinem Anblick.
(Maria rafft sich zusammen und will auf die Elisabeth zugehen, steht aber auf halbem Weg schaudernd still, ihre
35 *Gebärden drücken den heftigsten Kampf aus.)*
ELISABETH: Wie, Mylords?
Wer war es denn, der eine Tiefgebeugte
Mir angekündigt? Eine Stolze find ich,
Vom Unglück keineswegs geschmeidigt.

★

40 MARIA: Sei's!
Ich will mich auch noch diesem unterwerfen,
Fahr hin, ohnmächt'ger Stolz der edeln Seele!
Ich will vergessen, wer ich bin, und was
Ich litt: ich will vor ihr mich niederwerfen,
45 Die mich in diese Schmach heruntersließ.
(Sie wendet sich gegen die Königin.)
Der Himmel hat für euch entschieden, Schwester!
Gekrönt vom Sieg ist euer glücklich Haupt,
Die Gottheit bet ich an, die euch erhöhte!
50 *(Sie fällt vor ihr nieder.)*
Doch seid auch ihr nun edelmütig, Schwester!
Lasst mich nicht schmachvoll liegen, Eure Hand
Streckt aus, reicht mir die königliche Rechte,
Mich zu erheben von dem tiefen Fall.
55 ELISABETH *(zurücktretend):*
Ihr seid an Eurem Platz, Lady Maria!
Und dankend preis ich meines Gottes Gnade,
Der nicht gewollt, dass ich zu Euren Füßen
So liegen sollte, wie Ihr jetzt zu meinen.
60 MARIA *(mit steigendem Affekt):*
Denkt an den Wechsel alles Menschlichen!
Es leben Götter, die den Hochmut rächen!
Verehrt, fürchtet sie, die schrecklichen,
Die mich zu Euren Füßen niederstürzen –
65 Um dieser fremden Zeugen willen, ehrt

In mir Euch selbst, entweihet, schändet nicht
Das Blut der Tudor, das in meinen Adern
Wie in den Euren fließt – O Gott im Himmel!
Steht nicht da, schroff und unzugänglich, wie
Die Felsenklippe, die der Strandende
Vergeblich ringend zu erfassen strebt.
Mein Alles hängt, mein Leben, mein Geschick
An meiner Worte, meiner Tränen Kraft:
Löst mir das Herz, dass ich das Eure rühre!
Wenn Ihr mich anschaut mit dem Eisesblick,
schließt sich das Herz mir schaudernd zu, der Strom
Der Tränen stockt, und kaltes Grausen fesselt
Die Flehensworte mir im Busen an.
ELISABETH *(kalt und streng):*
Was habt ihr mir zu sagen, Lady Stuart?
Ihr habt mich sprechen wollen, ich vergesse
Die Königin, die schwer beleidigte,
Die fromme Pflicht der Schwester zu erfüllen,
Und meines Anblicks Trost gewähr ich Euch.
Dem Trieb der Großmut folg ich, setze mich
Gerechtem Tadel aus, dass ich so weit
Heruntersteige – denn Ihr wisst,
Dass Ihr mich habt ermorden lassen wollen.

3

MARIA:
Womit soll ich den Anfang machen, wie
Die Worte klüglich stellen, dass sie Euch
Das Herz ergreifen, aber nicht verletzen!
O Gott, gib meiner Rede Kraft und nimm
Ihr jeden Stachel, der verwunden könnte!
Kann ich doch für mich selbst nicht sprechen,
    ohne Euch
Schwer zu verklagen, und das will ich nicht.
– Ihr habt an mir gehandelt, wie nicht recht ist,
Denn ich bin eine Königin wie Ihr.
Und Ihr habt als Gefangene mich gehalten;
Ich kam zu euch als eine Bittende.
Und Ihr, des Gastrechts heilige Gesetze,
Der Völker heilig Recht in mir verhöhnend,
Schlosst mich in Kerkermauern ein, die Freunde,
Die Diener werden grausam mir entrissen,
Unwürd'gem Mangel werd' ich preisgegeben,
Man stellt mich vor ein schimpfliches Gericht –
Nichts mehr davon! Ein ewiges Vergessen
Bedecke, was ich Grausames erlitt.
– Seht! ich will alles eine Schickung nennen:
Ihr seid nicht schuldig, ich bin auch nicht schuldig,
Ein böser Geist stieg aus dem Abgrund auf,
Den Hass in unsern Herzen zu entzünden,
Der unsre zarte Jugend schon entzweit.
Er wuchs mit uns, und böse Menschen fachten
Der unglücksel'gen Flamme Atem zu.
Wahnsinn'ge Eiferer bewaffneten

Mit Schwert und Dolch die unberufne Hand –
Das ist das Fluchgeschick der Könige,
Dass sie entzweit, die Welt in Hass zerreißen
Und jeder Zwietracht Furien entfesseln.
– Jetzt ist kein fremder Mund mehr zwischen uns,
(nähert sich ihr zutraulich und mit schmeichelndem Ton)
Wir stehn einander selbst nun gegenüber.
Jetzt, Schwester, redet! Nennt mir meine Schuld,
Ich will euch völliges Genügen leisten.
Ach, dass Ihr damals mir Gehör geschenkt,
Als ich so dringend Euer Auge suchte!
Es wäre nie so weit gekommen, nicht
An diesem traur'gen Ort geschähe jetzt
Die unglückselig traurige Begegnung.
ELISABETH: Mein guter Stern bewahrte mich davor,
Die Natter an den Busen mir zu legen.
– Nicht die Geschicke, Euer schwarzes Herz
Klagt an, die wilde Ehrsucht Eures Hauses,
Nichts Feindliches war zwischen uns geschehn,
Da kündigte mir Euer Ohm, der stolze,
Herrschwüt'ge Priester, der die freche Hand
Nach allen Kronen streckt, die Fehde an.
Betörte euch, mein Wappen anzunehmen,
Euch meine Königstitel zuzueignen.
Auf Tod und Leben in den Kampf mit mir
zu gehen – Wen rief er gegen mich nicht auf?
Der Priester Zungen und der Völker Schwert,
Des frommen Wahnsinns fürchterliche Waffen;
Hier selbst, im Friedenssitze meines Reichs,
Blies er mir der Empörung Flammen an –
Doch Gott ist mit mir, und der stolze Priester
Behält das Feld nicht – Meinem Haupte war
Der Streich gedrohet, und das Eure fällt.

4

MARIA: Ich steh in Gottes Hand. Ihr werdet euch
So blutig Eurer Macht nicht überheben –
ELISABETH: Wer soll mich hindern? Euer Oheim gab
Das Beispiel allen Königen der Welt,
Wie man seinen Feinden Frieden macht:
Die Sankt Barthelemi sei meine Schule!
Was ist mir Blutsverwandtschaft, Völkerrecht?
Die Kirche trennet aller Pflichten Band.
Den Treubruch heiligt sie, den Königsmord,
Ich übe nur, was Eure Priester lehren.
Sagt! Welches Pfand gewährte mir für Euch,
Wenn ich großmütig Eure Bande löste?
Mit welchem Schloss verwahr ich Eure Treue,
Das nicht Sankt Peters Schlüssel öffnen kann?
Gewalt nur ist die einz'ge Sicherheit,
Kein Bündnis ist mit dem Gezücht der Schlangen.
MARIA: Oh, das ist Euer traurig finstrer Argwohn!
Ihr habt mich stets als eine Feindin nur
Und Fremdlingin betrachtet. Hättet Ihr

170 Zu Eurer Erbin mich erklärt, wie mir
Gebührt, so hätten Dankbarkeit und Liebe
Euch eine treue Freundin und Verwandte
In mir erhalten.
ELISABETH: Draußen, Lady Stuart,
175 Ist Eure Freundschaft, euer Haus das Papsttum,
Der Mönch ist euer Bruder – Euch! zur Erbin
Erklären! Der verräterische Fallstrick!
Dass Ihr bei meinem Leben noch mein Volk
Verführet, eine listige Armida.
180 Die edle Jugend meines Königreichs
In Eurem Buhlernetze schlau verstricket –
Dass alles sich der neu aufgehnden Sonne
Zuwendete, und ich –
MARIA: Regiert in Frieden!
185 Jedwedem Anspruch auf dies Reich entsag ich.
Ach, meines Geistes Schwingen sind gelähmt,
Nicht Größe lockt mich mehr – Ihr habt's erreicht,
Ich bin nur noch der Schatten der Maria.
Gebrochen ist in langer Kerkerschmach
190 Der edle Mut – Ihr habt das Äußerste an mir
Getan, habt mich zerstört in meiner Blüte!
– Jetzt macht ein Ende, Schwester. Sprecht es aus,
Das Wort, um dessentwillen Ihr gekommen,
Denn nimmer will ich glauben, dass ihr kamt,
195 Um euer Opfer grausam zu verhöhnen.
Sprecht dieses Wort aus. Sagt mir: „Ihr seid frei,
Maria! Meine Macht habt Ihr gefühlt,
Jetzt lernet meinen Edelmut verehren."
Sagt's, und ich will mein Leben, meine Freiheit
200 Als ein Geschenk aus Eurer Hand empfangen,
– Ein Wort macht alles ungeschehn. Ich warte
Darauf. O lasst mich's nicht zu lang erharren!
Weh euch, wenn Ihr mit diesem Wort nicht endet!
Denn wenn Ihr jetzt nicht Segen bringend, herrlich,
205 Wie eine Gottheit von mir scheidet – Schwester!
Nicht um dies ganze reiche Eiland, nicht
Um alle Länder, die das Meer umfasst,
Möchte' ich vor Euch so stehn, wie Ihr vor mir!

★

ELISABETH: Bekennt Ihr endlich Euch für
210 überwunden?
Ist's aus mit Euren Ränken? Ist kein Mörder
Mehr unterwegs? Will kein Abenteurer
Für Euch die traur'ge Ritterschaft mehr wagen?
– Ja, es ist aus, Lady Maria. Ihr verführt
215 Mir keinen mehr. Die Welt hat andre Sorgen.
Es lüstet keinen, Euer – vierter Mann
Zu werden, denn ihr tötet Eure Freier,

Wie Eure Männer!
MARIA *(auffahrend)*: Schwester! Schwester!
O Gott! Gott! Gib mir Mäßigung!
ELISABETH *(sieht sie lange mit einem Blick stolzer Verachtung an)*:
Das also sind die Reizungen, Lord Leicester,
Die ungestraft kein Mann erblickt, daneben
Kein andres Weib sich wagen darf zu stellen!
Fürwahr! Der Ruhm war wohlfeil zu erlangen:
Es kostet nichts, die allgemeine Schönheit
Zu sein, als die gemeine sein für alle!
MARIA: Das ist zu viel!
ELISABETH *(höhnisch lachend)*.
Jetzt zeigt Ihr Euer wahres Gesicht, bis jetzt war's nur die Larve.
MARIA *(von Zorn glühend, doch mit einer edeln Würde)*:
Ich habe menschlich, jugendlich gefehlt,
Die Macht verführte mich, ich habe es nicht
Verheimlicht und verborgen, falschen Schein
Hab ich verschmäht mit königlichem Freimut.
Das Ärgste weiß die Welt von mir, und ich
Kann sagen, ich bin besser als mein Ruf.
Weh Euch, wenn sie von Euren Taten einst
Den Ehrenmantel zieht, womit Ihr gleißend
Die wilde Glut verstohlner Lüste deckt.
Nicht Ehrbarkeit habt Ihr von Eurer Mutter
Geerbt: man weiß, um welcher Tugend willen
Anna von Boleyn das Schafott bestiegen.

SHREWSBURY *(tritt zwischen beide Königinnen)*:
O Gott des Himmels! Muss es dahin kommen!
Ist das die Mäßigung, die Unterwerfung,
Lady Maria?
250 MARIA: Mäßigung! Ich habe
Ertragen, was ein Mensch ertragen kann.
Fahr hin, lammherzige Gelassenheit,
Zum Himmel fliehe, leidende Geduld.
Spreng endlich deine Bande, tritt hervor
255 Aus deiner Höhle, langverhaltner Groll –
Und du, der dem gereizten Basilisk
Den Mordblick gab, leg auf die Zunge mir
Den gift'gen Pfeil –
SHREWSBURY: O sie ist außer sich!
260 Verzeih der Rasenden, der schwer Gereizten!
(Elisabeth, für Zorn sprachlos, schießt wütende Blicke auf Marien.)
LEICESTER *(in der heftigsten Unruhe, sucht die Elisabeth hinwegzuführen)*:
265 Höre die Wütende nicht an! Hinweg, hinweg
Von diesem unglücksel'gen Ort!
MARIA: Der Thron von England ist durch einen Bastard
Entweiht, der Briten edelherzig Volk
Durch eine list'ge Gauklerin betrogen.
270 – Regierte Recht, so läget ihr vor mir
im Staube jetzt, denn ich bin euer König.
(Elisabeth geht schnell ab, die Lords folgen ihr in der höchsten Bestürzung.)
(1800)

❶ Um Übersicht über den Verlauf der recht langen Szene zu gewinnen, bietet sich im Anschluss an die Lektüre eine *szenische Demonstration* an. Bilden Sie dazu verschiedene Gruppen, auf die Sie die Gesprächspassagen (1–6) verteilen.
   – Suchen Sie aus jeder Passage Stellen aus, die Sie ganz im Stil elisabethanischer Bilder oder klassischer Skulpturen als lebende Bilder (tableaux vivant) darstellen. Ein Regisseur ist in jeder Gruppe notwendig, der eigentliche Spieltext bleibt unausgesprochen. Es entsteht so eine Abfolge von Standbildern. Ein Gruppenmitglied kann jeweils die Präsentation erläutern.
   – Beschreiben Sie auf dieser Grundlage die *Figurenkonstellation* am Anfang der Szene: Welche Figuren oder Figurengruppen stehen einander gegenüber? In welcher Beziehung stehen sie zueinander?
   – Diskutieren Sie anschließend, wie sich die grundlegende Macht- bzw. Rangkonstellation im Verlauf der Szene wandelt.

Ein anderer Zugang als eine szenische Annäherung ist der analytische Weg, auf dem das sprachliche Handeln und die Dialogstruktur des Textes verstärkt in den Blick geraten.
Grundsätzlich hat sich eine Konzentration auf folgende „Hebel" als ergiebig erwiesen:
• auf die typischen *Sprechakte* und deren Subtext, d. h. auf das, was unter den Äußerungen einer Figur liegt: die unausgesprochenen Gefühle, Gedanken und Motive;
• auf die besondere *Sprechweise* (Redelänge, Argumentationsgehalt, Bildlichkeit, Stilfiguren, Vers) der Figuren;
• auf den *dramaturgischen Verlauf*, den Spannungsbogen der Szene.

2 Mit Randbemerkungen hat ein Regieassistent versucht, den **Anfangsteil (1.)** der Szene zu charakterisieren. Beschreiben Sie seine Vorgehensweise, ergänzen Sie die Bearbeitung und zeigen Sie, an welchen Stellen eine Differenz zwischen Gesagtem und Gemeinten deutlich wird.

Körpersprache	Gesagtes (Sprechakte)		Gemeintes (Subtext)
	E. FRAGT	*Die Vorigen, Elisabeth, Graf Leicester, Gefolge.* ELISABETH *(zu Leicester)*: Wie heißt der Landsitz? LEICESTER: Fotheringhayschloss. ELISABETH *(zu Shrewsbury)*: Schickt unser Jagdgefolg, voraus nach London. Das Volk drängt allzuheftig in den Straßen. Wir suchen Schutz in diesem stillen Park.	VERSUCHT ZEIT ZU GEWINNEN
FIXIERENDER BLICK KÖRPERSPRACHE DER MACHT		*(Talbot entfernt das Gefolge. Sie fixiert mit den Augen die Maria, indem sie zu Paulet weiterspricht.)*	
	WERTET SICH AUF	Mein gutes Volk liebt mich zu sehr. Unmäßig, Abgöttisch sind die Zeichen seiner Freude, So ehrt man einen Gott, nicht einen Menschen.	WILL EINSCHÜCHTERN „Du bist chancenlos"
		MARIA *(welche diese Zeit über halb ohnmächtig auf die Amme gelehnt war, erhebt sich jetzt, und ihr Auge begegnet dem gespannten Blick der Elisabeth. Sie schaudert zusammen und wirft sich wieder an der Amme Brust)*: O Gott, aus diesen Zügen spricht kein Herz!	
SCHWEIGEN	STELLT SCHEINFRAGE	ELISABETH: Wer ist die Lady? *(Ein allgemeines Schweigen.)* LEICESTER: – Du bist zu Fotheringhay, Königin. ELISABETH *(stellt sich überrascht und erstaunt, einen finstern Blick auf Leicester richtend)*: Wer hat mir das getan? Lord Leicester!	WILL ABWERTEN
		LEICESTER: Es ist geschehen, Königin – Und nun Der Himmel deinen Schritt hierhergelenkt, So lass die Großmut und das Mitleid siegen.	
		SHREWSBURY: Lass dich erbitten königliche Frau, Dein Aug' auf die Unglückliche zu richten, Die hier vergeht vor deinem Anblick. *(Maria rafft sich zusammen und will auf die Elisabeth zugehen, steht aber auf halbem Weg schaudernd still, ihre Gebärden drücken den heftigsten Kampf aus.)*	
	GREIFT MIT FRAGEN AN	ELISABETH: Wie, Mylords? Wer war es denn, der eine Tiefgebeugte Mir angekündigt? Eine Stolze find ich, Vom Unglück keineswegs geschmeidigt.	ZUSPITZUNG; WILL MARIA HERAUSFORDERN

③ Schreiben Sie eine kurze zusammenfassende Dialoganalyse des Anfangsteils:

„Die Initiative liegt ... Die Körpersprache Marias spiegelt ... wahrt Distanz, indem ..."

④ Beschreiben Sie arbeitsteilig den weiteren Verlauf des Dialogs zwischen Elisabeth und Maria, indem Sie in den Gesprächspassagen des **Mittelteils (2–5)** untersuchen, welche Sprechakte und besondere Sprechweisen vorkommen. Präzisieren Sie dabei, mit welchen Mitteln und Strategien die Kontrahentinnen ihre Gesprächsziele zu erreichen versuchen. Tauschen Sie Ihre Ergebnisse aus und versuchen Sie, den Stellenwert von Argumenten, sprachlich-stilistischer Gestaltung und gestischem Handeln zu bestimmen.

⑤ Klassische Szenen haben einen „klassischen Verlauf": Es lässt sich ein Höhe- oder Wendepunkt fixieren. Ermitteln Sie den Umschlagpunkt in der Auseinandersetzung (Peripetie). Achten Sie an dieser Stelle auf die Gestaltung des Blankverses.

⑥ Den **Schlussteil eines Dialogs** zu analysieren, erfordert eine Antwort auf die Frage zu geben: Was ist das Gesprächsergebnis? Vergleichen Sie die beiden Versuche, das Ergebnis des Rededuells zu beschreiben und zu deuten.

Versuch I:

Elisabeths Versuch, Marias persönliche und weibliche Identität zu zerstören, bewirkt eine Zuspitzung der Situation und leitet den Umschwung ein. Ihr Versöhnungsangebot (Z. 127) und ihre politische
5 *Unterwerfung (Z. 185f.) lässt Maria jetzt hinter sich und sie wehrt sich mit verbaler Gewalt. Marias überraschend offensive Reaktion auf die Herausforderung durch die Rivalin ist der Versuch angesichts von objektiver Bedrohtheit ihren Selbst-*
10 *wert zu verteidigen. Als sie die Verlogenheit und inszenierte „Tugend" Elisabeths mit Ironie attackiert (Z. 205f.), gibt sie das Ideal gleichberechtigter „Schwesterlichkeit" für einen Moment auf. Gerade dadurch wirkt sie glaubwürdig und gewinnt*
15 *endgültig die Sympathie der Zuschauer. Schiller zeigt Maria nicht als Opfer, sondern als freies, selbstbewusstes und selbstbestimmtes Individuum, das Anspruch auf seine „Würde" (Z. 234) geltend macht und dabei gewinnt. Maria macht*
20 *die redegewandte Elisabeth „sprachlos".*

Versuch II:

Während Maria unfähig ist, sich von momentanen persönlichen Gefühlen zu lösen und für einen Augenblick des Triumphes ihre Zukunft opfert, behält Elisabeth einen kühlen und klaren Kopf. Damit be-
5 *weist sie ihre taktische Überlegenheit und gewinnt das Rededuell. Als Regentin in einer Männergesellschaft hat sie offensichtlich gelernt, erfolgreich mit ihrer Macht umzugehen. Vielleicht verliert sie sogar das Streitgespräch auf persönlicher Ebene gezielt.*
10 *Ihre geschickten fortgesetzten Provokationen legen das nahe. Weil Maria sich provozieren lässt, hat Elisabeth die Möglichkeit, ihre Rivalin endgültig ohne „Meuchelmord" loszuwerden. Insgesamt erscheint Elisabeth vielschichtiger und*
15 *vieldeutiger, in jedem Fall unabhängiger als Maria, die Schiller eher als blutleeren weiblichen Idealtyp skizziert.*

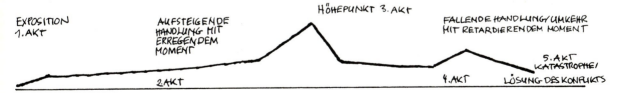

⑦ Veranschaulichen Sie abschließend den Dialogverlauf der 4. Szene des III. Aktes in Form einer Spannungskurve. Informieren Sie sich in einem Schauspielführer über den weiteren Handlungsverlauf der Tragödie. Vergleichen Sie den Aufbau dieser Schlüsselszene mit dem Aufbau des gesamten Dramas.

3 Auflösung der Form

> In der Struktur des klassischen Dramas sind die großen Handlungsabschnitte (Akte, Aufzüge) wie auch die kleinsten Bauelemente (Szenen, Auftritte) eng miteinander verknüpft. Indem sie gemeinsam einen Spannungsbogen entwickeln, sind sie im Einzelnen unselbstständig und zum großen Teil unersetzbar und unversetzbar. Der dramaturgische Verlauf, der Aufbau der Einzelszene, spiegelt im Idealfall den Aufbau des gesamten *geschlossenen Dramas*.
>
> Der Regelcharakter des klassischen Dramenschemas verlangt darüber hinaus eine Einheit der Handlung des Ortes und der Zeit, eine Forderung, die auf Aristoteles zurückgeht. Konkret heißt das, dass das Drama an einem einzigen Ort spielen soll und der dargestellte Zeitablauf weitgehend identisch ist mit der realen Spielzeit.
>
> Anfang des 19. Jh. entwickelte sich eine neue *offene Form* des Dramas. Das folgende Material bietet Gelegenheit, Veränderungen sowohl in der Gestaltung der Einzelszene als auch in der Gestaltung des gesamten Stückes zu entdecken und der Frage nach den grundlegenden Ursachen dieser Auflösung der Form nachzugehen.

Georg Büchner
Woyzeck (Auszüge)

Die folgenden fünf Szenen stammen aus Büchners Theaterfragment „Woyzeck". Wie der Schluss ist auch die Frage der Anordnung der einzelnen Szenen offen geblieben. Büchner hat vier verschiedene Handschriften hinterlassen, deren einzelne Seiten nicht nummeriert sind. Eine inhaltlich geschlossene, für den Druck autorisierte Fassung hat er nicht überliefert, so dass unklar bleibt, welchen endgültigen Aufbau er plante. Insgesamt liegen 27 teilweise äußerst kurze Szenen vor, die mit Personal aus verschiedenen gesellschaftlichen Schichten an unterschiedlichsten Schauplätzen spielen.

Auf der Gasse
Marie Woyzeck.
WOYZECK *(sieht sie starr an, schüttelt den Kopf)*: Hm! Ich seh nichts, ich seh nichts. O, man müsst's sehen,
5 man müsst's greifen könne mit Fäusten.
MARIE *(verschüchtert)*: Was hast du Franz? Du bist hirnwütig Franz.
WOYZECK: Eine Sünde so dick und so breit. Es stinkt dass man die Engelchen zum Himmel hinaus rauche
10 könnt. Du hast ein rote Mund, Marie. Keine Blase drauf? Adieu, Marie, du bist schön wie die Sünde –. Kann die Todsünde so schön sein?
MARIE: Franz, du red'st im Fieber.
WOYZECK: Teufel! – Hat er da gestande, so, so?
15 MARIE: Dieweil der Tag lang und die Welt alt ist, könn' viel Mensche an eim Platz stehn, einer nach dem andern.
WOYZECK: Ich hab ihn gesehn.
MARIE: Man kann viel sehn, wenn man zwei Auge hat und man nicht blind ist und die Sonn scheint.
20 WOYZECK: Mit diesen Augen!
MARIE *(keck)*: Und wenn auch.

Der Idiot. Das Kind. Woyzeck
KARL *(hält das Kind vor sich auf dem Schoß)*: Der is in's Wasser gefallen, der is in's Wasser gefalln, wie, der is in's
25 Wasser gefalln.
WOYZECK: Bub, Christian.
KARL *(sieht ihn starr an)*: Der is in's Wasser gefalln.
WOYZECK: *(Will das Kind liebkosen, es wendet sich weg und schreit)*: Herrgott!
30 KARL: Der is in's Wasser gefalln.
WOYZECK: Christianche, du bekommst en Reuter, sa, sa. *(Das Kind wehrt sich. Zu Karl.)* Da kauf dem Bub en Reuter.
KARL *(sieht ihn starr an.)*
35 WOYZECK: Hop! hop! Ross.
KARL *(jauchzend)*: Hop! hop! Ross! Ross! *(Läuft mit dem Kind weg.)*

Kammer
Marie sitzt, ihr Kind auf dem Schoß, ein Stückchen Spie-
40 *gel in der Hand.*
MARIE *(bespiegelt sich)*: Was die Steine glänze! Was sind's für? Was hat er gesagt? – Schlaf Bub! Drück die Auge zu, fest, *(das Kind versteckt die Augen hinter den Händen)* noch fester, bleib so, still oder er holt dich.
45 *(Singt):*   Mädel mach's Ladel zu,
S' kommt e Zigeunerbu,
Führt dich an deiner Hand
Fort in's Zigeunerland.
(Spiegelt sich wieder.) S' ist gewiss Gold! Unseins hat
50 nur ein Eckchen in der Welt und ein Stückchen Spiegel

und doch hab' ich einen so roten Mund als die großen Madamen mit ihren Spiegeln von oben bis unten und ihren schönen Herrn, die ihnen die Händ küssen, ich bin nur ein arm Weibsbild. – *(Das Kind richtet sich auf.)* Still Bub, die Auge zu, das Schlafengelchen! wie's an der Wand läuft, *(sie blinkt mit dem Glas)* die Auge zu, oder es sieht dir hinein, dass du blind wirst.
Woyzeck tritt herein, hinter sie.
Sie fährt auf mit den Händen nach den Ohren.
WOYZECK: Was hast du?
MARIE: Nix.
WOYZECK: Unter deinen Fingern glänzt's ja.
MARIE: Ein Ohrringlein; hab's gefunden.
WOYZECK: Ich hab so noch nix gefunden. Zwei auf einmal.
MARIE: Bin ich ein Mensch?
WOYZECK: S' ist gut, Marie. – Was der Bub schläft. Greif ihm unter's Ärmchen der Stühl drückt ihn. Die hellen Tropfen steh'n ihm auf der Stirn; Alles Arbeit unter der Sonn, sogar Schweiß im Schlaf. Wir arme Leut! Da is wieder Geld Marie, die Löhnung und was von mein'm Hauptmann.
MARIE: Gott vergelt's Franz.
WOYZECK: Ich muss fort. Heut Abend, Marie. Adies.
MARIE *(allein, nach einer Pause)*: Ich bin doch ein schlecht Mensch. Ich könnt' mich erstechen. – Ach! Was Welt? Geht doch Alles zum Teufel, Mann und Weib.

Gerichtsdiener. Arzt. Richter

GERICHTSDIENER: Ein guter Mord, ein echter Mord, ein schöner Mord, so schön als man ihn nur verlangen kann, wir haben schon lange so kein gehabt.

Der Hauptmann. Woyzeck

Hauptmann auf einem Stuhl, Woyzeck rasiert ihn.
HAUPTMANN: Langsam, Woyzeck, langsam; ein's nach dem andern. Er macht mir ganz schwindlig. Was soll ich dann mit den zehn Minuten anfangen, die Er heut zu früh fertig wird? Woyzeck, bedenk' Er, Er hat noch seine schöne dreißig Jahr zu leben, dreißig Jahr! macht 360 Monate, und Tage, Stunden, Minuten! Was will Er denn mit der ungeheuren Zeit all anfangen? Teil Er sich ein, Woyzeck.
WOYZECK: Jawohl, Herr Hauptmann.
HAUPTMANN: Es wird mir ganz Angst um die Welt, wenn ich an die Ewigkeit denke. Beschäftigung, Woyzeck, Beschäftigung! ewig das ist ewig, das ist ewig, das siehst du ein; nun ist es aber wieder nicht ewig und das ist ein Augenblick, ja, ein Augenblick – Woyzeck, es schaudert mich, wenn ich denk, dass sich die Welt in einem Tag herumdreht, was n'e Zeitverschwendung, wo soll das hinaus? Woyzeck, ich kann kein Mühlrad mehr sehn, oder ich werd' melancholisch.
WOYZECK: Jawohl, Herr Hauptmann.
HAUPTMANN: Woyzeck Er sieht immer so verhetzt aus. Ein guter Mensch tut das nicht, ein guter Mensch, der sein gutes Gewissen hat. – Red' Er doch was Woyzeck. Was ist heut für Wetter?
WOYZECK: Schlimm, Herr Hauptmann, schlimm; Wind.
HAUPTMANN: Ich spür's schon, s' ist so was Geschwindes draußen; so ein Wind macht mir den Effekt wie eine Maus. *(Pfiffig.)* Ich glaub' wir haben so was aus Süd-Nord.
WOYZECK: Jawohl, Herr Hauptmann.
HAUPTMANN: Ha! ha! ha! Süd-Nord! Ha! Ha! Ha! O Er ist dumm, ganz abscheulich dumm. *(Gerührt.)* Woyzeck, Er ist ein guter Mensch, ein guter Mensch – aber *(mit Würde)* Woyzeck, Er hat keine Moral! Moral das ist wenn man moralisch ist, versteht Er. Es ist ein gutes Wort. Er hat ein Kind, ohne den Segen der Kirche, wie unser hochehrwürdiger Herr Garnisonsprediger sagt, ohne den Segen der Kirche, es ist nicht von mir.
WOYZECK: Herr Hauptmann, der liebe Gott wird den armen Wurm nicht drum ansehn, ob das Amen drüber gesagt ist, eh' er gemacht wurde. Der Herr sprach: Lasset die Kindlein zu mir kommen.
HAUPTMANN: Was sagt Er da? Was ist das für 'ne kuriose Antwort? Wenn ich sag: Er, so mein ich Ihn, Ihn.
WOYZECK: Wir arme Leut. Sehn Sie, Herr Hauptmann, Geld, Geld. Wer kein Geld hat. Da setz eimal einer seinsgleichen auf die Moral in die Welt. Man hat auch sein Fleisch und Blut. Unseins ist doch einmal unselig in der und der andern Welt, ich glaub' wenn wir in Himmel kämen so müssten wir donnern helfen.
HAUPTMANN: Woyzeck Er hat keine Tugend, Er ist kein tugendhafter Mensch. Fleisch und Blut? Wenn ich am Fenster lieg, wenn's geregnet hat und den weißen Strümpfen so nachsehe wie sie über die Gassen springen, – verdammt Woyzeck, – da kommt mir die Liebe. Ich hab auch Fleisch und Blut. Aber Woyzeck, die Tugend, die Tugend! Wie sollte ich dann die Zeit herumbringen? ich sag' mir immer: Du bist ein tugendhafter Mensch, *(gerührt)* ein guter Mensch, ein guter Mensch.
WOYZECK: Ja Herr Hauptmann, die Tugend! ich hab's noch nicht so aus. Sehn Sie, wir gemeine Leut, das hat keine Tugend, es kommt einem nur so die Natur, aber wenn ich ein Herr wär und hätt ein Hut und eine Uhr und eine anglaise und könnt vornehm reden, ich wollt schon tugendhaft sein. Es muss was Schöns sein um die Tugend, Herr Hauptmann. Aber ich bin ein armer Kerl.
HAUPTMANN: Gut Woyzeck. Du bist ein guter Mensch, ein guter Mensch. Aber du denkst zu viel, das zehrt, du siehst immer so verhetzt aus. Der Diskurs hat mich ganz angegriffen. Geh' jetzt und renn nicht so; langsam hübsch langsam die Straße hinunter. *(1836)*

1. Wählen Sie eine Szene aus und untersuchen Sie die Beziehung Woyzecks zu seinen jeweiligen Gesprächspartnern. Wieweit gelingt der Dialog?

2. Vergleichen Sie die von Ihnen ausgewählte Szene mit der Szene aus „Maria Stuart".
   Konzentrieren Sie sich dabei auf
   – die Sprechweise und den gesellschaftlichen Standort der Figuren;
   – den Abstand zwischen dem Gesagten und dem, was unausgesprochen bleibt;
   – die Art, in der die Figuren aufeinander eingehen;
   – den Aufbau der Einzelszene;
   – die Rolle, die dem Zuschauer von den Autoren zugewiesen wird.

3. Rekonstruieren Sie eine sinnvolle Szenenreihenfolge für die fünf vorliegenden Szenen.
   Vergleichen Sie Ihre Szenengruppierung mit einer gängigen Lesevariante des Stückes.

4. Prüfen Sie, inwieweit sich ausgehend von Ihren bisherigen sprachlichen und inhaltlichen Beobachtungen nachweisen lässt, dass sich in Büchners Woyzeck eine Abkehr von der geschlossenen Form des klassischen Dramas vollzieht.

5. Versuchen Sie die Stichwörter den beiden Konzepten zuzuordnen und ergänzen Sie fehlende Gegenüberstellungen.

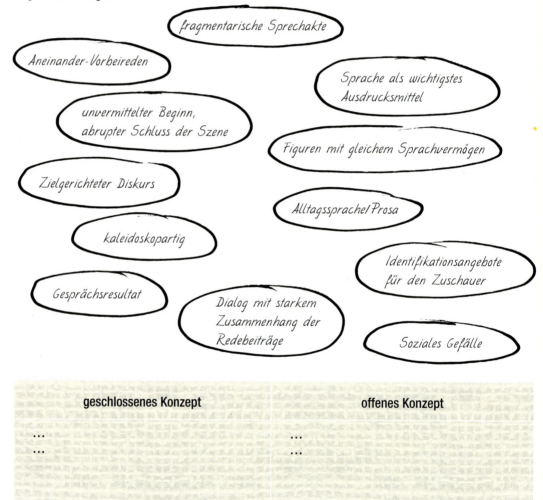

geschlossenes Konzept	offenes Konzept
...	...
...	...

6. Informieren Sie sich über den Epochenumbruch vom 18. zum 19. Jh. und speziell über die Epoche „Vormärz". Versuchen Sie die sprachlichen, inhaltlichen und formalen Veränderungen als Ausdruck eines veränderten Menschen- und Weltbildes zu erklären. Beziehen Sie die Briefauszüge mit ein.

F. Schiller an W. v. Humboldt am 2. April 1805
„Und am Ende sind wir ja beide Idealisten und würden uns schämen, uns nachsagen zu lassen, dass die Dinge uns formten und nicht wir die Dinge."

F. Schiller an J.W. Goethe am 24.08.1798
„Ich lasse meine Personen viel sprechen. (…) Man könnte mit weniger Worten auskommen, um die tragische Handlung auf- und abzuwickeln, auch möchte es der Natur handelnder Charaktere gemäßer scheinen. Aber das Beispiel der Alten, welche es auch so gehalten haben und in demjenigen, was Aristoteles die Gesinnungen und Meinungen nennt, gar nicht wortkarg gewesen sind, scheint auf ein höheres poetisches Gesetz hinzudeuten, welches eben hierin eine Abweichung von der Wirklichkeit fordert. Sobald man sich erinnert, dass alle poetischen Personen symbolische Wesen sind, dass sie, als poetische Gestalten, immer das Allgemeine der Menschheit darzustellen und auszusprechen haben, und sobald man ferner daran denkt, dass der Dichter sowie der Künstler überhaupt auf eine öffentliche und ehrliche Art von der Wirklichkeit sich entfernen und daran erinnern soll, dass er's tut, so ist gegen diesen Gebrauch nichts zu sagen."

F. Schiller (Ästhetische Briefe)
„In einem wahrhaft schönen Kunstwerk soll der Inhalt nichts, die Form aber alles tun; denn durch die Form allein wird das Ganze des Menschen, durch den Inhalt dagegen nur auf einzelne Kräfte gewirkt. Der Inhalt, wie erhaben und weltumfassend er auch sei, wirkt also jederzeit einschränkend auf den Geist, und nur von der Form ist wahre ästhetische Freiheit zu erwarten."

G. Büchner an die Familie, Januar 1836
„Ich zeichne meine Charaktere, wie ich sie der Natur und der Geschichte angemessen halte, und lache über die Leute, welche mich für die Moralität oder Immoralität derselben verantwortlich machen wollen. Ich habe darüber meine eigenen Gedanken …"

G. Büchner an die Braut, Gießen, um den 9.–12. März 1834
„,Prouve-moi que tu m'aimes encore beaucoup en me donnant bientôt des nouveles'. Und ich ließ dich warten! Schon seit einigen Tagen nehme ich jeden Augenblick die Feder in die Hand, aber es war mir unmöglich nur ein Wort zu schreiben. Ich studiere die Geschichte der Revolution. Ich fühlte mich wie zernichtet unter dem grässlichen Fatalismus der Geschichte. Ich finde in der Menschennatur eine entsetzliche Gleichheit, in den menschlichen Verhältnissen eine unabwendbare Gewalt. Allen und Keinem verliehen. Der Einzelne nur Schaum auf der Welle, die Größe ein bloßer Zufall, die Herrschaft des Genies ein Puppenspiel, ein lächerliches Ringen gegen ein ehernes Gesetz, es zu erkennen das Höchste, es zu beherrschen unmöglich. Es fällt mir nicht mehr ein, vor den Paradegäulen und Eckstehern der Geschichte mich zu bücken. (…)
Was ist das, was in uns lügt, mordet, stiehlt?"

G. Büchner an die Familie, Gießen, im Februar 1834
„*Ich verachte Niemanden*, am wenigsten wegen seines Verstandes oder seiner Bildung, weil es in Niemands Gewalt liegt, kein Dummkopf oder kein Verbrecher zu werden – weil wir durch gleiche Umstände wohl Alle gleich würden und weil die Umstände außer uns liegen (…) Ich habe freilich noch eine Art von Spott, es ist aber nicht der der Verachtung, sondern der des Hasses. Der Hass ist so gut erlaubt als die Liebe und ich hege ihn in vollstem Maße gegen die, *welche verachten*."

G. Büchner an die Familie, Straßburg, 28. Juli 1835
„Wenn man mir übrigens noch sagen wollte, der Dichter müsse die Welt nicht zeigen wie sie ist, sondern wie sie sein solle, so antworte ich, dass ich es nicht besser machen will als der liebe Gott, der die Welt gewiss gemacht hat, wie sie sein soll. Was noch die so genannten Idealdichter anbetrifft, so finde ich, dass sie fast nichts als Marionetten mit himmelblauen Nasen und affektiertem Pathos, aber nicht Menschen von Fleisch und Blut gegeben haben, deren Leid und Freude mich mitempfinden macht, und deren Tun und Handeln mir Abscheu oder Bewunderung einflößt."

4 Eine Szene interpretieren

Die Interpretation einer Dramenszene geht vom Text als einer „Partitur" aus, die für das Verständnis eines Lesers (kommunikativ) bzw. auch zum besseren eigenen Verstehen (heuristisch) erschlossen werden soll. Die Aufbereitung einer Szene zur Aufführung erfordert noch darüber hinausgehende Schritte (z. B. Regiekonzeption, Rollenbiografie, …).
Beim Interpretieren einer Szene kann man unterschiedliche Schwerpunkte setzen: Man kann z.B. *den Inhalt einer Dramenszene wiedergeben, die Dialogstruktur einer Szene analysieren und beschreiben und/oder die Funktion einer Szene untersuchen und erläutern.*

4.1 Den Inhalt einer Dramenszene wiedergeben

Die Inhaltswiedergabe (Inhaltsangabe) setzt bereits ein entwickeltes Textverständnis voraus. Zuvor ist zu klären, welcher Abstraktionsgrad bzw. welche Kürzungsintensität bei der Inhaltswiedergabe gewählt werden soll. Zwischen einer knappen Inhaltszusammenfassung, die wesentlich kürzer als der Bezugstext ausfällt, und einer erläuternden Inhaltsangabe, die u.U. länger als der Bezugstext sein kann, gibt es unterschiedliche Möglichkeiten und Grade der Verknappung und Distanzierung.

Bei der Inhaltswiedergabe sollte man
- die Szene eindeutig kennzeichnen,
- die Szene „funktional" in den inhaltlichen Zusammenhang einordnen,
- Ort, Zeit und Figuren der Handlung angeben,
- klären, wer mit wem worüber spricht,
- unterscheiden, welche Handlungsteile unmittelbar dargestellt und welche berichtet bzw. erzählt werden,
- auf Regieanweisungen (szenische Bemerkungen) achten.

4.2 Die Dialogstruktur einer Szene analysieren und beschreiben

Die Redebeiträge der Figuren können als Sprechakte verstanden werden, die sich durch Sprechaktverben (z. B. behaupten, begründen, auffordern, vorwerfen, entgegnen, einräumen, …; vgl. „Strittige Themen – Erörtern", S. 156) beschreiben lassen. Einzelne Sprechakte lassen sich in der Regel zu Sprechaktsequenzen zusammenfassen und erläutern (z.B. Vorwurf – Rechtfertigung, Angriff – Verteidigung, Frage – Antwort; auch ungewöhnliche, auffällige Sequenzen, z.B. Frage – Verstummen).
Oft klaffen bei den dramatischen Figuren Gesagtes und Gemeintes, Rede und Redeintention auseinander. So kann man zu dem gesprochenen Text einen „Subtext" formulieren, der die Motive und Absichten der Figuren offenlegt.

Bei der Analyse der Dialogstruktur kann man sich durch folgende Fragen leiten lassen:
- Wie groß ist der Anteil an sprachlicher, wie groß der an außersprachlicher Handlung?
- Wie sind die Gesprächsanteile auf die Figuren verteilt? Dominiert eine Figur auf Grund ihrer Redeanteile?
- Ergreift eine Figur die Initiative? Warum?
- Wirkt eine Figur überlegen, z. B. auf Grund ihres gesellschaftlichen Standes oder ihrer Rolle in der Figurenkonstellation?
- Gibt es charakteristische Sprechakte und Sprechaktsequenzen?
- Beziehen sich die Dialogpartner mit ihren Redebeiträgen aufeinander oder reden sie aneinander vorbei?
- Gibt es eine Differenz zwischen Gesagtem und Gemeintem? Wie verhalten sich Inhalts- und Beziehungsaspekt zueinander?
- Lässt sich der Dialog einem bestimmten Gesprächstyp zuordnen (z.B. Streitgespräch, Verhör, Liebesdialog, …)?

4.3 Die Funktion einer Szene analysieren und erläutern

Jede Szene hat eine bestimmte Funktion innerhalb des Dramas (Binnenfunktion), die für das Verständnis des Stückes wichtig ist:
- Eine Szene kann z. B. innerhalb eines Aktes eine für den dramatischen Konflikt wichtige Aufgabe haben; sie kann z. B. dazu beitragen, den Konflikt zu exponieren, zu steigern, zu lösen (vgl. Aktfunktionen, S. 112 ff.).
- Sie kann die Beziehung zwischen zwei oder mehreren Figuren verdeutlichen.
- Sie kann den Charakter einer oder mehrerer Figuren offen legen und Wesentliches über deren Einstellung, Ideen, soziale Lage, Schicksal usw. mitteilen.

Dann hat jede Szene außer der Binnenfunktion auch noch eine Zuschauerfunktion, denn viele Redeteile sind weniger für den/die Dialogpartner als für den Zuschauer und dessen Verständnis bestimmt. Auch die Art der sprachlichen Gestaltung einer Szene (z. B. durch Vers – z. B. Blankvers –, Rhythmus, Klang, Stilfiguren) zeigt deren Zuschauerorientierung.

Bei der Analyse einer Szene kann man sich durch folgende Fragen leiten lassen:
- Welche Funktion hat die Szene für das bzw. mein Verständnis des Dramas?
- Welche Funktion hat die Szene innerhalb eines Aktes und für den Verlauf des dramatischen Konflikts?
- Welche Funktion hat die Szene für die dramatischen Figuren, welche für den Zuschauer?
- Durch welche auffälligen sprachlichen Mittel ist die Szene gekennzeichnet?

4.4 Eine Interpretation gliedern

Man kann – z. B. im Rahmen einer Klausur – die Aufgabe gestellt bekommen, eine Dramenszene unter einem der drei genannten Schwerpunkte (4.1–4.3) zu interpretieren.

Bei einer umfassenden Szeneninterpretation – z. B. im Rahmen einer Langzeitausgabe oder einer Facharbeit – kann es sinnvoll sein, alle Schwerpunkte zu verknüpfen. Dazu ein **Gliederungsvorschlag:**
- Einleitung (Autor, Drama, Entstehungszeit …, Szene, Thema der Szene)
- kurze Einordnung der Szene in den inhaltlichen Zusammenhang des Dramas (funktional)
- Inhaltswiedergabe der Szene
- Beschreibung der Dialogstruktur
- Erläuterung der Szenenfunktion
- evtl. Schluss (eigene Stellungnahme)

Die Art des konkreten methodischen Vorgehens ist abhängig von der Aufgabenstellung und der eigenen Zielsetzung:
- Will man eher chronologisch, also am Text entlang, oder eher aspektorientiert, also unter bestimmten Fragestellungen und Gesichtspunkten, arbeiten?
- Wählt man eher ein induktives Verfahren, bei dem das Verständnis der Szene sukzessive aufgebaut und entfaltet wird, oder eher ein deduktives Verfahren, bei dem man von einer Verstehenshypothese ausgeht und diese im Verlauf zu belegen sucht?
- Will man eher eine distanziert-sachliche Szenenbetrachtung schreiben oder soll eine persönliche Stellungnahme – zumindest am Schluss – oder ein produktiver Zugang die Darstellung prägen?
- Will man eher ein „werkimmanentes" Interpretationsverfahren wählen oder erfordert die Aufgabenstellung eine Vorgehensweise, die z. B. Informationen zum Autor, literaturgeschichtliche Zusammenhänge, den historischen Hintergrund, literaturwissenschaftliche Ergebnisse und/oder unterschiedliche methodische Schwerpunktsetzungen (z. B. sozialgeschichtlich, psychologisch) einbezieht?

① Interpretieren Sie die Szene „Der Hauptmann – Woyzeck" aus Büchners Drama. Klären Sie zuvor genau, wie Sie auf Grund der Aufgabenstellung bzw. Ihrer eigenen Intentionen vorgehen wollen.

5 Theaterwerkstatt

Umgang mit szenischen Texten

Die Theaterwerkstatt besteht aus verschiedenen Räumen. Jede Einzelwerkstatt enthält einen Textfundus mit Praxisanregungen. In jedem Raum können Sie in Rollen schlüpfen und das Material szenisch umsetzen und erproben, aber auch ergänzen, verändern und weiterentwickeln.

Werkstatt I: Sich von einem Prosatext anregen lassen …

Wolf Wondratschek
Der Hundertmarkschein

Eine Frau verkauft auf der Straße einen Hundertmarkschein für fünfundneunzig Mark. Der Geldschein ist echt. Die Passanten machen einen Bogen um die Frau. 15 Minuten später muss sie im Präsidium sehr schwierige Fragen beantworten.

Günther Guben
So

Da sitzt man so. Und da redet man. Und da betrachtet man sich. Und da lächelt man. Und da denkt man sich was. Und da redet man wieder was. Und das glaubt man vielleicht gar nicht. Und da sitzt man halt.
Da sitzt man also. Betrachtet sich gegenseitig. Lächelt. Nickt sich zu. Sagt etwas. Etwas, das stimmt. Etwas, das man vielleicht glaubt. Etwas, das man vielleicht nicht glaubt. So sitzt man da. So sitzt man. Sitzt herum und redet. Betrachtet das Gegenüber. Man lächelt. Man nickt, ist freundlich, zeigt die Zähnchen. So sie geputzt sind oder sonst irgendwie anschaulich. Dann redet man. Was man so annimmt. Oder glaubt. Vielleicht nicht glaubt. Davon, worauf man steht. Worauf man sitzt. Worauf man eben so sitzt. Und eben so sitzt man da. Sitzt so oder so. Na halt so. Da. Einfach so da.

Botho Strauss
„Psst!"*

Ein Mann in einem grauen, zu kurzen Anzug, der im Restaurant allein am Tisch sitzt, ruft plötzlich „Psst!" in die dahinplappernde Menge der Gäste, so laut, dass alle, nachdem er dies zwei Mal wiederholt hat, zu seinem Tisch hinblicken und das Stimmengewoge stockt, beinahe versickert und nach einem letzten, kräftigen „Psst!" des Mannes endlich einer Totenstille weicht. Der Mann hebt den Finger und sieht horchend zur Seite. Dann schüttelt der Mann den Kopf: nein, es war nichts. Die Gäste rühren sich wieder, sie lachen albern und uzen den Mann, der sie zu hören ermahnte und die gemischteste Gesellschaft in eine einträchtig hörende Schar verwandelt hatte, wenn auch nur für Sekunden.

Giorgio Manganelli
Neunundfünfzig

EIN fantasieloser Herr mit einem Hang zur guten Küche begegnete sich selbst zum ersten Mal an einer Bushaltestelle. Er erkannte sich sofort und war nur gelinde erstaunt. Er wusste, dass solche Vorfälle im Allgemeinen zwar selten, aber doch möglich, ja keineswegs ungewöhnlich sind. Da sie einander nie vorgestellt worden waren, schien es ihm ratsam, sich nicht anmerken zu lassen, dass er sich erkannt hatte. (…)

… ganz ohne Worte zu spielen oder Stimme und Bewegung zu isolieren,
… typisierende Bewegungen, Haltungen und Gangarten auszuprobieren,
… eine Rollenbiografie zu entwerfen oder „fünf Sätze über mich" aufzuschreiben.

Werkstatt II: Sich von einem Gedicht anregen lassen ...

Ernst Jandl

lauter lauter lauter lauter lauter leise leute

Wolf Biermann
Kleinstadtsonntag

Gehn wir mal hin?
Ja wir gehn mal hin.
Ist hier was los?
Nein, es ist nichts los.
Herr Ober, ein Bier!
Leer ist es hier.
Der Sommer ist kalt.
Man wird auch alt.
Bei Rose gabs Kalb.
Jetzt isses schon halb.
Jetzt gehn wir mal hin.
Ja wir gehn mal hin.
Ist er schon drin?
Er ist schon drin.
Gehen wir mal rein?
Na gehn wir mal rein.
Siehst du heut fern?
Ja ich sehe heut fern.
Spielen sie was?
Ja sie spielen was.
Hast du noch Geld?
Ja ich habe noch Geld.
Trinken wir ein'?
Ja einen klein'.
Gehn wir mal hin?
Ja gehn wir mal hin.
Siehst du heut fern?
Ja ich sehe heut fern.

Peter Handke
Die verkehrte Welt

Eingeschlafen wache ich auf:
Ich schaue nicht auf die Gegenstände, und die Gegenstände schauen mich an;
Ich bewege mich nicht, und der Boden unter meinen Füßen bewegt mich;
Ich sehe mich nicht im Spiegel, und ich im Spiegel sehe mich an;
Ich spreche nicht Wörter, und Wörter sprechen mich aus;
Ich gehe zum Fenster und werde geöffnet.

Ulla Hahn
Angeschaut

Du hast mich angeschaut jetzt
hab ich plötzlich zwei Augen mindestens
einen Mund die schönste Nase
mitten im Gesicht.

Du hast mich angefasst jetzt
wächst mir Engelsfell wo
du mich beschwertest.

Du hast mich geküsst jetzt
fliegen mir die gebratenen
Tauben Rebhühner und Kapaunen
nur so ausm Maul ach
und du tatest dich gütlich.

Du hast mich vergessen jetzt
steh ich da
frag ich was
fang ich allein
mit all dem Plunder an?

Harald Hurst
flirt

sie guckt
ob i guck
aber i guck net

i guck
ob sie guckt
aber sie guckt net

aber irgendwie
habe mer
uns gucke g'seh

... den Text mit der Stimme unterschiedlich „abzuschmecken",
... kontrastreiche Figuren zu entwickeln,
... eine Bewegungschoreografie zu entwerfen, die eine Steigerung der Szene bewirkt.

Werkstatt III: Sich von einem Bild anregen lassen …

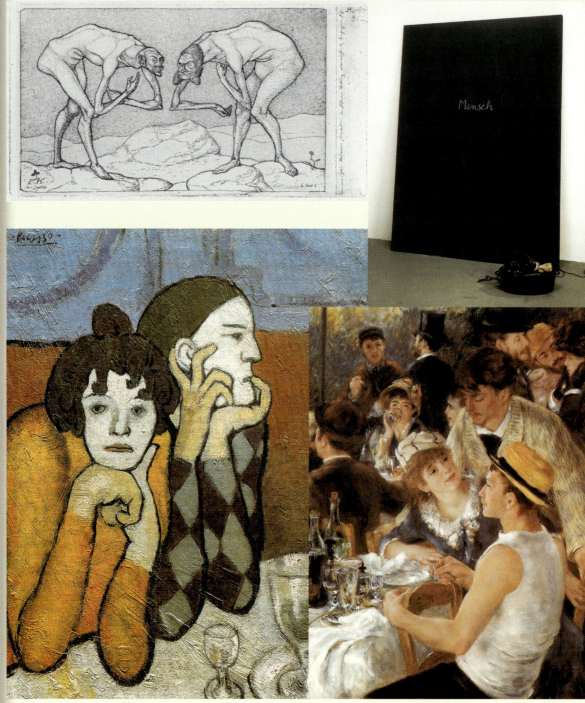

Abbildungsnachweise auf Seite 592

… eine Szene mit „Kostüm" oder Requisiten zu verlebendigen,
… Gestik und Mimik bewusst einzusetzen,
… Monologe (Telefonate), Dialoge und Gruppenszenen zu schreiben und zu spielen.

Werkstatt IV: Sich von Minidramen anregen lassen …

Anton Čechov
Drama

Personen:
PAPACHEN, gesegnet mit
11 heiratsfähigen Töchtern
EIN JUNGER MANN
EIN ROCKSCHOSS

JUNGER MANN *(hat abgewunken und zu sich gesagt)*: „Pfeif drauf, zweimal sterben kann man nicht, einmal stirbt jeder!" *(Betritt Papachens Arbeitszimmer)* Iwan Iwanowitsch! Gestatten Sie, dass ich um die Hand Ihrer jüngsten Tochter Varvara anhalte.
PAPACHEN *(schlägt die Augen nieder, geziert)*: Das ist mir sehr angenehm, aber … sie ist noch so jung … so unerfahren … Und außerdem … berauben Sie mich … meines Trostes … *(eine Träne quillt)* … der Stütze meines Alters …
JUNGER MANN *(schnell)*: Ja wenn das so ist … wage ich nicht zu insistieren … *(verbeugt sich und will gehen.)*
PAPACHEN *(fasst ungestüm nach seinem Rockschoß)*: Warten Sie! Ich freue mich ja! Ich bin glücklich … Mein Wohltäter!
DER ROCKSCHOSS *(bekümmert)*: Schnarrrrrz…

Reinhard Lettau
Auftritt

Ein Herr tritt ein.
„Ich bin's", sagt er.
„Versuchen Sie es noch einmal", rufen wir.
Er tritt erneut ein:
„Hier bin ich", sagt er.
„Es ist nicht viel besser", rufen wir.
Wieder betritt er das Zimmer.
„Es handelt sich um mich", sagt er.
„Ein schlechter Anfang", rufen wir.
Er tritt wieder ein.
„Hallo", ruft er. Er winkt.
„Bitte nicht", sagen wir.
Er versucht es wieder.
„Wiederum ich", ruft er.
„Beinahe", rufen wir.
Noch einmal tritt er ein.
„Der lang Erwartete", sagt er.

George Tabori
Samspeak

STELL DIR VOR WENN DIES
EINES TAGES DIES
EINES SCHÖNEN TAGES
STELL DIR VOR
WENN EINES TAGES
EINES SCHÖNEN TAGES DIES
AUFHÖRTE

Flann O'Brien
Sorry

- Waiter, what was in that glass?
- Arsenic, sir.
- Arsenic. I asked you to bring me absinthe.
- I thought you said arsenic. I beg your pardon, sir.
- Do you realise what you've done, you clumsy fool? I'm dying.
- I am extremely sorry, sir.
- I DISTINCTLY SAID ABSINTHE.
- I realise that I owe you an apology, sir. I am extremely sorry.

… möglichst viele Situationen und Emotionen auszuspielen,
… Subtexte von einem „Gedankenschatten" aussprechen zu lassen,
… eigene Minidramen mit überraschendem Ende zu improvisieren, schriftlich zu fixieren, aufzuführen.

Vielleicht haben Sie Lust, einem Publikum ausgewählte Werkstattergebnisse zu präsentieren. Dann ist neben dem geeigneten Spielraum vor allem eins gesucht: ein roter Faden für Ihre szenische Collage, z. B. „Glücksmagazin", „Grenzgänger", „Augenblick mal", „Gewaltige Zeiten", „Mehr ist dazu eigentlich nicht zu sagen".

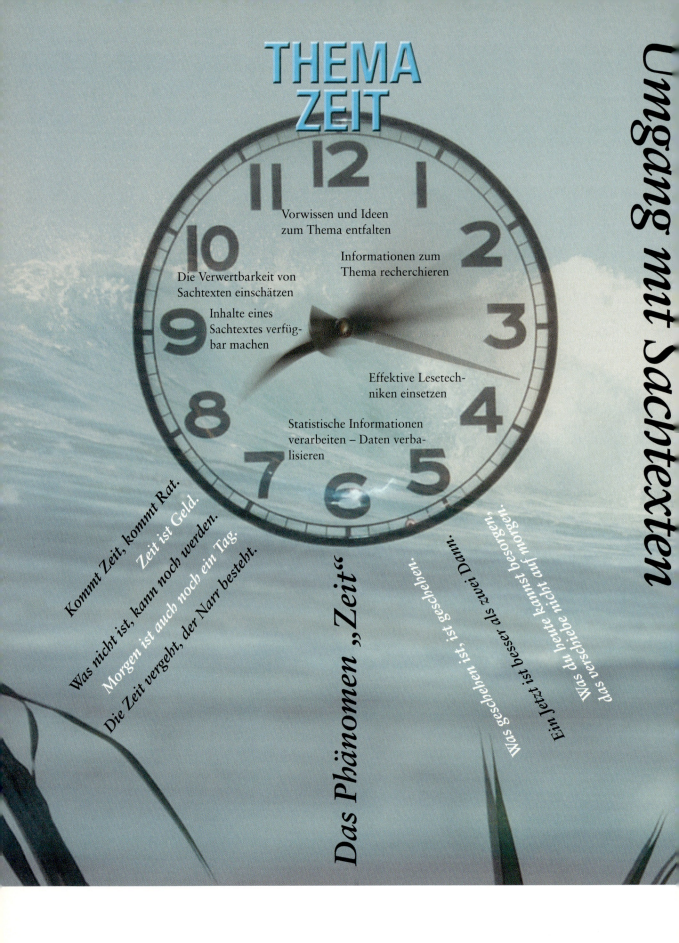

1 Vorwissen und Ideen zu einem Thema entfalten – Ideenbörse zum Thema „Zeit"

1. **Vor Beginn der Lektüre eines Sachtextes oder Sachbuchs das Vorwissen zum Thema aktivieren:** Titel und *Thema* eines Textes oder Buchs wahrnehmen – *Vorkenntnisse* zum Thema zusammenstellen – zum Thema *Assoziationen* entwickeln – in einem *Brainstorming* Bilder, Wörter, eigene Erinnerungen zum Thema zusammenstellen – *Internationalismen* zum Thema einbeziehen – das Verfahren des *Clusters* als schriftliche und grafische Form des Brainstormings einsetzen
2. **Fragen, die sich zum Thema einstellen, notieren:** das eigene Suchinteresse entwickeln und Suchfragen stellen – Informationsfragen (W-Fragen, Ergänzungsfragen) – Entscheidungsfragen – Problemfragen

Experimente

1. Zeitdauer – Das 3-Minuten-Experiment
Fünf Schüler/innen legen den Oberkörper auf den Tisch und schließen die Augen;
ein Zeitnehmer stoppt die Zeit;
geräuschlos heben die Probanden einen Arm, wenn sie meinen, dass 3 Minuten vergangen sind.

2. Zeit und Geschwindigkeit – Tipp-Topp
Zwei Schüler/innen gehen durch den Mittelgang eines Raumes von einer Wand zur andern;
dabei setzen sie einen Fuß unmittelbar vor den andern (mit Berührung von Spitze und Hacke);
sie sollen den Weg in 1 Minute zurücklegen, mit Blick zur Uhr!

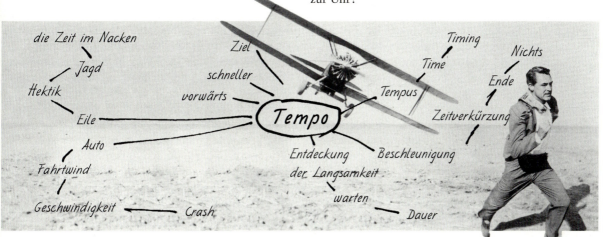

Cary Grant in Hitchcocks „Der unsichtbare Dritte"

Covertext zu Julius T. Fraser: Die Zeit

Die Zeit ist die vielleicht rätselhafteste und unheimlichste Erscheinung des Lebens: Jedermann ist sie geläufig, und doch ist sie undefinierbar, unerkennbar. Immer wieder gab es sogar die Ansicht, sie sei überhaupt nicht existent. J. T. Fraser gibt in diesem Buch einen allgemein verständlichen Überblick über sämtliche begrifflichen Verzweigungen und tiefgründigen Rätsel der Zeit, von der Zeiterfahrung in den Religionen über die Aufstellung von Kalendern, die Geschichte der Zeitmessung, die Zeitlichkeit des Lebendigen und der Gesellschaft bis hin zur Rolle der Zeit in der materiellen Welt der Physik. Der Autor bedient sich dabei eines eher poetischen denn wissenschaftlichen Stils, verpackt seine Ideen in literarisch-humorvolle Anekdoten. Besonders beeindruckend ist die Bandbreite seiner Betrachtungen – durch alle Natur- und Geisteswissenschaften hin. (…) *(1993)*

① Entwickeln Sie Assoziationen und Ideen oder Fragestellungen für die Beschäftigung mit dem Thema „Zeit", z.B.: Was ist „Zeit"? – Wie kam man auf die Einteilung der Zeit? – Wann begann „Zeit"? …

② Entwerfen Sie ein eigenes Cluster: „Zeit".

③ Überblicken Sie Ihren Lebenslauf und Ihre Lernlaufbahn in verschiedenen Fächern: Wann stellten sich Erfahrungen, Fragen und Wissen zum Thema „Zeit" ein? – Welches neue Wissen wäre anzustreben?

2 Informationen zu einem Thema recherchieren

1. **Den Markt der Informationen erschließen:** Bibliothek, Buchhandlung, Fachzeitschriften, CD-ROMs, Internet, Fachleute befragen, …
2. **Nachschlagen:** im Lexikon und Wörterbuch nach Stichworten suchen und Querverweisen folgen
3. **Bibliografieren:** in Bibliotheken die verschiedenen Kataloge nutzen (Schlagwortkatalog, Verfasserkatalog, Systematischer Katalog, Bildschirmkatalog, CD-ROM-Katalog)
4. **Surfen:** im Internet bei einem Thema von Link zu Link springen und sich weiter anregen lassen
5. **Navigieren:** im Internet gezielt zu einem Thema suchen (Suchmaschinen, Themabegrenzung …)

2.1 Nachschlagen – in Lexika, Wörterbüchern und CD-ROM-Enzyklopädien recherchieren

Zeit, Periode, in der eine Handlung oder ein Ereignis passiert. Die Zeit nutzt man z. B. als Maß für die Reihenfolge von Handlungen oder Ereignissen. Sie ist – wie auch die Länge und die Masse – eine der grundlegenden physikalischen Größen. Es gibt gegenwärtig drei astronomische Methoden um Zeit auszudrücken. Die ersten beiden Verfahren basieren auf der täglichen Rotation der Erde um ihre Achse. Sie beziehen die scheinbare Bewegung der Sonne (*Sonnenzeit*) und der Fixsterne (*Sternzeit*) mit ein. Die dritte astronomische Methode der Zeitmessung beruht auf der Rotation der Erde um die Sonne und berücksichtigt u. a. die geringfügigen Änderungen des so genannten tropischen Jahres (*Ephemeridenzeit*).

Die scheinbare Bewegung der Sonne am Himmel wurde lange Zeit als Grundlage der Zeitmessung verwendet. Es ist an jedem beliebigen Ort Mittag, wenn die Sonne während eines beliebigen Tages ihren höchsten Stand am Himmel erreicht (zwölf Uhr Ortszeit). Die Nord-Süd-Linie durch diesen Punkt am Himmel ist der Meridian. Das Intervall zwischen aufeinander folgenden Durchgängen der Sonne durch den gleichen Meridian ist ein Tag; und diesen Tag hat man willkürlich in 24 Stunden unterteilt. Jedoch variiert nach dieser wahren Sonnenzeit die Tageslänge innerhalb des Jahres, da sich u. a. die scheinbare Bewegung der Sonne aufgrund der elliptischen Umlaufbahn der Erde ändert. Die Differenz in der Länge eines 24-stündigen Tages kann in den verschiedenen Jahreszeiten bis zu 16 Minuten betragen. Im 17. Jahrhundert gewann mit der Erfindung genauer Uhren diese Differenz an Bedeutung. Es wurde eine *mittlere Sonnenzeit* eingeführt, die auf der gleichförmigen Bewegung einer gedachten Sonne innerhalb des Jahres basierte.

Die *Normalzeit*, der die mittlere Sonnenzeit zugrunde liegt, wurde 1883 durch internationale Vereinbarung eingeführt, um beispielsweise Komplikationen bei Zugfahrplänen zu umgehen. Diese treten unweigerlich auf, wenn jede Gemeinde ihre eigene *lokale Sonnenzeit* benutzt. (…)

(Encarta 1998)

① Schlagen Sie in einem Ihnen zugänglichen Lexikon zum Thema nach. Vergleichen Sie Ihre Ergebnisse mit dem Ausschnitt oben und mit den Ergebnissen ihrer Mitschülerinnen und Mitschüler.

② Paraphrasieren Sie zum Lexikonausschnitt oben die Informationen mit Ihren eigenen Worten.

③ Verfolgen Sie die blau gedruckten Wörter, die zugleich Stichwörter für weitere Lexikonartikel sind, in einer Enzyklopädie. – Überlegen Sie die Notwendigkeit, ob man zum Verständnis des Hauptstichworts den Querverweisen folgen muss, und entscheiden Sie, wo Sie hier weiter nachschlagen müssten.

④ Vergleichen Sie verschiedene Lexika und Wörterbücher zum selben Stichwort und erörtern Sie deren Nutzen. Ziehen Sie weitere Lexika/Wörterbücher hinzu:

CD-ROMs:
Encarta Microsoft
Encarta plus Microsoft
Der Brockhaus multimedial
Abenteuer Wissen 2.0 Bertelsmann

Lexika:
Der große Brockhaus
Meyers Lexikon. Das Wissen von A-Z (mit CD-ROM)
Meyers Enzyklopädisches Lexikon
Schüler-Duden. Das Wissen von A-Z
Bertelsmann Lexikon
dtv-Lexikon
Knaurs Lexikon A-Z

Wörterbücher:
Duden. Das Fremdwörterbuch (mit CD-ROM)
Duden. Das Bedeutungswörterbuch (mit CD-ROM)
Duden. Das Herkunftswörterbuch (mit CD-ROM)
Friedrich Kluge: Etymologisches Wörterbuch
Gerhard Wahrig: Deutsches Wörterbuch
Grimm: Deutsches Wörterbuch

Sachlexika (zur Literatur):
Wilpert: Sachwörterbuch der Literatur
dtv-Atlas zur deutschen Literatur
dtv-Atlas zur deutschen Sprache
Metzler Literatur Lexikon
Metzler Lexikon Sprache

2.2 Bibliografieren – in Katalogen und Datenbanken suchen

Aveni, Anthony: Rhythmen des Lebens.
Eine Kulturgeschichte der Zeit;
Zahlr. Abb., Tab.; 467 S.;
ersch. 11/1991; Pp; DM 48,00;
Verlag: Klett Cotta
Kulturgeschichte
Zeit [allgem.]

Barrow, John D.: Die Natur der Natur.
Wissen an den Grenzen von Raum
und Zeit.
[Tb]; [science].; Mit Abb.; 588 S.;
ersch. 01/1996; Kt; DM 24,90;
Verlag: Rowohlt
Technik/Physik

Borst, Arno; Computus.
Zeit und Zahl in der Geschichte
Europas.
Zahlr. Abb.; 126 S.;
ersch. 10/1990; Kt; DM 25,00;
Verlag: Wagenbach
Kulturgeschichte
Zahl/Zeit [allgem.]

❶ Im *Schlagwortkatalog* einer Bibliothek oder einer Literaturdatenbank findet man unter einem Suchbegriff Literaturhinweise: Suchen Sie Angaben zu den *Suchbegriffen* „Zeit", „Metrum", „Uhr".

❷ Im *Systematischen Katalog* schlägt man nach, wenn man zu einem Sachgebiet weitere Teilsachgebiete verfolgen will bis hin zu einzelnen Büchern. – Die drei Buchtitel oben sind aus einer Literaturdatenbank; auf den Karten findet man Hinweise über die Sachgebiete, in denen sie in einer Bibliothek stehen: Suchen Sie systematisch zum Begriff „Zeit" im Sachgebiet „Literatur" oder „Geschichte".

❸ Im *Verfasserkatalog* wird man erst fündig, wenn man bereits die Autorennamen zu Büchern über das Thema kennt. Dafür erhält man nun genauere Angaben über das Buch oder Medium: Suchen Sie Bücher zum Thema „Zeit" der Autoren oder Herausgeber (= Hrsg.): „Peter Gendolla", „Gerald J. Whitrow", „Heinz Gumin und Heinrich Meier (Hrsg.)"

❹ Erläutern Sie am Beispiel von Encarta, wie man sich unter dem *Suchbegriff* „Zeit" vorwärts arbeitet.

2.3 Hyperlesen: im Internet surfen oder navigieren – man muss sich entscheiden

Bei der Suche im Internet setzt man Suchmaschinen ein wie Yahoo, AltaVista oder Meta-Suchmaschinen wie Meta Ger, die zugleich in mehreren anderen suchen. Die Kunst ist, für den eigenen Nutzen die *Suchbegriffe* so einzugrenzen, dass man mit dem Suchergebnis die beste Auswahl erhält.

Surfen:
Hier z. B. hat das Programm AltaVista unter dem Suchbegriff „Zeit" 2.085.920 Seiten (!!) im Internet gefunden, auf denen Texte mit dem Begriff stehen. Viel zu viele! Es schlägt vor: „Refine your search". Unter „Related Searches" werden Eingrenzungen vorgeschlagen, die aber meist nicht die sind, die man selber für sein Thema braucht. Geht man hierauf ein, so kann man beliebig surfen und stößt dabei vielleicht aus *Zufall* auf Nützliches oder noch gar nicht Bedachtes. Auch wenn man aus den Millionen Textseiten etwas anklickt, könnte man durch Zufall etwas finden oder dabei auf Informationen zu verwandten Themen stoßen. Aber: *Die Zeit vergeht, und Zeit ist Geld!*

Navigieren:
Man beginnt zu navigieren statt zu surfen, wenn man seine Suchbegriffe *gezielt eingrenzt*:

a) Das erste Beispiel zeigt auch, dass man ganze *Phrasen* wie „Rad der Zeit" zur Eingrenzung eingeben kann. Bei manchen Suchmaschinen muss man *Wortgruppen* in Anführungszeichen setzen („xx").

b) Durch *Wortkombinationen*: z. B. durch „Zeit + Gedicht" oder „Zeit + Physik" wird mit dem Pluszeichen die Suche eingeengt auf die Internetseiten, die beide Begriffe enthalten.

c) Durch *Komposita*: z. B. durch „Zeittheorie" oder „Zeiterfahrung" wird nur nach spezifischen Aspekten des Themas gesucht.

d) Durch *Synonyme*: z. B. durch Suchbegriffe „Geschichte" oder „Dauer" wird der Begriff „Zeit" jeweils unter einem bestimmten Aspekt gesehen.

e) Durch *Unterbegriffe* zum Oberbegriff: Den Obergegriff „Zeitverlauf" kann man z. B. mithilfe der Suchbegriffe „Vergangenheit" oder „Urknall" eingrenzen; der Unterbegriff „Vergangenheit" in diesem Beispiel führt jedoch wieder zu so vielen Seiten, dass man ihn nun seinerseits mit den Schritten a–d einengen muss.

f) Man kann also auch die *Verfahren kombinieren*.

❶ Bilden Sie sinnvolle Beispiele zu den Navigationsverfahren a–f zum Thema „Zeit".

❷ Klären Sie Probleme mit *Homonymen*, z. B. wenn zu „Film" auch „Greenpeace" kommt, wegen „Ölfilm"!

3 Effektive Lesetechniken einsetzen – Sachtexte gezielt lesen

1. Lesestrategien einsetzen: Zweck und Ziel des Lesens bestimmen
einen neuen Sachverhalt *flüchtig aufnehmen* – bestimmte Informationen *genauer suchen* – die *eigene Meinung* zum Sachverhalt entwickeln – einen *Lernstoff* so erarbeiten, dass das Gelesene *wiedergegeben*, *weiterverarbeitet* oder mit anderen *erörtert* werden kann

2. Lesetechniken einsetzen: Gezielt lesen
mit Distanz lesen, d.h. entscheiden, was wichtig ist – einen Text *diagonal lesen*, d.h. überfliegen (engl. skimming) – zu einem Text den *Überblick* gewinnen und die Textzentren erkennen – einen Text *auskämmend lesen* (engl. scanning) und Informationen genau entnehmen und festhalten

Norbert Elias
Über die Zeit (Auszug)

„Wenn man mich nicht fragt, was Zeit ist, weiß ich es", sagte einst ein kluger alter Mann, „wenn man mich fragt, weiß ich es nicht." Warum frage ich?
Wenn man Probleme der Zeit untersucht, kann man mancherlei über Menschen und so auch über sich selbst lernen, das zuvor nicht recht fassbar war. Probleme der Soziologie und der Menschenwissenschaften überhaupt, die beim bisherigen Stand der Theoriebildung verschlossen blieben, öffnen sich dem Zugriff.
Physiker sagen bisweilen, dass sie die Zeit messen. Sie bedienen sich mathematischer Formeln, in denen das Maß der Zeit als benanntes Quantum eine Rolle spielt. Aber man kann die Zeit weder sehen noch fühlen, weder hören noch schmecken noch riechen. Das ist eine Frage, die auf Antwort wartet. Wie kann man etwas messen, das man nicht mit Sinnen wahrzunehmen vermag? Eine Stunde ist unsichtbar.
Aber messen denn nicht die Uhren die Zeit? Man kann Uhren gewiss dazu benutzen, um etwas zu messen. Aber dieses Etwas ist nicht eigentlich die unsichtbare Zeit, sondern etwas höchst Greifbares, etwa die Länge eines Arbeitstages oder einer Mondfinsternis oder das Tempo eines Läufers beim 100-Meter-Lauf.
Uhren sind sozial normierte Geschehensabläufe mit gleichmäßig wiederkehrenden Ablaufmustern wie etwa Stunden oder Minuten. Wenn der Stand der gesellschaftlichen Entwicklung es erfordert und erlaubt, können diese Muster über ein ganzes Land, vielleicht über viele Länder hin, identisch sein. So kann man mithilfe von Uhren die Schnelligkeit von Flugzeugen vergleichen, die an ganz verschiedenen Orten die gleiche Raumlänge durchfliegen. Man kann mit ihrer Hilfe die Länge oder das Tempo von wahrnehmbaren Abläufen vergleichen, die ihrer Natur nach keinen direkten Vergleich zulassen, weil sie nacheinander vor sich gehen, also etwa die Länge von zwei Diskussionsreden, von denen die eine der anderen folgt. Wenn Menschen es nötig finden, das zu tun, benutzen sie einen gesellschaftlich standardisierten Geschehensablauf um die nicht direkt vergleichbaren Abläufe indirekt zu vergleichen. (…)
Wessen man sicher sein kann, ist die Tatsache, dass Uhren selbst, ebenso wie reine Naturabläufe mit der gleichen sozialen Funktion, Menschen als Mittel der Orientierung im Nacheinander sozialer und natürlicher Abläufe dienen, in die sie sich hineingestellt finden. Vielfach dienen sie ihnen zugleich auch als Mittel der Regulierung ihres Verhaltens im Sinne einer Abstimmung aufeinander und auf reine, also nicht von Menschen verarbeitete Naturabläufe.
Wenn sich auf früheren Entwicklungsstufen für Menschen die Notwendigkeit ergab, eine Antwort auf die Frage nach der Position von Ereignissen oder der Länge von Abläufen im Nacheinander des Geschehens zu finden, dann benutzten sie gewöhnlich als Standardablauf einen bestimmten Typ von natürlichen Abfolgen. Sie hielten sich an Naturabläufe, die zwar in Wirklichkeit, wie alles, was nacheinander geschieht, einmalig und unwiederholbar waren, deren jeweils späteres Auftreten aber ein ganz ähnliches oder das gleiche Muster aufwies wie das jeweils frühere. Solch ein wiederkehrendes Muster des Nacheinander, etwa im Falle von Ebbe und Flut, von dem Auf und Ab des eigenen Pulsschlags oder dem Kommen und Gehen von Sonne und Mond, konnten Menschen als Mittel der Abstimmung ihrer Aktivitäten aufeinander und auf außermenschliche Geschehensabläufe auf früheren Stufen in gleicher Weise verwenden wie Menschen späterer Stufen die wiederkehrenden symbolischen Muster auf den Zifferblättern der von Menschen geschaffenen Uhren. Im Rahmen der bisherigen Wissenssoziologie kommt die Entwicklung des Wissens, also der menschlichen Orientierungsmittel, ein wenig zu kurz. Dabei ist die Frage, wie Menschen lernen sich in ihrer Welt zu orientieren, und zwar im Lauf der Jahrtausende besser und besser, gewiss für das Selbstverständnis der Menschen von nicht geringer Bedeutung. Die Entwicklung des Zeitbestimmens als Mittel der Orientierung in dem unablässigen Fluss des Geschehens ist

ein Beispiel dafür. Die große gesellschaftliche Bedeutung der physikalischen Wissenschaften in unserem Zeitalter hat dazu beigetragen, dass Zeit mit einer gewissen Selbstverständlichkeit als eine Gegebenheit erscheint, die in den großen Zusammenhang des nichtmenschlichen Naturgeschehens gehört und daher als Gegenstand wissenschaftlicher Untersuchungen in den Kompetenzbereich der Physiker.

Ein Blick auf die Entwicklung des Zeitbestimmens und seiner Mittel zeigt, dass diese Vorherrschaft der Physiker und der naturalistischen Vorstellung von der Zeit relativ jungen Datums ist. Bis zum Zeitalter Galileis war in der Tat das, was wir „Zeit", und selbst, was wir „Natur" nennen, primär um Menschengruppen zentriert. Die Zeit war vor allem ein Mittel der Orientierung in der sozialen Welt, der Regulierung im Zusammenleben der Menschen. Die von Menschen verarbeiteten und standardisierten Naturabläufe fanden als Mittel zur Bestimmung der Position oder der Dauer von gesellschaftlichen Tätigkeiten im Fluss des Geschehens Verwendung. Erst in neuerer Zeit zweigte davon die Verwendung von Uhren als wichtigen Instrumenten der Untersuchung von reinen Naturabläufen ab. Das seit langem von Menschen empfundene Geheimnis der Zeit vertiefte sich damit. *(1988)*

❶ **Lesestrategien einsetzen:** Wenn Sie Texte nur zu einem bestimmten *Zweck* lesen, dann müssen Sie eine Lesestrategie wählen, die diesen Zweck verfolgt. – Die Strategie kann sich auf die *Inhalte* richten: die Suche nach bestimmten Informationen. Oder die Strategie richtet sich auf einen bestimmten Grad der *Textaneignung*.
a) Bestimmen Sie, zu welchem Zweck das Lesen der Texte von Elias und Fraser dienen könnte.
b) Umreißen Sie schulische oder außerschulische Situationen, in denen man
 – Texte zum Thema „Zeit" nur ganz flüchtig liest,
 – sich über das Phänomen „Zeit" genauer zu *informieren* hat,
 – zu einem Problem aus dem Rahmenthema „Zeit" eine eigene *Meinung* entwickeln muss,
 – Informationen über die „Zeit" als *Lernstoff* erarbeiten und verarbeiten muss.

❷ **Lesetechniken einsetzen:** Aktiv lesen – Lesetempo optimieren – die Techniken kombinieren: Ich bestimme, was ich aufnehme. Wenden Sie folgende Techniken auf einen der beiden Texte von Elias und Fraser an.

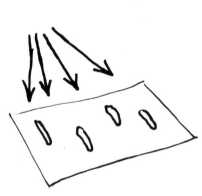

© Peter Louin

a) Lesen Sie mit dem Blick aufs *Textganze* über schwierige Stellen hinweg und entnehmen Sie nur die *Gesamtinformation*.
Formulieren Sie Ihr Leseergebnis in zwei, drei Sätzen aus.

b) Lesen Sie mit dem Blick auf *Textzentren* und kreisen Sie die wichtigsten Stellen mit dem Bleistift ein oder markieren Sie sie am Rand. (Bei fremden Büchern nur die Zeilen-Nr. notieren!) Die *Schlüsselstellen* sollten jeweils eine Wortgruppe oder zwei, drei Zeilen nicht überschreiten.
Formulieren Sie Ihr Leseergebnis in einem Textresümee (knappe Textwiedergabe – max. 1/3 – in eigenen Worten, doch unter Verwendung der Schlüsselwörter der Textvorlage).

c) Lesen Sie mit dem Blick auf *Zusammenhänge* und stellen Sie Verbindungen zwischen den Textzentren her: die *Verknüpfung* der Gedanken mit Bezugspfeilen am Rand oder über die Seite hinweg kennzeichnen (Ursachen und Folgen, Gegensätze, Über- oder Unterordnung ...) oder zusammengehörige Stellen mit gemeinsamen Zeichen (→, *, +, !, >, ?, ...) versehen.

Julius T. Fraser
Die Zeit (Auszug)

Eine Gemeinschaft, ob Stamm oder Kulturvolk, kann nur entstehen und bestehen, wenn die *soziale Gegenwart* jeweils erschaffen und bewahrt wird. Eine sorgfältig eingehaltene Folge sozialer Gegenwarten heißt ein *Zeitplan*. Tiere und Pflanzen, die sich ein und dieselbe ökologische Nische teilen, müssen ihre biologischen Rhythmen koordinieren: Es muss Zeit zum Jagen, Essen und Trinken, Paaren und Bauen geben. Bei Menschen ist es dasselbe, nur dass auf der Liste auch Zeit zum Arbeiten, Denken, Musizieren und für andere zivilisierte Beschäftigungen steht, für die ein Zeitplan erstellt werden muss.

Die Zyklen der Gemeinschaft sind rhythmische Zeitpläne, zyklische Variationen einer der Variablen der sozialen Gegenwart, zum Beispiel der Arbeit. Genau wie bei den biologischen Zyklen entsprechen manche sozialen Zyklen gewissen externen Rhythmen der astronomischen oder biologischen Welt, manchen aber fehlt auch eine solche Entsprechung. Während zum Beispiel die Tages- und Jahreszyklen mit der Sonne gekoppelt sind und der Monat sich von der Lunation herleitet, so ist der Markt, der jeden Dienstag abgehalten wird, nicht an einen Rhythmus außerhalb der Gesellschaft gebunden.

Das moderne System der Synchronisation und Zeitplanung, das die kollektive Integrität der Industriestaaten wahren hilft, ist ein Musterbeispiel für einen sozialen Zyklus: Es hat seinen Ursprung nicht in einem organischen Zyklus, lässt ihn aber zu. Geschichtlich ist es wohl in der *Regel des heiligen Benedikt*[1] verankert, einem zum geistlichen Wohl der Brüder entworfenen Leitfaden. (…) Er regelt die Zeit für das gemeinsame Bad, das Kopfwaschen, den Aderlass, das Füllen der Matratzen und die täglichen Routinen, die durch die Tagzeiten, die offiziellen Gebetsstunden, geordnet sind.

Es gibt sieben kanonische Stunden, die das mönchische Leben bestimmen. Der Tag beginnt mit der Matutin und der Laudes, geht weiter mit der Prim (erste Stunde) um 6 Uhr, der Terz (dritte Stunde) um 9 Uhr und der Sext (sechste Stunde) am Mittag. Die Non (neunte Stunde) folgt um 14 oder 15 Uhr, die Vesper um 16 Uhr und die Komplet um 19 Uhr. Danach gingen die Brüder ins Bett. Die vorgeschriebenen Zeiten für Stundengebete, Beten der Psalmen, Lesen der Messe und Schriftmeditation sind über den Tag verteilt.

Nach den Tagzeiten der Benediktiner richteten sich nach und nach auch alle anderen Klöster und großen Haushaltungen. Das gab dem Leben auf dem Lande einen gemeinsamen Rhythmus. (…)

Die Tagzeiten und Stundengebete helfen uns auch heute, die soziale Gegenwart zu bewahren: Die Vesper ist eine Mahlzeit, auch wenn wir manchmal erst zur Abendzeit vespern.

Das Glockenläuten synchronisierte die Arbeit auf dem Lande. Die großen Glocken der Türme läuten, kleinere bimmeln und sehr kleine klingeln. Alle zusammen vermitteln sie das Zeitbewusstsein der Mönche an alle und jeden. Die Glocken wurden durch Sonnenuhren, Sanduhren, Wasseruhren und später mechanische Uhren reguliert. Die Zeitplanung schuf einen gemeinsamen Schlag, begünstigte die Rationalisierung des Lebens und spiegelte einen Glauben an eine Welt, in der die Zeit ihren geordneten Verlauf nimmt. Die Bedeutung der Zeitpläne und der Zeitplanung für das Wohlbefinden aller wurde Teil der christlichen Lebensweise. Diese Einstellung fand die stärkste Ausprägung im protestantischen Pragmatismus, der die Wichtigkeit von Zahl und Zeit für den Ablauf des täglichen Lebens betont. (…) Zeitplanung durch Zeittrennung gehört zum täglichen Brot der Sekretärinnen, die Termine ausmachen.

(1987)

---

[1] Benedikt von Nursia gründete 529 das Mutterkloster des Benediktinerordens Monte Cassino.

Die Uhr über der Nähmaschinenfabrik Singer bestimmte um 1900 Arbeitszeit und Schichtwechsel.

4 Inhalte eines Sachtextes verfügbar machen

1. **Texte mit dem Bleistift lesen:** unterstreichen und markieren, aber sehr sparsam; Fußnoten nutzen
2. **Den gedanklichen Aufbau, die Struktur eines Textes grafisch veranschaulichen – Konspekt:** im Text die zentralen Gedanken, Aussagen, Argumente einkreisen; überlegen, wie sie aufeinander aufbauen; in Form von Schlüsselwörtern übersichtlich verteilt auf ein Blatt notieren: Über- und Unterordnung, Gegensätze, Zusammenhänge, Ursachen/Folgen, Tatsachen/Meinungen, Thesen/Beispiele und andere Bezüge zwischen den Gedanken mit entsprechenden Begriffen sowie mit Bezugspfeilen grafisch darstellen
3. **Texte paraphrasieren:** einen schwierigen Text oder Textabschnitt in eine verständlichere Sprache übersetzen, in der Vorstellung, man müsste den Sachverhalt weitervermitteln; für das Verständnis notwendige Erklärungen zu schwierigen Textstellen/Begriffen aus anderen Informationsquellen (Lexikon, Wörterbuch, …) als Randnotiz oder Anmerkung einfügen
4. **Texte resümieren:** das Ergebnis der Lektüre in einem kurzen informierenden Text aufschreiben
5. **Texte exzerpieren – Informationen herausschreiben:** bei einem längeren Text in übersichtlicher Form, d.h. zitierfähig die zentralen Fakten und Aussagen, den Standpunkt und die Hauptargumente notieren

4.1 Einen Text markieren

Randnotizen

Zeiterleben:
1. *Gleichzeitigkeit*
2. *Ungleichzeitigkeit*
3. *Aufeinanderfolge*
4. *Gegenwart*
5. *Dauer*

a) *Gleichzeitigkeit*
   – *Ungleichzeitigkeit*

Hörexperiment

Ernst Pöppel: **Elementare Zeitphänomene**

Beginnen wir mit der Zeit. Unser Ziel ist es, zunächst einmal jene unmittelbaren Erlebnisse zu beschreiben, die unsere Zeiterfahrung kennzeichnen. Das Ergebnis dieser Beschreibung sei schon einmal vorweggenommen: Menschliches Zeiterleben lässt sich durch eine Zusammenstellung von fünf verschiedenen, elementaren Zeitphänomenen beschreiben. Es handelt sich um die Erlebnisse von Gleichzeitigkeit, Ungleichzeitigkeit, Aufeinanderfolge, Gegenwart und Dauer.

Was auf der Erlebnis-Ebene mit diesen Zeitphänomenen gemeint ist und wie sie hierarchisch aufeinander bezogen sind, lässt sich durch einfache Beobachtungen verdeutlichen:

Zunächst seien einige Befunde über das Phänomen der Gleichzeitigkeit und Ungleichzeitigkeit vorgestellt. Wenn man über einen Kopfhörer in beide Ohren kurze Reize gibt, die etwa eine Tausendstelsekunde (eine Millisekunde) dauern, und wenn die beiden Reize gleichzeitig gegeben werden, dann hört die Versuchsperson einen einzigen Ton, und zwar in der Mitte des Kopfes. Wird zwischen die beiden Reize eine zeitliche Verzögerung, z.B. von zwei Tausendstelsekunden, eingeschaltet, so hört die Versuchsperson ebenfalls nur einen Ton, das heißt, die zwei Reize werden in der Wahrnehmung miteinander verschmolzen, obwohl objektiv betrachtet die beiden Reize ungleichzeitig sind.

Objektive Ungleichzeitigkeit ist also nicht hinreichend, um die Schwelle zur subjektiven Ungleichzeitigkeit der beiden Töne zu erreichen. Erst dann, wenn die zeitliche Differenz zwischen den beiden akustischen Reizen etwa drei Millisekunden beträgt, bei manchen Versuchspersonen auch vier oder fünf, ist die Schwelle zur Ungleichzeitigkeit erreicht, die Versuchsperson hört nun getrennt in jedem Ohr einen Tonreiz.

Sehexperiment	Führt man einen analogen Versuch über die zeitliche Verschmelzung von aufeinander folgenden Reizen im Sehsystem durch, dann stellt man fest, dass die Verschmelzungsgrenze im visuellen System etwa bei 20 bis 30 Tausendstelsekunden liegt. Wenn man also Hören und Sehen miteinander vergleicht, so fällt auf, dass der Übergang von Ungleichzeitigkeit zu Gleichzeitigkeit in den beiden Sinnesbereichen bei unterschiedlichen Zeiten erfolgt. Dabei ist das Hören durch die bei weitem günstigste zeitliche Auflösung gekennzeichnet, und das Sehsystem verhält sich eher träge.
Ergebnis: man kann Ungleichzeitigkeit nur bei einem bestimmten Abstand der Zeitintervalle erkennen	Aus diesen Beobachtungen halten wir fest, dass subjektive Gleichzeitigkeit der objektiven nicht immer entspricht. Wenn man das Wort »gleichzeitig« verwendet, muss man sich stets verdeutlichen, in welchem Sinne man den Begriff gebraucht. Gerade bei Diskussionen zwischen den Disziplinen, also etwa zwischen Biologen, Psychologen, Physikern oder Philosophen, kommt es zu vermeidbaren Missverständnissen, weil Begriffe in einem unterschiedlichen Sinnzusammenhang verwendet werden. (...)
Problem	

① Prüfen Sie dieses Beispiel und begründen Sie die eingesetzten Mittel.

② Bearbeiten Sie entsprechend einen der folgenden Texte.

4.2 Zu einem Text einen Konspekt anlegen

Die grafische Übersicht über den Gedankengang eines Textes kann erfolgen in der Form eines *Verlaufsdiagramms*, das den Ablauf zeigt, oder eines *Strukturdiagramms*, das mit Pfeilen und Begriffen die gedanklichen Beziehungen vermittelt. – Dabei kann es durchaus unterschiedliche Lösungen geben.

① Vergleichen Sie die beiden Konspekte zum Text von Coveney/Highfield (S. 138); achten Sie auch auf die sprachliche Umsetzung:

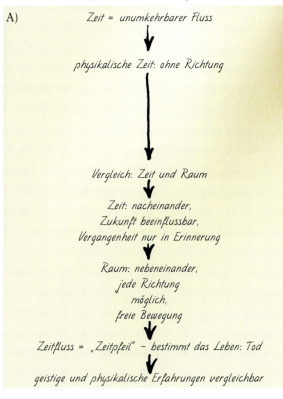
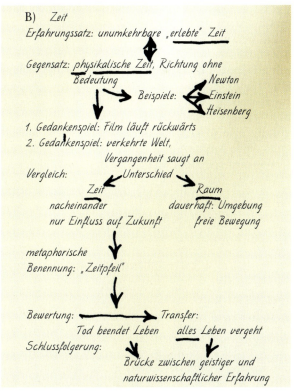

Peter Coveney/Roger Highfield
Bilder der Zeit

Wir alle wissen um den unumkehrbaren Fluss der Zeit, der unsere Existenz zu bestimmen scheint: Die Vergangenheit ist unwandelbar, die Zukunft ist offen. Wir wünschen uns manchmal, die Uhr zurückdrehen zu können, um einen Fehler ungeschehen zu machen oder eine glückliche Stunde nochmals zu erleben. Aber dies ist, wie wir wissen, unmöglich – der Augenblick wird nicht verweilen, die Zeit nicht rückwärts laufen.

Aber können wir uns wirklich sicher sein? Überraschenderweise geben die großen naturwissenschaftlichen Theorien der alltäglichen Erfahrung mit der Zeit wenig Unterstützung – in ihnen spielt die Richtung der Zeit praktisch keine Rolle. Newtons klassische Mechanik, Einsteins Relativitätstheorie, die Quantenmechanik von Schrödinger und Heisenberg, alle diese großen Gedankensysteme würden ebenso gut funktionieren, wenn die Zeit rückwärts liefe. Wenn man einen Film herstellte, in dem alle Ereignisse mit diesen Theorien beschreibbar wären, so könnte man anschließend beim Zusehen nicht entscheiden, ob der Film vorwärts oder rückwärts durch den Projektor läuft – beide Versionen sind gleich plausibel.

Dass die Zeit nur eine Richtung aufweist, scheint als Illusion im Geist zu entstehen. Häufig sprechen daher Naturwissenschaftler, wenn sie mit dem alltäglichen Gefühl verfließender Zeit konfrontiert sind, eher herablassend von „erlebter" oder von „subjektiver Zeit".

Könnte es sein, dass irgendwo im Universum die Zeit gerade andersherum fließt, als wir es gewohnt sind – an einem Ort, wo sich die Menschen aus dem Grab erheben, ihre Falten verlieren und schließlich in den Mutterleib gelangen? Es wäre eine Welt, in der Düfte in Parfümflaschen zögen, wo Wellen auf dem Wasser zusammenliefen und Steine herausschleuderten, wo die Luft in einem Raum sich spontan in ihre Bestandteile zerlegte, eine Welt, in der sich Gummifetzen zu prallen Luftballons formten und Licht, aus den Augen der Astronomen kommend, von den Sternen absorbiert werden würde. Und vielleicht sind damit die Möglichkeiten noch gar nicht erschöpft: Könnte es, wenn man diesen Gedanken weiterverfolgt, nicht auch sein, dass dies alles hier auf der Erde geschieht? Können wir alle in die Vergangenheit gesaugt werden?

Dies widerspricht aller Erfahrung, die uns lehrt, dass die Zeit immer in eine Richtung fließt. Vergleichen wir Zeit und Raum, so wird die Besonderheit der Zeit noch deutlicher: Der Raum umgibt uns, die Zeit dagegen erfahren wir abschnittsweise nacheinander. Der Unterschied zwischen verschiedenen Richtungen wie links und rechts ist trivial, verglichen mit dem Unterschied zwischen Vergangenheit und Zukunft: Wir können uns frei in den Richtungen des Raumes bewegen, aber wir können mit unseren Handlungen nur die Zukunft beeinflussen, nicht die Vergangenheit. Wir haben Erinnerungen, kein Vorauswissen (wenn man von Sehern absieht). Dinge pflegen im Allgemeinen eher zu zerfallen, als sich von sich aus zusammenzufügen. Wir erleben, dass im Raum keine, in der Zeit dagegen nur eine Richtung bevorzugt ist. Sie bewegt sich wie ein Pfeil. Diesen sehr anschaulichen Ausdruck „Zeitpfeil" („the arrow of time") hat zuerst der britische Astrophysiker Arthur Eddington im Jahre 1927 geprägt. (…)

Die Unumkehrbarkeit der Zeit enthüllt sich hier als Quelle des Wertes allen menschlichen Lebens. Unausgesprochen, doch im Gesagten mitschwingend, taucht der schließliche Sieg des Todes auf. Und dies ist auch eine Verbindung zur naturwissenschaftlichen Sehweise, denn die Tatsache, dass jedes Lebewesen schließlich stirbt, ist der deutlichste Hinweis auf das Fließen der Zeit. In jeder Erklärung der Welt muss dieses Phänomen einen gebührenden Platz finden. Arthur Eddington: „Bei jedem Versuch, den Brückenschlag zwischen dem Reiche geistiger und dem physikalischer Erfahrung zu tun, wird es vor allem nötig sein, das Wesen der Zeit zu ergründen."
(1990)

❷ Nutzen Sie Markierungen am Text oder den Konspekt als Hilfsmittel für die mündliche Textwiedergabe.

❸ Erstellen Sie selbst einen Konspekt zu dem folgenden Text.

4.3 Paraphrasieren und resümieren

Norbert Elias
Zeittheorien*

Wie sehr das Unvermögen, die sozialen Orientierungs- und Regulierungsfunktionen der Zeit in Betracht zu ziehen, zu den Schwierigkeiten beitrug, die Menschen bei dem Bemühen um eine konsensfähige Theorie der Zeit zu schaffen machten, zeigt sich besonders auch an den herkömmlichen philosophischen Lösungsversuchen des

Problems. Im Mittelpunkt der langen philosophischen Diskussion über die Natur der Zeit standen – und stehen vielleicht noch immer – zwei polar entgegengesetzte Positionen. Man begegnet im Rahmen dieser Diskussionen auf der einen Seite der Vorstellung, dass es sich bei der Zeit um eine objektive Gegebenheit der natürlichen Schöpfung handle. Ihrer Seinsart nach, so schien es den Vertretern dieser Anschauung, unterschied sich die Zeit nicht von anderen Naturobjekten –, abgesehen davon, dass sie nun eben nicht wahrnehmbar war. Newton war vielleicht der prominenteste Vertreter dieser objektivistischen Vorstellung, die in der neueren Zeit schon früh ins Hintertreffen geriet. Im entgegengesetzten Lager herrschte die Vorstellung vor, die Zeit sei eine Art des Zusammensehens von Ereignissen, die auf der Eigentümlichkeit des menschlichen Bewusstseins oder, je nachdem, auch des menschlichen Geistes, der menschlichen Vernunft beruhe und die dementsprechend jeglicher menschlicher Erfahrung als deren Bedingung vorausgehe. Bereits Descartes neigte dieser Vorstellung zu. Sie fand ihren maßgeblichsten Ausdruck in der Philosophie von Kant, der Zeit und Raum als Repräsentanten einer Synthese a priori ansah. In weniger systematischer Form hat diese Auffassung, wie es scheint, über die gegnerische weithin die Oberhand gewonnen. Sie besagt, in schlichterer Sprache, ganz einfach, dass die Zeit eine Art von angeborener Erlebnisform ist, also eine unabänderliche Gegebenheit der Menschennatur.

Die beiden polar entgegengesetzten Zeittheorien haben, wie man sieht, einige Grundannahmen miteinander gemein. In beiden Fällen stellt sich die Zeit als eine Naturgegebenheit dar, nur eben in dem einen Falle als eine „objektive", unabhängig von allen Menschen existierende Gegebenheit und im anderen Falle als eine bloß „subjektive", in der Natur des Menschen angelegte Vorstellung. In dieser Konfrontation einer subjektivistischen und einer objektivistischen Theorie der Zeit spiegelt sich eine der Grundeigentümlichkeiten der traditionellen philosophischen Erkenntnistheorie. Als selbstverständlich wird unterstellt, dass es einen universellen, sich ständig wiederholenden Ausgangspunkt, eine Art von Anfang des Erkennens gibt.

Ein einzelner Mensch, so erscheint es, tritt ganz für sich allein vor die Welt hin, das Subjekt vor die Objekte, und beginnt zu erkennen. Die Frage ist dann nur, ob bei der Bildung menschlicher Vorstellungen, wie der von der Einbettung aller Ereignisse in den Strom der Zeit, die Natur des Subjekts oder die der Objekte den Vorrang habe.

Die Künstlichkeit dieser gemeinsamen Grundannahmen von diametral entgegengesetzten Erkenntnistheorien herkömmlicher Art und die Sterilität der endlosen Debatten zwischen deren Vertretern treten mit aller Klarheit sicherlich erst dann zutage, wenn man sich unzweideutig von den gemeinsamen paradigmatischen Grundannahmen der alten Erkenntnistheorien abwendet – nicht allein in Bezug auf die Zeit – und ihnen eine Theorie des menschlichen Wissens entgegenstellt, die in engster Tuchfühlung mit der beobachtbaren Entwicklung des menschlichen Wissens bleibt und deren paradigmatische Grundannahmen dementsprechend überprüfbar und revidierbar sind. Zu diesem Bemühen bietet der folgende Text einen Beitrag. Menschliches Wissen, das ist die Vorstellung, die ihm zugrunde liegt, ist das Ergebnis des langen, anfangslosen Lernprozesses der Menschheit. Jeder einzelne Mensch, wie groß sein innovatorischer Beitrag auch sein mag, baut auf einem schon vorhandenen Wissensschatz auf und setzt ihn fort. Mit dem Wissen von der Zeit verhält es sich nicht anders.
(1988)

❶ Verfassen Sie eine Paraphrase zum mittleren, nicht markierten Textabschnitt: Übersetzen Sie den Text in eine verständlichere Sprache, in der Vorstellung, Sie müssten den Sachverhalt weitervermitteln.

❷ Verfassen Sie ein Resümee zu dem gesamten Text: Schreiben Sie das Ergebnis der Lektüre in einem kurzen informierenden Text auf.

Paraphrase zum rot markierten Text:

*Die bisherigen Theorien zur „Zeit" beachteten zu wenig, dass Zeit das Zusammenleben der Menschen ordnet und reguliert. Man versuchte das Problem der Zeit philosophisch zu lösen, indem man über die „Natur" der Zeit nachdachte. Dabei gab es zwei Vorstellungen:
a) Zeit ist eine Sache wie andere Naturobjekte auch (z.B. Gas, Licht, Wasser, Wärme, ...), nur ist sie nicht direkt wahrzunehmen. b) ...*

Resümee zum blau markierten Text:

Die Diskussion, ob Zeit unabhängig vom Menschen (= objektiv) existiert oder nur eine subjektive Vorstellung des Menschen ist, ist eine alte, endlose Diskussion über die Erkenntnismöglichkeiten der Menschen. Dieser Gegensatz muss überwunden werden: Wichtiger ist es zu erforschen, wie die Menschen im Lauf der Geschichte ihr „Wissen" von der Zeit gemeinsam weiterentwickelt und verändert haben.

5 Statistische Informationen verarbeiten – Daten verbalisieren

1. **Daten verbalisieren:** das Thema einer Statistik erkennen, die Fragestellung klären, die Ergebnisse und Zahlen in einen Text umsetzen – Extremwerte, Durchschnitt/Mittelwerte, Gewichtungen, Veränderungen, Trends, Gruppenbildungen erklären
2. **Grafiken verbalisieren:** die Form der Ergebnisdarstellung beachten – die Besonderheit im Ergebnis bei einer Tabelle, einem Säulendiagramm, Tortendiagramm oder Kurvendiagramm hervorheben (Übersicht, Größenvergleich, Entwicklungen etc.)
3. **Daten hinterfragen:** das Untersuchungsziel – die Erhebungsmethode (Fragebogen, multiple choice-Verfahren, freie Antwortmöglichkeit, Interview, …; die Stichprobe der Befragten; die Frageformen: Informationsfragen, Bewertungsfragen, Suggestivfragen) – das Ergebnis (Abweichungen von Erfahrungen, Widersprüche in Teilergebnissen, der Einfluss der Fragestellung) – die Aktualität der Umfrage und Widersprüche zwischen verschiedenen Umfragen zum gleichen Thema

„Zeit": Freizeit = Medienzeit, Lektürezeit?

1. Führen Sie eine Umfrage zu diesem Thema durch oder erstellen Sie eine individuelle Wochenübersicht zum Zeitverbrauch und stellen Sie die Ergebnisse dar. Vergleichen Sie Ihre Daten mit den folgenden.

Mediennutzung und Freizeitbeschäftigung 1997 (in Prozent)

Mehrmals in der Woche				Alter in Jahren						
	Gesamt	Mann	Frau	14–19	20–29	30–39	40–49	50–59	60–69	über 70
Zeitungen lesen	82,4	83,3	81,6	52,4	73,3	81,2	87,4	90,0	90,1	87,1
Zeitschriften, Illustrierte lesen	46,8	42,5	50,7	48,5	48,2	46,6	46,2	46,0	46,5	46,5
Bücher lesen	20,8	18,6	22,9	36,7	25,6	20,7	19,1	17,2	18,2	16,3
Fernsehen	92,8	92,5	93,0	94,2	89,1	91,0	91,8	93,9	95,6	95,4
Videokassetten ansehen	6,9	8,5	5,5	21,4	11,4	8,6	5,6	4,0	2,3	1,5
Radio hören	83,5	84,5	82,6	86,0	84,3	86,2	86,6	84,1	83,0	73,9
Schallplatten/CD/Kassetten hören	30,0	33,0	27,2	77,2	55,6	38,0	23,9	16,8	11,7	6,6
Ins Kino gehen	0,3	0,3	0,3	1,1	0,8	0,3	0,1	0,1	0,1	0,0
Theater/Konzert	0,3	0,2	0,3	0,4	0,2	0,3	0,3	0,2	0,4	0,1
Handarbeiten	5,2	0,4	9,5	1,2	2,7	3,8	4,5	5,6	9,0	8,5
Basteln, heimwerken	7,4	12,5	2,9	3,4	5,8	9,3	8,4	9,1	9,3	3,9
Sport treiben, trimmen	14,0	17,1	11,3	45,5	22,4	14,1	10,9	9,8	6,4	4,2
Spazieren gehen	25,2	20,9	29,0	13,4	19,1	20,9	17,4	25,6	37,6	40,2
Wandern	1,9	2,1	1,8	0,8	1,3	1,9	1,3	2,6	3,2	1,8
Ausgehen (Restaurant, Kneipe)	7,5	10,2	5,1	16,8	18,1	7,4	5,1	4,5	2,8	2,0
Besuche machen/bekommen	19,4	17,8	20,9	41,1	29,9	18,9	14,1	13,3	14,3	15,5
Schaufensterbummel	4,5	2,7	6,2	10,1	6,5	3,8	3,4	3,6	4,0	3,3
Popmusik hören	31,5	34,2	29,1	75,3	61,7	47,8	29,6	12,2	6,2	3,7
Rockmusik hören	23,8	27,5	20,5	64,0	51,4	35,5	20,3	7,4	2,6	1,4
Klassische Musik hören	10,4	9,6	11,1	2,5	7,5	8,4	10,6	13,8	13,6	12,6
Schlager/Evergreens hören	33,3	29,8	36,5	8,5	15,4	23,8	35,2	46,1	48,8	46,0
Volksmusik hören	26,1	23,2	28,7	3,1	6,0	11,3	22,0	37,5	47,7	49,8

„Media Perspektiven", Basisdaten, 1998. Inf. f. pol. Bildung 260/1998

Nach Erhebungen von Meinungsforschungsinstituten sieht das Leseverhalten so aus: 34% der Deutschen sehen „Lesen als Freizeitbeschäftigung" an; dabei existiert ein deutlicher Geschlechtsunterschied: männlich 24%, weiblich 45%; und es zeigt sich eine Zunahme nach Altersgruppen: 24% der 15- bis 17-Jährigen, 39% der 26- bis 30-Jährigen.
(SINUS, 1985)

Deutsche von 12–29 Jahren nutzen „täglich mindestens einmal": zu 20% ein Buch, 33% eine Zeitung, 14% eine Zeitschrift. *(Bertelsmann, 1986)*

Deutsche von 12–25 Jahren lesen in der Freizeit „sehr häufig – oft": zu 23,7% Bücher, 25% Zeitschriften, 11,4% Comics. *(Swoboda, 1985)*

73% der Deutschen haben einen mehr oder minder engen Kontakt zum Buch: 22% können sich ein Leben ohne Bücher „überhaupt nicht vorstellen"; 14% haben eine enge emotionale Beziehung zum Buch; 14% eine sowohl emotionale als auch „instrumentale"; 20% eine „unverbindliche" und 27% eine „unlustige" Beziehung. *(Allensbach, 1987)*

Auch im Multi-Media-Zeitalter ist Lesen noch „in": So beschäftigen sich in ihrer Freizeit doppelt so viele Jugendliche zwischen 14 und 24 Jahren mit dem Bücherlesen (36%) wie mit dem Computer (18%). Videofilme liegen mit ebenfalls 36% zwar gleichauf; aber nur 12% begeistern sich für Videospiele, während viermal so viele, nämlich 49%, regelmäßig Zeitungen und Zeitschriften lesen. Dabei ist der Multi-Media-Markt noch eine Männerdomäne. Fernsehen mit 82% sowie Radio und CD mit je 66% liegen natürlich bei den Freizeit-Medien unschlagbar vorne. *(BAT, 1995)*

Durchschnittliche Mediennutzungsdauer nach Selbstschätzung der Befragten in Stunden : Minuten

Personen ab 14 Jahre 2737 Befragte Dez. 1992	Werktags			Samstags/Sonntags		
	Gesamt	Nutzer in %	Tatsächliche Nutzungsdauer	Gesamt	Nutzer in %	Tatsächliche Nutzungsdauer
Fernsehen	2:36	96,8	2:41	4:02	96,3	4:12
Radio hören	1:57	82,1	2:22	2:07	73,0	2:54
Schallplatten, CD's u.Ä. hören	0:30	45,1	1:06	0:46	47,7	1:36
Videorecorder nutzen	0:18	24,3	1:15	0:33	30,3	1:50
Zeitungen, Zeitschriften, Illustrierte lesen	1:11	88,7	1:20	1:07	79,2	1:24
Sach-, Fachbücher lesen	0:22	30,8	1:11	0:21	25,1	1:25
Romane, Erzählungen, Gedichte lesen	0:21	34,0	1:04	0:29	35,1	1:21
Computer nutzen	0:11	12,1	1:34	0:09	7,2	2:00

❷ Setzen Sie Zahlen in Texte um; überführen Sie Texte und Teile aus Tabellen in grafische Darstellungen.

❸ Diskutieren Sie die Aktualität des hier vorgestellten Datenmaterials.

6 Die Verwertbarkeit von Sachtexten einschätzen

1. **Textintentionen und Nutzen erkennen:** darstellende und erklärende Textteile, argumentierende und appellierende Textteile, darstellende und deutende Textteile unterscheiden – Welchen Nutzen hat die Lektüre: Ergänzung oder Veränderung meines Sachwissens oder Auslösung einer eigenen Auseinandersetzung mit dem Phänomen? – Verwendbarkeit für meine Aufgabe: Welche Ausschnitte, Ideen, Zitate, Hinweise und Informationen kann ich gebrauchen?
2. **Sachtexte nach Kriterien bewerten:** Sind die Informationen vollständig, relevant, sachangemessen, gut strukturiert, anschaulich und verständlich?
3. **Beziehungen zwischen Texten herstellen:** Nach der Lektüre mehrerer Texte zu einem Rahmenthema den Stellenwert der einzelne Texte in der Reihe der verschiedenen Texte bestimmen; Texte, Bilder und Grafiken leisten Teilinformationen zum Thema: Welcher Text vertieft eine Stelle in einem anderen Text, reicht eine fehlende Erklärung nach, veranschaulicht einen Aspekt oder füllt eine Informationslücke?

6.1 Darstellende und erklärende Textteile unterscheiden

Norbert Elias
Galileis Experiment*

Galileis Werk illustriert höchst anschaulich die neue Wende, die die Entwicklung des Begriffs der „Zeit" seit dem Mittelalter genommen hat, wie es auch das Aufkommen des neuen Begriffs der „Natur" beleuchtet. Es ist vielleicht
5 von Nutzen, in Galileis eigenen Worten eine Beschreibung seiner berühmten Beschleunigungsexperimente zu lesen, die dazu beitrugen, die Entwicklung des „naturzentrierten", des physikalischen Begriffs der „Zeit" in die Wege zu leiten. Galileis Beschreibung zeigt deutlicher als jede
10 Nacherzählung die enorme Mühe, die er auf seine Experimente verwandte, und den hohen Wert, den er ihnen beimaß:
„Auf einem Lineale oder sagen wir auf einem Holzbrette von 12 Ellen Länge, bei einer halben Elle Breite und drei
15 Zoll Dicke, war auf dieser letzten schmalen Seite eine Rinne von etwas mehr als einem Zoll Breite eingegraben. Dieselbe war sehr gerade gezogen und um die Fläche recht glatt zu haben, war inwendig ein sehr glattes und reines Pergament aufgeklebt; in dieser Rinne ließ man ei-
20 ne sehr harte, völlig runde und glattpolierte Messingkugel laufen. Nach Aufstellung des Brettes wurde dasselbe einerseits gehoben, bald eine, bald zwei Ellen hoch; dann ließ man die Kugel durch den Kanal fallen und verzeichnete in sogleich zu beschreibender Weise die Fallzeit für
25 die ganze Strecke: Häufig wiederholten wir den einzelnen Versuch zur genaueren Ermittlung der Zeit und fanden gar keine Unterschiede, auch nicht einmal von einem Zehnteil eines Pulsschlages. Darauf ließen wir die Kugel nur durch ein Viertel der Strecke laufen und fanden stets
30 genau die halbe Fallzeit gegen früher. Dann wählten wir andere Strecken und verglichen die gemessene Fallzeit mit der zuletzt erhaltenen und mit denen von $\frac{2}{3}$ oder $\frac{3}{4}$ oder irgend anderen Bruchteilen, bei wohl hundertfacher Wiederholung fanden wir stets, dass die Strecken sich
35 verhielten wie die Quadrate der Zeiten: und dieses zwar für jedwede Neigung der Ebene, d.h. des Kanales, in dem die Kugel lief …
Zur Ausmessung der Zeit stellten wir einen Eimer voll Wasser auf, in dessen Boden ein enger Kanal angebracht
40 war, durch den ein feiner Wasserstrahl sich ergoss, der mit einem kleinen Becher aufgefangen wurde, während einer jeden beobachteten Fallzeit: Das dieser Art aufgesammelte Wasser wurde auf einer sehr genauen Waage gewogen; aus den Differenzen der Wägungen erhielten
45 wir die Verhältnisse der Gewichte und die Verhältnisse der Zeiten und zwar mit solcher Genauigkeit, dass die zahlreichen Beobachtungen niemals merklich voneinander abwichen."
Galileis Versuchsanordnung war ebenso einfach wie ge-
50 nial. Sie lässt sehr deutlich erkennen, was er eigentlich maß, wenn er sagt, er habe die „Zeit" gemessen. Er benutzte als Maßstab für die Bewegung abwärts rollender Kugeln einen dünnen Strahl herabrinnenden Wassers. Durch Wiegen maß er die Menge Wasser, die durch sei-
55 ne Wasseruhr floss, während sich die Kugel von ihrer Ruheposition A zur Position B bewegte, und verglich sie mit der Wassermenge, die durch die Uhr floss, während die Kugel von B nach C und von C nach D rollte. Mit einem Lineal gemessen, d. h. in rein räumlicher Hinsicht,
60 waren die Entfernungen AB, BC und CD gleich lang. Das Quantum Wasser jedoch, das in seinem Zeitbestimmungsinstrument herablief, während sich die Kugel von A nach B bewegte, war, wie Galilei feststellte, nicht dasselbe wie das Wasserquantum während des Kugellaufes

von B nach C und von C nach D: Es wurde zunehmend kleiner. Die Beobachtung, dass während des Kugeldurchlaufs durch eine Teilstrecke von gleicher Länge zunehmend weniger Wasser durch die Uhr floss, je weiter unten die Strecke lag, drückte Galilei entsprechend der sozialen Funktion einer Uhr aus, nämlich mit dem Begriff der „Zeit". Abnehmende Wassermengen, die kürzere Durchflüsse durch die Wasseruhr repräsentierten, waren die beobachtbaren Daten, auf die sich die Aussage stützte, dass die abwärts rollende Kugel für gleiche Entfernungen jeweils abnehmende „Zeiten" benötigte. Der Ausdruck „Zeit", mit anderen Worten, stand für eine physikalische Bewegung – die des Zeitmaßstabs. Ungleiche Wasserquanten, die durch die Öffnung der Uhr rannen und die von Galilei auf der Waagschale beobachtet wurden, betrachtete er als Indikatoren für „ungleiche Zeitquanten". Auf diese Weise gab ihm seine Versuchsanordnung die Gewissheit, dass die Kugel spätere Teilstrecken ihrer Bahn schneller durchlief als räumlich gleich lange frühere Teilstrecken; oder, mit anderen Worten, dass die „Zeit" ihres Durchganges durch frühere Teilstrecken länger war als die ihres Durchganges durch gleich lange spätere Teilstrecken, dass also die Geschwindigkeit der Kugel nicht einförmig war: Sie beschleunigte sich. *(1988)*

❶ Skizzieren Sie Galileis Versuchsaufbau. – Prüfen Sie, welche Informationen der Text über die Darstellung des Versuchs hinaus gibt und fassen Sie die Erklärungen in einem Resümee zusammen.

6.2 Argumentierende und appellierende Textteile unterscheiden

❶ Schreiben Sie einen inneren Monolog parallel zur Lektüre des Textes von Norbert Blüm: Beobachten Sie, wie Sie auf verschiedene Teile des Textes reagieren und ermitteln Sie, welche Textelemente den Anstoß gaben.

❷ Prüfen Sie anschließend Thema, Position und Argumente sowie die überwiegende Intention des Textes.

Norbert Blüm
Mobilzeit – Vorteile für Betriebe und Arbeitnehmer

MOBILZEIT – was bedeutet das? Bisher haben wir immer von Teilzeitarbeit gesprochen. Dieser Begriff ist aber zu eng und zudem missverständlich. Teilzeit hat – zu Unrecht – für viele einen negativen Klang. Teilzeit gilt oft als nicht ganz vollwertige Arbeit, weil sie vom „Normalfall" der Vollzeit abweicht. Und wer will schon nur einen Teil und nicht die ganze Arbeit leisten? Zudem wird vielfach unter Teilzeitarbeit nichts anderes als eine Halbtagsbeschäftigung verstanden.
Aus diesen Denkschablonen müssen wir heraus. Wir müssen weg von den starren, unflexiblen Arbeitszeitformen. Wir brauchen Arbeitszeitregelungen, die den Arbeitnehmern mehr Freiräume geben, die Produktivität in den Betrieben verbessern und zusätzliche Beschäftigungsverhältnisse ermöglichen.
Ein passender Begriff dafür ist MOBILZEIT. MOBILZEIT steht ebenso für eine nach den individuellen Wünschen und Möglichkeiten vereinbarte Wochen- und Tagesarbeitszeit als auch für flexible Jahresarbeitszeitregelungen, gleitenden Altersruhestand, angesparten Langzeiturlaub und vieles mehr. Der Fantasie sind keine Grenzen gesetzt. MOBILZEIT steht für eine Arbeitszeit nach Maß mit Flexibilität und Mobilität.
Für viele, die arbeiten wollen, ermöglicht eine MOBILZEIT unterhalb des Vollzeit-Standards überhaupt erst die gewünschte Beteiligung am Erwerbsleben. Da sind Kinder oder pflegebedürftige Angehörige zu betreuen, neben der Erwerbsarbeit wird eine Weiterbildung angestrebt oder es besteht eine gesundheitliche Beeinträchtigung. Für viele geht es dabei auch um die berufliche Überbrückung einer bestimmten Lebensphase. Man will trotz zeitweiser anderer Verpflichtungen den Anschluss an die Arbeitswelt nicht verlieren. Betriebe können mit MOBILZEIT-Modellen auf wechselnden Arbeitsanfall besser reagieren. Sonst notwendig gewordener Personalabbau kann dadurch vermieden oder abgemildert werden. MOBILZEIT kann aber auch zu zusätzlichen Dauerarbeitsplätzen führen.
MOBILZEIT bringt die erforderliche betriebliche Flexibilität mit den individuellen Wünschen der Arbeitnehmer zusammen. Firmen können durch Entkoppelung von Arbeits- und Betriebszeiten produktiver arbeiten, Arbeitnehmer haben die Wahl zwischen vielen verschiedenen Arbeitszeitoptionen. Selbstverständlich muss dies alles auf freiwilliger Basis vereinbart werden. Nicht überall lassen sich die Wünsche der Arbeitnehmer mit den Möglichkeiten und Notwendigkeiten der Betriebe in Einklang bringen. Dies darf jedoch nicht dazu führen, dass MOBILZEIT-Wünsche ungeprüft abgelehnt oder gar nicht erst geäußert werden. Oft werden die Vorteile,

die sich für beide Seiten ergeben, gar nicht erkannt. Notwendig ist also die Verbesserung der Informationsgrundlagen. Die vorliegende Broschüre versucht, Antworten auf Fragen zu geben, die sich mit der MOBILZEIT-Arbeit verbinden, gerade auch in arbeits- und sozialversicherungsrechtlicher Hinsicht.

In unserer Gesellschaft gilt es mobil zu sein. Mobilität beginnt in den Köpfen. Also: Denken wir verstärkt über die Chancen und Möglichkeiten durch MOBILZEIT nach! *(1998)*

6.3 Darstellende und deutende Textteile unterscheiden

Martin Burckhardt
Metamorphosen von Raum und Zeit (Auszug)

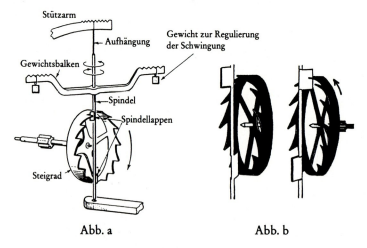

Spindelhemmung mit Waagbalken.

Die Waag *oder* Foliot *(dieser Begriff leitet sich vom lateinischen Wort für »Blatt« ab) ist ein horizontaler Schwingbalken mit einem Gewicht an jedem Ende (Abb. a). In ihrer Mitte ist die Waag mit der* Spindel *verbunden, einer senkrechten Stange, an der sich zwei Klauen, die Spindellappen, befinden. Diese greifen wechselseitig in ein Zahnrad, das die Spindel erst in die eine und dann in die andere Richtung dreht (Abb. b). Dadurch entsteht die Schwingbewegung der Waag. Das Rad selbst bewegt sich mit jeder vollen Schwingung um einen Zahn weiter. Die Schwingungsfrequenz kann durch Veränderung der Gewichte oder durch Veränderung ihres Abstands von der Spindel reguliert werden. Dieser geniale Mechanismus war robust und nahezu unempfindlich gegen Verschleiß. Solange seine beweglichen Teile gut geölt wurden, war er unbegrenzt funktionstüchtig. Sein Hauptnachteil bestand darin, dass der Schwingbalken im Gegensatz zum Pendel keine eigene natürliche Schwingungsperiode besitzt.*

Worin besteht nun das Neuartige, Umwälzende der Mechanischen Uhr, welcher Art ist die *Anatomie des neuartigen Wissens*, die im Räderwerkmechanismus Form annimmt? Um sich dies zu verdeutlichen, ist es angebracht, sich die Problematik zu vergegenwärtigen, die sich bei der Entwicklung der Mechanischen Uhr stellen musste und die ziemlich präzis die Scheidelinie markiert, die die Mechanische Uhr von der überlieferten Tradition trennt. – Die ersten Räderuhren wurden noch nicht von Federn, sondern von einem *Gewicht* betrieben; das Gewicht war an einem Seil aufgehängt, welches sich, an einer Spindel aufgerollt, wieder entrollte – worüber wiederum ein erstes Antriebsrad (und darüber der ganze Räderwerkmechanismus) in Bewegung gesetzt wurde. Damit war die Erdanziehung als Kraftquelle genutzt: bewirkte das Gewicht doch einen *Zug*, der sich auf die rotierende Spindel als *Antrieb* auswirkte. Gleichwohl war hier bereits ein erstes, im Wortsinn „gravierendes" Problem präfiguriert, musste sich doch ein solcher Mechanismus mit der Schwierigkeit auseinander setzen, dass die Schwerkraft sich auf den Fall des Gewichts nicht gleichförmig auswirkt, sondern zu einer Beschleunigung führt. So dass man es – in dieser Form zumindest – nicht eigentlich mit einer gleichmäßig zufließenden *Antriebsenergie*, sondern mit einer unsteten, unkontrollierten Energie-Einspeisung zu tun bekam, damit aber nicht nur mit einem problematischen Fall, sondern mit der *Problematik des Falls* überhaupt. Denn je mehr sich das aufgewickelte Seil entwickelte, umso mehr beschleunigte sich auch der Zug und damit die Abwärtsbewegung des Gewichts; was zur Folge hatte, dass das Antriebsrad schneller rotierte und die Spindel in wenigen Augenblicken abgespult war. So besehen wäre ein solcher Mechanismus das Gegenteil dessen gewesen, als was man ihn konzipiert hatte: nämlich eine Art Zeitbeschleuniger, der das Räderwerk erst recht auf Touren gebracht hätte; was wiederum zur Folge haben musste, dass die Laufzeit des Gesamtmechanismus auf die Dauer des Falls und damit auf nur wenige Augenblicke zusammenschnurrte (was aber nicht minder unerwünscht, ja möglicherweise noch sehr viel ärgerlicher sein konnte). Aber selbst wenn man die Länge des Falls ausgedehnt, im *Idealfall* gar sich eines unendlich langen Seils bedient hätte, so wäre vielleicht das Problem der Laufzeit, nicht jedoch das Problem der wachsenden Fallbeschleunigung gelöst. Es musste und konnte also nur darum gehen, die *Laufzeit des Falls* so zu dehnen, dass die Länge der Fallbewegung (die ja vom Seil als der *Richtschnur* vorgegeben war) sich, wenn schon nicht räumlich, so doch zeitlich ausdehnen konnte, dass andererseits dieser Prozess der Zeitdehnung so kontrolliert als möglich ablaufen, das heißt, dass das aufgewickelte Seil sich so langsam, vor allem aber so gleichmäßig wie möglich würde entwickeln können. Die Frage musste demgemäß auf das Paradox hinauslaufen, wie man *eine sich beschleunigende Bewegung* in eine sich verlangsamende umwandeln, wie man aus einem *ungleichmäßigen Kontinuum* ein *gleichförmiges* machen und wie man schließlich den *Fall des Gewichts* in eine *Antriebsquelle* umdeuten konnte.

Vor diesem Paradox erst wird jenes ingeniöse Detail der Hemmung verständlich, das nicht umsonst den gedanklichen Kern der mechanischen Uhr ausmacht. Es ist der Gedanke des *gehemmten Falls*, eines Mechanismus, welcher die Abwärtsbewegung regelmäßig unterbricht und das Kontinuum in gleich große und gleichmäßige Impulse zerlegt. Genau genommen ist, was die Hemmung bewirkt, eine *Zerlegung* der Bewegung; hat man es tatsächlich mit einem Doppelmechanismus zu tun, der hemmt und freisetzt, ver-riegelt und ent-riegelt, der also zwischen zwei unterschiedlichen Aggregatzuständen hin und her oszilliert: *Stopp and Go*, und in diesem Sinn korrespondiert der Hemmung ein genau entgegengesetzter Zustand (was sich sprachlich darin bemerkbar macht, dass sich im Französischen die andere, komplementäre Seite der Hemmung, nämlich die Freisetzung – „Echappement" – als terminus technicus durchgesetzt hat). In gewisser Hinsicht überlistet die Hemmung die *Problematik des Falls* einfach dadurch, dass sie, vermittels ihres Sperrmechanismus, die Bewegung zerstückelt, sodass im Grunde nicht mehr von einem Kontinuum, sondern von einzelnen Impulsen die Rede sein müsste. Blockiert der Mechanismus, stoppt die Bewegung, löst er sich, beginnt eine neue Bewegung – das Gewicht fällt nicht mehr, sondern ruckt, immer ein kleines Stückchen weiter nach unten; und weil dies periodisch geschieht, weil die Aggregatzustände der Hemmung einen stets wiederkehrenden Rhythmus ergeben, lassen sich diese Impulse als gesonderte kurze Kraftstöße in das Räderwerk einspeisen. Es ist dieser Mechanismus, der das Problem der unkontrolliert sich einspeisenden Antriebsenergie löst, ja der im Grunde die *Fallkraft* erst zu einer *Antriebskraft* umdeutet – und wirklich liegt hier, im Mechanismus des *Stop and Go*, in der Logik von Hemmung und Echappement, der Schlüssel nicht allein zum funktionierenden Räderwerkmechanismus, sondern auch zu jenem neuartigen Zeitbegriff, wie er sich mit der Mechanischen Uhr ergibt. Wobei diese *Schlüsselfunktion* eine sowohl mechanische (in Form des gleichsam binär funktionierenden Verriegelungs- und Entriegelungsmechanismus der Hemmung) als auch eine geistige ist: bewirkt sie doch, dass sich der Zeitbegriff auf eine fundamentale Art und Weise verwandelt.

Dort, wo bislang das Denk-Bild des Zeitstroms, einer gleichsam flüssigen Zeit, die Köpfe erfüllt hat, dringt nun ein anderes vor, ein Bild, das den Fluss der Zeit als zerlegt, in ein Zeit-Raster aufgelöst denkt (wie eine Fotografie, die sich ja aus solchen einzelnen Rasterpunkten zusammensetzt) – und tatsächlich ist, was sich mit der Mechanischen Uhr ereignet, nichts anderes als eine solche Pointillisierung der Zeit. Die Zeit wird pünktlich. So wie die Hemmung bewirkt, dass der Fall des Gewichts sich zu einer Serie von Fall-Impulsen verwandelt (sodass man es gewissermaßen, wie bei einem Film, oder genauer: wie bei einer kinematographischen Aufnahme mit lauter Einzelbildern der Gesamtbewegung zu tun hat), löst das Räderwerk den Fluss der Zeit zu einer Serie aufeinander folgender *Zeitpunkte* auf. Die Zeit der Mechanischen Uhr fließt nicht mehr, sondern sie ruckt, getaktet, voran. Zahn um Zahn. (...) Hier liegt der Sprengsatz, die tief greifende Umdeutung, die der Zeitbegriff mit der Mechanischen Uhr erfährt. Verlor sich der Zeitfluss zuvor in einem ungefähren, flüssigen Mehr oder Weniger, kam doch immer Gleiches zu Gleichem, Sand zu Sand und Wasser zu Wasser, so wird die Zeit mit dem Räderwerk erstmals rational, als eine Abfolge von lesbaren Zeit-Zeichen begriffen. Damit geht die Zeit ins Feld der *Schrift* über und tatsächlich vermag man diese Zeit-Zeichen nicht bloß zu lesen, sondern ihnen ihrerseits eine bestimmte Bedeutung *zuzuschreiben*. Sodass, wann immer ein Zahnrad eine bestimmte Stelle passiert, es möglich ist, diesen Zeit-Punkt als Initial für eine andere Operation zu begreifen: dafür, dass ein Glockensignal erklingt oder ein anderes Räderwerk in Bewegung gesetzt wird etc.

(1994)

---

❶ Die Deutung eines Sachverhalts von der Beschreibung eines Sachverhalts unterscheiden:
– Beschreiben Sie, worin die technische Neuerung der „Hemmung" besteht.
– Erklären Sie, wie Burckhardt die Erfindung der mechanischen Uhr mit ihrer „Hemmung" auslegt: Was fügt er der Darstellung des Sachverhalts hinzu: Perspektive, Hintergrunderklärungen, Argumentationen, Wertungen, …?

Peter Gendolla
Die Einrichtung der Zeit (Auszug)

… die ordenlich stundt zum auffsteen morgens umb Sechse oder halbe Sibene … drew Viertl stunden … gepett in Irem oratorio … von Siben biss auf acht Uhr solle das Studium grammaticae angeen … [usw. über den Tag]… biss ungefehrlich halbe oder ganze Stundt vor dem nachtessen soll mit der Zeit die erlernung der Musik … geyebt werden … um acht Uhr solle man sich zue rhue schicken …

So schreibt es 1584 der Herzog Wilhelm V. von Bayern seinem Sohne Maximilian ins Stundenbuch. Das Benehmen, die Moral des Prinzen soll hier reguliert werden, eingerichtet nach dem Vorbild der Uhr, damit er künftig seinen Untertanen Vorbild sein kann und sie nach ihm eingerichtet werden können. Der Körper selbst soll vorhersehbar wie eine Uhr funktionieren. (…)

Die Hemmung, als Spindelhemmung oder „Wage" seit etwa 1400 bezeugt, als Reibungs- oder Stiftnockenradhemmung von Galilei verbessert und durch die Anker- und Zylinderhemmung perfektioniert, verfolgt ein Prinzip: Sie unterbricht einen Bewegungsablauf in möglichst gleichmäßigen Abständen, macht gleiche Einschnitte in eine Bewegung, um etwa das ungleichmäßige Ablaufen eines Gewichts oder das diskontinuierliche Entspannen einer Feder zu verhindern. Ein diskontinuierlicher Ablauf wird in einen kontinuierlichen überführt, indem seine Zeit in gleiche Abschnitte unterteilt wird. Der feste räumliche Abstand von Plättchen oder Haken auf einer Achse, die in die Kreisbewegung eines Zahnrads eingreifen, transformiert eine ungleichmäßige Kraft in eine gleichmäßige Bewegung, aus der diversen wird eine homogene Zeit. Wesentlich scheint mir, dass die Regulation auf einem Bruch, der Unterbrechung einer Bewegung beruht, ein *Innehalten, das gleichmäßig wiederholt wird*. Genau dies, die Unterbrechung einer Kraftäußerung durch das Entgegensetzen einer zweiten, hemmenden Kraft, das in gleichen Abständen wiederholt wird, bewirkt den entscheidenden Schritt – „Schrittregler" heißt die Hemmung mit einem anderen Wort – in die messbare, abstrakte Zeit. Die Unterbrechung, ein Stillstand, ein Nichts, das wiederholt wird, wird dadurch gewissermaßen gesichert, festgesetzt, eine lineare Zeitachse durch das kontinuierliche Aneinanderfügen von Unterbrechungen, Zeitpunkten, etabliert. (…)

Ich möchte das Prinzip der wiederholten Unterbrechung einer Bewegung zum wesentlichen Zeitprinzip nicht allein der diversen Uhrenkonstruktionen, sondern auch entscheidender sozialer Erziehungskonstruktionen erklären, zur Grundlage einer Technologie, in der sich maschinelle wie institutionelle Vorrichtungen verflechten, sich das Ineinander von Mechanischem und Organischem als eine wesentliche Erfahrung der neuzeitlichen Zivilisation konstituiert. (…)

1530 (…) erschien *De civilitate morum puerilium* des Erasmus von Rotterdam. Es wurde in kürzester Zeit weit verbreitet, erlebte in den folgenden Jahrhunderten über 130 Auflagen, ist nach Norbert Elias das Büchlein, von dem aus der Begriff der Zivilisation im heutigen Sinne überhaupt erst geprägt wurde. Welches sind die Regeln, die aus dem bäurischen einen zivilen Knaben machen sollen? Z. B. diese:

Fasse nicht als Erster auf die Platte, die man gerade bringt, nicht nur, weil es als gierig erscheint, sondern weil es zugleich mit Gefahr verbunden ist. Denn wer unerfahren etwas Heißes in den Mund nimmt, muss entweder ausspucken oder sich den Gaumen verbrennen, wenn er es herunterschluckt.

(…) Selbstbeherrschung will gelernt sein, als willkürliches Innehalten der spontanen Äußerungen. Die Gier nicht einfach laufen zu lassen, wie sie kommt, nicht einfach drauflos zu tatschen, aufzufressen, zu spucken, den Leib zu entleeren, wo's gerade passt, sondern einzuhalten und zuzusehen, ob es wirklich passt, das will gelernt sein. Lernen heißt, dem Leib die richtige Zeit beizubringen, den Körper mit dem rechten Zeitmaß auszustatten. Erziehen heißt, „Halt" zu sagen, wenn nötig mit Gewalt, und „Jetzt", wenn es geziemt. (…)

Korrigiert wird durch den Eingriff in den unmittelbaren Verhaltensablauf, die Unterbrechung der direkten Äußerung, die eingeübt wird, d. h. wieder und wieder erfolgen muss. Das Prinzip funktioniert für die verschiedensten Äußerungen, für die vielfältigsten Sinne. Ihre Aktivitäten, bis dahin oft synästhetisch, gemeinsam genießend oder erleidend, werden unterbrochen, voneinander getrennt, zu gegenseitigen Kontrolleuren. Das Auge kontrolliert die Hände, die Ohren hören die Worte des Pädagogen, die Zeichen, wann gegessen werden darf. Die Unterbrechung, die in gleichen Abständen erfolgt, richtet die abstrakte Zeit im Körper ein, und genau das macht die Uhr bei dieser Einrichtung so erfolgreich. Als Verkörperung der kontinuierlichen Unterbrechung wird sie wiederum zum zentralen Mittel individuelle und soziale Verhaltensabläufe zu regulieren, jenes mechanisch-organische Wesen zu erzeugen, als das wir den Menschen seitdem wohl begreifen können.
(1984)

2 Wie deuten Burckhardt und Gendolla jeweils den Sachverhalt der „Hemmung":
Was ist jeweils der Ausgangspunkt ihrer Deutung? Worauf richtet sich jeweils besonders ihr Interesse?
Welche Wertungen lassen sich unterscheiden? Wie wird jeweils argumentiert?

③ Beurteilen Sie die verschiedenen Interpretationen: Welcher können Sie eher zustimmen? Welche Überlegungen sind Ihnen nahe genug am Sachverhalt, welche eher zu sehr Spekulation?

④ Führen Sie aus, ob Sie selbst die Erfindung der „mechanischen Uhr mit Hemmung" noch anders interpretieren würden.

⑤ Bewerten Sie die Texte aus dem Teilkapitel 6 nach den Kriterien auf Seite 142 oben.

⑥ Stellen Sie Beziehungen zwischen den Texten des gesamten Kapitels in einer Übersicht her.

⑦ „Die Texte waren mir nützlich.": Erörtern Sie am Thema „Zeit" und den vorgestellten Texten einen engeren und einen weiteren Begriff von „Nutzen".

Arbeitsschritte für die schriftliche Analyse eines Sachtextes

- den Text *professionell lesen*: mit Markierungen und Randnotizen → S. 133–136
- über den Text *informieren*: Thema, Autor, Textart und Erscheinungsjahr → S. 129 ff.
- mit Blick auf die *Schlüsselwörter* den Inhalt des Textes knapp *resümieren* → S. 134, 138 f.
- die *Struktur und den gedanklichen Aufbau* des Textes erklären (s. *Konspekt*): Informationen und Tatsachen, Meinungen und Wertungen, Thesen, Argumente und Beispiele, Ursachen und Folgen, Prämissen und Folgerungen, Entwicklung und Pointierung der Darlegung etc. → S. 140 f.
- darstellende, erklärende, argumentierende, appellierende und deutende *Textteile unterscheiden* und ihre Funktion im Text erklären → S. 142–147
- wichtige *Zahlen* und *statistische Angaben* auswerten und erklären → S. 140 f.
- auffällige *sprachliche und rhetorische Mittel* in ihrer Funktion für die Textaussage erklären → S. 234 f.
- die *zentrale Textaussage* herausarbeiten und ggf. eine Kernstelle paraphrasieren → S. 134, 138 f.
- die *Gesamtintention* des Textes erschließen
- den Text *kritisch nach Kriterien bewerten*: vollständig, relevant, sachangemessen, gut strukturiert, anschaulich, verständlich, nützlich für ... → S. 142
- ggf. eine *Stellungnahme zum Text* verfassen: zur Textaussage, zu einem Kernbegriff, zur Verfasserperspektive und -intention, zu auffälligen Gestaltungsmitteln, zur Kommunikationssituation und Wirkung des Textes, zum Nutzen und zur Verwendbarkeit des Textes
- diese Arbeitsschritte selbstständig nach ihrem Gewicht vom jeweiligen Text her wählen, verbinden und anordnen
- Erklärungen und Behauptungen zum Text mit Textbeweisen stützen und funktionsgerecht zitieren
- die Analyse im sachlichen Stil verfassen
- eine zusätzliche Stellungnahme müsste argumentativ entfaltet werden und dürfte auch Formen des persönlichen Stil entwickeln
- den eigenen Text überprüfen: Handelt es sich um eine Analyse und nicht nur um eine Textwiedergabe? – Ist der Bezug zur Textvorlage gut erkennbar? – Zeigt mein Text Gliederung, auch im Layout? – Habe ich meine Sprache präzisiert und an geeigneten Stellen die Fachsprache eingesetzt? – Habe ich den Andeutungsstil vermieden und so explizit geschrieben, dass ein fremder Leser alles nachvollziehen kann? – Habe ich Normfehler korrigiert?

STRITTIGE THEMEN

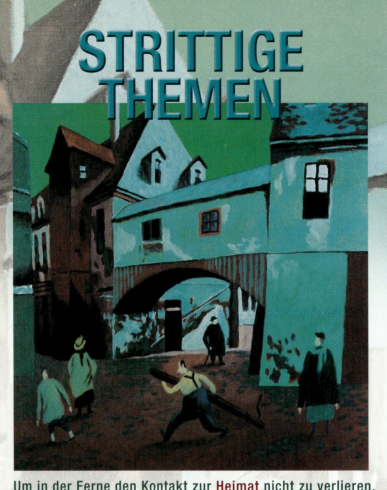

Um in der Ferne den Kontakt zur Heimat nicht zu verlieren, hatte Herr Keil stets ein Stück seiner Regenrinne dabei.

1　Das Strittige erkennen

Um argumentative Äußerungen zu verstehen (und um selbst wirkungsvoll zu argumentieren), sollte man sich zunächst klar machen,
- in welcher Situation, in welchem kommunikativen Zusammenhang die Äußerung formuliert wurde,
- auf welches Thema bzw. welche Fragestellung sich die Äußerung bezieht,
- worin das Strittige der Fragestellung besteht,
- welche Intention die Äußerung hat und wie sie sich auf die strittige Frage bezieht.

SPIEGEL Sehnsucht nach Heimat

1. In dem Reportage-Magazin „Spezial" widmete sich der SPIEGEL 1999 dem Thema „Heimat". Überlegen Sie, was an diesem Thema wichtig, aktuell, strittig sein könnte. Formulieren Sie das Thema so, dass das Strittige deutlich zum Ausdruck kommt. Diskutieren Sie das Thema.

Heimat – nein danke!
Henryk M. Broder über die Gnade der Vertreibung aus seinem Geburtsort

(...) Die Liebe zur Heimat ist eine Art Phantomschmerz, beide rühren von etwas her, das es nicht mehr gibt. Ursprünglich war „Heimat" der Ort oder der Hof, von dem man stammte. Das Wort war ein Neutrum: Das Heimat. Erst mit der Mutation zur weiblichen Form, die Heimat, wurde es emotional so aufgeladen wie das Wort „Mutter". Und so wie der Mensch nur eine Mutter hat, so soll er auch nur eine Heimat haben. „Vergiss nie die Heimat, wo deine Wiege stand, du findest in der Fremde kein zweites Vaterland."
So gesehen wäre es ein Idealfall, wenn ein Kind da geboren würde, wo schon seine Eltern geboren wurden, wenn es sein ganzes Leben am selben Ort verbringen und schließlich auch da sterben würde, um in der heimatlichen Erde begraben zu werden. Doch so ein Idealfall dürfte inzwischen eher die Ausnahme als die Regel sein, außer vielleicht in isolierten Regionen wie Tibet oder Tirol, wo „Heimat" ein Synonym für „lebenslänglich" bedeutet. In der Wirklichkeit taucht Heimat meist retrospektiv auf. „Man muss in die Fremde gehen, um die Heimat, die man verlassen hat, zu finden", hat Franz Kafka 1924 geschrieben. Franz Werfel fragte im Jahre 1931: „Besitzen wir eine Heimat erst dann, wenn wir sie verloren haben?"

Vermutlich ja. Es gibt in Israel „deutsche Landsmannschaften" ehemaliger Rheinländer, Frankfurter, Bayern und Hessen, die sich regelmäßig treffen um Erinnerungen an die alte Heimat auszutauschen. Deutsche Juden, die vor 60 Jahren aus Deutschland vertrieben, deren Kinder in Palästina beziehungsweise Israel geboren wurden und deren Enkel kein Deutsch mehr sprechen, sehnen sich zurück nach deutschem Wald, deutschem Bier und deutschen Liedern. Die Empfänge, die der deutsche Botschafter in Tel Aviv gibt, sind Heimatersatz; Würstchen mit Kartoffelsalat die schönste Wiedergutmachung für erlittenes Unrecht. Ein solcher Heimatbegriff ist vor allem sentimental und harmlos, es gibt aber auch eine aggressive Variante der Heimatliebe, die gefährlich ist. In Kirjat Arba, einer Siedlung bei Hebron im israelisch besetzten Westjordanland, traf ich amerikanische Juden aus Brooklyn, Philadelphia und Chicago, die mir in gebrochenem Hebräisch zu erklären versuchten, dass Judäa und Samaria „unsere Heimat" seien und die Palästinenser, die seit Generationen nebenan lebten, nach Saudi-Arabien auswandern sollten, wo sie eigentlich hingehörten.
Denn „Heimat" ist auch eine Frage der Macht, eine Heimat haben heisst auch bestimmen können, wer dazugehören darf und wer nicht. Was nicht unbe-

© plus 49, Hamburg Christoph Piecha

dingt Vertreibung bedeuten muss. So haben viele ehemalige Bürger der DDR mit dem Untergang ihrer Republik auch ihre Heimat verloren, sind quasi „entheimatet" worden ohne sich vom Fleck bewegt zu haben. Manche haben in der PDS eine „neue Heimat" gefunden, in der sie gemeinsam der alten nachtrauern. Und in den sechziger Jahren war in der Bundesrepublik oft die Rede von der „heimatlosen Linken", deren Wortführer, je nach Gruppenzugehörigkeit, gern nach Moskau, Peking oder Tirana reisten, um wenigstens in den Ferien ein Gefühl von Zugehörigkeit, also Heimat, zu erleben.

Aber keine Heimat zu haben kann auch ein enormer Vorteil sein. Seit ich auf dem Bahnhofsvorplatz von Katowice gestanden und mich umgeschaut habe, weiß ich, wie gut das Schicksal es mit mir gemeint hatte: Dank einer weisen Entscheidung meiner Eltern blieb es mir erspart, zwischen einer Karriere als symbolischer Dissident oder praktischer Kollaborateur in meiner natürlichen Heimat wählen zu müssen. Und wann immer ich durch eine Gegend fahre, die hässlich, heruntergekommen und deprimierend ist, frage ich mich: Warum bleiben die Menschen hier, warum gehen sie nicht weg? Nur weil eine gruselige Heimat immer noch besser ist als gar keine?

Doch mit zunehmendem Alter machen sich auch bei mir Heimatgefühle bemerkbar, ganz leise und diskret, aber immerhin. Ich bin im Herbst 1990 nach Berlin gekommen, um die „Wiedervereinigung" zu erleben, nachdem ich schon den Fall der Mauer verpasst hatte. Ich wollte drei bis vier Monate bleiben und wieder wegfahren. Die drei bis vier Monate dauern immer noch an, und wann immer ich aus Berlin wegfahre, nach Augsburg, Jerusalem oder New York, freue ich mich schon darauf, nach Berlin zurückzukommen. Ich fürchte, eines Tages könnte Berlin meine Heimat werden. Für einen, der in Katowice geboren wurde, wäre das keine Katastrophe.
(1999)

Henryk M. Broder, 52, ist Spiegel-Redakteur und lebt in Berlin und Jerusalem.

② Welche Auffassung vertritt der Journalist Henryk M. Broder in seinem Beitrag? Wie kommt das Strittige des Themas in seinem Artikel zum Ausdruck? Setzen Sie sich mit Broders Position und Argumentation auseinander.

In dem Reportage-Magazin „Spezial" des SPIEGEL wurden „Menschen im Alter von 18 bis 81" befragt: **„Was bedeutet für Sie Heimat?"** Hier drei Antworten:

Heimat, das riecht für mich nach Zimt, Pfeffer und Ingwer. Wenn ich von Heimat träume, spüre ich den Geschmack salziger Meeresluft auf meiner Zunge. Ich habe lange am Meer in Izmir und Istanbul gelebt.
5 Geboren bin ich in Erzincan, einer kurdisch-türkischen Stadt in Anatolien. Meine Eltern sind alevitische Kurden. Das heißt, dass sie immer doppelt gefährdet waren. Meine Eltern haben mit mir und meinen fünf Geschwistern ausschließlich türkisch ge-
10 sprochen, weil sie sich nicht so offen als Kurden zu erkennen geben wollten. Die Religion hat es für uns Kinder noch schwieriger gemacht. Wir durften niemandem erzählen, dass wir Aleviten sind. Obwohl der Alevitismus eine sehr große philosophische und
15 liberale Form des Islam ist, wurde er bis vor wenigen Jahren in der Türkei verfolgt. Als ich zwei Jahre alt war, zogen wir mit meinen Eltern nach Bremen, von dort gingen wir nach Köln, wo ich die Mittelschule besucht habe. Aber meine Eltern wollten zurück in
20 die Türkei. Sie haben mich mitgenommen, weil ich die Jüngste war. Meine anderen Geschwister sind in Deutschland geblieben. Ich habe mein Abitur in Istanbul gemacht und danach einen Studienplatz in Berlin bekommen. Es ist sehr angenehm, hier in Ber-
25 lin zu leben. In einer Großstadt trifft man viele Menschen, die ihre Heimat aufgegeben haben, und ich fühle mich in dieser Internationalität sehr geborgen. Komischerweise bin ich erst in Berlin für meine kurdische Herkunft sensibilisiert worden, weil viele
30 meiner Freunde Kurden sind. Man muss wohl erst seine Heimat verlassen, um zu erkennen, woher man kommt.
Servgi Gürez, 19, Medienberaterin in Berlin

Vor 81 Jahren bin ich hier auf meinem Hof in Kleinquern im Angeliter Land auf die Welt gekommen. Es war eine Hausgeburt. Wie das früher so war. Ich bin hier auch aufgewachsen
5 und zur Schule gegangen. Weil mein Bruder auf einen anderen Hof eingeheiratet hat, bin ich halt hier geblieben. Früher, da konnte ich mir schon vorstellen wegzugehen. Ich habe nichts gegen die große, weite Welt. Mit 15 war ich für ein halbes
10 Jahr in der Volkshochschule in Tinglev, einem deutschen Internat in Dänemark. Ich hatte überhaupt kein Heimweh. Aber ich weiß, dass hier meine Wurzeln sind. Auf diesem Hof bin ich geboren und hier bleibe ich bis zum Schluss.
15 *Christel Pedersen, 81, Landwirtin aus Kleinquern bei Flensburg*

Ich bin deutscher Jude oder, wenn Sie wollen, jüdischer Deutscher. Das ist ein ständiger Identitätskonflikt. Vielleicht habe ich deswegen kein Zugehörigkeitsgefühl zu einer spezifischen Grup-
5 pe. In jedem Land gibt es Menschen, die mich nicht akzeptieren, aber auch solche, mit denen ich mich nicht identifizieren kann. Meine Freunde leben in Berlin, meine Eltern in Tel Aviv, und meinen Studienplatz habe ich in London. Heimat
10 ist ein altmodischer Begriff, einfach nicht mehr zeitgemäß. Jetzt, wo doch alle vom Global Village reden. Wenn mich jemand fragt, sage ich, ich bin Europäer. In meinem Leben wird es eben immer wieder temporäre Aufenthaltsorte geben,
15 egal, ob für ein Jahr, für zehn oder für zwanzig Jahre. Die Welt ist so groß.
Jossi Fuss, Jura-Student in London

- ❸ Klären Sie, worin das Strittige der Fragestellung für die Befragten besteht und wie sie zu der Frage Stellung nehmen.
- ❹ Diskutieren Sie die Frage: „Braucht der Mensch ‚Heimat'?". Entwickeln Sie Argumente und Beispiele aus Ihrem Erfahrungsbereich und lassen Sie sich durch die Beiträge von Broder und den Befragten zur Klärung Ihrer eigenen Auffassung anregen.

2 Eine Argumentation analysieren

Beim textbezogenen (textgebundenen) Erörtern ist in der Regel ein gedanklich-argumentativer Text Ausgangs- und Bezugspunkt der eigenen Untersuchungen und Überlegungen. Beim Erschließen eines solchen Textes geht es darum,
– die Position und Intention des Verfassers zu klären,
– die Argumentationsstruktur und die zentralen Begriffe zu analysieren,
– die Argumentation kritisch zu prüfen und zu beurteilen.
Dazu ist in der Regel ein mehrmaliger Untersuchungsdurchgang des Textes erforderlich.

2.1 Positionen klären

DIE ZEIT Der deutsche Literatur-Kanon: Was sollen Schüler lesen?

❶ Diskutieren Sie die Frage. Ist das Problem aktuell? Was könnte an der Fragestellung strittig sein? Welche eigenen Erfahrungen und Auffassungen haben Sie?

Die ZEIT hat 1997 Autoren, Kritikern, Literaturwissenschaftlern, Pädagogen u. a. die Frage vorgelegt:
„Welche literarischen Werke der deutschsprachigen Literatur müsste ein Abiturient im Deutschunterricht gelesen haben? Bitte nennen Sie drei bis fünf Titel und begründen Sie Ihre Auswahl."

Das verschlägt mir die Sprache. Denn den Redakteur, der mit dieser Frage zu erkennen gibt, man müsse sich damit abfinden, dass die Abiturienten von der gesamten deutschsprachigen Literatur, von
5 allen Romanen, Erzählungen, Dramen und Gedichten nur drei bis fünf Titel kennen, halte ich für einen Barbaren, bestenfalls für einen Spaßvogel. Nun mag es sein, dass sich die deutsche Nation, wenn es um die eigene Literatur geht, tatsächlich mit ra-
10 schen Schritten der totalen Barbarei nähert. Aber ich mache da nicht mit, ich begehre nicht schuld daran zu sein.
Hier meine Mindestration für die Gymnasiasten. Zuerst Romane: „Werther", „Effi Briest" und „Budden-
15 brooks". Mit drei Romanen begnüge ich mich nur unter der Bedingung, dass fünf Erzählungen dazukommen: Büchners „Lenz", Kellers „Romeo und Julia auf dem Dorfe", Schnitzlers „Leutnant Gustl", Musils „Törless", und Kafkas „Hungerkünstler".
20 Dramen: „Minna von Barnhelm" oder „Nathan der Weise", „Faust I", „Kabale und Liebe" oder „Don Carlos", „Prinz von Homburg", „Dantons Tod" oder „Woyzeck", „Mutter Courage".
Lyrik: Je zwei Gedichte von Hölderlin, Schiller
25 (Balladen!), Eichendorff, Heine, Rilke und Brecht.

Außerdem gibt es ja noch die Lyrik von Goethe: Da müssen mindestens vier Gedichte behandelt werden. Billiger mache ich es nicht.
Marcel Reich-Ranicki, Kritiker

Ich meine, in den Schulen sollten Autoren gelesen werden, die zwar ich sagen, sogar unaufhörlich, also diese Ichbesessenheit zwar haben, aber nicht sich damit meinen. Und die größten sind da für
5 mich Robert Walser und Franz Kafka. Dann wäre für junge Leute, glaube ich, eine Literatur zu lesen, die ekstatisch ist, außer sich gerät, ohne sich dabei aufzublasen, in erster Linie Büchner und die Lyrik Hölderlins, Trakls und Celans
10 (auch wenn das eine Heidegger-Auswahl ist). Und Thomas Bernhard, der wieder von sich zwar besessen ist, sein Ich aber vollkommen abstrahieren kann zu einer Sprache der Atemlosigkeit, bei der der Rhythmus das Suggestive ist und nicht
15 der Voyeurismus, der dem Autor als Person gilt. Also, noch einmal: Wer ich sagt, darf nicht ich meinen. Schrecklich, dass mir in deutscher Sprache keine Frau einfällt, oder?
Elfriede Jelinek, Schriftstellerin

Wer einen „Kanon" für die in der Schule zu lesenden Werke fordert, sollte sich gefragt haben:
1. Soll dieser für alle Schülerinnen und Schüler aller Schularten gleichermaßen gelten? Wenn nicht – warum nicht?
2. Was machen wir mit den ungewollten Nebenwirkungen? Schule und Zwang verderben gleichermaßen die Freude an ihrem Objekt. Und: „Faust" oder „Der Mann ohne Eigenschaften" oder „Berlin Alexanderplatz" oder die „Duineser Elegien" – nicht für 17-Jährige geschrieben – werden zu falschen Zeiten gelesen. Und: Was man gelesen hat, hat man gelesen, basta!
3. Wie entsteht ein Kanon? Durch Addition und Staffelung der von den Befragten zuoberst genannten Titel? Auf diesem Wege könnte ein Kanon mit fünf Dramen von Schiller zustande kommen – ohne ein Stück von Kleist oder Hauptmann oder Brecht. Ein Kanon muss aber doch wohl ein ausgewogenes Ganzes sein. Wenn nicht auf diese arithmetische Weise: Nach welchen Kriterien wird der Kanon aufgestellt? Schon für die pädagogischen wird sich Übereinstimmung nicht leicht finden lassen, weil die Schule so verschiedene Lebensalter, Lernstadien und -bedürfnisse umfasst, geschweige denn für die literarischen und geschichtlichen.
4. Wenn es darüber Streit gibt, wer soll entscheiden? Die Germanisten? Die Erziehungswissenschaftler? Die Schulbehörden? Die Parlamente? Gemischte Komissionen?
5. Was, vor allem, will man mit dem Kanon erreichen? Ein gemeinsames Arsenal von Geschichten, Wertvorstellungen, Sinnfiguren? Ist Michael Kohlhaas entbehrlicher als Tonio Kröger? Simplicissimus entbehrlicher als Der Schwierige? Und alle diese doch hoffentlich nicht ohne Maria Stuart und Frau Regula Amrain und Die unwürdige Greisin und Anne Frank!
6. Was setzt dem Kanon das Maß? Die Schulzeit und die Zahl der Deutschstunden? Die vorliegenden bedeutenden Werke? Die an ihnen zu erfahrenden großen moralischen und ästhetischen Themen?
7. Können 20 Werke genügen? Können 40 bewältigt werden? Von wem und, vor allem, wie?

Hartmut von Hentig, Pädagoge

Statistik	
Johann Wolfgang von Goethe	28
Franz Kafka	18
Thomas Mann	14
Georg Büchner, Bertolt Brecht	12
Friedrich von Schiller, Heinrich von Kleist	11
Gotthold Ephraim Lessing	10
Friedrich Hölderlin	9
Heinrich Heine	8
Rainer Maria Rilke	7
Theodor Fontane, Gottfried Benn	6
Uwe Johnson	5
Gottfried Keller, Paul Celan	4
Nibelungenlied, Eduard Mörike, Else Lasker-Schüler, Robert Musil, Thomas Bernhard	3
Walther von der Vogelweide, Grimmelshausen, Andreas Gryphius, Joseph von Eichendorff, Friedrich Hebbel, Annette von Droste-Hülshoff, Georg Trakl, Franz Werfel, Hermann Hesse, Robert Walser, Wolfgang Koeppen, Heinrich Böll, Friedrich Dürrenmatt, Max Frisch, Ingeborg Bachmann, Peter Weiss, Arno Schmidt, Ernst Jandl	2

❷ Untersuchen Sie die Stellungnahmen. Wie begründen die Autoren ihre Auswahlentscheidung?

❸ Bestimmen Sie die jeweilige Position der Befragten, indem Sie sie möglichst knapp und präzise formulieren.

❹ Diskutieren und vergleichen Sie die Auffassungen und nehmen Sie dazu Stellung.

❺ Die Statistik wurde auf der Basis von 39 Rückmeldungen erstellt. Sie nennt nur Autoren, nicht deren Werke. Wie schätzen Sie die Statistik ein? Hätten Sie ein solches Ergebnis erwartet? Vergleichen Sie mit Ihren eigenen Lektüreerfahrungen auf der Oberstufe.

2.2 Die Argumentationsstruktur untersuchen

Bücher für das ganze Leben
Eine ZEIT-Umfrage: Brauchen wir einen neuen Literatur-Kanon? Von Ulrich Greiner

In Peter Handkes jüngstem Drama „Zurüstungen für die Unsterblichkeit" tritt der Dichter in Gestalt einer spöttischen Erzählerin auf die Bühne und herrscht das Volk an, also uns alle: „Du sollst mich anschaun, Volk, wenn ich noch zu dir spreche – oder weißt du nicht einmal mehr, was schön ist?"

Gute Frage. Und was wäre es, das Schöne? Bei Rilke, in den „Duineser Elegien", ist das Schöne „nichts als des Schrecklichen Anfang, den wir noch grade ertragen, / und wir bewundern es so, weil es gelassen verschmäht, / uns zu zerstören".

Reden wir mal zur Abwechslung über Literatur. Sie ist der Ort des Schönen, wenn damit nicht das Gefällige und das Geläufige gemeint sein soll, sondern der Hereinbruch des erschreckend anderen. Dieses andere kann das Verdrängte sein und das Vergessene, die nachtschwarze Fantasie ebenso wie das helle Entzücken, das Abenteuer der Seele ebenso wie der heldenhafte Konflikt des Individuums mit der Gesellschaft. Wissen wir das noch? Oder sind wir, wie Hölderlin klagte, nur noch Handwerker und keine Menschen, nur noch blind beschäftigt mit den Kleinlichkeiten und Widrigkeiten des schieren Augenblicks?

Es ist wahr: Hölderlins „Brot und Wein" helfen nicht gegen die Arbeitslosigkeit, und Goethes Mondlied ist kein Beitrag zur Lösung der Rentenkrise. Wer sich heutzutage beruflich behaupten will, tut besser daran, Englisch zu lernen, Computertechnik und Mathematik. Belesenheit ist eine Zier, doch weiter kommt man ohne ihr. Die Schüler lesen im Deutschunterricht eher *Bild* als „Faust", und sie diskutieren lieber „Liebe Sünde" als „Kabale und Liebe". Das ist ein Fehler.

Die weiland untergegangene DDR hatte sich die Pflege und Aneignung des „kulturellen Erbes" zum Ziel gesetzt. Dies geschah bekanntlich mit dem Vorsatz der Parteilichkeit und mit dem Zusatz der Zensur. Aber es entsprang auch dem Willen, die Überlieferung nicht abreißen zu lassen. Geschichte ist nicht nur die Geschichte der Könige und der Generäle und nicht nur die der Bauern und der Arbeiter, sie ist auch die Geschichte der Dichter und der Philosophen, die Geschichte von Büchern, von Dramen, von

Bildnachweise siehe S. 584

Gedichten. Darin sind die Träume aufbewahrt, die Ängste und die Hoffnungen der Menschen.

Wer diese Geschichte nicht kennt, der kennt die Kultur nicht, der er angehört, der kennt sich selber nicht. „Besinn dich. Entsinn dich. Lass dir erzählen", sagt Handkes Erzählerin. Aber hört noch jemand zu? Wen kümmert das kulturelle Erbe? (...)

Wir brauchen einen neuen Kanon. Allein schon deshalb, damit man über ihn streiten und das Gespräch über Literatur wieder beginnen kann. Wo kein gemeinsamer Gegenstand mehr ist, gibt es keine Diskussion. Als der Deutschunterricht in die Hände traditionsfeindlicher Didaktiker geriet, wurde der Kanon abgeschafft. Er galt als Herrschaftsinstrument. Das war er auch. Jeder Kanon sagt: „Das musst du lesen, das gehört dazu, dieses nicht." Und jeder Kanon erzeugt seinen Gegenkanon. Dieser kann mächtiger sein als jener. Die Entdeckung von Brecht in den sechziger Jahren war deshalb so machtvoll, weil er in den Schulen nicht gelesen wurde. Wer einmal das Reich der Literatur betreten hat, ist für Reglementierungen verloren.

Nun aber, da es schon lange keine Verbindlichkeit mehr gibt und da ein Zeugnis der Reife auch jenen erteilt wird, die weder „Faust" noch „Effi Briest" noch „Mutter Courage" je gelesen haben, scheint die Lektüre dem Privatvergnügen neugieriger Schüler und der Privatinitiative gebildeter Deutschlehrer überlassen. Ja, es wird noch gelesen, vielleicht nicht weniger als früher, aber die Geschichte der Literatur als Geschichte des Geistes und seiner Höhepunkte hat kaum mehr einen festen Ort im Deutschunterricht. Dort müsste doch die Liebe zu Poesie und Sprache, die den Anfang wirklicher Sprach- und Denkfähigkeit begründet, gepflegt werden. Stattdessen studiert man die Sprache der Werbung.

Das ist Betrug an einer ganzen Generation. Unter dem Anschein von Modernität und Liberalität wird den Schülern Beliebigkeit vorgetäuscht und nur jene, die aus einem gebildeten Haushalt mit Büchern kommen, wissen Bescheid. Aber literarische Maßstäbe gelten auch dann, wenn sie nicht mehr gewusst werden. Was zum Kanon gehört, ist, wie das Ergebnis der ZEIT-Umfrage zeigt, de facto unumstritten. Der Höhenkamm der großen Werke besteht auch dann, wenn er zeitweise im Nebel modischer Relativierung unsichtbar geworden ist.

Das alte Bildungsbürgertum – vielleicht ist es längst tot, wie der Verleger Klaus Wagenbach in der Umfrage wähnt. Aber darauf kommt es nicht unbedingt an. Denn in diesem Land gibt es Bibliotheken und Buchhandlungen genug, das Reich der Literatur steht jedem offen, der lesen kann, und selbst im Internet lockt die Gutenberg-Galaxis mit den Texten der Weltliteratur. Aber Lesen muss man lernen. Und dazu bedarf es der Anleitung, der Verführung anhand der kanonischen Werke.

Wer den „Faust" nicht mag, und welcher Schüler hat ihn je gemocht, muss die Chance erhalten, den eigenen Widerstand an ihm auszubilden. Wo keine Verbindlichkeit mehr herrscht, gähnt die geschichtsvergessene Leere. In die stolpert hinein, wer sprachlos ist und dem Müll der Bilder nicht das Eigene entgegenzusetzen weiß. Das Eigene? Es bestünde darin, dass eine oder einer, geschult an der von den Dichtern erzählten Erfahrung, ihre oder seine Erfahrung erzählen könnte, um der eigenen Geschichte bewusst zu werden.

Ein Gedicht von Stefan George (gehört es zum Kanon?) beginnt so: „Komm in den totgesagten Park und schau: / Der Schimmer ferner lächelnder Gestade, / Der reinen Wolken unverhofftes Blau / Erhellt die Weiher und die bunten Pfade." Und Hofmannsthal, in seinem berühmten „Gespräch über Gedichte", lässt seine beiden Redner, den Clemens und den Gabriel, darüber diskutieren. Clemens spricht aus, was auf der Hand liegt und also nur die Hälfte ist: dass die Poesie, voll von Bildern und Symbolen, vielleicht nur eine gesteigerte Sprache sei, weil sie eine Sache für die andere setze.

Darauf entgegnet Gabriel: „Niemals setzt die Poesie eine Sache für die andere, denn es ist gerade die Poesie, welche fieberhaft bestrebt ist, die Sache selbst zu setzen." Und er fügt hinzu: „Wollen wir uns finden, so dürfen wir nicht in unser Inneres hinabsteigen: draußen sind wir zu finden, draußen. Wie der wesenlose Regenbogen spannt sich unsere Seele über den unaufhaltsamen Sturz des Daseins. Wir besitzen unser Selbst nicht: von außen weht es uns an."

Wir besitzen unser Selbst nicht. In den Werken der Literatur weht es uns an. Manches stünde besser, wenn wir sie läsen und darüber sprächen. Obgleich damit die Frage des Spitzensteuersatzes immer noch nicht endgültig beantwortet ist. *(1997)*

---

① Dieser Artikel leitete 1997 die Kanon-Debatte in der ZEIT ein: Wie reagieren Sie auf den Artikel? Machen Sie sich Ihre Reaktion in einer knappen Stellungnahme klar.

② Um sich den Gedankengang Greiners klar zu machen, können Sie den Text in Sinnabschnitte gliedern und prüfen, welche Funktion die Abschnitte – in ihrer Anordnung und ihrer gedanklichen Verzahnung – für die Argumentation haben.
Klären Sie z. B., wie der Verfasser in die Argumentation „einsteigt": Welche Funktion haben die Zitate (von Handke, Rilke, der Hinweis auf Hölderlin) und wie führt der Verfasser den Leser zu seiner zentralen Forderung? Versuchen Sie die „Strategie" zu entschlüsseln, mit der der Verfasser den Leser für seine Absichten zu gewinnen sucht.

- Um die **Argumentationsstruktur** eines Textes zu klären, untersuchen Sie im Einzelnen:

  - Welche Intention hat der Verfasser, welche Absicht verfolgt er?
  - Welche Behauptungen, Forderungen, Urteile formuliert er?
  - (Wie) werden diese durch Argumente begründet und belegt?
  - Sind die Argumente überzeugend, beweiskräftig, schlüssig?
  - Ist die Argumentation durch zentrale Begriffe (Schlüsselbegriffe) geprägt und wie sind diese zu verstehen?

- Zur Klärung von Gedankenschritten kann es sinnvoll sein, **Sprechakte** durch entsprechende Verben zu kennzeichnen wie z. B.:
  behaupten, begründen, belegen, fordern, folgern, einräumen, unterstellen, …

- Um die Art gedanklich-logischer Verknüpfung zwischen Sätzen (in Satzgefügen) zu erkennen und zu beschreiben, sollten Sie sich noch einmal die entsprechenden grammatischen Möglichkeiten in Erinnerung rufen (z. B. die Adverbialsätze). Achten Sie auf „Signalwörter":

Angabe des Grundes (kausal)	des Zwecks (final)	der Bedingung (konditional)	der Folge (konsekutiv)	der Einräumung (konzessiv)	des Mittels (instrumental)
weil, wegen, deshalb, deswegen, darum	damit, um…zu, dafür, dazu	wenn, falls, im Falle	sodass, so …, dass	obwohl, obgleich, trotz, trotzdem, dennoch	indem, dadurch, dass, durch, dadurch, damit

- Zur Analyse einer Argumentation gehört auch die Klärung zentraler **Begriffe**. Dabei können Sie unterscheiden:

  – Fremdwörter oder Fachbegriffe, deren Bedeutung Sie nicht kennen (im Lexikon, Fremdwörterbuch, Rechtschreiblexikon nachschlagen),

  – Begriffe, deren Bedeutung Sie kennen, über deren Sinn und Verwendung im Text Sie aber nicht sicher sind (kontextualisieren),

  – Begriffe, die Sie als Schlüsselwörter identifiziert haben (unterstreichen, vernetzen).

③ Untersuchen Sie unter diesen Gesichtspunkten den Artikel von Greiner.

2.3 Einen argumentativen Text beurteilen

Um die Argumentation eines Textes zu **beurteilen**, können folgende Prüffragen hilfreich sein:

- Formuliert der Verfasser seine Auffassung klar und deutlich (z. B. in Form einer These, eines Urteils, einer Forderung) oder verschwommen?

- Ist der Text stärker durch Behauptungen oder durch Argumente geprägt? Werden Behauptungen begründet oder nicht?

- Welcher Art sind die Argumente, z. B.

    → **Berufung auf Autoritäten**
    (Experten, anerkannte Fachleute, Persönlichkeiten; Kriterium: Akzeptanz)

    → **Berufung auf Fakten**
    (Forschungsergebnisse, Statistiken, empirische Erhebungen; Kriterium: Überprüfbarkeit)

    → **Berufung auf Erfahrung**
    (Kriterium: Verallgemeinerungsfähigkeit)

    → **Berufung auf ähnliche, vergleichbare Fälle**
    (Analogieargument; Kriterium: Übertragbarkeit)

    → **Verweis auf ursächliche Zusammenhänge**
    (Kriterium: Schlüssigkeit)

- Vermeidet der Verfasser Verstöße gegen die Logik der Argumentation, z. B.

    → einen **Zirkelschluss**
    (z. B. „Die Gegner eines literarischen Kanons haben Unrecht. Deshalb können wir Ihnen nicht folgen.")

    → eine **falsche Verallgemeinerung**
    (z. B. „Die Literaturdidaktiker lehnen einen literarischen Kanon ab.")

    → einen **Trugschluss**
    (z. B. ‚Kanon' kommt von griech. = Maßstab, Regel. Ein literarischer Kanon setzt also verbindliche Maßstäbe.")

- Folgt das Ergebnis, zu dem der Verfasser kommt, schlüssig aus dem Gedankengang bzw. der Argumentation?

- Formuliert der Verfasser sachangemessen? Ist sein Stil klar oder verschwommen und vage, sachlich oder polemisch, begrifflich einfach oder komplex, direkt oder ironisch, …?

1. Die sachlich-inhaltliche Auffassung bzw. Position eines Verfassers kann man nur beurteilen, wenn man sich mit dem Sachzusammenhang vertraut gemacht hat, vielleicht andere Auffassungen kennt, das Problem in einen größeren Zusammenhang einordnen kann. Setzen Sie sich mit Greiners Auffassung und Absicht kritisch auseinander und ziehen Sie dazu auch die Stellungnahmen zur Kanon-Frage (Seite 152/153, besonders die des Pädagogen von Hentig) heran.

2. Überprüfen Sie kritisch Ihre eigene anfängliche Stellungnahme zur Wirkung des Greiner-Artikels (vgl. Aufgabe 1, Seite 155). Welche Eindrücke haben sich bestätigt, welche müssen Sie ggf. revidieren?

3 Eine textbezogene Erörterung schreiben

Um eine textbezogene Erörterung (textgebundene Erörterung, Texterörterung) zu schreiben, ist es nötig
- den Text zu erschließen (Position, Intention, Argumentation) und sich damit auseinander zu setzen (vgl. Kapitel 2),
- Überlegungen für die inhaltliche Auseinandersetzung sowie eigene weiterführende Gedanken zu entwickeln,
- die Gliederung für die schriftliche Erörterung sorgfältig zu planen.

Frauen lesen anders
Von Ruth Klüger

Bücher wirken anders auf Frauen als auf Männer. Dies sollte kein heikles Thema sein. Doch fürchten Frauenrechtlerinnen, dass eine solche Behauptung den weiblichen Geschmack und die weibliche Denk-
5 fähigkeit in Frage stellt, und ihre Gegner fürchten einen weiteren Angriff auf den literarischen Kanon. Und doch: Längst haben wir gelernt, dass das Wort, der Text, der Roman oder das Gedicht kein Ding an sich ist, dessen werkimmanenter Sinn sich den ver-
10 trauensvoll Lesenden bedingungslos erschließt und immer gleich bleibt. Jeder und jede von uns liest anders, wie kein Leben mit einem anderen identisch ist und sich jedermanns und jeder Frau Weltverständnis von jedem anderen unterscheidet. (...)
15 Dazu ein Beispiel aus der bildenden Kunst. Fast jede große Kunstgalerie hat ein Gemälde aufzuweisen, das den „Raub der Sabinerinnen" darstellt. Und bei jeder Führung wie auch in den Katalogen heißt es, man möge die Komposition bewundern, den Farbkontrast
20 würdigen. Nur: Wir blicken auf einen Gewaltakt, von muskulösen Männern an halb nackten Frauen verübt, unwilligen Menschen, die von Stärkeren verschleppt werden. Ich höre zu, ich schaue hin, und ich frage mich betreten: Warum sagt niemand etwas zum
25 Inhalt? Ich weiß auch die Antwort: Weil der Raub und die Vergewaltigung zur mythisch-historischen Vorlage gehören und nur dazu da sind, damit der Maler sein Können demonstriere.
Als Frauen stehen wir vor diesem Prunk und dieser
30 Pracht, wo unseresgleichen zu Gegenständen erniedrigt wird, und verdrängen unsere Beklemmung um unser Kunstverständnis nicht zu kompromittieren. Manchmal sind die Opfer so gemalt, dass sie ihre Erniedrigung zu genießen scheinen, eine Übertünchung,
35 die die Sache noch verschlimmert. Nun will ich das Gemälde beileibe nicht aus der Galerie entfernen und möchte auch weiterhin über seine technischen Voll-

Peter Paul Rubens: Raub der Töchter des Leukippos, um 1618

kommenheiten belehrt werden; nur möchte ich außerdem die Inhaltsfrage stellen. Denn es liegt doch
40 auf der Hand, dass Männer und Frauen ein solches Sujet unterschiedlich betrachten, und wir hegen gerechte Zweifel, wenn die Experten uns versichern, dass das Gemälde mit erotischen Machtansprüchen nur minimal zu tun habe.
45 Ähnlich verhält es sich mit der Darstellung von Gewaltakten und deren Rezeption in der Literatur. Der Georg-Büchner-Preisträger des Jahres 1992, George Tabori, sagte in seiner Dankrede, die schönsten Liebesgeschichten, die er kenne, seien „Othello" und
50 „Woyzeck". Der einflussreichste deutsche Kritiker, Marcel Reich-Ranicki, hat einmal im Fernsehen seine Vorliebe für die „Liebesgeschichte" „Kabale und Liebe" kundgetan. Wer will abstreiten, dass es sich bei allen dreien der genannten Dramen um Meisterwerke
55 der Literatur handelt? Wie denn anders, wenn Shakespeare, Büchner und Schiller die Autoren sind? Aber

die schönsten Liebesgeschichten? So würde eine Frau sie auf Anhieb kaum nennen. Wird doch in jeder von ihnen die Geliebte vom Geliebten umgebracht, und zwar auf recht brutale Weise, erdrosselt von Othello, erstochen von Woyzeck, vergiftet bei Schiller. Wenn ich sagen wollte, die schönsten Liebesgeschichten, die ich kenne, seien Kleists Penthesilea, wo die Titelheldin ihren geliebten Achilles zerfleischt, als Ersatz für den Liebesakt, und Hebbels Judith, in der die Titelheldin dem Holofernes nach dem Liebesakt den Kopf abschlägt: Würde ein männlicher Leser nicht mit Recht meine Bezeichnung dieser Faszinosa als schöne Liebesgeschichten mit Beunruhigung aufnehmen?

Was geht hier vor? Die Verherrlichung oder Verharmlosung der Gewalt gegen Frauen in der Literatur beginnt früh, zum Beispiel mit dem „Heideröslein". Man sollte meinen, dass sich die symbolische Darstellung einer brutalen Vergewaltigung, vertont oder unvertont, nicht zum Schulunterricht eigne und schon gar nicht auf eine Stufe mit wirklichen Liebesliedern gesetzt werden solle. Denn Goethe hin, Schubert her, die letzte Strophe ist eine nur leicht verbrämte Terrorszene: „Doch der wilde Knabe brach / 's Röslein auf der Heiden. / Röslein wehrte sich und stach / Half ihm doch kein Weh und Ach / Musst' es eben leiden." Die Verharmlosung entsteht dadurch, dass der Vergewaltiger, also ein ausgewachsener, zumindest geschlechtsreifer Mann, als „wilder Knabe" einherkommt, dass die Tat symbolisch an einer Blume ausgeführt wird, obwohl deutlich Kraftmeier und schwächeres Mädchen gemeint sind, und dass im hingeträllerten Refrain „Röslein, Röslein, Röslein rot / Röslein auf der Heiden" der Terror verplätschert. Das Lied ist verlogen, weil es ein Verbrechen als unvermeidlich und obendrein wie eine Liebesszene darstellt. Helke Sander hat in ihrem umstrittenen Dokumentarfilm „(Be)Freier und Befreite" einen Männerchor eingesetzt, der das „Heideröslein", kommentarlos und unmissverständlich, im Kontext der Massenvergewaltigungen des Zweiten Weltkriegs singt. Damit ein Mädchen oder eine Frau ein solches Lied hübsch findet, muss sie mehr von ihrem menschlichen Selbstbewusstsein verdrängen, als sich lohnt, von ihren erotischen Bedürfnissen ganz zu schweigen. (...)

Wir, die gelernt haben, wie Männer zu lesen, unterdrücken das Unbehagen, denn wir wissen nicht recht, wohin damit. Eigentlich wollen wir sagen: „Wir sind nicht so, und es geht auch anders." In Wirklichkeit sagen wir oft: „Wir fühlen uns in die Helden ein, also sind wir wie sie" – und wissen doch, wir sind's nicht.

Vor allem lernen wir, die Verachtung, mit der weibliche Gestalten in der Literatur oft gebrandmarkt sind (es fängt mit solchen Redewendungen an wie „ein hübsches Ding"), nicht als solche zu kritisieren. Und das halte ich für einen Fehler, denn die Auseinandersetzung mit Irritationen ist heilsamer als das passive Hinnehmen.

Aber handelt große Literatur nicht vom allgemein Menschlichen, an dem beide Geschlechter teilhaben? Ist das nicht gerade der Grund, warum Leserinnen mit Faust und Hamlet mitdenken können? Als ich Schillers „An die Freude" als Zehnjährige las, fühlte ich mich ausgeschlossen gerade von den Versen, bei denen sich alle miteingeschlossen fühlen sollen. Da hieß es zunächst: „Alle Menschen werden Brüder." Eigentlich, so dachte ich, sollte es „Geschwister" heißen, wenn auch Frauen gemeint sind. Doch entschuldigte ich den Dichter: Auf „Geschwister" findet sich nicht so leicht ein Reimwort. „Geschwister" ist unpoetisch, also gut „Brüder". Doch dann las ich:

Wem der große Wurf gelungen
Eines Freundes Freund zu sein,
Wer ein holdes Weib errungen
Mische seinen Jubel ein.

Ich dachte, zur Not könnte es mir ja in ferner Zukunft gelingen, ein holdes Weib zu werden, wiewohl mir diese Aussicht als nicht eindeutig erstrebenswert erschien. Da ich naturgemäß nie in der Lage sein würde, ein solches, nämlich ein holdes Weib, zu erringen, würde ich bestenfalls einen Mann zum Jubeln veranlassen, doch selber mitzujubeln schien mir der Dichter zu versagen, und das in seiner menschheitsumfassenden Versöhnungshymne. Ein Mensch konnte ich offensichtlich nicht sein, nur eines Menschen Weib. Später lernte ich, eine solche Reaktion auf ein großes Gedicht sei kindisch. Ich musste alt werden, um ihre spontane Richtigkeit zu erkennen.

Spät habe ich gelernt, mir meine Betroffenheit als Frau beim Lesen und Zuhören einzugestehen. Das heißt nicht, dass ich alle Literatur, die nach Frauenfeindlichkeit schmeckt, ablehne. Das kann ich mir nicht leisten. Im Gegenteil: Meistens finde ich mich damit ab, denn, ähnlich wie beim Antisemitismus, würde ich mir zu viel entgehen lassen, wollte ich alle Werke beiseite schieben, in denen über Juden, beziehungsweise Frauen, geringschätzig geurteilt wird. Nur nehme ich nicht mehr kritiklos hin, was der Kritik bedarf.

(1994)

1. Wie regieren Sie auf den Artikel? Können Sie den Erfahrungen, Überlegungen, Konsequenzen der Verfasserin zustimmen?
2. Wie lassen sich die Ausführungen auf das Thema „literarischer Kanon" beziehen?
3. Untersuchen Sie den Artikel Klügers und setzen Sie sich mit ihm für eine textbezogene Erörterung auseinander. Folgen Sie dabei den in Kapitel 2 erarbeiteten Gesichtspunkten.

Zur Vorbereitung und Fundierung Ihrer Auseinandersetzung mit dem Text und Ihrer eigenen ggf. weiterführenden Überlegungen sollten Sie zuvor Ihre Gedanken sammeln, z. B. so:

Gedankensammlung

eher zustimmend:
- Verstehen von Literatur ist leserabhängig; gegen eine rein werkimmanente Betrachtung (zu Zeile 1–14)
- „Raub der Sabinerinnen" (Zeile 17) von Rubens (?) ist abstoßend, sozusagen „Softporno"...
- ...

eher ablehnend:
- „Wir, die gelernt haben, wie Männer zu lesen" (Z. 103) offensichtlich ein Widerspruch; laut Klüger lesen Frauen doch anders als Männer (vgl. Überschrift und Zeile 1)
- ...

unsicher:
- „Heideröslein" von Goethe (Zeile 73ff.): Ist hier wirklich eine Vergewaltigung dargestellt?
- „An die Freude" von Schiller (Zeile 120ff.): muss man wohl aus der Zeit heraus verstehen; wirkt tatsächlich etwas machohaft ... (zu ablehnend?)
- ...

weiterführend:
- Wir haben im Unterricht auch Frauenliteratur gelesen, z.B. „Medea" von Christa Wolf...
- Gibt es einen Unterschied, wie Männer die Perspektive von Frauen darstellen (z.B. Goethe: „Iphigenie" oder Fontane: „Effi Briest") – oder wie Frauen das tun?
- ...

Die Gliederung ihrer schriftlichen Erörterung sollten Sie sorgfältig planen, denn über Ihre eigene Auseinandersetzung mit dem Text hinaus geht es darum, dem Leser Ihre Gedanken geordnet und verständlich zu präsentieren.

Ein Beispiel für eine mögliche Gliederung

1. Schritt: Einleitung
Hier stellen Sie den Text vor (Verfasser, Titel, Textsorte, Erscheinungsort und -zeit, …) und geben das Thema an. Außerdem können Sie in knapper Form formulieren, um welche Problemstellung es im Text geht, wie der Verfasser sie löst und wie Sie selbst diese Lösung – zunächst – beurteilen.

2. Schritt: Textanalyse
In die Textanalyse bringen Sie das ein, was Sie zu Position, Intention, Argumentationsstruktur und Begrifflichkeit ermittelt haben (vgl. Kap. 2).
Dabei können Sie eigenständig Akzente setzen:
- Sie stellen dem Leser den Text vor, indem Sie z.B. – wie bei der Inhaltsangabe – zunächst den Gedankengang des Textes wiedergeben und anschließend den Text in seiner Eigenart charakterisieren. Dabei arbeiten Sie also relativ eng am Text.
- Sie können aber auch – ausgehend von Ihrer eigenen Sicht des Problems – den Text in seiner gedanklichen Struktur unter bestimmten Aspekten darstellen, auf die Sie sich im Erörterungsteil beziehen. Hier zeichnen Sie sozusagen eigenständig ein „Porträt" des Textes.

3. Schritt: Erörterung
Hier bringen Sie ihre Ergebnisse aus der kritischen Betrachtung der Argumentationsstruktur ein, außerdem setzen Sie sich mit der Auffassung des Autors zum Thema/Problem auseinander, nehmen Stellung und entwickeln Ihre eigenen Gedanken zum Thema.
Dabei können Sie wieder – je nach Text, Leser und Ihren Intentionen – methodische Akzente setzen:
- Sie können z.B. zunächst die Art der Argumentation charakterisieren und zu beurteilen suchen und sich anschließend mit der Auffassung des Autors auseinander setzen und dazu sowie zur Problemstellung des Textes Stellung nehmen.
- Sie können aber auch ein „integriertes" Verfahren wählen, bei dem Sie sich mit der Art der Argumentation und der sich darin abzeichnenden Auffassung des Verfassers auseinander setzen.

4. Schritt: Schluss
Dieser Schritt kann entfallen, wenn Sie nicht noch einen neuen Gedanken bringen, einen neuen Akzent setzen wollen.
Sie können die Problemstellung z.B. in einen größeren und/oder aktuellen Zusammenhang einordnen oder die Fragestellung ausweiten und eine neue Perspektive aufzeigen.

4 Schreiben Sie zu dem Artikel von Ruth Klüger eine textbezogene Erörterung. Beziehen Sie Ihre Untersuchungsergebnisse und Ihre Gedankensammlung (vgl. Seite 160) ein und überlegen Sie, wie Sie Ihre Erörterung im Einzelnen gliedern wollen.

4 Eine textbezogene Erörterung überarbeiten

Ein Erörterungsaufsatz sollte sich durch eine klare, schlüssige Gedankenführung und einen präzisen Stil auszeichnen. Dazu sollte man sich ein sprachliches Repertoire erarbeiten, mit dem man gedankliche Strukturen sowohl in Texten beschreiben als auch – in der eigenen Argumentation – darstellen kann.

1 Unterscheiden Sie zwischen Tatsachenfeststellungen, Urteilen und Forderungen:

Tatsachenfeststellung	Meinung
z. B. – wissenschaftlich abgesicherte Erkenntnis	Urteil (muss begründet werden)
– allgemein geltende Übereinkunft (Konvention)	Forderung (sollte sich auf ein begründetes Urteil stützen)
– allgemeine Erfahrung	

2 Urteile und Forderungen können durch ein besonderes sprachliches Repertoire nach dem Grad ihrer Geltung modifiziert werden. Prüfen Sie, ob Sie diese sprachlichen Möglichkeiten nutzen können:

– Partikel:	*wohl, doch, durchaus, gewiss, zweifellos, ...*
– Pronomen:	*manche, einige, alle, jeder, ...*
– Modalverben (im Konj II):	*das könnte, dürfte, müsste, ... so sein*
– Infinitiv:	*ist/sind zu leisten, zu ermitteln, ...*
– rhetorische Frage:	„Brauchen wir wirklich/etwa im Deutschunterricht noch Klassiker?"

3 Überprüfen Sie die Schlüssigkeit Ihrer Argumentation, indem Sie auf die Art Ihrer Argumente achten und logisch ungenaue Argumente vermeiden:

Arten von Argumenten	logisch ungenaue Argumente
Berufung auf – Autoritäten – Fakten – Erfahrungen – ähnliche, vergleichbare Fälle Verweis auf ursächliche Zusammenhänge (vgl. Seite 157)	– Zirkelschluss – falsche Verallgemeinerung – Trugschluss (vgl. Seite 157)

4 Prüfen Sie die Schlüssigkeit der Argumentation in folgenden Schülertexten; achten Sie dabei auf gedanklich schlüssige satzlogische Verknüpfungen (vgl. Tabelle Seite 156).

„Moderne Literatur sollte im Deutschunterricht ganz klar die Klassiker überwiegen. Denn Klassiker sind antiquiert, was bereits vor einigen Jahren der Wissenschaftler Hans Joachim Grünwaldt in der Fachzeitschrift „Diskussion Deutsch" herausgefunden hat. Außerdem ist es ein Faktum, dass moderne Literatur wegen ihrer Sprache leichter zu lesen und zu verstehen ist als die Klassiker (...)."

„Gerade im Unterricht sollte klassische Literatur, z. B. von Lessing, Goethe, Schiller, Büchner u.a., gelesen werden. Denn die Erfahrung zeigt, dass Motivations- und Verständnisschwierigkeiten durch das gemeinsame Gespräch im Unterricht und die Anregungen des Lehrers besser überwunden werden können."

„Man sollte keine Klassiker im Unterricht lesen, denn Klassiker sind alt und Altes ist überholt."

> „Mit dem Lesen von Klassikern ist es wie mit dem Vollkornbrot. Man muss zwischendurch auch mal richtig was zu beißen haben und immer nur Weißbrot schmeckt nicht und ist im Übrigen auch ungesund. Also sollte man ..."

> „Die Lektüre von Goethes ‚Iphigenie' hat mir gereicht. Deshalb sollte man keine Klassiker im Deutschunterricht durchnehmen."

5 Gestalten Sie Ihre Argumentation überzeugend und wirkungsvoll, indem Sie z. B.

- Argumente durch Beispiele veranschaulichen (z. B. persönliche oder allgemeine Erfahrungen, allgemein anerkannte Normen), Belege stützen (z. B. Fakten, Umfrageergebnisse, wissenschaftliche Befunde),
- Argumente nach zunehmender Schlagkraft anordnen (Signalwörter sind z. B.: zunächst einmal, außerdem, weiterhin, vor allem, entscheidend, ausschlaggebend),
- Einwände aufgreifen und Gegenpositionen entkräften.

6 Verwenden Sie zur Beschreibung gedanklich-argumentativer Zusammenhänge geeignete „metasprachliche" Mittel mit treffenden Ausdrücken, z. B.:

> eine These aufstellen – eine Forderung erheben – ein Urteil fällen – einen Standpunkt ... – ein Argument ... – ein Argument durch ein Beispiel ... – einen Grund ... – die Konsequenzen ... – eine Bedingung ... – einen Zweck ... – einen Einwand ... – eine Gegenposition ... – zu dem/einem Ergebnis... – ein Argumentationsziel ... – eine gedankliche Struktur ... – Akzente ..., – in Abrede ..., ...

Vergleichen Sie die Wendungen mit den Sprechaktverben (Seite 156).

7 Vermeiden Sie „semantische Inkongruenz". Berichtigen Sie die Sätze:

Fehlerbeispiele:
„Die Aufteilung von Männern und Frauen beim Lesen von Büchern ist ..."
„Frauen sind gegenüber Männern viel hellhöriger auf Bücher als ..."
„Der literarische Kanon ermöglicht ein festes Bild auf die Literatur."
„Die Leseerfahrungen von Frauen wird versucht von der bei Männern zu unterscheiden."

8 Stellen Sie Bezüge grammatisch eindeutig her. Berichtigen Sie die Sätze:

Fehlerbeispiele:
„Die Kanon-Frage muss von Lehrern und Schülern gelöst werden, damit sie diese aus dem Streit der selbst ernannten Experten hinausführen."
„Frauen lesen anders als Männer. Sie kommen in Büchern öfter als Helden vor."
„Lehrer sind gegenüber Schülern im Vorteil. Sie kennen sich noch nicht so gut mit literarischen Werken aus."

9 Verwenden Sie zur Redewiedergabe treffende sprachliche Mittel, z. B.:

Konjunktiv I: *Greiner fordert, das Gespräch über den literarischen Kanon müsse neu beginnen.*

Bei Formengleichheit mit dem Indikativ: Konj II: *Klüger behauptet, Frauen läsen anders als Männer.*

Indikativ mit einer referentiellen Wendung: *Nach Auffassung Klügers lesen Frauen ...*

Nominalisierung: *Greiner fordert einen Neubeginn der Diskussion über den literarischen Kanon.*

5 Einen Essay schreiben

> Im Unterschied zum gedanklich und sprachlich strengeren Erörtern handelt es sich beim essayistischen Schreiben um eine offene, lockere Form der Behandlung eines Themas. Essays beschäftigen sich meistens mit allgemein interessierenden Themen aus unterschiedlichen gesellschaftlichen oder kulturellen Bereichen. Dabei kommt es dem Schreiber nicht darauf an, dem Leser wissenschaftlich gesicherte „objektive" Ergebnisse zu vermitteln, sondern „subjektive" Denk-Anstöße zu geben. Deswegen ist der Essay keine fest umrissene Textsorte mit bestimmten „Spielregeln", sondern zeigt eine offene Struktur, bei der das Thema eher assoziativ entfaltet wird.
> Demgegenüber sind Art der Gestaltung und Stil anspruchsvoll und auf Wirkung bedacht. Der Essay-Schreiber versucht den Leser zu gewinnen, indem er z. B. ungewöhnliche gedankliche Verbindungen knüpft oder überraschende Vergleiche zieht. Er greift zu pointierten Formulierungen und setzt auf Anschaulichkeit und Bildhaftigkeit. Er vermeidet Allgemeinplätze und Klischees.

Günter Kunert

Vom Reisen (Auszug)

Reisen, wie ich es verstehe, ist kein Hintersichbringen einer Entfernung zwischen zwei näher oder entfernter gelegenen Orten, um so rasch wie möglich einen Zweck zu erfüllen, was Zusammensetzungen wie „Geschäftsreise",
5 „Dienstreise" falsch und widersprüchlich benennen. *Reisen* meint weder das Verlassen des Heimes noch der Heimatstadt noch des so genannten Vaterlandes, sondern vor allem: der Gewohnheit. Selbst noch im letzten, von keiner Einsicht getrübten Touristen schimmert im Unter-
10 bewusstsein etwas vom existentiellen Motiv des Reisens, das Metamorphose heißen könnte. (…) Verwandlung – aber wie? Das Wort ist nun oft genug gefallen, somit die Erläuterung fällig. Gemeint ist keineswegs die Zunahme an Kenntnissen und Wissen, keine Steigerung von Fähig-
15 keiten, unterschiedliche Situationen reibungsloser zu bewältigen – gemeint ist, dass die *Fremde* (und ich benutze bewusst den altertümlichen, doch treffenden Ausdruck) den Reisenden sich selber fremd werden lässt. Woanders ist man ein anderer. Welcher einigermaßen empfindsame
20 Reisende merkt nicht beispielsweise unter südlicherem Himmel an sich selber eine stärkere Bereitschaft zu größerer Lebhaftigkeit, gar zur ungewohnten Gestikulation? Dem anderen Lebensrhythmus sich anpassend, verliert er merklich von der eigenen, ohnehin unsicheren
25 Individualitätssubstanz, gewinnt jedoch fremdartig neue hinzu, die aus der Kollektiv-Individualität, von welcher er eingehüllt wird, auf ihn übergeht. Man meint, die abweichende, sogar gegensätzliche Daseinsweise durch ein Minimum an Mimesis zu begreifen, nachzufühlen, und
30 in diesem Nachfühlen (etwas wie ein emotionales Bewusstsein, und das ist bloß ein scheinbarer Widerspruch) liegt bereits, da wir ja damit schon von uns selber absehen und anderes Leben in uns aufzunehmen trachten, die Verwandlung beschlossen. Beteiligt sich
35 noch unsere Fantasie, unser Vorstellungsvermögen an dem Vorgang, erhöht sich seine Intensität: Jede Landschaft bietet uns plötzlich Heimat und glückliche Geborgenheit, jedes Haus die Möglichkeit, eine Existenz hineinzuprojizieren, welche die unsere sein könnte, sein
40 müsste. Jener fremden Frau mit den eigentümlichen Zügen, dem vieldeutigen Blick, dem Fluidum einer gänzlich anderen Natur, anderen Historie ordnet man sich, da sie neben uns mit fremder Stimme in fremder Sprache spricht, als ihr Gatte oder Liebhaber zu: durchaus
45 glaubhafte Möglichkeiten, die, wären sie verwirklicht, uns zum selbstverständlichen Bestandteil der Piazza werden ließen, genussvoll speisend und trinkend, ehe wir unser gemeinsames Bett in einem halb verfallenen, von lauter lauten Leuten bewohnten Quartier aufsuchen
50 würden. (…)
So außer sich und aus seinem persönlichen Alltag geraten, in einer Art gezügelter, doch permanenter Ekstase, erfährt der Reisende auch das eigene Ich, da er nach allen Wandlungen und Verwandlungen erneut und immer
55 wieder zu sich selber zurückkehrt. Weil er jedoch bei dieser Rückkehr kaum mehr der ganz Gleiche ist wie vordem, findet er sich selber fremd und verfremdet vor, sich selber deutlicher erkennbar, eingebettet im Gelee seiner sozialen und gesellschaftlichen Lage.
60 Derart vollzieht sich an Reisenden die Goethische Sentenz „Reisen bildet", was dem Sprachgebrauch des Alten zufolge wahrscheinlich mehr enthält als nur Bildungserlebnis und wohl eher und glaubhafter besagt, dass, wer da reise, zum Menschen gebildet werde. Was
65 eben auf andere Weise das gleiche verheißt: Verwandlung – aus rohem Stoff zu einem Wesen, das (potenziell) die Gesamtheit, meinetwegen: die Gattung, mitenthält. Eine Literatur, die sich mit dem Reisen befasst und sich solcher Möglichkeiten trotzdem nicht bewusst ist, darf
70 getrost als „Reise-Literatur" bezeichnet werden: Ihr bleibt alles unverwechselbar exotisch und außerhalb des Begreifbaren, Begriffenen, sogar Begrifflichen.

Wo aber die Reise zum Zentrum der Dinge, der irdischen Dinglichkeit geht und die Reflexion am Steuer sitzt, von solcher Reise erwarten wir, wenn einer eine tut, dass er was davon erzählen kann, dessen wir nicht mehr entraten möchten, nachdem wir es erfuhren.
(1981)

① Bestimmen Sie das Thema, mit dem sich Kunert beschäftigt. Welche Auffassung kommt in dem Text zum Ausdruck?

② In welcher Absicht und auf welche Art und Weise behandelt der Verfasser sein Thema? Untersuchen Sie die Art der Gedankenführung. Wodurch kommt der Eindruck der Lockerheit zustande?

③ Welche sprachlichen Mittel setzt der Verfasser ein (z. B. überraschende, zugespitzte Wendungen, Kontrastierung, Beispiele, bildkräftige Formulierungen, …)? Wie würden Sie den Stil insgesamt kennzeichnen?

④ Verfassen Sie selbst einen Essay.
– Suchen Sie sich ein Thema, das Sie interessiert, zu dem Sie vielleicht schon einmal etwas geschrieben haben, das aktuell ist, …
Sie können auch von eigenen Reiseerfahrungen ausgehen und „Ihren" Essay zum Thema „Reisen" schreiben.
– Sammeln Sie Gedanken zum Thema. Versuchen Sie das Thema nach unterschiedlichen Aspekten zu entfalten. Dabei kann Ihnen das Clustering-Verfahren dienlich sein.

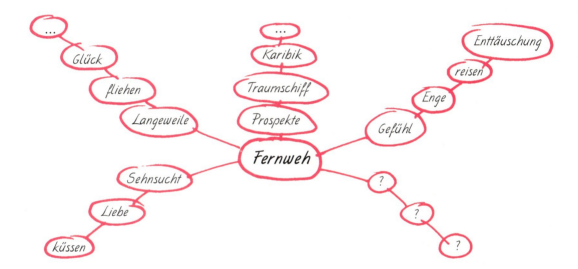

– Lassen Sie Ihren Gedanken „freien Lauf". Strukturieren Sie Ihre Ausführungen locker, assoziativ. Überbrücken Sie gedanklich-logische Lücken durch Anspielungen, Bilder (Metaphern), Assoziationen. Dabei kann Ihnen die „Spiralmethode" dienlich sein.

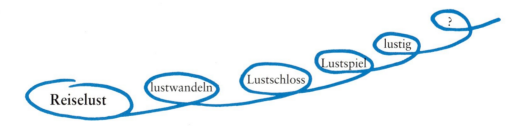

⑤ Überarbeiten Sie Ihren Essay. Streichen Sie Allgemeinplätze, Klischees, langweilige Passagen. Locken Sie den Leser auf Ihre Gedankenbahn. Suchen Sie nach Ihrem persönlichen Stil.

1 Worum es bei der Facharbeit geht

Die Facharbeit dient der Einübung in grundlegende Fertigkeiten wissenschaftlichen Arbeitens. In einem begrenzten Sachgebiet, einer Fragestellung zu einem Teilbereich des Faches wird Ihnen Gelegenheit gegeben, selbstständig eine umfangreichere schriftliche Arbeit über einen längeren Zeitraum zu erstellen. Sie sollen so vertraut gemacht werden mit wissenschaftlichen Denk- und Arbeitsweisen, die für ein späteres Studium unabdingbar sind.

Im Vordergrund steht die Anwendung fachspezifischer oder fachübergreifender Methoden und Arbeitstechniken. Dabei kommt es auch auf die Einhaltung von festgelegten Konventionen z. B. beim Zitieren und Bibliografieren an. Facharbeitsthemen ergeben sich meist aus dem Unterrichtszusammenhang, wobei Sie entweder Ihr Thema aus einer Vorschlagsliste auswählen oder aber im Rahmen des Kursthemas selbst Themen entwickeln. Die konkrete Formulierung der Themenstellung erfolgt in der Regel in Absprache mit dem Kursleiter. Dabei können unterschiedliche Aufgabentypen auftreten:

AUFGABENTYP	DEFINITION	BEISPIELE
Literaturarbeit	vorwiegend Bearbeitung vorhandener Primär- und Sekundärliteratur	Ernst Tollers „Hinkemann" und Georg Büchners „Woyzeck" im Vergleich Die Sprache der Machthaber – exemplarische Analyse politischer Reden aus der DDR der Vorwendezeit Die Bedeutung des Doppelgängermotivs in E. T. A. Hoffmanns Roman „Die Elixiere des Teufels"
empirische Untersuchung/ Dokumentation	vorwiegend Auswertung eigener Erhebungen und Untersuchungen	Niederdeutsch – eine lebendige Mundart in meiner Region? Lesen in der Freizeit – Das Leseverhalten von Jugendlichen in meiner Heimatstadt Schriftstellerinnen und Schriftsteller in meiner Region
fächerverbindende Arbeit	Kombination von Themen und Methoden aus mindestens zwei Fächern	Ernst Barlachs Menschengestaltung in seinen Dramen und Plastiken DADA in Literatur und Kunst am Beispiel von Hans Arp und Kurt Schwitters Form und Wirkung des expressionistischen Films – eine Analyse anhand ausgewählter Szenen aus „Das Cabinet des Dr. Caligari"

2 Themenfindung und -eingrenzung

1. **Das Thema finden:**
   Überblick über das Stoffgebiet verschaffen – Ableitung möglicher Themen – eigene Interessen, Vorwissen, Fähigkeiten und Fertigkeiten und Materiallage berücksichtigen

2. **Eingrenzung des Themas:**
   Aspekte auswählen – Schwerpunkte setzen – Problemorientierung in die Themenformulierung einfließen lassen

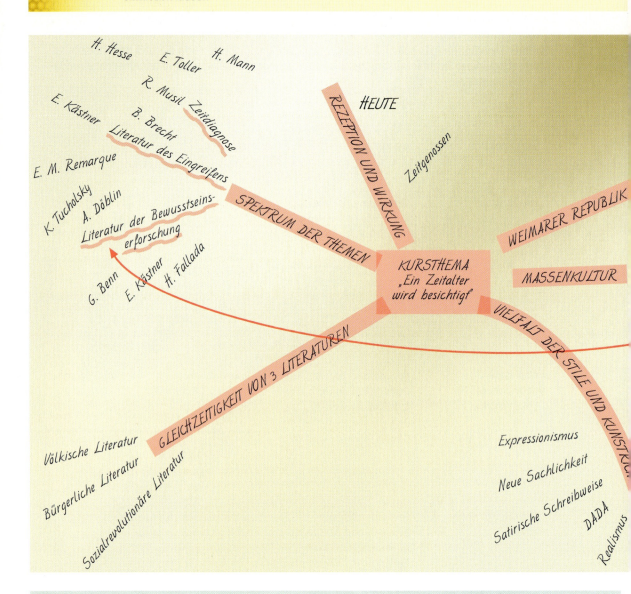

Für den ersten Überblick kann ein **Mind-Map** sehr hilfreich sein. Es eignet sich besonders gut, Gedanken bzw. Inhalte eines Sachgebietes wie auf einer Landkarte sichtbar zu machen. Anders als beim Brainstorming werden Begriffe bewusst zu einem Netzwerk verknüpft. Zum einem können das Stoffgebiet und die Vielfalt der thematischen Möglichkeiten schnell erfasst werden, zum anderen lassen sich aus dem Mind-Map die verschiedensten Themenbereiche ableiten. Je nach Interessen, Fähigkeiten und Fertigkeiten kann man sich dann für einen Bereich entscheiden.

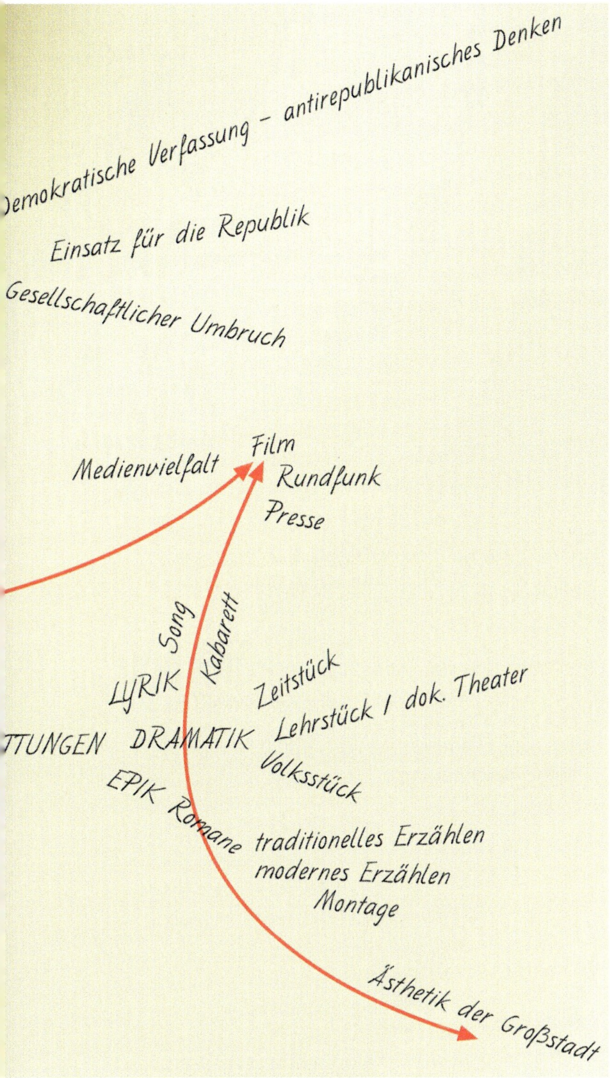

Meine Interessen:
Tucholskys Biografie

Mein Vorwissen:
Vorstellung des Autors Tucholsky in Klasse 10
Roman: Schloss Gripsholm
Satire: Wendriner-Geschichten

Meine Fähigkeiten und Fertigkeiten:
Gedichte interpretieren

Die Materiallage:
Literatur in der Schülerbücherei/Stadtbibliothek

Demokratische Verfassung – antirepublikanisches Denken
Einsatz für die Republik
Gesellschaftlicher Umbruch

Medienvielfalt Film
               Rundfunk
               Presse

        Song Kabarett
LYRIK
         Zeitstück
TTUNGEN DRAMATIK Lehrstück / dok. Theater
                  Volksstück
EPIK Romane traditionelles Erzählen
             modernes Erzählen
             Montage

Ästhetik der Großstadt

---

1. Themenstellung
Tucholskys literarisches Wirken in der Zeit der Weimarer Republik

2. Themenstellung
Kurt Tucholskys Kampf gegen die Schwächen der Republik

Endgültige Themenstellung
„Was darf die Satire?" –
Kurt Tucholskys Kampf gegen die Schwächen der Republik.
Ausgewählte Texte aus der Zeit von 1918 bis 1933

---

① Welche Vernetzungsmöglichkeiten des Mind-Map wurden genutzt, um aus dem Kursthema und den Vorüberlegungen der Schülerin die Themenstellungen 1–3 zu entwickeln?

② Untersuchen Sie genauer, wie es zu der endgültigen Themenstellung kommt:
– Welche Aspekte des Themenbereichs wurden ausgewählt, welche Schwerpunkte wurden gesetzt?
– Vergleichen Sie die drei Themenformulierungen im Hinblick auf die in der Themenstellung enthaltenen Problemorientierungen.

③ Welcher Aufgabentyp liegt der Themenstellung zugrunde?

> **Meine Interessen**
> Kino/Film
>
> **Mein Vorwissen**
> Fassbinder-Verfilmung von Döblins „Berlin Alexanderplatz"
>
> **Meine Fähigkeiten und Fertigkeiten**
> Filmanalyse/Filmsprache
>
> **Die Materiallage**
> div. eigene Videoaufzeichnungen von Filmen der 20er Jahre, u.a. – Verfilmung von Berlin – Alexanderplatz von P. Jutzi (1931)

> **Meine Interessen**
> Kultur der 20er Jahre in meiner Region/Stadt
>
> **Mein Vorwissen**
> allgemeiner Überblick über die Kultur der 20er Jahre
>
> **Meine Fähigkeiten und Fertigkeiten**
> eigenes Forschen/Spurensuche im Fach Geschichte
>
> **Die Materiallage**
> Archiv der Lokalzeitung

4. Formulieren Sie mögliche Themenstellungen zu den Vorüberlegungen der Schüler. Achten Sie dabei auf Eingrenzung und Problemorientierung. Ziehen Sie dazu Nachschlagewerke heran und nutzen Sie das Mind-Map.

5. Überlegen Sie, welche methodischen Vorgehensweisen bei den von Ihnen gefundenen Themenstellungen jeweils im Vordergrund stehen. Um welchen Aufgabentyp handelt es sich jeweils?

6. Entwerfen Sie ein Mind-Map zu Ihrem Kursthema und leiten Sie mögliche Facharbeitsthemen ab. Verwenden Sie eventuell ein entsprechendes Kapitel aus diesem Buch.

Das Mind-Map-Verfahren

- Verwenden Sie unliniertes Papier im Querformat.
- Beginnen Sie mit dem zentralen Thema/Problem in der Mitte.
- Nutzen Sie verschiedene Farben für die Hauptlinien.
- Beschriften Sie die Linien in Blockschrift mit Schlüsselwörtern, Kapitelüberschriften, Ziel- und Fragestellungen.
- Verzweigen Sie die Hauptlinien in weitere Gedankenebenen.
- Vernetzen Sie die Gedankenäste durch feingezeichnete Linien.

Tipp: Das Mind-Map-Verfahren kann in verschiedensten Bereichen Anwendung finden (Zeitplanung, Problemlösungen, Vorbereiten auf Prüfungen usw.).

3 Suchstrategien zur Informationsbeschaffung

Analyse der Themenformulierung mit Blick auf Problemstellung und wichtige Begriffe/Schlüsselwörter – Verschaffen eines ersten Überblicks über die Sekundärliteratur anhand von Lexika, Bibliografien und Biografien – Ausgewählten Literaturhinweisen (Querverweisen) nachgehen – Erstellung einer Literaturliste und richtiges Bibliografieren

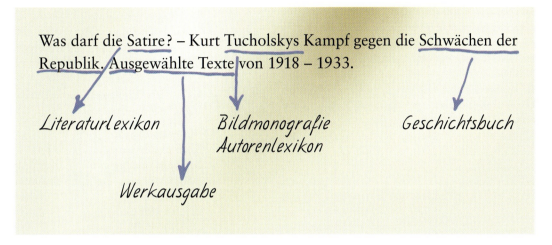

❶ Warum sind Teile der Aufgabenstellung unterstrichen?

KURT TUCHOLSKY

*9.1.1890 Berlin † 21.12.1935 Hindas bei Göteborg/Schweden

Literatur zum Autor:
Bibliografie:
A. Bonitz u. Th. Wirtz. K.T. *Ein Verzeichnis seiner Schriften*, 3 Bde. Marbach/N. 1991.
Biografien:
K.-P. Schulz, *K. T. in Selbstzeugnissen u. Bilddokumenten*, Reinbek 1959 – H. Prescher, *K. T.*, Bln. 1959. – K. Kleinschmidt, *K. T. Sein Leben in Bildern*, Lpz. 1964. – F. J. Raddatz. *T. Eine Bildbiografie*, Mchn. 1961 – G. Zwerenz, *K. T. Biografie eines guten Deutschen*, Mchn. 1979 – *K.T.: 1890–1935. Ein Lebensbild. „Erlebnis und Schreiben waren ja – wie immer – zweierlei"*, Hg. R. v. Soldenhoff. Bln. 1985; ern. Ffm. u.a. 1988 – W. J. King, *K. T. als politischer Publizist. Eine politische Biografie*, Ffm./Bern 1985 – H. Bemmann. *K. T. Ein Lebensbild*, Bln. 1991.
Gesamtdarstellungen und Studien:
H. L. Poor, *K. T. and the Ordeal of Germany 1914–1935*, NY 1968. M. Doertel, *K. T. als Politiker*, Mainz 1971. – H. Möhrchen, *Schriftsteller in der Massengesellschaft. Zur politischen Essayistik u. Publizistik Heinrich u. Thomas Manns, K. T.s und Ernst Jüngers während der zwanziger Jahre*, Stg. 1973. – *K. T: 1935 – 1975. Eine Ausst. der Deutschen Bibliothek Ffm.*, Ausst. u. Kat. v. W. Berthold u.a., Ffm. 1975. – P. Goder-Stark, *Das K.-T.-Archiv*, Marbach 1978. – *K. T. Sieben Beiträge zu Werk u. Wirkung*, Hg. I. Ackermann, Mchn. 1981 (Text + Kritik). – D. Heß, *Aufklärungsstrategien K. T.s. Literarisch-publizistische Aspekte der Weltbühne-Texte*, Ffm. u.a. 1982. – B. P. Grenville, *K. T.* Mchn. 1985. – *K.T.*, Hg. H. L. Arnold, Mchn. 1985 (Text + Kritik). – A. Austermann, *K. T. der Journalist u. sein Publikum*, Mchn. 1985. –
W. Mehring, *K. T.*; – Hg. u. Nachw. D. Pforte, Bln. 1985. – E. Suhr, *Zwei Wege, ein Ziel. T., Ossietzky u. „Die Weltbühne". Mit dem Briefwechsel zwischen T. u. Ossietzky aus dem Jahre 1932*, Mchn. 1986. – J. Meyer u. A. Bonitz, *„Entlaufene Bürger", K.T. u. die Seinen*, Marbach/N. 1990 (Ausst.-Kat.). – *„Ich habe den Eindruck, hier zu stören", K. T. zum 100. Geburtstag*, Ausst. u. Kat. v. S. Kinder u. E. Presser, Mchn. 1990.

Auszug aus: Jens, Walter (Hrsg.): Kindlers neues Literatur-Lexikon. Studienausgabe. München 1996. Band 16. S. 806.

Inhalt

Herkunft und frühe Kindheit	7
Schüler mit der Neigung zum Schwatzen	14
Mangelnde Nestwärme	19
„Ein ganz einheitlicher Mensch"	24
„Fünf Finger an einer Hand"	32
Freundschaft mit einem Mentor	36
Anfänge in der „Schaubühne"	40
„Uns Junge hat es umgerissen"	50
Soldat mit Zeit für sich selbst	55
Im Kampffeld von Revolution und Republik	65
Der unabhängige Sozialist	75
Urlaub vom Vaterland	85
Nach dem Tode Jacobsohns	96
Erfolg, aber keine Wirkung	104
Tucholsky und der politische Extremismus	110
Der Rest ist Schweigen	123
Dichter mit humanitärer Tendenz	128
Der Mensch hinter dem Werk	142
„Au-dessus de la mêlée"	152
Zeittafel	170
Zeugnisse	171
Bibliografie	173
Namensregister	191
Quellennachweis der Abbildungen	192

Aus: Schulz, Klaus Peter: Kurt Tucholsky in Selbstzeugnissen und Bilddokumenten. Rowohlts Bildmonografien, Reinbek 1980. S. 5.

---

❷ Welche Hilfen liefern der Auszug aus Kindlers Neuem Literaturlexikon und das Inhaltsverzeichnis aus Rowohlts Bildmonografie für eine erste Klärung der Problemstellung?
– Welche Überlegungen stecken hinter den Textmarkierungen im Inhaltsverzeichnis?
– Warum empfiehlt es sich, bei der Recherche mit der Biografie zu beginnen?

❸ Welche der im Kindler gefundenen Querverweise könnten für eine **Vertiefung der Problemstellung** hilfreich sein? Treffen Sie eine erste Auswahl. Achten Sie dabei auf die **Aktualität** und die vermutete **Problemorientierung** der Sekundärliteratur.

❹ Ziehen Sie weitere, möglichst aktuelle bibliografische Angaben (Bibliothek, Buchhandel, Internet) hinzu und erstellen Sie eine Literaturliste. Achten Sie auf die alphabetische Reihenfolge der Verfasser. Halten Sie sich dabei an die formalen Regeln des Bibliografierens.

Bibliografierregeln

Bei Einzelveröffentlichungen/Monografien
– Nachname, Vorname des Autors
– Genauer Titel (ggf. vollständiger Untertitel)
– ggf. Nachname und Vorname des Herausgebers
– Verlagsort, Erscheinungsjahr

Bei Sammelbandeinträgen
– Nachname, Vorname des Autors
– Genauer Titel (ggf. vollständiger Untertitel)
– Vorname, Nachname des Herausgebers
– Genauer Titel (ggf. vollständiger Untertitel) des Sammelbandes
– Verlagsort, Erscheinungsjahr, genaue Seitenangaben

Bei Zeitschriftenbeiträgen
– Nachname, Vorname des Autors
– Genauer Titel (ggf. vollständiger Untertitel)
– Titel der Zeitschrift/Zeitung, Nummer der Ausgabe
– Jahrgang, Erscheinungsjahr, genaue Seitenangaben

Primärliteratur

Das Militär
Tucholsky, Kurt: Der Preußenhimmel. In: Kurt Tucholsky: Gesammelte Werke 1907–1932, Bd. 2. Hrsg. von Fritz J. Raddatz und Mary Gerold-Tucholsky. Reinbek 1975. S. 257–259.
Tucholsky, Kurt: Der Kriegsschauplatz. In: Kurt Tucholsky: Gesammelte Werke 1907–1932, Bd. 7. Hrsg. von Fritz J. Raddatz und Mary Gerold-Tucholsky. Reinbek 1975. S. 32–35.

Die Justiz
Tucholsky, Kurt: Wiederaufnahme. In: Kurt Tucholsky: Gesammelte Werke 1907–1932, Bd. 7. Hrsg. von Fritz J. Raddatz und Mary Gerold-Tucholsky. Reinbek 1975. S. 155–157.
Tucholsky, Kurt: Justitia schwooft. In: Kurt Tucholsky: Gesammelte Werke 1907–1932, Bd. 7. Hrsg. von Fritz J. Raddatz und Mary Gerold-Tucholsky. Reinbek 1975. S. 288 f.

Bürgertum
Tucholsky, Kurt: Die Glaubenssätze der Bourgeoisie. In: Kurt Tucholsky: Gesammelte Werke 1907–1932, Bd. 6. Hrsg. von Fritz J. Raddatz und Mary Gerold-Tucholsky. Reinbek 1975. S. 251–254.
Tucholsky, Kurt: Deutsche Pleite. In: Kurt Tucholsky: Gesammelte Werke 1907–1932, Bd. 4. Hrsg. von Fritz J. Raddatz und Mary Gerold-Tucholsky. Reinbek 1975. S. 170.

Sekundärliteratur

Ackermann, Irmgard (Hrsg.): Kurt Tucholsky. Sieben Beiträge zu Werk und Wirkung. München 1981.
Ausbüttel, Dr. Frank u. a.: Grundwissen Geschichte. Stuttgart 1994.
Kästner, Erich: Kurt Tucholsky, Carl von Ossietzky, „Weltbühne". In: Die Weltbühne (Berlin-Ost) 1/1946. S. 21–23.
Reich-Ranicki, Marcel: Flirt mit der Literatur. Die Buchkritiken des großen Feuilletonisten Kurt Tucholsky. In: Die Zeit, Nr. 38, 14.09.1973. S. 26.
Schulz, Klaus-Peter: Kurt Tucholsky in Selbstzeugnissen und Bilddokumenten. Rowohlts Bildmonografien. Hamburg 1980.

Tipp: In der Sekundärliteratur wird oft unterschiedlich bibliografiert. Bei der Übernahme von bibliografischen Angaben muss daher auf Einheitlichkeit geachtet werden, damit die schnelle Auffindbarkeit der Literatur garantiert ist.

5. Welche Möglichkeiten, aber auch welche Probleme ergeben sich bei einer Stichwortrecherche im Internet? Wie würden Sie vorgehen?

6. Entwerfen Sie eine konkrete Suchstrategie zu einem eigenen Thema. Klären Sie dabei zunächst die Problemstellung. Planen Sie einen sinnvollen ersten Zugriff auf die Literatur. Halten Sie Querverweise, Namen, Begriffe und Literaturhinweise fest, die für eine Vertiefung der Problemstellung wichtig sein könnten. Erstellen Sie eine vorläufige Literaturliste. Bibliografieren Sie korrekt.

→ „Thema ‚Zeit' – Umgang mit Sachtexten", S. 133 ff.

4 Texte und Materialien auswerten

Texte nach Problemstellung auswerten – Aussagen sinngemäß oder als Zitat übernehmen – problembezogene Auswertung der Biografie – Begriffe klären

Tucholsky, Kurt (Pseud. Peter Panter, Theobald Tiger, Ignaz Wrobel, Kaspar Hauser). *9.1.1890, Berlin †21.12.35 Hindas (Schweden) (Freitod).

T., Sohn eines Kaufmanns, studierte Jura in Berlin, Genf und Jena (Promotion 1914). Im 1. Weltkrieg war er drei Jahre eingezogen. 1918–24 lebte er in Berlin, dann für 5 Jahre in Paris, ab 1929 in Schweden, von wo aus er bis 1934 noch ausgedehnte Reisen unternahm. Da er aber als Emigrant nur einen befristeten Ausländerpass hatte, konnte der von den Nazis Ausgebürgerte ab 1934 seinen Wohnsitz kaum noch verlassen, materielle Probleme und eine chronische Siebbeinvereiterung machten ihn zunehmend depressiver. 1935 nahm er sich das Leben.

Satire! Ab 1911 hat T. kontinuierlich kultur- und zeitkritische Glossen, satirische Gedichte und Theaterrezensionen veröffentlicht, zunächst vorwiegend im sozialdemokratischen „Vorwärts", dann häufig auch in der *Ziele seiner* 1905 von Siegfried Jacobsohn gegründeten *Kritik* „Schaubühne" (die ab 1918 „Weltbühne" heißt). Schon die ersten Artikel gegen Militarismus, Chauvinismus und reaktionäres Spießertum zeigen T.s Begabung für polemische Zuspitzung. Nach dem Ende des 1. Weltkriegs nimmt er in Berlin seine kulturkritische Tätigkeit wieder auf, in der „Weltbühne" erscheinen oft mehrere Artikel in einem Heft, weshalb er sich verschiedene Pseudonyme zulegt. Der Tenor seiner Beiträge wird zunehmend schärfer, er attackiert *Wichtig!* die rechtslastige Justiz der Weimarer Repu- *Hauptangriffsziele:* blik, polemisiert gegen die Dolchstoßlegen- *– Justiz, rechtslastig* de und verfasst antimilitaristische Gedichte, *– Militarismus* z.B. das *Gebet nach den Schlachten*. Auch als Literaturkritiker tritt er hervor; seine un- *Begriff* orthodoxen temperamentvollen Rezensionen *klären!* zeichnen sich durch eigenwillige Subjektivität aus. Eine Weile tendiert er auf Grund *Enttäuschung* seiner politischen Überzeugungen zur USPD. *über Versagen* Aus Enttäuschung über das Versagen der *der Republik* „flauen Republik" verlässt er Deutschland und lebt ab 1924 in Paris. Auch hier setzt er seine publizistische Tätigkeit mit unverminderter Energie fort. Er publiziert in ungefähr 100 Zeitungen und Zeitschriften, bevorzugtes Forum bleibt die „Weltbühne". Nach dem Tod von Jacobsohn übernimmt T. für kurze Zeit die Leitung dieses wohl wichtigsten Kampfblattes der intellektuellen Linken und übergibt sie dann Carl von Ossietzky (der später im KZ ermordet wurde). Sehr früh und voll von Pessimismus diagnostiziert er die Gefahren des Nationalsozialismus, dessen schärfster publizistischer Gegner T. wird. Daneben veröffentlicht er Agitationslyrik, die durchsetzt ist von sozialer Anklage, aber auch witzige Chansons, in denen er die Banalität des Spießbürgertums aufs Korn nimmt. T. wird damit zu einem der wichtigsten Autoren des kritischen Kabaretts der 20er Jahre. Geradezu glänzend sind seine Berichte über die z.T. aberwitzigen Urteile der Weimarer Justiz. – T. bedient sich häufig der Rollenprosa (oft im Berliner Jargon), um Militärs, Nationalisten und Kleinbürgermentalität zu entlarven. Die durch fingierten Immediatbericht erzielte Spontanität seiner Glossen kontrastiert mit den ironisch zugespitzten Bonmots, die die Quintessenz aus diesen satirischen „Fallstudien" ziehen. T. hat als sensibler Wortkünstler, eleganter Stilist, virtuoser Polemiker so leicht keinen ebenbürtigen Konkurrenten im deutschen Sprachraum. – 1931 veröffentlicht er den heiter-verspielten Roman *Schloss Gripsholm*, der mit viel Charme, bisweilen aber auch mit forciertem Understatement eine ungewöhnliche Liebesaffäre beschreibt und nicht frei ist von Sentimentalitäten. – Ab 1932 veröffentlicht T. keine einzige Zeile mehr aus Verzweiflung über die politische Situation, seine Briefe unterzeichnet er mit „ein aufgehörter Deutscher" und ein „aufgehörter Schriftsteller". Die erst lange nach seinem Freitod aufgefundenen *Briefe aus dem Schweigen* und seine *Q-Tagebücher* geben indes zu erkennen, dass in den drei letzten Lebensjahren seine geistige Aktivität –

trotz quälender Krankheit – nicht erlahmt war. Vor allem in den *Q-Tagebüchern* finden sich scharfsinnige politische Analysen und Prophetien, voll von Zorn und Degout, voll Empörung aber auch über die Appeasement-Politik der Westmächte. Witzsprühende Sentenzen wechseln ab mit flapsig-resignierten Klagen über „den großen Knacks" seines Lebens: die Einsicht in die Vergeblichkeit seiner politischen Aufklärungsarbeit und die seiner Mitstreiter. Diese beiden Nachlasspublikationen gehören nicht nur als Zeitdokument, sondern auch als Dokument der Trauer eines enttäuschten Moralisten zu den wichtigsten Werken der deutschen Exilliteratur.

Auszug aus: Brauneck, Manfred (Hrsg.): Autorenlexikon deutschsprachiger Literatur des 20. Jahrhunderts. Reinbek bei Hamburg 1985. S. 593–594.

1. Wie wird der Text im Hinblick auf die Problemstellung ausgewertet?
2. Setzen Sie die Auswertung fort. Entscheiden Sie dabei, welche Textaussagen Sie sinngemäß oder als Zitat übernehmen würden.
3. Stellen Sie Überlegungen zu einer möglichen Auswertung der Biografie des von Ihnen gewählten Autors an.

Satire [wahrscheinlich von lateinisch *satura* (*lanx*) „mit Früchten gefüllte (Opfer)schale" (übertragen im Sinne von „bunte Mischung")]: in allen literarischen Gattungen mögliche Darstellungsform, die durch Übertreibung, Ironie und [beißendem] Spott an Personen und Ereignissen Kritik übt, sie der Lächerlichkeit preisgibt, Zustände anprangert und mit scharfem Witz geißelt. Der an einer bestimmten Norm orientierte Spott über Erscheinungen der Wirklichkeit wird dabei nicht direkt, sondern indirekt durch die ästhetische Nachahmung eben dieser Wirklichkeit ausgedrückt.
Geschichte: Elemente der Satire finden sich schon in *Ägypten* und im alten *Griechenland*. Ein für die Folgezeit wirksames Muster gaben die *Prosasatiren* des griechischen Kynikers Menippos (später als „Saturae Menippeae" bezeichnet), die von Lukian und auch in der *römischen Literatur* nachgeahmt wurden (M. T. Varro, „Saturae Menippeae", 1. Jahrhundert v. Chr.; G. Petronius, „Satyricon", 1. Jahrhundert, deutsch „Satyrica", 1965). Römisch-italischen Ursprungs waren dagegen die *Verssatiren*. Als Erfinder der aggressiven Satire gilt G. Lucilius. Ihre abgeklärte Hochform erreichte sie mit Horaz, dem es darum ging, „lächelnd die Wahrheit zu sagen". Aggressiver in seiner Kritik der Verfallserscheinungen der Zeit war Juvenal.
Im *Mittelalter* sind satirische Elemente v. a. in dem aus der Fabeldichtung erwachsenen Tierepos zu finden, das meist als Ständesatire angelegt war („Ecbasis captivi", 11. Jahrhundert; „Roman de Renart", entstanden 1175–1250, deutsch 1965; „Reinke de Vos", 1498). Elemente der Verssatire finden sich auch in der politischen Sangspruchdichtung Walthers von der Vogelweide und in den Liedern Neidharts (von Reuental). Bedeutende Satiren des ausgehenden Mittelalters schufen Hugo von Trimberg mit seinem Lehrgedicht „Der Renner" (1300) und H. Wittenwiler mit dem komischen Epos „Der Ring" (um 1400). Die Tradition wurde in *Renaissance u. Humanismus* fortgesetzt mit S. Brants „Narrenschiff" (1494; Narrenliteratur) und den „Epistolae obscurorum virorum" (1515–17, deutsch „Briefe von Dunkelmännern…", 1876) von Crotus Rubianus, U. von Hutten u. a. In den geistigen Kämpfen der Reformationszeit spielte die Satire eine bedeutende Rolle. Das satirische Spiel realisierte sich v. a. in den Fastnachtsspielen. In der Tradition der Saturae Menippeae standen F. Rabelais' Roman „Gargantua et Pantagruel" (1532–64), deutsche Bearbeitung von J. Fischart, 1575; 1832–41 unter dem Titel „Gargantua und Pantagruel") und M. de Cervantes Saavedras Roman „El ingenioso hidalgo Don Quixote de La Mancha", 1605–15, deutsch 1621, 1965 unter dem Titel „Der sinnreiche Junker Don Quijote von La Mancha"), im *Barock* die Romane von Ch. Weise und Ch. Reuter sowie J. M. Moscheroschs Zeitsatiren. Gegen den Optimismus einer nur oberflächlich aufklärerischen Geisteshaltung wendeten sich die Vertreter der menippeischen Satire des *18. Jahrhunderts*: J. Swift („Travels into several remote nations of the world…", 1726, deutsch 1727/28, 1788 unter dem Titel „Gullivers sämtliche Reisen"), Voltaire („Candide ou l'optimisme", 1759, deutsch „Candide oder Die beste Welt", 1776) u. a. Eine mehr ironische Spielform des satirischen Romans pflegte Ch. M. Wieland („Die Abderiten", 1774). *Klassik und Romantik* kannten fast nur die epigrammatische

(Schiller/Goethe, „Xenien", 1796) oder die dialogische und dramatische Literatursatire (L. Tieck, „Der gestiefelte Kater", 1797). Erst H. Heine führte die Gattung mit seinen literarisch-politischen Satiren zu einem neuen Höhepunkt („Deutschland. Ein Wintermärchen", 1844; „Atta Troll", 1847). In Österreich näherte sich J. N. Nestroy mit seinen Possen der satirischen Sozialkritik („Der böse Geist Lumpazivagabundus", 1835). Der resignative „poetische Realismus" der Zeit nach 1848 enthielt sich der Satire. Allein in der neuen Form der satirischen Zeitschrift („Kladderadatsch", 1848–1944) konnte sich ein karikierender Witz betätigen. Erst nach der Jahrhundertwende erweckte H. Mann v. a. mit seinem Roman „Der Untertan" (1916) die menippeische Großform zu neuem Leben. Als satirische Zeitschrift erschien ab 1896 der „Simplicissimus", und um 1900 eröffneten die ersten Kabaretts, die auch nach dem 1. Weltkrieg blühten. Meister der satirischen Kleinformen waren K. Tucholsky und E. Kästner. Bedeutendster satirischer Dramatiker der ersten Hälfte des 20. Jahrhunderts war G. B. Shaw. Gegen den Nationalsozialismus richtete sich B. Brechts dramatische Satire „Der aufhaltsame Aufstieg des Arturo Ui" (entstanden 1941, gedruckt 1957).
Der Zusammenbruch Deutschlands im 2. Weltkrieg sowie der rasche Aufbau der Bundesrepublik Deutschland seit 1948 hinterließ ein oft empfundenes Defizit an verbindlichen Normen und Werten des gesellschaftlichen Lebens, wodurch ein für die Satire günstiges Klima entstand. Bedeutende deutschsprachige Satiriker sind M. Walser, H. Böll („Dr. Murkes gesammeltes Schweigen", Satiren 1958), M. Frisch („Herr Biedermann und die Brandstifter", Hörspiel 1956, Drama 1958) und F. Dürrenmatt („Der Besuch der alten Dame", Komödie, 1956), im Bereich der englischsprachigen Literatur u. a. A. Huxley („Brave new world", 1932, deutsch 1932, 1953 unter dem Titel „Schöne neue Welt") und G. Orwell („1984", 1949, deutsch „1984", 1950).

Schülerduden. Die Literatur. Hrsg. von der Lexikonredaktion. 2. überarb. Auflage. Mannheim, Wien, Zürich 1989.

Satire ist eine in allen literarischen Gattungen mögliche Darstellungsform, die durch Übertreibung, Ironie und beißenden Spott an Personen und Ereignissen Kritik übt, sie der Lächerlichkeit preisgibt, Zustände anprangert und mit scharfem Witz geißelt.
Kurt **Tucholsky** schreibt: „Übertreibt die Satire? Die Satire muss übertreiben und ist ihrem tiefsten Wesen nach ungerecht. Sie bläst die Wahrheit auf, damit sie deutlicher wird, und sie kann gar nicht anders arbeiten als nach dem Bibelwort: Es leiden die Gerechten mit den Ungerechten." (*Was darf Satire, 1919*).
Die vielen Formen der Satire lassen sich grob in direkte und indirekte Satire einteilen, wobei in der direkten Satire der Sprecher in der ersten Person seinem Gegner in der zweiten Person gegenübertritt, entweder als urbaner Weltmann wie in den Satiren des → Horaz oder als entrüsteter Moralist, der wie **Juvenal** nur Verachtung für seinen Gegner hat. Die indirekte Satire wählt statt des Diskurses die Erzählung zur Vermittlung der kritischen Absicht. In ihr erscheinen die Opfer meist als fiktive oder verkleidete Figuren, die sich durch ihre Reden und Taten lächerlich machen.

Zirbs, Wieland (Hrsg.): Literaturlexikon. 3. Auflage. Berlin: Cornelsen Verlag Scriptor 1999. S. 318f.

④ Klären Sie den Begriff Satire mit Hilfe der Auszüge aus unterschiedlichen Nachschlagewerken. Halten Sie Ihre Erkenntnisse schriftlich und in eigener Sprache fest.
Beachten Sie dabei die folgenden Arbeitsschritte:
– Übersetzung und Herkunft des Wortes klären
– den Begriffswandel (Bedeutungsveränderung?) untersuchen
– den Begriff einem Begriffsfeld (Synonyme, Gegenbegriffe, Ober- und Unterbegriffe) zuordnen
– den Begriff in einem Satz definieren

⑤ Stellen Sie ein Begriffsfeld zur Satire grafisch dar. Verwenden Sie dabei auch die Begriffe Groteske, Parodie, Ironie, Karikatur, Travestie, Zynismus …

⑥ Klären sie weitere Begriffe aus Ihren Themenstellungen. Verwenden Sie nach Möglichkeit mehrere Nachschlagewerke, da Definitionen unterschiedlich sein können.

5 Gliederung

Beim Entwerfen einer Gliederung Problemorientierung, Schwerpunktsetzung und Vielfalt der Aspekte berücksichtigen – den logischen Zusammenhang zwischen Themen und Teilthemen durch Dezimalnummerierung kenntlich machen

Gliederung
- *Einleitung*
- *Abgrenzung des Themas*
- *Biografie Kurt Tucholsky*
- *Geschichte der Weimarer Republik 1918–1933*
- *Der Satirebegriff*
- *Analyse der Satiren von Tucholsky*
- *Vergleich der Analysen*
- *Fazit*

```
I.   Einleitung
     Aufbau und Ziel der Untersuchung

II.  Hauptteil

  1. Grundlagen
     1.1 Der politisch-historische Hintergrund von 1918-1933
         in Bezug auf Tucholsky
     1.2 Die Satire
         1.2.1 Allgemeine Definition des Begriffs
         1.2.2 Tucholskys Satireverständnis

  2. Tucholskys Kritik im Spiegel ausgewählter Texte
     2.1 Die Hauptangriffsziele
     2.2 Satire als Mittel der Kritik. Ausgewählte Textbeispiele
         2.2.1 Das Militär
         2.2.2 Die Justiz
         2.2.3 Bürgertum, Geschäftswelt und Bürokratie

  3. Rezeption und Wirkung
     3.1 Reaktionen der Zeitgenossen
     3.2 Tucholskys literarischer Einfluss
     3.3 Tucholsky-Rezeption heute

III. Schluss
     Was kann und darf Satire?
```

① Vergleichen Sie den ersten handschriftlichen Entwurf mit der Endfassung. Was hat sich in Bezug auf Schwerpunktsetzung, Problemorientierung und die Vielfalt der Untersuchungsaspekte geändert?

② Überprüfen Sie die logische Abfolge der Themen und Teilthemen in der Endfassung. Begründen Sie den jeweiligen Neuansatz in der Dezimalnummerierung.

③ Entwerfen Sie eine differenzierte Gliederung Ihres Themas.

6 Die Facharbeit zu Papier bringen

6.1 Einleitung und Schluss formulieren

Worauf man bei der Formulierung von Einleitung und Schluss achten muss.
Nach welchen Kriterien man den Text ausformuliert und überprüft – wie sinnvoll und richtig zitiert wird.
Welche formalen Anforderungen beim Verfassen einer Facharbeit berücksichtigt werden müssen.

1. Einleitung
1.1 Aufbau und Ziel der Untersuchung

Im Rahmen der Facharbeit werde ich mich mit dem Satiriker und Schriftsteller Kurt Tucholsky auseinandersetzen, wobei sich meine Untersuchung auf ausgewählte satirische Texte aus der Zeit von 1918 bis 1932 beschränkt. Diese Begrenzung des Themas resultiert aus der gegebenen Aufgabenstellung und ist zudem sinnvoll, da eine Analyse des Gesamtschaffens den geforderten Rahmen einer Facharbeit weit übersteigen würde.

Dem Hauptteil vorangestellt sind die so genannten Grundlagen, in denen ich Kurt Tucholsky in den politisch-historischen Hintergrund der Weimarer Republik einordne sowie den Begriff der Satire im Allgemeinen als auch in Tucholskys speziellem Verständnis erläutern werde. Dies ist notwendig, um das Kernthema bearbeiten zu können, da dabei sowohl die Zeitumstände als auch der Satirebegriff zu untersuchen sind.

Das Hauptaugenmerk der Facharbeit liegt auf der Betrachtung von Satire als Mittel der Kritik in ausgewählten Texten. Anhand verschiedener Beispiele werden die getroffenen Aussagen zu Zeitkritik und Satire konkretisiert. Der Bearbeitung der Textauszüge ist eine Erläuterung der Hauptangriffsziele von Tucholskys satirischer Kritik vorangestellt, um einen kurzen Überblick über die Schwerpunkte des nachfolgenden Teils geben zu können. Dann erfolgt der Versuch einer kurzen Rezeptions- und Wirkungsgeschichte. In einer abschließenden Wertung gehe ich auf die Wirkungsmöglichkeiten von Satire ein.

Auf eine Biografie Tucholskys wird verzichtet, da sein Leben zwar stark mit den Zeitumständen in Verbindung steht, die Kenntnis von seinen privaten Lebensverhältnissen jedoch nicht für das Verständnis der satirischen Texte erforderlich ist. An den Stellen, wo es sinnvoll ist, Persönliches mit einzubeziehen, geschieht es funktional. Ziel der Untersuchung ist es letztendlich, Zeitumstände und Kritik Tucholskys in Beziehung zu setzen und diese Kritik in den satirischen Schriften nachzuweisen.
(…) *(Kristin W.)*

4. Schlussbemerkungen
4.1 Was kann und darf die Satire?

Um den Versuch einer abschließenden Wertung zu machen, setze ich mich noch einmal kurz mit der in der Aufgabenstellung enthaltenen Frage „Was darf Satire?" aus Tucholskys gleichnamigem, bereits erwähnten Artikel auseinander. Neben der Frage, was die Satire darf und was nicht, sollte auch der Aspekt der Einflussmöglichkeiten der Satire nicht unerwähnt bleiben, denn ganz gleich, ob die Satire alles darf oder nur begrenzt wirkt, wenn sie ohne Folgen bleibt, ist die Frage nach dem, was sie darf, nicht mehr so entscheidend. Ausgehend von einem Satiriker, dem die Missstände seiner Zeit nicht gleichgültig sind, der wie Tucholsky massive Kritik übt und verbessern will um der Menschheit willen, ist die Frage nach dem, was Satire kann, sogar notwendig. Im Hinblick auf Tucholsky muss leider erkannt werden, dass die Satire zwar angreifen und begrenzt auch für Anerkennung oder Empörung sorgen kann, jedoch nicht in der Lage ist, eine so breite Wirkung zu erzielen, dass positive Konsequenzen daraus gezogen worden wären; weder im Bereich der Politik, der Justiz oder der Gesellschaft ändert sich Entscheidendes durch Tucholskys satirische Kritik. (…) *(Kristin W.)*

❶ Überprüfen Sie Einleitung und Schluss der Arbeit einer Schülerin anhand der Checkliste.

Tipp: Überprüfen Sie nach dem Schreiben von Hauptteil und Schluss unbedingt nochmals Ihre Einleitung.

In einer Einleitung sollten	Im Schlussteil sollten
- die wesentlichen **Ziele**/die zentralen Absichten der Arbeit, - der inhaltliche Schwerpunkt, - die Ziele in größeren Zusammenhängen, - die Materialgrundlage - und das **methodische Vorgehen** erläutert werden.	- die wichtigsten Ergebnisse der Arbeit zusammengefasst, - Bezüge zu den in der Einleitung formulierten Absichten/Zielen hergestellt - und methodische Verfahren kritisch reflektiert werden.

6.2 Den Hauptteil formulieren

3.2 Satire als Mittel der Kritik. Ausgewählte Textbeispiele
3.2.1 Das Militär

Dieser Punkt widmet sich dem Aufzeigen von Satire als Mittel der Kritik in ausgewählten Texten des Schriftstellers zu den jeweiligen Schwerpunktbereichen, wobei ein fließender Übergang zwischen den einzelnen Absätzen hergestellt werden soll. Neben einem Hauptbeispiel sollen weitere Textauszüge die getroffenen Thesen zu Tucholskys Wirkungsabsicht und Verwendung der Satire fundieren. Als erster Beispielbereich dient das Militär und der Text „Der Preußenhimmel"[1] aus dem Jahre 1920.
Der Text ist in Dramenform angelegt, da er als Dialog mit eingeklammerten Regieanweisungen verfasst ist. Diese Schreibform ist für Tucholsky, der als Textarten Artikel, Essays oder Lyrik bevorzugt, eher ungewöhnlich. Sie taucht allerdings einige Male auf; immer dann, wenn es gilt, Gespräche authentischer und wirkungsvoller zu gestalten. So wirkt „Der Preußenhimmel" erst durch die Dialogform lebendig und sogar in gewisser Weise realistisch, obgleich die Satire als solche nur allzu deutlich hervortritt. Der Leser begegnet im so genannten Preußenhimmel, der einem Kasernenhof gleicht, dem lieben Gott, Petrus sowie diversen Engeln und zwei gerade Verstorbenen, die um Einlass bitten. Einer von ihnen ist der Mörder Kurt Eisners[2], Graf Arco-Valley[3]. Ihm gewährt der liebe Gott ohne zu zögern Einlass, während er dem zuvor erschienenen Arbeiter, den er aufgrund seiner schlechten Kleidung als Kommunisten verdächtigt, den Eintritt in den Preußenhimmel verwehrt. Die Sprache, welche die Charaktere, ausgenommen der Arbeiter, benutzen, ist deutlich militärisch. So meldet Petrus schon zu Beginn dem lieben Gott: „Ein Petrus – zwei Oberengel – siebenundachtzig Engel zum **Exerzieren** (Hervorhebung durch die Verf.) angetreten."[4] Das mutet auf den ersten Blick absurd an, ist das herkömmliche Bild von Engeln und dem lieben Gott doch ein ganz anderes. Erklärend fügt Tucholsky aber im weiteren Verlauf des Textes ein:
> „Wissen Se – is doch'n janz anderer Zug im Himmel, seitdem mich Willem zum preußischen lieben Gott ernannt hat. Der hohe Alliierte droben hat immer gesagt ... Schade, daß er den Krieg verloren hat! War doch alles so nett organisiert ...!"[5]

Dies ist natürlich schon Satire in höchster Form. Der nach früheren Verständnis von Gott auserwählte Kaiser, einzig in der Lage, das Geschick des jeweiligen Landes zu leiten als höchste Instanz nach Gott, ist nun in der Hierarchieleiter auf die höchste Stufe getreten und ernennt Gott. Gleichzeitig wird dadurch die Existenz von Gott selbst in Frage gestellt, was mit Tucholskys persönlicher Stellung zum Glauben zu tun haben mag.

Tucholsky ist von Geburt Jude, legt aber bereits mit 21 Jahren seine Religion ab und nimmt in seinen Schriften des Öfteren eine antiklerikale Stellung ein. Außerdem wird deutlich, dass von Gott keine Hilfe bei der Beseitigung politischer oder gesellschaftlicher Probleme erwartet werden kann, da er, bezogen auf den Text, noch immer dem Kaiser und somit den alten Mächten ergeben ist. (...) *(Kristin W.)*

[1] Tucholsky, Kurt. Gesammelte Werke 1907–1932. Bd. 2 Hrsg. Von Fritz J. Raddatz und Mary Gerold-Tucholsky. Reinbek 1975, S. 257–259.
[2] Deutscher linksorientierter Politiker, bayerischer Ministerpräsident und Führer der USPD, am 21.02.1919 ermordet.
[3] Anton Graf auf Arco-Valley, geboren in Österreich, Leutnant im Ersten Weltkrieg. Wegen Mordes an Kurt Eisner zu lebenslanger Festungshaft verurteilt, nach fünf Jahren begnadigt.
[4] a.a.O., S. 257.
[5] a.a.O., S. 257.

1 Überprüfen Sie in diesem Auszug aus dem Hauptteil, inwieweit
- die Ausführungen dem Anspruch der Kapitelüberschrift gerecht werden,
- die Schülerin schlüssig argumentiert,
- sie ihre Aussagen durchgängig und treffend belegt,
- sie ihr Vorgehen reflektiert,
- sie Fachbegriffe korrekt einsetzt,
- sie einen dem Gegenstand angemessenen Schreibstil verwendet.

Grundsätzliche **Bewertungskriterien** für eine Facharbeit sind:
- die Problemorientierung auf das Thema (Relevanz)
- eine zielgerichtete Argumentation (Stringenz)
- eine sinnvolle Schwerpunktsetzung (Akzentuierung)
- die Ausdifferenzierung und Vielfalt der untersuchten Aspekte (Differenzierung/Varianz)
- die Verknüpfung der einzelnen Analyseteile (Kohärenz)
- deren Funktion für den eingeschlagenen Lösungsweg (Funktionalität)
- die Zuverlässigkeit und Genauigkeit (Korrektheit)

2 Überprüfen Sie Ihre Arbeit anhand der Checkliste.

3 Wie wird erkennbar, dass die Schülerin Aussagen aus der Sekundärliteratur lediglich dem Sinn nach oder wörtlich wiedergegeben hat? Untersuchen Sie dabei den Anteil von eigenständigen Formulierungen und übernommenen Zitaten.

4 Sind die Zitate sinnvoll oder sollten sie besser durch eigene Formulierungen ersetzt werden?

5 Welche Informationen enthalten die Fußnoten und welche Funktionen haben sie jeweils?

Tipp: Zitate sollen sparsam verwendet werden. Denken Sie als Alternative auch an die Möglichkeit einer indirekten Textwiedergabe (indirekte Rede mit Konjunktiv). Ein anschließendes Zitat gleichen Inhalts ist dann überflüssig.

Richtig zitieren	
Wörtliche Zitate stehen in doppelten Anführungszeichen.	
Enthalten sie ein weiteres Zitat, wird dies in einfache Anführungszeichen gesetzt.	„Der junge, sendungsbessene Revolutionär hatte viele Jahre zuvor einmal formuliert: ‚Was darf die Satire? Alles.'" *(Schulz, Klaus Peter: Kurt Tucholsky in Selbstzeugnissen und Bilddokumenten. Reinbek 1980, S. 114.)*
Längere Zitate werden engzeilig geschrieben und können eingerückt werden.	vgl. Schülertext
Werden für den jeweiligen Zusammenhang unwichtige Stellen eines Zitats weggelassen, muss ein Kürzungszeichen eingefügt werden. Der Sinn darf dabei nicht entstellt werden.	„Satire scheint eine durchaus negative Sache. (...) Die Satire beißt, lacht, pfeift und trommelt (...) gegen alles, was stockt und träge ist." *(Tucholsky, Bd. 2, S. 42.)*
Teilzitate sollten möglichst in den fortlaufenden eigenen Text integriert sein.	Tucholsky hält die Satire für „eine durchaus positive Sache." *(a. a. O., S. 42.)*
Zeichensetzung und Rechtschreibung des zitierten Textes werden unverändert übernommen. Das gilt auch für Hervorhebungen, aber eigene Hervorhebungen müssen gekennzeichnet sein.	„Ein Petrus – zwei Oberengel – siebenundachtzig Engel zum **Exerzieren** *(Hervorhebung durch die Verf.)* angetreten."[4]

6.3 Formale Anlage der Arbeit

I. Der formale Aufbau einer Facharbeit

- Titelblatt (Fach, Thema, Verfasser, Fachlehrer)
- Inhaltsverzeichnis (Einleitung, Hauptteil, Schluss jeweils mit Unterkapiteln) mit Seitenangaben
- Ausarbeitung
- Literaturverzeichnis der zitierten Literatur in alphabetischer Reihenfolge, evtl. aufgeteilt in Primär- und Sekundärliteratur
- ggf. Anhang (Bild- und Textquellen, die für die Arbeit herangezogen wurden)
- Versicherung über die selbstständige Anfertigung

II. Schriftbild

- Einhaltung der formalen Vorgaben (Schriftgröße und -type, Zeilenabstand und Randbreiten, Seitennummerierung)

III. Sprachrichtigkeit

- Einhaltung der Regeln zur Rechtschreibung und Zeichensetzung

Tipp: Verlassen Sie sich nicht völlig auf das Rechtschreibprogramm Ihres PC's. Es kann nicht alle Fehler erkennen. Gestalten Sie Ihre Facharbeit leserfreundlich, indem sie z. B. Ihren Text in Sinnabschnitte gliedern, Hervorhebungen machen usw.

7 Planen und Organisieren

Die Vorgaben (Zeit, Umfang) für die Anfertigung der Facharbeit können unterschiedlich sein. Dem folgenden Beispiel liegt ein sechswöchiger Bearbeitungszeitraum zugrunde.

Bekanntgabe des Themas: _____

Abgabe der Arbeit am _____ bis _____ Uhr

Zeitplan	Arbeitsschritte	Was zu tun ist	Erledigt
1. Woche	Problemstellung des Themas erfassen	erster Zugriff auf Literatur (Fachlexika, Biografien, Übersichten)	✓
	Problemstellung vertiefen Literaturliste erstellen	Bibliografieren – Stichwortkataloge von Schülerbibliothek Landesbibliothek/Unibibliothek Internetrecherche	
	Bearbeitung der Primärliteratur unter thematischem Aspekt	Sprechstunde des beratenden Lehrers: Literaturliste vorlegen/Verabredung der zu verwendenden Sekundärliteratur Lektüre/Exzerpte/Markierungen	
2. Woche	Literatur beschaffen Sichten der Literatur	hauptsächlich Schülerbücherei/Stadtbibliothek (Öffnungszeiten!) Evtl. Fernleihe (zeitaufwendig!)	
3. Woche	vorläufige Gliederung erstellen	Sprechstunde, Gliederung vorlegen	
4. Woche	Ausformulierung des eigenen Textes		
5. Woche	Ausformulierung des eigenen Textes		
6. Woche	Überarbeitung anhand der Bewertungskriterien und technische Fertigstellung		

1. Überprüfen Sie die von einer Schülerin geplanten Arbeitsschritte auf ihre Stimmigkeit (logische Abfolge).
2. Wo könnte es zu Abweichungen von der Zeitplanung kommen? Wie ließen sich diese Probleme vermeiden?
3. Erstellen Sie einen eigenen Zeit- und Organisationsplan auf der Grundlage Ihrer besonderen Bedingungen (Zeit, Thema, Zugriffsmöglichkeiten auf Literatur, Fertigkeiten im Umgang mit PC …).

8 Die Präsentation einer Facharbeit

Inhalte, Ergebnisse und Methoden einer Facharbeit adressatenbezogen und überzeugend darstellen; zur Visualisierung gezielt Präsentationsmedien einsetzen.

Bei einer **Präsentation** kommt es darauf an, dass
- ausgewählte Aspekte (Inhalte, Ergebnisse, Methoden) Ihrer Facharbeit
- mit dem Blick auf die Zuhörer (Zuhöreranalyse),
- unter Berücksichtigung der Begleitumstände (Zeit, Ort, technische Möglichkeiten), möglichst
- überzeugend, d. h. logisch strukturiert, anschaulich und gut nachvollziehbar vorgestellt werden.

Checkliste zur Präsentation

Zeit
Wieviel Zeit steht mir für die Präsentation zur Verfügung?
Wie lange können und wollen die Zuhörer meinen Ausführungen folgen?

Adressaten/Zuhörer
Welches Vorwissen haben meine Zuhörer?
Welche Interessen haben sie?
Was erwarten sie von mir?
Wie kann ich die Zuhörer in meine Präsentation einbeziehen?
Wie kann ich das Interesse am Zuhören wecken und aufrechterhalten?

Inhalt und Umfang
Was wähle ich aus?
Welches Ergebnis, welcher Inhaltsaspekt, welche Methode ist außergewöhnlich, exemplarisch, typisch, übertragbar, etc.?
Welches Ziel verfolge ich mit meiner Präsentation?
Wie baue ich meine Präsentation logisch strukturiert und gut nachvollziehbar auf?

Form
Mit welcher Darstellungsform kann ich meine Inhalte, Ergebnisse, Methoden und Ziele am eindrucksvollsten und überzeugendsten vermitteln?
Welche meiner Aussagen möchte ich visualisieren?
Welche Präsentationsmedien unterstützen das Verständnis meiner Aussagen?
Welche technischen Möglichkeiten stehen mir zur Verfügung?

Eine **Visualisierung**, d. h. eine Veranschaulichung von Textaussagen, Methoden, Statistiken etc. in Bildform ist deshalb wichtig, weil man
- etwa 10 % dessen, was man liest,
- etwa 20 % dessen, was man hört,
- etwa 30 % dessen, was man sieht und
- etwa 50 % dessen, was man hört und sieht im Gedächtnis behält.

1 Bereiten Sie eine Präsentation einer Facharbeit vor und achten Sie besonders auf Möglichkeiten der Visualisierung.

→ „Gespräche führen, Referieren, Präsentieren", S. 56 ff.

DER FALL GALILEO GALILEI

Ich, Galileo, Sohn des Vinzenz Galilei aus Florenz, siebzig Jahre alt, stand persönlich vor Gericht und ich knie vor Euch Eminenzen, die Ihr in der ganzen Christenheit die Inquisitoren gegen die ketzerische Verworfenheit seid. Ich habe vor mir die heiligen Evangelien, berühre sie mit der Hand und schwöre, dass ich immer geglaubt habe, auch jetzt glaube und mit Gottes Hilfe auch in Zukunft glauben werde, alles was die heilige katholische und apostolische Kirche für wahr hält, predigt und lehrt.

Es war mir von diesem Heiligen Offizium von Rechts wegen die Vorschrift auferlegt worden, dass ich völlig die falsche Meinung aufgeben müsse, dass die Sonne der Mittelpunkt der Welt ist, und dass sie sich nicht bewegt, und dass die Erde nicht der Mittelpunkt der Welt ist, und dass sie sich bewegt. (...)

Trotzdem habe ich ein Buch geschrieben und zum Druck gebracht, in dem ich jene bereits verurteilte Lehre behandele und in dem ich mit viel Geschick Gründe zugunsten derselben beibringe, ohne jedoch zu irgendeiner Entscheidung zu gelangen. Daher bin ich der Ketzerei in hohem Maße verdächtig befunden worden, darin bestehend, dass ich die Meinung vertreten und geglaubt habe, dass die Sonne Mittelpunkt der Welt und unbeweglich ist und dass die Erde nicht Mittelpunkt ist und sich bewegt. (...)

Ich schwöre (...), dass ich alle Bußen, die mir das Heilige Offizium auferlegt hat oder noch auferlegen wird, genauestens beachten und erfüllen werde. Sollte ich irgendeinem meiner Versprechen und Eide, was Gott verhüten möge, zuwiderhandeln, so unterwerfe ich mich allen Strafen und Züchtigungen, die das kanonische Recht (...) festsetzt und verkündet. (...)

Ich, Galileo Galilei, habe abgeschworen (...). Zum Zeugnis der Wahrheit habe ich diese Urkunde meines Abschwörens eigenhändig unterschrieben und sie Wort für Wort verlesen, in Rom im Kloster der Minerva am 22. Juni 1633.

1 Galileo Galilei: Zeit, Leben und Werk im Überblick

... der Weg des Geistes ist immer der Weg von Menschen, deren zerbrochene Ideale den Weg markieren, von dem keiner der Zeitgenossen weiß, wohin er führen wird. Meist erringt das Alte noch einmal einen letzten verzweifelten Sieg, oft einen Pyrrhussieg, einer Niederlage zum Verwechseln ähnlich. Aber auch dem Neuen geht es kaum besser. Scheitern und Sieg liegen so eng zusammen, dass erst die Geschichte ein endgültiges Urteil sprechen kann. Wir wollen hier das Drama des Lebens und Wirkens eines Mannes vorstellen, der zwischen zwei Zeiten (...) lebte: Der Zeit der Kirche und Theologie zum einen, der der Welt und der Naturwissenschaften auf der anderen: das Drama Galileo Galilei.
(Rupert Lay, 1997)

Galilei hätte ein Märtyrer der Wissenschaft werden können, war aber so weise, sich vor dieser Rolle zu drücken. Statt dessen schwor er feierlich, sich geirrt zu haben. An den Tatsachen änderte dies – wie er wusste – nichts.
(Paul Strathern, 1999)

Galilei war einer der ersten Italiener, die sich für die Darstellung naturwissenschaftlicher Probleme in ihren Werken auch der Muttersprache bedienten. Seine Prosa nimmt im Rahmen der italienischen Literatur eine Sonderstellung ein, da sie sich in ihrer Klarheit und Schlichtheit von dem herrschenden barocken Schwulst abhebt, den Galilei auch in seinen literaturkritischen Aufsätzen über Tasso u.a. getadelt hatte. In seinen wichtigsten Werken bediente er sich der von den italienischen Humanisten überkommenen Form des Dialogs, um gemeinverständlich zu sein.
(Brockhaus)

Am Leben und Forschen Galileis sind alle Erwartungen sichtbar gemacht worden, die an Wissenschaft überhaupt gerichtet werden: abstrakt und konkret, technisch und anschaulich, antidogmatisch und Gewissheit suchend, vernünftig gegen das Dogma und dogmatisch gegen die von Skepsis befallene Vernunft. Galileis Leben hatte darum immer mehr zu sein als sein Leben – es schien das Leben der Wissenschaft selbst zu verkörpern. Das Gefühl, hier einer exemplarischen Existenz zu begegnen, wird vom Exempel, das die Kirche an ihm statuierte, bestärkt.
(Jürgen Kaube, 1999)

Italienischer Physiker, Mathematiker, Philosoph und Astronom. Zusammen mit Johannes Keppler bewirkte er auf dem Gebiet der Wissenschaften einen Umbruch, indem er das heliozentrische Weltsystem von Nikolaus Kopernikus weiterentwickelte, das später durch den englischen Physiker Sir Isaac Newton bewiesen wurde. In der Astronomie machte Galilei bedeutende Entdeckungen. (...) In der Physik entdeckte er die Fallgesetze und die Bewegungsgesetze von Geschossen. Galileis historische Leistung besteht auch in seinem Einsatz für wissenschaftliches und unabhängiges Denken sowie in seinem Kampf gegen Autorität und Dogma. Seine wissenschaftliche Methodenlehre sowie sein Ansatz einer Mathematisierung der Naturwissenschaften übten einen großen Einfluss auf die neuzeitlichen Naturwissenschaften aus.
(Encarta 2000)

Galileo Galilei, Kupferstich von Francesco Villamena

Galilei tat einen großen Schritt, indem er wagte, die Welt so zu beschreiben, wie wir sie nicht erfahren. Er stellte Gesetze auf, die in der Form, in der er sie aussprach, niemals in der wirklichen Erfahrung gelten und die darum niemals durch irgendeine einzelne Beobachtung bestätigt werden können, die aber dafür mathematisch einfach sind. (...)

Aber warum gelang es ihm nicht, die Kirche zu überzeugen? Ich fürchte, ich muss antworten: weil er eben nicht eine klar erkennbare wissenschaftliche Wahrheit gegen mittelalterliche Rückständigkeit verteidigte. Die Dinge lagen eher umgekehrt: Er konnte nicht beweisen, was er behauptete, und die Kirche seiner Zeit war nicht mehr mittelalterlich. (...)

Wir können also sogar behaupten, dass die Inquisition von Galilei nicht mehr verlangte, als dass er nicht mehr sagen sollte, als er beweisen konnte. Er war der Fanatiker in dieser Auseinandersetzung.

Aber wir müssen nun den Spieß noch einmal umdrehen: Er hatte damit recht, dass er der Fanatiker war. Die großen Fortschritte der Wissenschaft geschehen nicht, indem man ängstlich am Beweisbaren klebt.
(*Carl Friedrich von Weizsäcker*)

1564	Galilei kommt am 15. Februar in Pisa zur Welt. Sein Vater ist Musiktheoretiker und Mathematiker.
1581–1585	Student der Philosophie und Medizin an der Universität von Pisa, die er ohne Abschluss wieder verlässt. Galilei widmet sich der Mathematik.
1582	Im katholischen Europa ersetzt der gregorianische den julianischen Kalender.
1589–1592	Lektor für Mathematik in Pisa. Sein erstes wissenschaftliches Werk: *De motu* (Über die Bewegung).
1592	Professor für Mathematik in Padua
1600	Giordano Bruno stirbt in Rom auf dem Scheiterhaufen.
1606	*Die Operationen des geometrisch-militärischen Zirkels*
1608	In Holland wird das Linsenfernrohr erfunden.
1609	G. verbessert das Fernrohr.
1609	Kepler veröffentlicht die zwei ersten Gesetze der Planetenbewegung.
1610	G. entdeckt die Jupitermonde. Der *Sternenbote (Sidereus nuncius)* wird veröffentlicht.
1610	G. wird zum „Ersten Mathematiker und Hofphilosophen des Großherzogs der Toskana", Cosimo II., ernannt.
1612	In Florenz erscheint G.'s *Diskurs über die Dinge, die sich auf dem Wasser befinden*.
1613	*Briefe über die Sonnenflecken* werden veröffentlicht.

❶ Welches Bild von Galileo Galilei als Wissenschaftler zeichnet sich hier ab? Was macht ihn bedeutend? Für welche besonderen Leistungen steht sein Name?

1616	G. veröffentlicht seine Theorie über die Gezeiten: *Ebbe und Flut*.
1616	Vatikan verfügt Dekret gegen die kopernikanische Lehre. Kardinal Bellarmin wird beauftragt, G. zu ermahnen, die kopernikanische Lehre aufzugeben.
1618	Der Dreißigjährige Krieg beginnt.
1623	Kardinal Barberini wird Papst Urban VIII. G. widmet ihm *Die Goldwaage* (*Saggiatore*).
1624	G. reist zur päpstlichen Audienz nach Rom.
1629	Beulenpest
1632	G. veröffentlicht den *Dialog über die beiden hauptsächlichsten Weltsysteme, das ptolemäische und das kopernikanische* (*Dialogo dei Massimi Sistemi*).
1633	G. wird wegen Ketzerei vom Heiligen Offizium der Prozess gemacht. Der *Dialog* wird verboten.
1637	G. erblindet.
1638	In Holland erscheint G.'s *Unterredungen über zwei neue Wissenszweige, die Mechanik und die Fallgesetze betreffend*.
1642	G. stirbt am 8. Januar in Arcetri.
1643	G.'s Schüler Torricelli erfindet das Quecksilberthermometer.
1643	In England wird Isaac Newton geboren.
1648	Der Dreißigjährige Krieg ist zu Ende.
1992	Am 31. Oktober nennt Papst Johannes Paul II. vor der Päpstlichen Akademie der Wissenschaften den „Fall Galilei" ein „schmerzliches Missverständnis".

Aus dem „Dialogus de systemate mundi" von 1635. Kupferstich. Dargestellt sind Aristoteles, Ptolemäus und Kopernikus

❷ Galilei hat in einer Zeit des Umbruchs und Wandels gelebt. Stellen Sie die Biografie Galileo Galileis in einen größeren historischen Zusammenhang, indem Sie (a) die oben stehende Zeittafel durch Daten von Ereignissen und Entwicklungen anreichern, die aus heutiger Sicht bedeutsam sind; (b) die Daten in mehrere parallele Spalten umgruppieren, um Umbruch und Wandel zur Neuzeit zu belegen, z. B. so:

Biografie des Galileo Galilei	Wissenschaft/ Technik	Literatur	Musik/Kunst	Politik

❸ Stellen Sie fest, in welchen wissenschaftlichen Disziplinen Galileo Galilei tätig war, indem Sie die oben stehenden Kurztexte und die biografischen Daten in der Zeittafel untersuchen.

Themen- und Problemstellungen kann man durch fachübergreifende bzw. fächerverbindende unterrichtliche Vorhaben erschließen. Solche Vorhaben können organisatorisch in vielfältiger Weise verwirklicht werden: als Thementage, als Projektwoche, als Arbeitsgemeinschaft, als Kombination von Grund-/Leistungskursen, in Abstimmung zwischen zwei oder mehreren Fächern/Kursen.

❹ Welche Themen- und Problemstellungen zeichnen sich aus der ersten Begegnung mit Galileo Galilei ab, die in fachübergreifenden bzw. fächerverbindenden Vorhaben bearbeitet werden könnten?

Themen-/Problemstellung	beteiligte Fächer	Organisation des Unterrichtsvorhabens	(a) Ziele/Erkenntnisse (b) Präsentation/Produkte
Konstruktion des Kosmos – im Vergleich der Wissenschaften und der Epochen	Religion Philosophie Deutsch/Literatur ...	Projektwoche in der gymnasialen Oberstufe	a) Grenzlinien zwischen Mythos und wissenschaftlicher Erkenntnis ziehen – Methoden der Wissenschaften in ihrer historischen Entwicklung untersuchen (b) Ausstellung in der Pausenhalle – Einladung an einen Physiker, moderne Weltbilder zu erläutern

Entscheidend für die Durchführung fachübergreifender bzw. fächerverbindender Unterrichtsvorhaben ist die Frage, warum und mit welcher Zielsetzung sich mehrere Fächer an einem gemeinsamen Vorhaben beteiligen. Die Verhältnisse, die die Fächer zueinander aufbauen, können u. a. folgender Art sein:

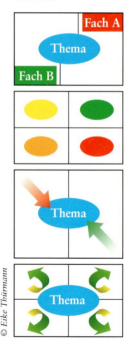

© Eike Thürmann

komplementär – Wissensbestände, Erkenntnisse oder Erfahrungen aus unterschiedlichen Fächern ergänzen sich wechselseitig

konzentrisch – in mehreren Fächern wird dasselbe Thema, derselbe Gegenstand mit unterschiedlichen Perspektiven und Methoden bearbeitet

kontrastiv oder dialogisch – Sichtweisen oder Erfahrungen des einen Faches werden durch die des anderen Faches relativiert und führen zu tieferem Verständnis des zentralen Themas/Gegenstands

reflexiv – bewusste Auseinandersetzung mit den Methoden anderer Fächer führt zu kritischer Reflexion der jeweiligen fachspezifischen Methoden und Sichtweisen

❺ Skizzieren Sie – in Anlehnung an oben stehende Tabelle – die Planung für ein fachübergreifendes bzw. fächerverbindendes Vorhaben. Diskutieren Sie, in welcher Beziehung die Fächer zueinander stehen und welche Vorteile sich aus einem interdisziplinären Arbeitsansatz ergeben. Erörtern Sie auch mögliche Schwierigkeiten und Probleme.

2 O früher Morgen des Beginnens …

Bertolt Brecht
Leben des Galilei (Auszug)

1. Galileo Galilei, Lehrer der Mathematik zu Padua, will das neue kopernikanische Weltsystem beweisen.

In dem Jahr sechzehnhundertundneun
Schien das Licht des Wissens hell
Zu Padua aus einem kleinen Haus.
Galileo Galilei rechnete aus:
Die Sonn steht still, die Erd kommt von der Stell.

Das ärmliche Studierzimmer des Galilei in Padua. Es ist morgens. Ein Knabe, Andrea, der Sohn der Haushälterin, bringt ein Glas Milch und einen Wecken.
GALILEI *sich den Oberkörper waschend, prustend und fröhlich*: Stell die Milch auf den Tisch, aber klapp kein Buch zu.
ANDREA: Mutter sagt, wir müssen den Milchmann bezahlen. Sonst macht er bald einen Kreis um unser Haus, Herr Galilei.
GALILEI: Es heißt: er beschreibt einen Kreis, Andrea.
ANDREA: Wie Sie wollen. Wenn wir nicht bezahlen, dann beschreibt er einen Kreis um uns, Herr Galilei.
GALILEI: Während der Gerichtsvollzieher, Herr Cambione, schnurgerade auf uns zu kommt, indem er was für eine Strecke zwischen zwei Punkten wählt?
ANDREA *grinsend*: Die kürzeste.
GALILEI: Gut. Ich habe was für dich. Sieh hinter den Sterntafeln nach.
Andrea fischt hinter den Sterntafeln ein großes hölzernes Modell des ptolemäischen Systems hervor.
ANDREA: Was ist das?
GALILEI: Das ist ein Astrolab; das Ding zeigt, wie sich die Gestirne um die Erde bewegen, nach Ansicht der Alten.
ANDREA: Wie?
GALILEI: Untersuchen wir es. Zuerst das erste: Beschreibung.
ANDREA: In der Mitte ist ein kleiner Stein.
GALILEI: Das ist die Erde.
ANDREA: Drum herum sind, immer übereinander, Schalen.
GALILEI: Wie viele?
ANDREA: Acht.
GALILEI: Das sind die kristallnen Sphären.
ANDREA: Auf den Schalen sind Kugeln angemacht …
GALILEI: Die Gestirne.
ANDREA: Da sind Bänder, auf die sind Wörter gemalt.
GALILEI: Was für Wörter?
ANDREA: Sternnamen.
GALILEI: Als wie?
ANDREA: Die unterste Kugel ist der Mond, steht drauf. Und darüber ist die Sonne.
GALILEI: Und jetzt laß die Sonne laufen.
ANDREA *bewegt die Schalen*: Das ist schön. Aber wir sind so eingekapselt.
GALILEI *sich abtrocknend*: Ja, das fühlte ich auch, als ich das Ding zum ersten Mal sah. Einige fühlen das. *Er wirft Andrea das Handtuch zu, daß er ihm den Rücken abreibt.* Mauern und Schalen und Unbeweglichkeit! Durch zweitausend Jahre glaubte die Menschheit, daß die Sonne und alle Gestirne des Himmels sich um sie drehten. Der Papst, die Kardinäle, die Fürsten, die Gelehrten, Kapitäne, Kaufleute, Fischweiber und Schulkinder glaubten, unbeweglich in dieser kristallenen Kugel zu sitzen. Aber jetzt fahren wir heraus, Andrea, in großer Fahrt. Denn die alte Zeit ist herum, und es ist eine neue Zeit. Seit hundert Jahren ist es, als erwartete die Menschheit etwas.
Die Städte sind eng, und so sind die Köpfe. Aberglauben und Pest. Aber jetzt heißt es: da es so ist, bleibt es nicht so. Denn alles bewegt sich, mein Freund.
Ich denke gerne, daß es mit den Schiffen anfing. Seit Menschengedenken waren sie nur an den Küsten entlang gekrochen, aber plötzlich verließen sie die Küsten und liefen aus über alle Meere.
Auf unserm alten Kontinent ist ein Gerücht entstanden: es gibt neue Kontinente. Und seit unsere Schiffe zu ihnen fahren, spricht es sich auf den lachenden Kontinenten herum: das große gefürchtete Meer ist ein kleines Wasser. Und es ist eine große Lust aufgekommen, die Ursachen aller Dinge zu erforschen: warum der Stein fällt, den man losläßt, und wie er steigt, wenn man ihn hochwirft. Jeden Tag wird etwas gefunden. Selbst die Hundertjährigen lassen sich noch von den Jungen ins Ohr schreien, was Neues entdeckt wurde.
Da ist schon viel gefunden, aber da ist mehr, was noch gefunden werden kann. Und so gibt es wieder zu tun für neue Geschlechter.
In Siena, als junger Mensch, sah ich, wie ein paar Bauleute eine tausendjährige Gepflogenheit, Granitblöcke zu bewegen, durch eine neue und zweckmäßigere An-

ordnung der Seile ersetzten, nach einem Disput von fünf Minuten. Da und dann wußte ich: die alte Zeit ist herum, und es ist eine neue Zeit. Bald wird die Menschheit Bescheid wissen über ihre Wohnstätte, den Himmelskörper, auf dem sie haust. Was in den alten Büchern steht, das genügt ihr nicht mehr.

Denn wo der Glaube tausend Jahre gesessen hat, eben da sitzt jetzt der Zweifel. Alle Welt sagt: ja, das steht in den Büchern, aber laßt uns jetzt selbst sehn. Den gefeiertsten Wahrheiten wird auf die Schulter geklopft; was nie bezweifelt wurde, das wird jetzt bezweifelt.

Dadurch ist eine Zugluft entstanden, welche sogar den Fürsten und Prälaten die goldbestickten Röcke lüftet, so daß fette und dürre Beine darunter sichtbar werden, Beine wie unsere Beine. Die Himmel, hat es sich herausgestellt, sind leer. Darüber ist ein fröhliches Gelächter entstanden.

Aber das Wasser der Erde treibt die neuen Spinnrocken, und auf den Schiffswerften, in den Seil- und Segelhäusern regen sich fünfhundert Hände zugleich in einer neuen Anordnung.

Ich sage voraus, daß noch zu unsern Lebzeiten auf den Märkten von Astronomie gesprochen werden wird. Selbst die Söhne der Fischweiber werden in die Schulen laufen. Denn es wird diesen neuerungssüchtigen Menschen unserer Städte gefallen, daß eine neue Astronomie nun auch die Erde sich bewegen lässt. Es hat immer geheißen, die Gestirne sind an einem kristallenen Gewölbe angeheftet, daß sie nicht herunterfallen können. Jetzt haben wir Mut gefaßt und lassen sie im Freien schweben, ohne Halt, und sie sind in großer Fahrt, gleich unseren Schiffen, ohne Halt und in großer Fahrt.

Und die Erde rollt fröhlich um die Sonne, und die Fischweiber, Kaufleute, Fürsten und die Kardinäle und sogar der Papst rollen mit ihr.

Das Weltall aber hat über Nacht seinen Mittelpunkt verloren, und am Morgen hatte es deren unzählige. So daß jetzt jeder als Mittelpunkt angesehen wird und keiner. Denn da ist viel Platz plötzlich.

Unsere Schiffe fahren weit hinaus, unsere Gestirne bewegen sich weit im Raum herum, selbst im Schachspiel die Türme gehen neuerdings weit über alle Felder.

Wie sagt der Dichter? „O früher Morgen des Beginnens! …"

① Wie führt Brecht seine Hauptperson, Galileo Galilei, zu Beginn des Dramas ein? Welches Bild entwirft er von Galilei als Wissenschaftler? Wie passt dieses Bild zu Ihrer ersten Begegnung mit Galilei in Kapitel 1 dieser Unterrichtseinheit?

② „Die alte Zeit ist herum, und es ist eine neue Zeit. Seit hundert Jahren ist es, als erwartete die Menschheit etwas": Welche Erfahrungen, Beobachtungen, Tatsachen führt Galilei an zum Nachweis, dass er in einer Zeit des Umbruchs lebt? Erläutern Sie die Bezüge und Anspielungen im Text

- aus Sicht der gesellschaftswissenschaftlichen Fächer, z. B. „Ich denke gern, daß es mit den Schiffen anfing …"; „Dadurch ist eine Zugluft entstanden, welche sogar den Fürsten und Prälaten die goldbestickten Röcke lüftet …"; „Selbst die Söhne der Fischweiber werden in die Schulen laufen …",
- aus Sicht der Naturwissenschaften, z. B. „Es ist eine große Lust aufgekommen, die Ursachen aller Dinge zu erforschen …"; „warum der Stein fällt, den man losläßt …"

Description of the Celestiall Orbes von Thomas Diggers

Projekt/Facharbeit? Geschichtlich bedeutsame Vorstellungen vom Kosmos und von der Erde werden mit Namen wie Ptolemäus, Aristoteles, Kopernikus, Kepler verbunden. Untersuchen Sie, was diese Vorstellungen unterscheidet und wie sich die Systeme historisch entwickelt haben. Beginnen Sie Ihre Untersuchung mit den frühen Mythen des Vorderen Orients.

❸ Welche Position nimmt Galilei in Brechts Drama ein? Skizzieren Sie das „alte" und das „neue" Weltbild.

❹ Welche gesellschaftlichen Orientierungen lässt Brecht Galilei aus dem „neuen" Weltbild ableiten? Was mag die kirchlichen und staatlichen Institutionen bewogen haben, sich gegen das „neue" Weltbild zu stellen?

Wissenschaftliche Instrumente aus dem Besitz Galileis, Museo delle Scienze

❺ Dies ist eine Rekonstruktion von Arbeitsmitteln, die Galilei zur Verfügung gestanden haben. Welche naturwissenschaftlichen Erkundungen, Beobachtungen, Experimente lassen sich damit durchführen? Überlegen Sie z. B., welche Geräte der Zeitmessung damals zur Verfügung standen.

❻ Welche Experimente und Beweisführungen sind damit möglich? Wie vergleicht sich diese Studierstube mit dem Labor eines modernen Physikers?

Projekt/Facharbeit? Mit diesen und anderen Instrumenten und Geräten hat Galilei u. a. Grundlagenstudien zur Mechanik und Astronomie durchgeführt, die noch heute Anspruch auf Gültigkeit haben. Andere Erkenntnisse sind inzwischen widerlegt. Recherchieren Sie, was Galilei z. B. zu den Gezeiten und ihren Ursachen geschrieben hat.

Auch Literatur, Kunst, Architektur und Musik unterliegen einem grundlegenden Wandel. Der „forschende Blick" bringt Wissenschaft und Kunst, Abbildung und Wirklichkeit näher zusammen. Das gilt vor allem für die „Körperwelten".

Die Universität Padua, an der Galilei lehrte, verfügte über das erste anatomische Theater. Hier arbeitete auch der berühmte flämische Anatom Versalius.

Andreas Versalius, Verfasser des einflussreichen Werkes De humani corporis fabrica (1543)

Anatomische Studien von Andreas Versalius

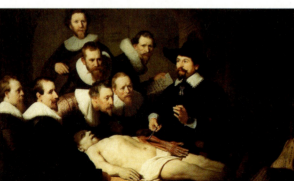

Rembrandt van Rijn: Der Arzt Nicolaes Tulp bei der Demonstration der Anatomie des Armes, 1632, Den Haag, Mauritshuis

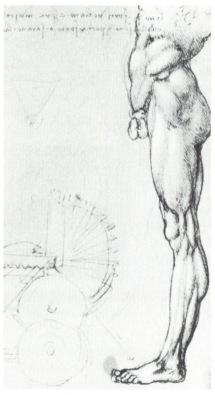

Leonardo da Vinci: Anatomische Studie

Projekt/Facharbeit? Stellen Sie Beispiele für historische „Paradigmenwechsel" (z. B. vom Mittelalter zur Renaissance) in den Künsten zusammen und erläutern Sie diese.

3 Disput der Wissenschaftler

[Galilei hat das Fernrohr, ursprünglich eine niederländische Erfindung, weiterentwickelt und der Republik Venedig überreicht. Man war unmittelbar vom praktischen Nutzen dieses Geräts überzeugt, und Galilei konnte dadurch seine wirtschaftliche Lage deutlich verbessern. Am 16. Januar 1610 macht Galilei mit seinem Teleskop Entdeckungen (Oberfläche des Mondes, Jupitermonde), die er als Beweis für das kopernikanische System wertet. Er widmet seine Entdeckung der Jupitermonde dem Großherzog von Florenz und nennt sie entsprechend Medicëisches Gestirn.]

4. Galilei hat die Republik Venedig mit dem Florentiner Hof vertauscht. Seine Entdeckungen durch das Fernrohr stoßen in der dortigen Gelehrtenwelt auf Unglauben. (Auszug)

GALILEI *am Fernrohr*: Wie Eure Hoheit zweifellos wissen, sind wir Astronomen seit einiger Zeit mit unseren Berechnungen in große Schwierigkeiten gekommen. Wir benützen dafür ein sehr altes System, das sich in Übereinstimmung mit der Philosophie, aber leider nicht mit den Fakten zu befinden scheint. Nach diesem alten System, dem ptolemäischen, werden die Bewegungen der Gestirne als äußerst verwickelt angenommen. Der Planet Venus zum Beispiel soll eine Bewegung von dieser Art vollführen. *Er zeichnet auf eine Tafel die epizyklische Bahn der Venus nach der ptolemäischen Annahme.* Aber selbst solche schwierigen Bewegungen annehmen, sind wir nicht in der Lage, die Stellung der Gestirne richtig vorauszuberechnen. Wir finden sie nicht an den Orten, wo sie eigentlich sein müßten. Dazu kommen solche Gestirnbewegungen, für welche das ptolemäische System überhaupt keine Erklärung hat. Bewegungen dieser Art scheinen mir einige von mir neu entdeckte kleine Sterne um den Planeten Jupiter zu vollführen. Ist es den Herren angenehm, mit einer Besichtigung der Jupitertrabanten zu beginnen, der Medicëischen Gestirne?
ANDREA *auf den Hocker vor dem Fernrohr zeigend*: Bitte, sich hier zu setzen.
DER PHILOSOPH: Danke, mein Kind. Ich fürchte, das alles ist nicht ganz so einfach. Herr Galilei, bevor wir Ihr berühmtes Rohr applizieren, möchten wir um das Vergnügen eines Disputs bitten. Thema: Können solche Planeten existieren?
DER MATHEMATIKER: Eines formalen Disputs.
GALILEI: Ich dachte mir, Sie schauen einfach durch das Fernrohr und überzeugen sich?
ANDREA: Hier, bitte.
DER MATHEMATIKER: Gewiß, gewiß. – Es ist Ihnen natürlich bekannt, daß nach der Ansicht der Alten Sterne nicht möglich sind, die um einen anderen Mittelpunkt als die Erde kreisen, noch solche Sterne, die im Himmel keine Stütze haben?
GALILEI: Ja.
DER PHILOSOPH: Und, ganz absehend von der Möglichkeit solcher Sterne, die der Mathematiker *er verbeugt sich gegen den Mathematiker* zu bezweifeln scheint, möchte ich in aller Bescheidenheit als Philosoph die Frage aufwerfen: sind solche Sterne nötig? *Aristotelis divini Universum* ...
GALILEI: Sollten wir nicht in der Umgangssprache fortfahren? Mein Kollege, Herr Federzoni, versteht Latein nicht.
DER PHILOSOPH: Ist es von Wichtigkeit, daß er uns versteht?
GALILEI: Ja.
DER PHILOSOPH: Entschuldigen Sie mich. Ich dachte, er ist Ihr Linsenschleifer.
ANDREA: Herr Federzoni ist ein Linsenschleifer und ein Gelehrter.
DER PHILOSOPH: Danke, mein Kind. Wenn Herr Federzoni darauf besteht ...
GALILEI: Ich bestehe darauf.
DER PHILOSOPH: Das Argument wird an Glanz verlieren, aber es ist Ihr Haus. – Das Weltbild des göttlichen Aristoteles mit seinen mystisch musizierenden Sphären und kristallenen Gewölben und den Kreisläufen seiner Himmelskörper und dem Schiefenwinkel der Sonnenbahn und den Geheimnissen der Satellitentafeln und dem Sternenreichtum des Katalogs der südlichen Halbkugel und der erleuchteten Konstruktion des celestialen Globus ist ein Gebäude von solcher Ordnung und Schönheit, daß wir wohl zögern sollten, diese Harmonie zu stören.
GALILEI: Wie, wenn Eure Hoheit die sowohl unmöglichen als auch unnötigen Sterne nun durch dieses Fernrohr wahrnehmen würden?
DER MATHEMATIKER: Man könnte versucht sein zu antworten, daß Ihr Rohr, etwas zeigend, was nicht sein

kann, ein nicht sehr verläßliches Rohr sein müßte, nicht?
75 GALILEI: Was meinen Sie damit?
DER MATHEMATIKER: Es wäre doch viel förderlicher, Herr Galilei, wenn Sie uns die Gründe nennten, die Sie zu der Annahme bewegen, daß in der höchsten Sphäre des unveränderlichen Himmels Gestirne freischwebend
80 in Bewegung sein können.
DER PHILOSOPH: Gründe, Herr Galilei, Gründe!
GALILEI: Die Gründe? Wenn ein Blick auf die Gestirne selber und meine Notierungen das Phänomen zeigen? Mein Herr, der Disput wird abgeschmackt.
85 DER MATHEMATIKER: Wenn man sicher wäre, daß Sie sich nicht noch mehr erregten, könnte man sagen, daß, was in Ihrem Rohr ist und was am Himmel ist, zweierlei sein kann.
DER PHILOSOPH: Das ist nicht höflicher auszudrücken.
90 FEDERZONI: Sie denken, wir malten die Mediceischen Sterne auf die Linse!
GALILEI: Sie werfen mir Betrug vor?
DER PHILOSOPH: Aber wie könnten wir das? In Anwesenheit seiner Hoheit!
95 DER MATHEMATIKER: Ihr Instrument, mag man es nun Ihr Kind, mag man es Ihren Zögling nennen, ist sicher äußerst geschickt gemacht, kein Zweifel!
DER PHILOSOPH: Und wir sind vollkommen überzeugt, Herr Galilei, daß weder Sie noch sonst jemand es wagen
100 würde, Sterne mit dem erlauchten Namen des Herrscherhauses zu schmücken, deren Existenz nicht über allen Zweifel erhaben wäre. *Alle verbeugen sich tief vor dem Großherzog.*
COSMO *sieht sich nach den Hofdamen um*: Ist etwas
105 nicht in Ordnung mit meinen Sternen?
(…)
DER MATHEMATIKER: Warum einen Eiertanz aufführen? Früher oder später wird Herr Galilei sich doch noch mit den Tatsachen befreunden müssen. Seine Jupiterplaneten
110 würden die Sphärenschale durchstoßen. Es ist ganz einfach.
FEDERZONI: Sie werden sich wundern: es gibt keine Sphärenschale.
DER PHILOSOPH: Jedes Schulbuch wird Ihnen sagen, daß
115 es sie gibt, mein guter Mann.
FEDERZONI: Dann her mit neuen Schulbüchern.
DER PHILOSOPH: Eure Hoheit, mein verehrter Kollege und ich stützen uns auf die Autorität keines Geringeren als des göttlichen Aristoteles selber.
120 GALILEI *fast unterwürfig*: Meine Herren, der Glaube an die Autorität des Aristoteles ist eine Sache, Fakten, die mit Händen zu greifen sind, eine andere. Sie sagen, nach dem Aristoteles gibt es dort oben Kristallschalen, und so können gewisse Bewegungen nicht stattfinden, weil die
125 Gestirne die Schalen durchstoßen müßten. Aber wie, wenn Sie diese Bewegungen konstatieren könnten? Vielleicht sagt Ihnen das, daß es diese Kristallschalen gar nicht gibt? Meine Herren, ich ersuche Sie in aller Demut, Ihren Augen zu trauen.
130 DER MATHEMATIKER: Lieber Galilei, ich pflege mitunter, so altmodisch es Ihnen erscheinen mag, den Aristoteles zu lesen und kann Sie dessen versichern, daß ich da meinen Augen traue.
GALILEI: Ich bin es gewohnt, die Herren aller Fakultäten
135 sämtlichen Fakten gegenüber die Augen schließen zu sehen und so zu tun, als sei nichts geschehen. Ich zeige meine Notierungen, und man lächelt, ich stelle mein Fernrohr zur Verfügung, daß man sich überzeugen kann, und man zitiert Aristoteles. Der Mann hatte kein Fern-
140 rohr!
DER MATHEMATIKER: Allerdings nicht, allerdings nicht.
DER PHILOSOPH *groß*: Wenn hier Aristoteles in den Kot gezogen werden soll, eine Autorität, welche nicht nur die gesamte Wissenschaft der Antike, sondern auch die
145 Hohen Kirchenväter selber anerkannten, so scheint jedenfalls mir eine Fortsetzung der Diskussion überflüssig. Unsachliche Diskussion lehne ich ab. Basta.
GALILEI: Die Wahrheit ist das Kind der Zeit, nicht der Autorität. Unsere Unwissenheit ist unendlich, tragen wir
150 einen Kubikmillimeter ab! Wozu jetzt noch so klug sein wollen, wenn wir endlich ein klein wenig weniger dumm sein können! Ich habe das unvorstellbare Glück gehabt, ein neues Instrument in die Hand zu bekommen, mit dem man ein Zipfelchen des Universums etwas, nicht viel,
155 näher besehen kann. Benützen Sie es.
DER PHILOSOPH: Eure Hoheit, meine Damen und Herren, ich frage mich nur, wohin dies alles führen soll.

❶ Wie stellt Brecht hier den Konflikt zwischen den „alten" und den „neuen" Wissenschaften dar? Definieren Sie die Positionen der Kontrahenten.

Christoph Helferich
Scholastik – Wissenschaft im Umbruch zwischen Mittelalter und Renaissance*

Doctores scholastici oder kurzweg „Scholastiker" hießen ursprünglich die Lehrer der sog. Sieben freien Künste in den Dom- und Klosterschulen seit Karl dem Großen, später alle, die sich schulmäßig mit den Wissenschaften, insbesondere der Philosophie oder, was damals fast dasselbe ist, Theologie beschäftigen. (…) Der Unterricht an den Schulen folgte einem bestimmten Schema. Die *lectio*, der Vortrag des Lehrers, baute auf den Sentenzen (wörtl. „Urteile") der Heiligen Schrift bzw. der Autoritäten der Tradition (im ausgehenden Mittelalter vornehmlich Aristoteles, d. Red.) auf. Alle ein bis zwei Wochen folgten ihr die *disputationes*, die freie Diskussion des Stoffes. In der Disputation wurde jeweils eine bestimmte Frage (*quaestio*) behandelt, die ihren Verteidiger (*defendens*) und Gegner (*opponens*) hatte. Ziel war zumeist, einen Ausgleich der widerstreitenden Meinungen zu finden. Mit dieser Unterrichtsform hing eng das Schrifttum der Zeit zusammen. Hauptsächlich waren es Sentenzensammlungen, also Zusammenstellungen von Zitaten der Autoritäten zu bestimmten Fragen; ferner Kommentare zu bestimmten Stellen oder Schriften, schließlich die Summen, die großen philosophischen Darstellungen der Scholastik. Lesen und Kommentieren sind also die Grundformen, in denen das Denken sich bewegt. (…) Gegenstand des Wissens ist nicht der Mensch (oder die Sache) (*res*), sondern ein Text über ihn (*verba*). Die Worte werden zur Verlängerung der Gegenstände. Wenn man aber an die Stelle der Welt ein komplexes System von Zeichen setzt, wird die Beziehung zur Welt selbst bedeutungslos. (…) Die Scholastik versuchte, so weit es ging, die Übereinstimmung von kirchlicher Lehre und philosophischer Vernunft aufzuzeigen. (…) Die Macht, als kirchliche und/oder weltliche Autorität, schaut den eifrig disputierenden *doctores* sozusagen ständig über die Schultern, ist allgegenwärtig. Sie steckt den Spielraum des Denkens ab und wacht eifersüchtig über die Orthodoxie dessen, was sich in ihren Gebäuden abspielt. *(1992)*

❷ Was kann ein solcher Text aus der Philosophie(geschichte) zum Verständnis und zur Deutung der oben stehenden Szene aus Brechts Galileo Galilei beitragen?

Welchen Umbruch in den Wissenschaften stellt Umberto Eco mit seinem historischen Roman „Im Namen der Rose" dar?

Recherchieren Sie in Standardwerken und Handbüchern zur Philosophie den Begriff der Empirie und wie sich dieser zum spätmittelalterlichen Dogmatismus verhält.

Heute ist die folgende grobe Einteilung der Wissenschaften weitgehend akzeptiert. Wissenschaften unterscheiden sich nicht nur durch die „Gegenstände", die sie untersuchen bzw. erörtern, sondern vor allem durch die grundlegenden Methoden des Forschens, Argumentierens und Beweisführens.

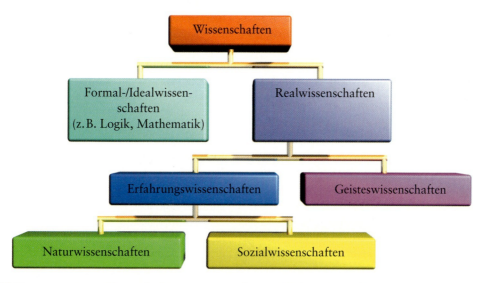

❸ Wie argumentieren Philosoph, Naturwissenschaftler und Mathematiker zu Beginn des 17. Jahrhunderts in dieser Szene? Welche Gemeinsamkeiten und Unterschiede stellen Sie fest? Wie würden Vertreter dieser Wissenschaften heute argumentieren?

❹ Ordnen Sie einzelne Schulfächer (Deutsch, Religion, Mathematik, Philosophie, Physik, …) in das Schema der Wissenschaftssystematik ein. Bei welchen Fächern gelingt es Ihnen ohne Mühe, bei welchen sind Sie im Zweifel? Welche passen kaum oder gar nicht in das Schema? Geben Sie Gründe dafür an.

4 Inquisition

[Galilei setzt – auch in Zeiten der Pest – seine wissenschaftliche Arbeit fort und erfährt Bestätigung durch das Collegium Romanum, das Forschungsinstitut des Vatikans, sowie durch andere wissenschaftliche Gesellschaften in Italien und in anderen Teilen Europas. Dennoch formiert sich Widerstand innerhalb der Kirche, die die Kopernikanische Lehre auf den Index setzt. Auch Galilei darf auf Geheiß der Kirche das kopernikanische Weltbild nur als Hypothese gekennzeichnet vertreten. Er hält sich formal an diese Auflage, verschärft jedoch den Konflikt durch öffentliche Auftritte und Publikationen. Immer stärker verbreitet sich das neue Weltbild in der Bevölkerung und an den Hochschulen. Die Inquisition sieht die Gefahren für die Kirche und den Papst und beordert Galilei nach Rom.]

12. Der Papst (Auszug)

Gemach des Vatikans. Papst Urban VIII. (vormals Kardinal Barberini) hat den Kardinal Inquisitor empfangen. Während der Audienz wird er angekleidet. Von außen das Geschlurfe vieler Füße.

DER PAPST *sehr laut*: Nein! Nein! Nein!
DER INQUISITOR: So wollen Eure Heiligkeit Ihren sich nun versammelnden Doktoren aller Fakultäten, Vertretern aller Heiligen Orden und der gesamten Geistlichkeit, welche alle in kindlichem Glauben an das Wort Gottes, niedergelegt in der Schrift, gekommen sind, Eurer Heiligkeit Bestätigung ihres Glaubens zu vernehmen, mitteilen, daß die Schrift nicht länger für wahr gelten könne?
DER PAPST: Ich lasse nicht die Rechentafel zerbrechen. Nein!
DER INQUISITOR: Daß es die Rechentafel ist und nicht der Geist der Auflehnung und des Zweifels, das sagen diese Leute. Aber es ist nicht die Rechentafel. Sondern eine entsetzliche Unruhe ist in die Welt gekommen. Es ist die Unruhe ihres eigenen Gehirns, diese auf die unbewegliche Erde übertragen. Sie schreien: die Zahlen zwingen uns! Aber woher kommen ihre Zahlen? Jedermann weiß, daß sie vom Zweifel kommen. Diese Menschen zweifeln an allem. Sollen wir die menschliche Gesellschaft auf den Zweifel begründen und nicht mehr auf den Glauben? „Du bist mein Herr, aber ich zweifle, ob das gut ist." „Das ist dein Haus und deine Frau, aber ich zweifle, ob sie nicht mein sein sollen." Andererseits findet Eurer Heiligkeit Liebe zur Kunst, der wir so schöne Sammlungen verdanken, schimpfliche Auslegungen wie die auf den Häuserwänden Roms zu lesende: „Was die Barbaren Rom gelassen haben, rauben ihm die Barberinis." Und im Auslande? Es hat Gott gefallen, den Heiligen Stuhl schweren Prüfungen zu unterwerfen. Eurer Heiligkeit spanische Politik wird von Menschen, denen die Einsicht mangelt, nicht verstanden, das Zerwürfnis mit dem Kaiser bedauert. Seit eineinhalb Jahrzehnten ist Deutschland eine Fleischbank, und man zerfleischt sich mit Bibelzitaten auf den Lippen. Und jetzt, wo unter der Pest, dem Krieg und der Reformation die Christenheit zu einigen Häuflein zusammenschmilzt, geht das Gerücht über Europa, daß Sie mit dem lutherischen Schweden in geheimem Bündnis stehen, um den katholischen Kaiser zu schwächen. Und da richten diese Würmer von Mathematikern ihre Rohre auf den Himmel und teilen der Welt mit, daß Eure Heiligkeit auch hier, in dem einzigen Raum, den man Ihnen noch nicht bestreitet, schlecht beschlagen sind. Man könnte sich fragen: welch ein Interesse plötzlich an einer so abliegenden Wissenschaft wie der Astronomie! Ist es nicht gleichgültig, wie diese Kugeln sich drehen? Aber niemand in ganz Italien, das bis auf die Pferdeknechte hinab durch das böse Beispiel dieses Florentiners von den Phasen der Venus schwatzt, denkt nicht sogleich an so vieles, was in den Schulen und an anderen Orten für unumstößlich erklärt wird und so sehr lästig ist. Was käme heraus, wenn diese alle, schwach im Fleisch und zu jedem Exzeß geneigt, nur noch an die eigene Vernunft glaubten, die dieser Wahnsinnige für die einzige Instanz erklärt! Sie möchten, erst einmal zweifelnd, ob die Sonne stillstand zu Gibeon, ihren schmutzigen Zweifel an den Kollekten üben! Seit sie über das Meer fahren – ich habe nichts dagegen –, setzen sie ihr Vertrauen auf eine Messingkugel, die sie den Kompaß nennen, nicht mehr auf Gott. Dieser Galilei hat schon als junger Mensch über die Maschinen geschrieben. Mit den Maschinen wollen sie Wunder tun. Was für welche? Gott brauchen sie jedenfalls nicht mehr, aber was sollen es für Wunder sein? Zum Beispiel soll es nicht mehr Oben und Unten geben. Sie brauchen es nicht mehr. Der Aristoteles, der

für sie sonst ein toter Hund ist, hat gesagt – und das zitieren sie –: Wenn das Weberschifflein von selber webte und der Zitherschlägel von selber spielte, dann brauchten allerdings die Meister keine Gesellen und die Herren keine Knechte. Und so weit sind sie jetzt, denken sie. Dieser schlechte Mensch weiß, was er tut, wenn er seine astronomischen Arbeiten statt in Latein im Idiom der Fischweiber und Wollhändler verfaßt.

DER PAPST: Das zeigt sehr schlechten Geschmack; das werde ich ihm sagen.

DER INQUISITOR: Er verhetzt die einen und besticht die andern. Die oberitalienischen Seestädte fordern immer dringender für ihre Schiffe die Sternkarten des Herrn Galilei. Man wird ihnen nachgeben müssen, es sind materielle Interessen.

DER PAPST: Aber diese Sternkarten beruhen auf seinen ketzerischen Behauptungen. Es handelt sich gerade um die Bewegungen dieser gewissen Gestirne, die nicht stattfinden können, wenn man seine Lehre ablehnt. Man kann nicht die Lehre verdammen und die Sternkarten nehmen.

DER INQUISITOR: Warum nicht? Man kann nichts anderes.

DER PAPST: Dieses Geschlurfe macht mich nervös. Entschuldigen Sie, wenn ich immer horche.

DER INQUISITOR: Es wird Ihnen vielleicht mehr sagen, als ich es kann, Eure Heiligkeit. Sollen diese alle von hier weggehen, den Zweifel im Herzen?

DER PAPST: Schließlich ist der Mann der größte Physiker dieser Zeit, das Licht Italiens, und nicht irgendein Wirrkopf. Er hat Freunde. Da ist Versailles. Da ist der Wiener Hof. Sie werden die Heilige Kirche eine Senkgrube verfaulter Vorurteile nennen. Hand weg von ihm!

DER INQUISITOR: Man wird praktisch bei ihm nicht weit gehen müssen. Er ist ein Mann des Fleisches. Er würde sofort nachgeben.

DER PAPST: Er kennt mehr Genüsse als irgendein Mann, den ich getroffen habe. Er denkt aus Sinnlichkeit. Zu einem alten Wein oder einem neuen Gedanken könnte er nicht nein sagen. Ich will keine Verurteilung physikalischer Fakten, keine Schlachtrufe „Hie Kirche! und Hie Vernunft!". Ich habe ihm sein Buch erlaubt, wenn es am Schluß die Meinung wiedergäbe, daß das letzte Wort nicht die Wissenschaft, sondern der Glaube hat. Er hat sich daran gehalten.

DER INQUISITOR: Aber wie? In seinem Buch streiten ein dummer Mensch, der natürlich die Ansichten des Aristoteles vertritt, und ein kluger Mensch, der ebenso natürlich die des Herrn Galilei vertritt, und die Schlußbemerkung, Eure Heiligkeit, spricht wer?

DER PAPST: Was ist das jetzt wieder? Wer äußert also unsere?

DER INQUISITOR: Nicht der Kluge.

DER PAPST: Das ist allerdings eine Unverschämtheit. Dieses Getrampel in den Korridoren ist unerträglich. Kommt denn die ganze Welt?

DER INQUISITOR: Nicht die ganze, aber ihr bester Teil.

Pause. Der Papst ist jetzt in vollem Ornat.

DER PAPST: Das Alleräußerste ist, daß man ihm die Instrumente zeigt.

DER INQUISITOR: Das wird genügen, Eure Heiligkeit. Herr Galilei versteht sich auf Instrumente.

*Papst Urban VIII. (1623–44),
Kupferstich von Matthäus Meria d. Ä.*

① Analysieren Sie die Argumente, die der Inquisitor für eine Verurteilung Galileis vorbringt. Welche Position nimmt der Papst ein?

② Welche Beiträge müsste der Geschichtsunterricht zu einem fachübergreifenden Unterrichtsvorhaben leisten, damit die politischen Hintergründe dieser Szene verständlich werden?

Isabelle Stengers
Die Galilei-Affären (Auszug)

Die Verurteilung Galileis (kann) im Kontext der internationalen Politik gelesen werden, im Zusammenhang mit dem Schwanken des Vatikans zwischen einem Bündnis mit Frankreich oder mit Spanien: 1632 sei eine „Geste"
5 gegenüber Spanien notwendig gewesen, nämlich die Verurteilung eines „Symbols" für die Allianz mit dem relativ toleranten Frankreich, für die sich – nach G. Bruno – die „Hermetiker" einsetzten. Wurde Galilei „anstelle" Campanellas verurteilt, der selbst zu gefährlich war, zu
10 viel über das Wohlwollen des Papstes gegenüber den Hermetikern „wusste"? (...)
Der Historiker setzt sich hier von den narrativen Darstellungen der Beteiligten ab (oder versucht es zumindest) und macht zugleich aus der Galilei-Affäre das Er-
15 gebnis einer Verkettung von Umständen, die sich dem Einfluss ihres Opfers entziehen. Die Szenerie bevölkert sich mit neuen Beziehungen, Problemen und Personen, welche die Fäden in der Hand halten und die offiziellen Erzählungen in plumpen Betrug verwandeln. Und die
20 Dummen sind natürlich in erster Linie jene, die heute im „Fall Galilei" den „Fall" unserer modernen Kultur sehen und sich nicht scheuen, auf ihn die Fragen zu projizieren, die ihnen im Kopf herumgehen. Diese Affäre ist Sache der Fachhistoriker und kann nur deren Sache sein.

25 Bei der Galilei-Affäre geht es auch um die Autonomie des Historikers, der sich von den interessegeleiteten Erzählungen der vermeintlichen Akteure nichts vormachen lässt, der nach Hinweisen auf Wahrheiten sucht, die von anderen Akteuren sorgfältig verborgen wurden, dunkle-
30 re Wahrheiten, deren Rolle sich als die entscheidende erweist. Damit der Historiker in seinem Element ist, muss die ganze Welt lügen, muss die Verschwörung des Schweigens herrschen. Bis die Entdeckung eines neuen Elements das ganze Gebäude zusammenfallen lässt. (...)
35 Ob man nun diesen (...) Thesen zustimmt oder nicht, sie verdeutlichen den Sinn einer ersten Verzweigung, einer ersten Wahl zwischen den Interessen, die geeignet sein mögen, Vergangenheit und Gegenwart in Beziehung zu setzen: Entweder beschränken wir uns auf die „interes-
40 selose" Geschichte der Fachhistoriker, die allein in der Lage sein soll, die Galilei-Affäre von Fragen zu reinigen, die sich parasitär mit ihr verbunden haben. Oder aber – und so werden wir verfahren – wir folgen denen, die durchaus „interessiert" der Frage nachgehen, die sich
45 *anlässlich* der Galilei-Affäre stellt: der Frage nach jener wissenschaftlichen Wahrheit, in deren Name Galilei zumindest *glaubte*, in Konflikt mit der Kirche zu stehen.
(1994)

Mario Biagioli
Galilei der Höfling (Auszug)

Das Muster war weithin bekannt; so schrieb *Die Höflingsphilosophie* (ein höfisches Spiel ähnlich unserem Monopoly) vor, dass derjenige, der auf Feld 43 landete („dein Gönner ist gestorben"), zurück an den Start muss-
5 te. Und so lässt sich auch Galileis Verurteilung nicht von der Patronagekrise trennen, die in seinen Beziehungen zu Urban VIII. eingetreten war. Verstärkt wurden Galileis Schwierigkeiten noch durch den Tod zweier wichtiger Förderer – Kardinal del Monte (1626) und Fürst Cesi
10 (1630). Nach Cesis Tod besaß Galilei nur noch sehr geringen Rückhalt am römischen Hof (...). Obwohl Galileis Verurteilung durch die spezifischen theologischen Implikationen seines *Dialogs über die zwei hauptsächlichen Weltsysteme* ausgelöst wurde, fügt sie sich doch in
15 ein allgemeineres Muster. Sie ist ein typisches Beispiel für das patronagebedingte Ende einer Günstlingskarriere. (...)
Die zeitliche Übereinstimmung seiner Publikationen mit den Krisen in seinen Patronagebeziehungen zeigt mehr
20 als eine Reihe bemerkenswerter Koinzidenzen. Obwohl die Patronage keinen vollkommen voraussagbaren Prozess darstellte, war sie doch auch nicht chaotisch. Sie besaß ihre Logik, ihre Etikette und periodische, an den Generationswechsel gebundene Krisen, die man erwarten
25 musste und geschickt nutzen konnte. Eine erfolgreiche Karriere konnten Klienten machen, die ihr Patronagenetzwerk ausbauten und ihre kulturelle Produktion auf die Zyklen der Patronagebeziehungen abstimmten, um so das Spiel des Zufalls in „wundersame Konjunktio-
30 nen" zu verwandeln. *(1999)*

3 Wie stellt sich Ihnen jetzt das „Drama Galileo Galilei" dar? Welche neuen Perspektiven sind durch die beiden Positionen der Geschichtswissenschaften eröffnet worden?

Recherchieren Sie das höfische Prinzip der Patronage und finden Sie Belege dafür, wie es als Motiv in der Literatur Verwendung gefunden hat.

Papst Johannes Paul II.
Der Fall Galilei, ein schmerzliches Missverständnis*

Vielleicht wird man sich darüber wundern, dass ich auf den Fall Galilei zurückkomme. Ist dieser Fall denn nicht längst abgeschlossen, und sind die begangenen Irrtümer nicht längst anerkannt?

Gewiss stimmt das. Doch die diesem Fall zugrunde liegenden Probleme betreffen sowohl die Natur der Wissenschaft wie die der Glaubensbotschaft. Es ist daher nicht auszuschließen, dass wir uns eines Tages vor einer analogen Situation befinden, die von beiden Teilen ein waches Bewußtsein vom eigenen Zuständigkeitsbereich und seinen Grenzen erfordern wird. Das Thema der Komplexität könnte dann einen Hinweis liefern. (…)

Es ist eine Pflicht der Theologen, sich regelmäßig über die wissenschaftlichen Ergebnisse zu informieren, um eventuell zu prüfen, ob sie diese in ihrer Reflexion berücksichtigen oder ihre Lehre anders formulieren müssen.

Wenn die heutige Kultur von einer Tendenz der Wissenschaftsgläubigkeit gekennzeichnet ist, war der kulturelle Horizont der Zeit des Galilei einheitlich und von einer besonderen philosophischen Bildung geprägt. Dieser einheitliche Charakter einer Kultur, der an sich auch heute positiv und wünschenswert wäre, war einer der Gründe für die Verurteilung des Galilei. Die Mehrheit der Theologen vermochte nicht formell zwischen der Heiligen Schrift und ihrer Deutung zu unterscheiden, und das ließ sie eine Frage der wissenschaftlichen Forschung unberechtigterweise auf die Ebene der Glaubenslehre übertragen. (…)

Ausgehend vom Zeitalter der Aufklärung bis in unsere Tage hat der Fall Galilei eine Art Mythos gebildet, in dem das dargelegte Bild der Ereignisse von der Wirklichkeit weit entfernt war. In dieser Perspektive war dann der Fall Galilei zum Symbol für die angebliche Ablehnung des wissenschaftlichen Fortschritts durch die Kirche oder des dogmatischen »Obskurantentums« gegen die freie Erforschung der Wahrheit geworden. Dieser Mythos hat in der Kultur eine erhebliche Rolle gespielt und dazu beigetragen, zahlreiche Männer der Wissenschaft in gutem Glauben denken zu lassen, der Geist der Wissenschaft und ihre Ethik der Forschung auf der einen Seite sei mit dem christlichen Glauben auf der anderen Seite unvereinbar. Ein tragisches gegenseitiges Unverständnis wurde als Folge eines grundsätzlichen Gegensatzes von Wissen und Glauben hingestellt. Die durch die jüngeren historischen Forschungen erbrachten Klärungen gestatten uns nun die Feststellung, dass dieses schmerzliche Missverständnis inzwischen der Vergangenheit angehört.

Der Fall Galilei kann uns eine bleibend aktuelle Lehre sein für ähnliche Situationen, die sich heute bieten und in Zukunft ergeben können. Zur Zeit des Galilei war eine Welt ohne physisch absoluten Bezugspunkt unvorstellbar. Und da der damals bekannte Kosmos sozusagen auf das Sonnensystem beschränkt war, konnte man diesen Bezugspunkt nicht entweder auf die Erde oder auf die Sonne verlegen. Heute hat keiner dieser beiden Bezugspunkte nach Einstein und angesichts der heutigen Kenntnis des Kosmos mehr die Bedeutung von damals. (…)

Eine weitere Lehre ist die Tatsache, dass die verschiedenen Wissenschaftszweige unterschiedlicher Methoden bedürfen. Galilei, der praktisch die experimentelle Methode erfunden hat, hat, dank seiner genialen Vorstellungskraft als Physiker und auf verschiedene Gründe gestützt, verstanden, dass nur die Sonne als Zentrum der Welt, wie sie damals bekannt war, also als Planetensystem, infrage kam. Der Irrtum der Theologen von damals bestand dagegen am Festhalten an der Zentralstellung der Erde in der Vorstellung, unsere Kenntnis der Strukturen der physischen Welt wäre irgendwie vom Wortsinn der Heiligen Schrift gefordert.

Doch wir müssen uns hier an das berühmte Wort erinnern, das dem Baronius zugeschrieben wird: »Der Heilige Geist wollte uns zeigen, wie wir in den Himmel kommen, nicht wie der Himmel im Einzelnen aussieht«. Tatsächlich beschäftigt sich die Bibel nicht mit den Einzelheiten der physischen Welt, deren Kenntnis der Erfahrung und dem Nachdenken des Menschen anvertraut wird. Es gibt also zwei Bereiche des Wissens. Der eine hat seine Quelle in der Offenbarung, der andere aber kann von der Vernunft mit ihren eigenen Kräften entdeckt werden. Zum letzteren Bereich gehören die experimentellen Wissenschaften und die Philosophie. Die Unterscheidung der beiden Wissensbereiche darf aber nicht als Gegensatz verstanden werden. Beide Bereiche sind vielmehr einander durchaus nicht fremd, sie besitzen vielmehr Begegnungspunkte. Dabei gestattet die Methode eines jeden Bereiches, unterschiedliche Aspekte der Wirklichkeit herauszustellen. *(1992)*

> ④ Ist in dieser Rede Galilei öffentlich rehabilitiert worden? Untersuchen Sie diesen Auszug aus einer Ansprache des Papstes an die Päpstliche Akademie der Wissenschaften im Einzelnen.
>
> ⑤ Aus welchem Wissenschaftsverständnis heraus argumentiert Papst Johannes Paul II.?
>
> ⑥ Welche Argumente lassen sich aus seiner Darstellung für einen fachübergreifenden bzw. fächerverbindenden Unterricht ableiten?

5 Galileis Verbrechen

[In der folgenden Szene empfängt Galilei einen der seltenen Gäste. Es ist Andrea Sarti (vgl. Szene 1), der inzwischen selbst Wissenschaftler geworden ist. Er erfährt, dass Galilei in seinem Exil weitergeforscht und -geschrieben und heimlich eine Abschrift seines Werkes über die Mechanik und die Fallgesetze *(Discorsi)* angefertigt hat, die er Sarti überlässt, damit er sie aus Italien hinausschmuggelt und der Öffentlichkeit zugänglich macht. Der folgende Auszug aus der ersten Fassung des Stückes von 1938 thematisiert die Reaktionen der Wissenschaftler in Italien und Europa auf Galileis Widerruf und dessen Einschätzung.]

13. 1633–1642: Als Gefangener der Inquisition setzt Galilei bis zu seinem Tode seine wissenschaftlichen Arbeiten fort. Es gelingt ihm, seine Hauptwerke aus Italien herauszuschmuggeln.

ANDREA: Wie Sie andeuteten, mag die Physik sich weiter behelfen. Aber viele sahen auf Ihre astronomischen Bemühungen, die ihren täglichen Geschäften so fern lagen, mit Eifer, weil man glaubte, Sie kämpften dafür, daß die Autorität von Menschen auf Meinungen und von Meinungen auf Fakten übertragen würde. Sie sagten, daß es Ihnen lange, während Sie dies und das lehrten, weniger darauf angekommen sei, wie nun gerade diese Weltkugeln und welche von ihnen sich drehten (...) sondern darauf, daß davon gesprochen werden durfte. Auch, ob nicht Zweifel gut sei und ob nicht verfochten werden sollte, was Gründe und Beweise für sich hat. (...) Als diese Sie nun widerrufen hörten, was Sie gesagt hatten, schienen ihnen nicht nur bestimmte Gedanken über Gestirnbewegungen in Verruf gebracht, sondern das Denken selber, welches für unheilig angesehen wird, da es mit Gründen und Beweisen operiert. (...)

GALILEI: Ich habe mir in freien Stunden, deren ich viele habe, überlegt, wie in den Augen der wissenschaftlichen Welt, der ich ja nicht mehr angehöre, wenn ich auch noch einige ihrer Gedankengänge kenne, mein Verhalten erscheinen muß. *Akademisch sprechend, die Hände über dem Bauch gefaltet.* Sie wird zu erwägen haben, ob sie sich damit begnügen kann, daß ihre Mitglieder an sie eine bestimmte Anzahl von Sätzen abliefern, sagen wir über die Tendenzen fallender Körper oder die Bewegungen gewisser Gestirne. Ich habe mich, wie erwähnt, von der Denkweise der Wissenschaft ausgeschlossen, jedoch nehme ich an, daß sie bei Gefahr der Vernichtung nicht imstande sein wird, ihren Mitgliedern alle weitergehenden Verpflichtungen zu erlassen. Zum Beispiel die Verpflichtung, an der Aufrechterhaltung ihrer selbst als Wissenschaft mitzuarbeiten. Selbst ein Wollhändler muß, außer billig einzukaufen und solide Wolle zu liefern, auch noch darum besorgt sein, daß der Handel mit Wolle überhaupt erlaubt ist und vor sich gehen kann. Demzufolge kann ein Mitglied der wissenschaftlichen Welt logischerweise nicht auf seine etwaigen Verdienste als Forscher verweisen, wenn er versäumt hat, seinen Beruf als solchen zu ehren und zu verteidigen gegen alle Gewalt. Dies ist aber ein umfangreiches Geschäft. Denn die Wissenschaft beruht darauf, daß man die Fakten nicht den Meinungen unterwerfen darf, sondern die Meinungen den Fakten unterwerfen muß. Sie ist nicht in der Lage, diese Sätze einschränken zu lassen und sie nur für „einige Meinungen" und „die und die Fakten" aufzustellen. Um sicher zu sein, daß diese Sätze allzeit uneingeschränkt von ihr vollzogen werden können, muß die Wissenschaft dafür kämpfen, daß sie auf allen Gebieten geachtet werden. Die Wissenschaft befindet sich nämlich mit der gesamten Menschheit in einem Boot. So kann sie nicht etwa sagen: was geht es mich an, wenn am andern Ende des Bootes ein Leck ist! Die Wissenschaft kann Menschen, die es versäumen, für die Vernunft einzutreten, nicht brauchen. Sie muß sie mit Schande davonjagen. Denn sie mag so viele Wahrheiten wie immer wissen, in einer Welt der Lüge hätte sie keinen Bestand. Wenn die Hand, die sie füttert, ihr gelegentlich und ohne Warnung an die Gurgel greift, wird die Menschheit sie abhauen müssen. Das ist der Grund, warum die Wissenschaft einen Menschen wie mich nicht in ihren Reihen dulden kann.

❶ Welche Vorwürfe lässt Brecht in seiner ersten Fassung (1938/39) Galilei gegen sich selbst erheben? Wie bewerten Sie Galileis Schuld als Wissenschaftler?

Bertolt Brecht
Hintergrund der amerikanischen Aufführung

Man muß wissen, unsere Aufführung fiel in die Zeit und das Land, wo eben die Atombombe hergestellt und militärisch verwertet worden war und nun die Atomphysik in ein dichtes Geheimnis gehüllt wurde. Der Tag des Abwurfs wird jedem, der ihn in den Staaten erlebt hat, schwer vergeßlich sein. Der japanische Krieg war es, der die Staaten wirklich Opfer gekostet hatte. Die Transporte der Truppen gingen von der Westküste aus, und dorthin kehrten die Verwundeten und die Opfer der asiatischen Krankheiten zurück. Als die ersten Blättermeldungen Los Angeles erreichten, wußte man, daß dies das Ende des gefürchteten Krieges, die Rückkehr der Söhne und Brüder bedeutete. Aber die große Stadt erhob sich zu einer erstaunlichen Trauer. Der Stückeschreiber hörte Autobusschaffner und Verkäuferinnen in den Obstmärkten nur Schrecken äußern. Es war der Sieg, aber es war die Schmach der Niederlage. Dann kam die Geheimhaltung der gigantischen Energiequelle durch die Militärs und Politiker, welche die Intellektuellen aufregte. Die Freiheit der Forschung, das Austauschen der Entdeckungen, die internationale Gemeinschaft der Forscher war stillgelegt von Behörden, denen stärkstens mißtraut wurde. Große Physiker verließen fluchtartig den Dienst ihrer kriegerischen Regierung. (…) Es war schimpflich geworden, etwas zu entdecken.
(1947)

❷ Was meinen Sie, sah sich Brecht unter dem Eindruck der Folgen der ersten Atombombenabwürfe gezwungen, wesentliche Elemente in seinem Drama zu ändern? Musste er die Person des Galilei neu entwerfen?

Recherchieren Sie die unterschiedlichen Bearbeitungen der Schlussszenen zwischen 1938 und 1955. Deuten Sie sie vor dem Hintergrund aktueller politischer und wissenschaftlicher Ereignisse.

Lewis Mumford
Mythos der Maschine. Kultur, Technik und Macht (Auszug)

Galilei ahnte nicht, dass seine radikale Unterscheidung zwischen äußerer und innerer Welt, zwischen Objektivem und Subjektivem, zwischen Quantität und Qualität, zwischen dem, was mathematisch beschreibbar und somit erkennbar ist, und dem Unreduzierbaren, Unzugänglichen, nicht Analysierbaren und Unmessbaren, eine falsche Unterscheidung ist, wenn die menschliche Erfahrung in ihrer symbolisierten Fülle – selber eine Ablagerung von Äonen organischen Lebens – nicht berücksichtigt wird. (…)
So wollen wir Galilei eine großzügige posthume Absolution erteilen: Er wusste nicht, was er tat, und er konnte unmöglich ahnen, was aus der Aufspaltung der Erfahrung in objektive und subjektive folgen würde. Er selbst war kein heimlicher Ketzer, sondern ein aufgeschlossener naturalistischer Humanist oder humanistischer Naturalist, und er konnte nicht wissen, dass die abstrakte Begriffswelt, die er schaffen half, schließlich alle traditionellen Werte verdrängen und alle Erfahrungen und alles Wissen verwerfen würde, das nicht in das herrschende mechanische Schema passte. (…)
Indem die Nachfolger Galileis die Bedeutung der subjektiven Faktoren, das heißt der menschlichen Triebe, Vorstellungen und autonomen Reaktionen, leugneten, wehrten sie leider jede Frage nach ihrer eigenen Subjektivität ab; und indem sie Werte, Zwecke, nicht-wissenschaftliche Bedeutungen, Fantasien und Träume als irrelevant für ihre positivistische Methodologie zurückwiesen, übersahen sie die Rolle, die solche Subjektivität bei der Schaffung ihres eigenen Systems gespielt hatte. In Wirklichkeit hatten sie jeden Wert und jeden Zweck bis auf den einen zu eliminieren, den sie als den höchsten ansahen: das Streben nach wissenschaftlicher Wahrheit. In diesem Streben nach Wahrheit heiligte der Wissenschaftler seine eigene Disziplin und stellte sie, was noch gefährlicher war, über jede andere moralische Pflicht. Die Folgen dieser Ausschließlichkeit begannen erst in unserem Zeitalter sichtbar zu werden. *(1974)*

❸ Welche Vorwürfe werden hier gegen Galilei erhoben? Wie verhalten sie sich zu den Vorwürfen der Inquisition und zu denen, die Galilei in Brechts Drama gegen sich selbst erhebt?

❹ Was ist damit gemeint: „Die Folgen dieser Ausschließlichkeit begannen erst in unserem Zeitalter sichtbar zu werden." Geben Sie konkrete Beispiele dafür. Welche wissenschaftlichen Disziplinen und welche Schulfächer befassen sich mit diesen Folgen?

❺ Wie muss sich das wissenschaftliche Arbeiten in Zukunft entwickeln, damit die Folgen des „herrschenden mechanischen Schemas" gemindert oder gar beseitigt werden können?

•FAKTEN•
•DATEN•
•INFORMATIONEN•

FAKTEN, DATEN, INFORMATIONEN

Glossar **204**

Rhetorische Figuren **222**

Epochen und Epochenumbrüche **224**

Literarische Landkarte **226**

Übersichten zur fachlichen Orientierung

    Umgang mit Gedichten 228

    Umgang mit erzählenden Texten 230

    Umgang mit szenischen Texten 232

    Umgang mit Sachtexten 234

    Elemente der Filmanalyse 236

Tipps zum Nachschlagen und Recherchieren **238**

Textsortenverzeichnis **240**

Autoren- und Quellenverzeichnis **241**

Sachregister **244**

Abbildungsverzeichnis **248**

GLOSSAR ZUR ARBEIT MIT LITERARISCHEN TEXTEN

Absurdes Theater
In den 50er Jahren des 20. Jahrhunderts entstandene Theaterform, in der es keine psychologisch motivierte Handlung mehr gibt, die Figuren keine Entwicklung mehr durchlaufen und wie Automaten oder Marionetten erscheinen. Thema ist zumeist die Verkümmerung des Menschen in der modernen Welt, herausragende Beispiele sind die abstrakten Parabeln Samuel Becketts („Warten auf Godot", „Endspiel") sowie die Stücke Eugéne Ionescos („Die kahle Sängerin").

Akt [lat. *actus* = Vorgang, Handlung]
Größerer, in sich geschlossener Handlungsabschnitt eines Dramas.

Akzent [aus lat. *adcantus* = der Hinzugesungene]
1. Prosodisches (→ Prosodie) Merkmal sprachlicher Einheiten. Trägerin des Akzents ist die Silbe, deren vokalischer Kern im Dt. v.a. lauter ausgesprochen wird (auch: Betonung). Der Akzent ist in vielen Sprachen bedeutungsunterscheidend (umfahren – umfahren, Heroin – Heroin). 2. Bezeichnung für Eigenheiten der Aussprache besonders in einer Fremdsprache. 3. Bezeichnung für diakritische Zeichen (z.B. Akut, Gravis, Zirkumflex).

Allegorie → Rhetorische Figuren, S. 222

Alexandriner
In der Versdichtung des Barock vorherrschendes zwölf- bzw. dreizehnsilbiges Versmaß (sechssilbiger Jambus mit Zäsur nach der dritten Hebung bzw. sechsten Silbe).

Alliteration → Rhetorische Figuren, S. 222

Anagramm [griech. *anagraphein* = umschreiben]
Wort oder Wortfolge, die durch Umstellung der Buchstaben eines oder mehrerer Wörter zustande kommt („Ave" → „Eva").

Anapher → Rhetorische Figuren, S. 222

Antagonist [griech. *antagonistes* = Gegenspieler]
Im Drama, aber auch in erzählenden Texten der zweite Held, der durch sein Verhalten die Handlungsweise des Haupthelden mitbedingt und beeinflusst; bringt auf diese Weise ein dialektisches Moment in die Handlung.

Anthologie [griech. *anthos* = Blume, Blüte und *légein* = lesen]
Unter einem bestimmten Gesichtspunkt zusammengestellte Sammlung von ausgewählten Texten oder Text-Auszügen.

Antithese → Rhetorische Figuren, S. 222

Aphorismus [griech. *aphorizein* = abgrenzen, definieren]
Knappe und prägnante Formulierung eines Gedankens, Urteils oder einer Lebensweisheit; nach Inhalt und Stil anspruchsvoller als das Sprichwort und meist gekennzeichnet durch effektvolle Anwendung rhetorischer Mittel.

Aristotelisches Drama
Bezeichnung für das Theater, das in der Tradition der von Aristoteles formulierten Regeln steht und durch Geschlossenheit von Form und Handlung, logische Kausalität der Handlungen der Figuren sowie die Berücksichtigung der → Katharsis-Lehre gekennzeichnet ist.

Assonanz [frz. *assonance* = Anklang aus lat. *assonare* = anklingen, übereinstimmen]
Form des Binnenreimes, bei der die Vokale, nicht aber die Konsonanten übereinstimmen (z.B. Reigen – leiden).

Aufklärung
Epoche vor allem des 18. Jahrhunderts (etwa 1720–1785). Grundlegend für die Ideen der Aufklärung war der Glaube an die Macht der menschlichen Vernunft, d.h. man ging davon aus, dass Menschen in der Lage sind, rationale (logische) Schlüsse zu ziehen und sich mit Hilfe ihrer Sinne (empirischen) Zugang zu den Dingen der Welt zu verschaffen und auf diese Weise durch vernünftig-richtiges Handeln alle wirtschaftlichen und naturwissenschaftlichen, aber auch alle gesellschaftlichen, geistigen und religiösen Probleme zu lösen. Die Vernunft wurde zum alleingültigen Maßstab menschlichen Handelns; der Jenseitsbezug älterer Zeit wurde zunehmend abgelöst durch einen starken Bezug zum Diesseits, in dem der Mensch seine Fähigkeiten und Kenntnisse ungehindert entfalten können soll, nicht mehr unterworfen den traditionellen Mächten der Kirche und der ständischen Gesellschaft, deren Autoriät bislang fraglos hingenommen worden war.
Das optimistische Denken der Aufklärung bewirkte u.a. einen ungeheuren Aufschwung der Wissenschaften. Daneben wurde der Erziehung besondere Aufmerksamkeit geschenkt, denn man versprach sich von ihr die Heranbildung aufgeklärter, vernunftgeleiteter Menschen. Besonderen Einfluss hatte die Idee der Aufklärung auf das politische Denken der 18. Jahrhunderts, ihr Fortschrittsglaube gipfelte schließlich in der amerikanischen Unabhängigkeitserklärung (1776) und der Französischen Revolution von 1789, deren Parole „Freiheit! Gleichheit! Brüderlichkeit!" eine Zusammenfassung der Ziele der Aufklärung ist.
Auch die Entstehung einer literarischen Öffentlichkeit ist eine der Erscheinungen aus der Zeit der Aufklärung. Waren für die Autoren der Frühaufklärung noch höfische Formen maßgeblicher Orientierungspunkt, so entwickelte sich im Anschluss an neue ästhetische Positionen (Gottsched, Baumgarten) u.a. eine neue Form der Literatur als Naturnachahmung. Von großer Bedeutung für die Verbreitung der Aufklärungsliteratur waren die zahlreichen neu gegründeten Wochen- und Monatszeitschriften, deren Existenz die Entstehung zahlreicher Essays und publizistischer Arbeiten nach sich zog. Daneben herrschten innerhalb der Aufklärung sehr stark Lehrdichtungen vor (Brockes). Die Romane der Aufklärung standen sehr stark unter dem Einfluss englischer Vorbilder (etwa L. Sternes „Tristram Shandy", 1759–1769). Als Höhepunkt des aufklärerischen Romans gilt Christoph Martin Wielands „Agathon" (1766/67, 1773, 1794)

Autobiografie [griech. *autos* = selbst, *bios* = Leben, *graphein* = schreiben]
Gegen Ende des 18. Jahrhunderts in Deutschland erstmals erscheinende literarische Form, die in einer zusammenhängenden Darstellung des eigenen Lebens (oder größerer Teile daraus) im Rückblick besteht; ältere Bezeichnungen sind „Bekenntnisse", „Konfessionen" oder „Aus meinem Leben"; es existieren vielfältige Formen der Autobiografie, die von der Mitteilung der bloßen Fakten bis hin zur romanhaften Ausgestaltung der Ereignisse reichen; dabei bleibt die Wahrheit über das eigene Leben stets subjektiv gefärbt.

Autor
Verfasser eines Werkes der Literatur, Kunst, Musik, Fotografie oder auch des Films. Traditionell wird der Autor, der nicht identisch ist mit dem Erzähler eines Textes, gedacht als jemand, der seinen Text mit einer bestimmten → Intention schreibt, die dann vom Leser/Interpreten wieder aus dem Text ‚herausgelesen' werden soll.

Barock [port. *barocco* = unregelmäßige, schiefe Perle, dann franz. *baroque* = metaphorisch für exzentrisch, bizzar]

Zeitraum zwischen dem Ende der Renaissance und dem Beginn der Aufklärung (etwa 1600–1720), der zunächst entscheidend geprägt war vom Dreißigjährigen Krieg (1618–1648) und seinen Folgen, darüber hinaus aber auch von den anhaltenden Auseinandersetzungen zwischen katholischer und protestantischer Kirche. In die Zeit des Barock fällt in Deutschland die Ablösung des Lateinischen als Literatursprache durch die deutsche Sprache. Damit einher geht (insbesondere im protestantischen Milieu) die Gründung von Sprachgesellschaften und Akademien sowie die Entstehung zahlreicher Poetiken, unter denen Martin Opitz' „Buch von der Deutschen Poeterey" (1624) die bedeutendste und für ein Jahrhundert maßgebliche war.

Die Barockzeit war geprägt von der Entwicklung der Fürstenhöfe zu wichtigen Machtzentren, wobei die Gestaltung ihrer Repräsentations- und Festkultur eine der Hauptaufgaben barocker Kunst, vor allem aber auch der Barockarchitektur darstellte. In diese höfische Kultur waren schließlich auch zahlreiche Barockdichter fest integriert. Ihre Texte (zumeist Gedichte) beschreiben sehr oft das höfische Leben und die Abenteuer der Herrscher.

Religiöse Aspekte spielten auch für die Barockliteratur eine wichtige Rolle. So fand eine große Zahl religiös geprägter Texte weite Verbreitung, daneben aber entstanden sehr viele frivol-vergnügte Texte, die weltliche Genüsse feiern.

Zu den wenigen Prosatexten des Barock, die heute noch eine breite Leserschaft finden, gehört der Roman „Der Abentheurliche Simplicissimus Teutsch" von Hans Jakob Christoffel von Grimmelshausen (1669).

Bedeutung → Semantik

Belletristik [frz. *belles lettres* = schöne Wissenschaften]

Sammelbezeichnung für nicht-wissenschaftliche, so genannte ‚schöne' oder ‚schöngeistige' Literatur.

Betonung → Akzent

Bewusstseinsstrom → Innerer Monolog

Bibliografie [griech. *biblos* = Buch, *graphein* = (be)schreiben]

Früher die Lehre vom Buch (Buchgewerbe, Bibliothekswesen, Bibliophilie), heute Bezeichnung für 1. die literarische Quellenkunde, d.h. jene Hilfswissenschaft, die für die Ermittlung, Beschreibung (Verfasser, Titel, Ort, Jahr, Band- und Seitenangaben) und Ordnung (alphabetisch, chronologisch, systematisch) des Schrifttums verantwortlich ist; 2. das Produkt dieser Tätigkeit, d.h. das selbstständig veröffentlichte oder einer Abhandlung beigegebene Verzeichnis bibliografischer Angaben.

Biedermeier
Bezeichnung für die literarische Epoche ca. zwischen 1815 und 1850; die Bezeichnung entstand Mitte des 19. Jahrhunderts und geht zurück auf anonym erschienene Parodien auf den deutschen Kleinbürger; in den 20er- und 30er-Jahren sah man im Biedermeier eine durch unpolitische Resignation und Anpassung gekennzeichnete geistesgeschichtliche Epoche, deren Literatur in formaler Hinsicht durch ein besonderes Interesse an den Gegenständen der Alltagswelt gekennzeichnet ist. Heute ist ‚Biedermeier' als Epochenbezeichnung umstritten, alternativ spricht man im Zusammenhang mit dem betreffenden Zeitraum eher von → Vormärz oder → Jungem Deutschland.

Bildungsroman
Romanform, die im letzten Drittel des 18. Jahrhunderts entstanden ist und die Bildungs- und Entwicklungsgeschichte eines Menschen (fast immer: eines Mannes) in der Auseinandersetzung mit der Welt darstellt. Der Entwicklungsprozess wird dabei meist als Prozess der Orientierung und Selbstfindung verstanden, wobei am Ende in der Regel ein Ausgleich zwischen Individuum und Welt gefunden wird. Als Gattungsmodell gilt bis heute Goethes „Wilhelm Meisters Lehrjahre" (1795/96). Die Entstehung des Bildungsromans setzte die Ideen der Aufklärung voraus, da die Vorstellung einer unverwechselbaren Identität und eines Entwicklungsprozesses, der nicht von ständischen und religiösen Bindungen dominiert wird, erst mit der Aufklärung Verbreitung fand.

Bitterfelder Weg → Sozialistischer Realismus

Blankvers
Aus England stammender fünfhebiger Jambus ohne Reim; auch als Dramenvers verbreitet (Shakespeare, in Deutschland seit Lessing).

Botenbericht
Dramentechnisches Mittel, bei dem Ereignisse, die für die Dramenhandlung von Bedeutung sind, sich aber außerhalb der Bühne abspielen und/oder auf der Bühne schwer darzustellen wären, durch Bericht des von außen kommenden Boten vergegenwärtigt werden. → Teichoskopie

Briefroman
Form des Romans, bestehend aus einer Folge von Briefen eines/einer oder mehrerer Verfasser oder Verfasserinnen, die ohne Verbindungstexte stehen oder allenfalls ergänzt werden durch ähnliche fiktive Dokumente (z.B. Tagebuchaufzeichnungen). Seine Blüte erlebte er zwischen 1740 und 1820; als Höhepunkt kann Goethes „Die Leiden des jungen Werthers" (1774) gelten, wobei bereits dort die strenge Form durch Hinzutreten eines „Herausgebers" aufgelöst ist.

Charakter → Figur

Chor [griech. *choros* = abgegrenzte Fläche für kultische Tänze]
Wurzel des antiken griechischen Dramas; entscheidend für den Übergang vom Chor zum Drama war die Einführung von Schauspielern. Bei den ältesten Autoren (Aischylos) befand sich der Chor zunächst noch auf der Bühne und war wichtiger Bestandteil der Tragödie, später wurde er zunehmend auf die Funktionen des Gliederns, Kommentierens und Deutens der dramatischen Handlung beschränkt (Sophokles, Euripides).

Collage [franz. *collage* = Kleben]
Ursprünglich ein Begriff der bildenden Kunst; als literarisches Verfahren Kombination verschiedener sprachlicher Fremdmaterialien; oft synonym mit → Montage verwendet.

Commedia dell'Arte
Im 16. Jahrhundert in Italien entstandene, durch feste Aufführungskonventionen und kurze Fabel- und Handlungsmuster gekennzeichnete Stegreifkomödie, in der die Schauspieler zunächst Masken trugen und immer die gleichen typisierten Figuren verkörperten: Pantalone (Kaufmann), Dottore (Arzt), Arlecchino und Brighella (Diener), später auch Capitano (Liebhaber), Florindo und Isabella (nicht maskiertes Liebespaar), Colombina, Corallina (Dienerinnen); im 17. und 18. Jahrhundert von Molière und Goldoni zur Typen- und Charakterkomödie weiterentwickelt, in der deutschen Tradition vom frühen Lessing und Gottsched aufgenommen.

Dadaismus
1915/16 in Zürich entstandene internationale Kunst- und Literaturrichtung, die alle

bis dahin geltenden ästhetischen Wertmaßstäbe und Spielregeln für ungültig erklärte und die absolute Freiheit der künstlerischen Produktion verkündete; allen dadaistischen Gruppierungen gemeinsam war die Ablehnung sowohl des → Expressionismus als auch des → Futurismus; entscheidende Wirkung ging von den verwendeten künstlerischen Verfahren aus: → Collage, → Montage, Behandlung der Sprache als Material (Lautgedicht). Zur Züricher „Urgruppe" gehörten u.a. Richard Huelsenbeck, Hugo Ball, Hans Arp und Tristan Tzara, später gab es einige Zentren des Dadaismus, u.a. Berlin (Huelsenbeck, George Grosz, Jean Heartfield), Köln (Arp, Max Ernst) und Hannover (Kurt Schwitters).

Dekadenz [franz. *décadence* = Verfall]
Bezeichnung für ein im späten 19. Jahrhundert entstandenes Literaturkonzept der Moderne mit antibürgerlicher und antiklassizistischer Prägung. Kennzeichnend für die Dekadenzliteratur war von Beginn an das Bewusstsein, einer überfeinerten und untergehenden Kultur zuzugehören. Typisch für diese Literatur sind neben einem ausgeprägten Pessimismus v. a. die letzte Verfeinerung der psychologischen Darstellung und eine Vorliebe für schwierige Seelenzustände, was häufig in die Darstellung morbider und überreizter Gestalten mündet. Dabei werden Niedergang und Verfall durchaus bejaht, was auch Ausdruck einer Ablehnung alltäglichen bürgerlichen Lebens ausdrückt. Häufig anzutreffen in der Dekadenzliteratur ist die Figur des Dandy (Oscar Wilde „Das Bildnis des Dorian Gray", 1890); ein häufig wiederkehrendes Motiv ist das des Niedergangs einer Familie (Thomas Mann: „Buddenbrooks. Verfall einer Familie", 1901).

Dekonstruktion
Von Jacques Derrida Ende der 60er Jahre eingeführter Begriff; bezeichnet eine Form der Text-Lektüre, die die Annahme eindeutiger Sinnhaftigkeit und Stabilität von Texten ablehnt und von der prinzipiellen Uneindeutigkeit von Texten ausgeht; dabei tritt der Zusammenhang zwischen Text und Autor weitgehend in den Hintergrund; es geht darum, die scheinbare Einheit eines Textes als brüchig auszuweisen und zu zeigen, dass in einem Text Dimensionen nachweisbar sind, die vom Autor zwar bewusst oder unbewusst ausgeklammert worden sind, ihre Wirkung aber gleichwohl entfalten und unterschiedliche Lesarten desselben Textes provozieren.
→ Interpretation

Denotation [von lat. *denotare* = bezeichnen]
1. Situations- und kontextunabhängige Grundbedeutung eines sprachlichen Zeichens (vgl. → Konnotation).
2. Bezeichnung für die Bezugnahme des Zeichens auf Gegenstände und Sachverhalte der Wirklichkeit.

Dialog [griech. *dialogos* = Wechselrede, Gespräch]
Zwiegespräch, Gedankenaustausch zwischen zwei oder mehreren Personen in Rede und Gegenrede.
Die Entwicklung des Dialogs als Kunstform geht zurück auf die Platonischen Dialoge (Lehrgespräch), großen Einfluss hatten daneben die Dialoge Ciceros. Als volkssprachliche Form des Dialogs entwickelte sich später das so genannte Streitgedicht. In der Aufklärung diente der Dialog als Instrument der geistigen Auseinandersetzung (Diderot, Lessing, Wieland). Ab dem 19. Jahrhundert fand er als eigenständige literarische Form nur noch vereinzelt Verwendung. Im Drama bestimmt der literarisch geformte Dialog Aufbau und Fortgang der Handlung und dient der Charakterisierung der Personen sowie der Entwicklung der Konflikte. Daneben gehört er zu den Grundformen epischen Erzählens.

Diskurs
In der Tradition der europäischen Aufklärung Bezeichnung für ein wahrheitssuchendes philosophisches Gespräch; in der Gegenwart wird der Ausdruck in diesem Sinn auch von Jürgen Habermas verwendet; innerhalb neuerer literaturwissenschaftlicher Diskussionen wird von ‚Diskurs' zumeist mit Bezug auf Michel Foucault gesprochen, der die Gesamtheit einer Menge von Aussagen zu einem bestimmten Gegenstand, die eine bestimmte Regelhaftigkeit aufweist, einen Diskurs nennt. Für Foucault sind Diskurse an Medien und Institutionen gebunden, wobei innerhalb eines Diskurses darüber entschieden wird, was gesagt werden darf und was nicht: Insofern wird es in Diskursen stets um Machtfragen gehen.

Diskursanalyse
Literaturwissenschaftliche Analysemethode, die im Anschluss an Foucaults Diskursbegriff nach den Machteffekten bestimmter Aussagen fragt; dabei spielt wie bei der → Dekonstruktion die Frage nach dem Autor und seinen Intentionen keine Rolle, vielmehr werden das Funktionieren eines Diskurses und seine Folgen beschrieben; innerhalb der Diskursanalyse werden zentrale Begriffe der Literatur(wissenschaft) wie → Autor, Werk, → Interpretation und Sinn eines literarischen Werkes radikal in Frage gestellt.

Dokumentarliteratur/dokumentarische Literatur
Sammelbezeichnung für gesellschaftskritische Theaterstücke, Hör- und Fernsehspiele, Filme, Prosatexte und Gedichte. Sie entstand Anfang der 60er Jahre in Opposition gegen die üblichen fiktiven Schreibweisen, deren politische Wirkungslosigkeit von den Autoren der Dokumentarliteratur beklagt wurde. Bevorzugte Formen der Dokumentarliteratur sind Reportage, Bericht und Drama, häufige Techniken Montage und Collage. Im Drama (Dokumentarspiel) lassen sich zwei eng zusammen gehörende Formen unterscheiden: Die Prozess-Form (Peter Weiss: „Die Ermittlung", Heinar Kipphardt: „In der Sache J. Robert Oppenheimer") und die Berichtsform, in der Dokumente und Fiktion gemischt werden (Rolf Hochhuth: „Der Stellvertreter").

Drama [griech. *drama* = Handlung]
Im weiteren Sinne Sammelbezeichnung für szenische Texte aller Art. Neben Lyrik und Epik eine der von Goethe als Naturformen bezeichneten drei Hauptgattungen der Dichtung. Im traditionellen Drama (→ aristotelisches Drama) wird eine in sich abgeschlossene Handlung durch die daran unmittelbar beteiligten Personen in Rede und Gegenrede (→ Dialog) als unmittelbar gegenwärtig auf der Bühne dargestellt. Dramen sind meist in Akte oder Aufzüge gegliedert, die ihrerseits wiederum in Szenen oder Auftritte unterteilt werden können (geschlossene Form des Dramas). Im Fall von Dramen, die nicht den Gesetzen des aristotelischen Theaters unterworfen sind, spricht man von der → offenen Form des Dramas.
In Deutschland bleibt – im Gegensatz zu England und Frankreich – das Schauspiel bis ins 17. Jahrhundert weitgehend Laientheater. Als Begründer des deutschen Nationaltheaters im 18. Jahrhundert gilt G. E. Lessing, der mit „Minna von Barnhelm" (1767) und „Emilia Galotti" (1772) je ein Musterbeispiel für Lust- und Trauerspiel geschaffen hat.

Dramaturgie
Seit Lessing („Hamburgische Dramaturgie", 1767–1769) bezeichnet der Begriff 1. die Kompositionsprinzipien des Dramatischen, 2. die Theorie der Wirkungsgesetze und Techniken des Dramas und 3. die Einrichtung eines szenischen Textes zur Aufführung.

Drehbuch
Schriftlich festgehaltener, detaillierter Plan für die Herstellung eines Films, dem das Exposé (kurze Skizze der Filmidee) und das Treatment (bereits szenisch gegliederter Handlungsablauf) vorausgehen.

Ellipse [griech., *lat. ellipsis* = Auslassung]
Bezeichnung für einen unvollständigen Text oder Textteil (Satz); in der Erzählforschung Bezeichnung für das Auslassen von Ereignissen innerhalb der Handlung.
→ siehe auch: Rhetorische Figuren, S. 222

Empfindsamkeit
Gefühlsbetonte geistige Strömung (etwa 1730/1740–1800) innerhalb der europäischen Aufklärung, in der man versuchte, mit Hilfe der Vernunft auch die Empfindungen aufzuklären; wichtige Voraussetzung für die Entwicklung einer „privaten Autonomie" des bürgerlichen Individuums. Kennzeichnend für die empfindsame Dichtung ist die Abkehr von den Regelpoetiken und die Entwicklung einer eigenen Form- und Ausdruckssprache; als Höhepunkt und zugleich Überwindung gilt Goethes „Werther", in dem das individuelle Gefühlserleben zeittypisch gestaltet, zugleich aber die Gefahr unbedingter Gefühlshingabe aufgezeigt wird.

Enjambement
Zeilensprung, d.h. Fortführung einer syntaktischen Einheit über eine metrische Einheit (Satz, Vers, Strophe) hinweg.

Entwicklungsroman → Bildungsroman

Epigramm [griech. *epigramma* = Inschrift, Aufschrift]
Poetische Form, in der auf zugespitzte Weise eine geistreiche und/oder überraschende Sinndeutung zu einem Gegenstand oder Sachverhalt gegeben wird; deshalb mitunter auch als „Sinngedicht" bezeichnet.

Epik [griech. *epikos* = episch, zum Epos gehörend]
Nach Goethe eine der drei Naturformen der Dichtung. Konstitutiv für sie ist die Darstellungsfunktion der Sprache, mit der ein zumeist fiktives Geschehen erzählerisch in Versen (Epos) oder Prosa (Roman, Erzählung, Novelle) dargestellt wird. Meist wird dabei eine äußere oder innere Handlung als vergangene vergegenwärtigt, Erzähltempus ist das epische Präteritum. Wesentlich ist dabei die Zeitgestaltung, die sich aus dem Verhältnis von → Erzählzeit zu erzählter Zeit ergibt.

Epilog [griech. *epilogos* = Nachrede]
(1) In der Rhetorik der Schlussteil einer Rede (peroratio, conclusio).
(2) In literarischen Texten (v.a. im Drama) das an das Publikum gerichtete Schlusswort; stellt gemeinsam mit dem → Prolog häufig einen Rahmen dar.

Epische Kleinformen → Kurzepik

Episches Theater
Von Bertolt Brecht und Erwin Piscator entwickelte Theorie und Praxis des Theaters, die sich als „nicht-aristotelisch" definiert, auf Illusion und Einfühlung verzichtet und Distanz und Reflexion durch den Zuschauer ermöglichen will mit dem Ziel, Bekanntes als veränderbar darzustellen.

Epoche [griech. *epoche* = Haltepunkt]
1. allgemein: Bezeichnung für eine Periode oder einen Zeitraum innerhalb der historischen oder gesellschaftlichen Entwicklung;
2. in der Literaturgeschichte: Bezeichnung einzelner, aufeinander folgender Zeiträume der literarischen Entwicklung, die durch Gemeinsamkeiten gleichzeitiger Dichtungen gekennzeichnet sind und innerhalb größerer Kulturgemeinschaften Verwandtschaften aufweisen.

Epochenstil
Bezeichnung für diejenigen Stilelemente, die über die Elemente des → Individualstils hinaus das Stilbild einer → Epoche prägen (z.B. bestimmte → Topoi des Minnesangs oder die Sprachverkürzung der Literatur des → Expressionismus).

Epochenumbruch
→ Epochen und Epochenumbrüche, S. 224 f.

Epos [griech. *epos* = Wort, Erzählung, Lied, Gedicht]
Seit dem 18. Jahrhundert in der Dichtungslehre gebräuchliche Bezeichnung für die Großform erzählender Dichtung in gleichartig gebauten Versen oder Strophen, meist in mehreren Teilen. Inhalt der meisten Epen sind die Kämpfe und Heldentaten mythischer oder historischer Personen, wobei die Darstellung des Geschehens zumeist Allgemeingültigkeit beansprucht.

Epos, höfisches → höfische Dichtung

Erlebte Rede
Form der indirekten Wiedergabe innerer Zustände oder Überlegungen der Figur einer Erzählung; sie kann grammatische Kennzeichen indirekter und direkter Rede aufweisen und deshalb sowohl dem Erzähler als auch der Figur zugeschrieben werden.

Erzähler
Vermittelnde Instanz zwischen dem Autor als realem Urheber des Textes und der erzählten Geschichte sowie zwischen Geschichte und Leser; darf nicht mit dem Autor eines Textes verwechselt werden.

Erzählhaltung
Bezeichnung für die Haltung, die der Erzähler gegenüber den Figuren und Handlungen einnimmt. Die Erzählhaltung ist unabhängig von der → Erzählperspektive, d.h. der Erzähler kann eine Figur sympathisch oder unsympathisch darstellen oder sie gar durch ironische Darstellung lächerlich erscheinen lassen.

Erzählperspektive
→ Umgang mit erzählenden Texten, S. 230

Erzählung
Sammelbezeichnung für narrative Texte von kürzerem bis mittlerem Umfang. Der Begriff ist im Vergleich zu relativ genau bestimmten Formen wie → Kurzgeschichte, Märchen oder → Novelle eher vage.

Erzählzeit/erzählte Zeit
→ Umgang mit erzählenden Texten, S. 231

Essay [engl., *franz. essai* = Versuch]
Kürzere Abhandlung über einen wissenschaftlichen Gegenstand oder eine aktuelle Frage des gesellschaftlichen Lebens in leicht zugänglicher, aber inhaltlich und ästhetisch anspruchsvoller Form; gekennzeichnet durch die bewusste Darstellung der subjektiven Auffassung seines Autors.

Etymologie [aus griech. *étymos* = wahr]
Wissenschaft von der Herkunft und Entwicklung einzelner Wörter sowie ihrer Verwandtschaft mit Wörtern gleichen Ursprungs in anderen Sprachen. Die etymologische Forschung reicht bis in die Antike zurück und erlebte im 19. Jh. einen Höhepunkt, als versucht wurde, eine indoeuropäische Ursprache zu rekonstruieren. Wörter sind im Laufe der Sprachentwicklung oft Bedeutungswandlungen unterworfen. So bezeichnete der Ausdruck „hôchgezîte" im Mittelhochdeutschen (Sprachperiode von der Mitte des 11. bis zur Mitte des 14. Jh.) sowohl kirchliche als auch weltliche Feste, mit „Hochzeit" kam es im Neuhochdeutschen also zu einer Verengung der Bedeutung. Der umgekehrte Fall liegt etwa bei „frouwe" = „Dame von hoher Geburt" und Frau vor.

Euphemismus → Rhetorische Figuren, S. 222

Exilliteratur
Im engeren Sinne Bezeichnung für die zwischen 1933 und 1945 entstandene Literatur, die von Autoren stammt, die nach der Machtergreifung der Nationalsozialisten 1933 Deutschland verlassen mussten. Im weiteren Sinne bezeichnet man als Exilliteratur alle Werke, die von Autoren stammen, die ihre Heimat aus politischen Gründen verlassen und im Exil schreiben mussten (z.B. Literatur der nach 1789 aus Frankreich geflohenen Emigranten oder der im Vormärz aus Deutschland geflohenen Autoren).

Exposé [lat. *exponere* = auseinandersetzen, darstellen]
Darlegung eines Sachverhalts in seinen Grundzügen, Entwurf für eine wissenschaftliche Arbeit.

Exposition: [lat. *exposito* = Darlegung]
Erster Teil einer dramatischen Handlung; dient dazu, die Zuschauer a) über Ort und Zeit der Handlung; die Personen, ihre Beziehungen und Konflikte zu orientieren; b) über die Vorgeschichte zu informieren und c) Ausgangspunkte für den Fortgang der Handlung zu vermitteln.

Expressionismus
Phase der Literatur- und Kunstgeschichte (etwa 1910–1925) mit deutlichem Einschnitt durch den Ersten Weltkrieg; 1911 als Bezeichnung für eine Berliner Sammelausstellung französischer Maler verwendet, danach auf die Literatur übertragen; enge Beziehung zur Malerei (Brücke, Blauer Reiter), zur Musik (Schönberg), aber auch zur Psychoanalyse (Freud) und Philosophie (Bergson, Husserl); verstand sich als Gegenbewegung zum → Naturalismus und → Impressionismus und war zugleich Ausdruck eines Protestes gegen das wilhelminische Bürgertum und das kapitalistische Wirtschaftssystem (Ablehnung eines scheinbar gesicherten Lebens, Vision vom ‚neuen Menschen').

Fabel
1. Kurze, lehrhafte Erzählung in Vers oder Prosa, zumeist von Tieren als Verkörperungen menschlicher Typen oder Eigenschaften, oft mit einer am Ende ausdrücklich formulierten moralischen Botschaft. Während der Aufklärung anerkannte Gattung der Zeitkritik.
2. In der Erzähltheorie Bezeichnung für die narrative Ebene eines Textes, d.h. für das, was im jeweiligen Text erzählt wird; dabei werden die einzelnen Geschehenselemente in ihrer zeitlichen, logischen und psychologischen Reihenfolge geordnet, unabhängig davon, in welcher Reihenfolge sie im Text erzählt werden. Oft synonym verwendet mit „Plot".

Fachsprache
Summe der sprachlichen Mittel, die in einem Fachbereich bzw. von einer begrenzten Personengruppe verwendet werden. Z.B. sind alle hier im Glossar aufgeführten Stichwörter Elemente u.a. der Fachsprache der Sprach- bzw. Literaturwissenschaft. Wie bei anderen Sonder- und Gruppensprachen (Berufssprachen, Jugendsprache usw.) ist die Abgrenzung eines Fachwortschatzes problematisch, u.a. weil immer wieder fachsprachliche Elemente in den allgemeinen Wortschatz übergehen (z.B. „Kommunikation").

Fallhöhe
Begriff der Dramentheorie zur Bezeichnung des Falles des Helden in der Tragödie, der besagt, je höher der soziale Rang eines Helden ist, desto tiefer werde sein tragischer Fall empfunden; diente im Theater des 16.–18. Jahrhunderts zur Rechtfertigung der Forderung, als Held einer Tragödie dürften nur Könige, Fürsten oder andere Personen mit hohem gesellschaftlichen Rang auftreten, während bürgerliche Figuren lediglich in Komödien als Held auftreten dürften (sog. „Ständeklausel").

Feld, semantisches → Wortfeld, → Semantik, c)

Figur [lat. *figura* = Gestalt]
1. allgemeine Bezeichnung für jede in einem literarischen Text auftretende fiktive Person, mitunter auch „Charakter" genannt. 2. In der Rhetorik Bezeichnung für vom normalen Sprachgebrauch abweichende Formulierungen, die der besonders kunstvollen und überzeugenden Gestaltung einer Rede dienen und die Wirkung der Rede verbessern sollen. → Rhetorische Figuren, S. 222 f.

Fiktion/fiktional [lat. *fictio* = Erfindung, Erfindung, Annahme]
Als fiktional bezeichnet man Texte, die erzählen, „was möglich" ist, d.h. erfundene Sachverhalte werden so dargestellt als seien sie real. Fiktion ist ein wesentliches Grundelement epischer und dramatischer Dichtung; die in solchen Texten auftretenden Figuren sind fiktiv, d.h. Teil einer Welt, die nicht wirklich ist, jedoch als wirklich erscheint. Fiktionale Texte sind in der Regel an bestimmten Merkmalen (Kennzeichnung eines Texts als Märchen, Roman, Drama usw. sowie am Kontext) erkennbar.

Frauenliteratur
Bezeichnung für Literatur von Frauen, die sich speziell mit frauenspezifischer Realität und Fragen der Emanzipation beschäftigt; entstanden im Kontext des Feminismus und der Frauenbewegung seit den 60er-Jahren. → Ruth Klüger: Frauen lesen anders, S. 158 f.

Fremdwort
In den Wortschatz einer Sprache integriertes Wort einer anderen Sprache, das in der Schreibung und/oder der Aussprache (z.B. „Computer") und/oder der Morphologie (z.B. „downloaden": „(er hat) *downgeloadet/ *gedownloadet" oder „(er) * downloadete") nicht oder nur zu Teilen angepasst ist. Die in diesen Bereichen vollständig angepassten Wörter fremder Herkunft (z.B. „Keks" von engl. „cakes" oder „testen" von engl. „to test") nennt man Lehnwörter. Im Dt. finden sich neben lat. und griech. Übernahmen in älterer Zeit (z.B. „Nase", „Plural"; „Tisch", „Hygiene") vor allem engl. und franz. Lehn- und Fremdwörter (z.B. „Streik", „Tee"; „Mode", „Portemonnaie"). Gelegentlich finden sich auch Wortschöpfungen mit Fremdwortcharakter, ohne dass diese Wörter tatsächlich vorkommen (z.B. „Handy" = engl. „mobile (phon)").

Gattung
Sehr unterschiedlich verwendeter Terminus. Zum einen bezeichnet er mit Bezug auf Goethe die „drei Naturformen der Poesie": Epik, Lyrik, Dramatik. Zum anderen wird er mitunter synonym mit dem Terminus „Genre" verwendet und bezeichnet dann verschiedene Arten künstlerischer Dichtung (→ Ode, Hymne, Elegie, Ballade, → Roman, → Novelle usw.).

Genie [franz. von lat. *genius* = Geist, Schutzgeist, Erzeuger]
In der Literatur-Diskussion des 18. Jahrhunderts Begriff zur Bezeichnung eines mit überragenden schöpferischen Fähigkeiten ausgestatteten Künstlers, spielte v.a. in der Zeit des → Sturm und Drang eine wichtige Rolle, wo er gegen die klassizistische Regelpoetik mit ihren strengen Regeln der Naturnachahmung verwendet wurde und für die neuen poetischen Grundbegriffe ‚Erfindung', ‚Originalität' und ‚Natur' steht; für Vertreter des Sturm und Drang (Goethe, Herder, Schiller, Lenz) erschien das Genie als exemplarische Verwirklichung des allein aus sich selbst heraus schaffenden Individuums.

Gesellschaftsroman
Bezeichnung für die Romane des → Realismus vor allem im 19. Jahrhundert; gekennzeichnet durch den Versuch, im Ausschnitt einer fiktiven Romanhandlung die zeitgeschichtliche und soziale Situation eines bestimmten historischen Abschnitts umfassend darzustellen; entstanden vor allem in Frankreich, England und Russland.

Gespräch
Wie „Konversation", „Dialog" und „Diskurs" allgemeine Bezeichnung für die Wechselrede von zwei oder mehr Personen bzw. den in dieser Kommunikation verfertigten Text (→ Kommunikation, → Text, → Rede). Wie schriftliche Texte lassen sich auch Gespräche in mehrfacher Weise gliedern. Jedes Gespräch besteht aus einer themenbezogenen Gesprächsmitte. Das dort verhandelte Thema wird in der Gesprächseröffnung (explizit oder implizit) festgelegt. Gesprächseröffnungen und -beendigungen verlaufen oft standardisiert (Begrüßung, Abschied, Höflichkeitsfloskeln). Der Gesprächsverlauf lässt sich u.a. auch in die Gesprächsbeiträge der einzelnen Sprecher (der so genannten turns) unterteilen. Eine besondere Bedeutung kommt hierbei dem Sprecherwechsel zu. Dieser kann durch Übergabe („Sag` auch mal was!") oder durch Übernahme (z.B. durch Unterbrechen oder in natürlichen Pausen) erfolgen. Einen turn kann man auch als Hörer aktiv gestalten (z.B. durch → nonverbales Verhalten oder durch Rückmeldungspartikel wie „mh", „ja", „ne" usw.) Der Gesprächsverlauf ist dabei u.a. abhängig von der Anzahl der Gesprächsteilnehmer, ihrer sozialen Stellung und Bekanntheit (z.B. Lehrer – Schüler, befreundete Personen, Journalist – Bundespräsident), der Direktheit des Gesprächs (Telefongespräch vs. Gespräch von Angesicht zu Angesicht) und dem Öffentlichkeitsgrad des Gesprächs (z.B. Live-Interview im Fernsehen, Privatgespräch in der Kneipe). Nach den genannten Kriterien lassen sich bestimmte Gesprächssorten (z.B. Beratungs-, Prüfungs-, Verkaufsgespräch) bestimmen.

Gestik [lat. *gestus* = Haltung, Stellung, Gebärde]
Zusammenfassende Bezeichnung für alle kommunikativ verwendeten Körperbewegungen und -haltungen. Zu unterscheiden ist u.a. zwischen Gesten mit Zeichenfunktion (Vogel zeigen, der Daumen beim Trampen usw.; → Zeichen), Zeigegesten („Das Bild dort.", „Ich meine ihn, nicht ihn."), Berührungsgesten und Betonungsgesten (Bewegungen analog zum Sprachrhythmus) einerseits und den so genannten cues (engl. = „Wink") andererseits. Cues sind Verhaltensweisen, die meist unbewusst erfolgen und sehr oft Gefühlen Ausdruck verleihen (Furcht = Hand zur Nase, Aggression = Faustgesten usw.).

Glossar [griech. *glossa* = Zunge, Sprache]
Verzeichnis von Wörtern mit Erklärungen und – bei Fremdwörtern – Übersetzungen.

Grammatik [griech. *grammatikos* = die Buchstaben betreffend]
In der Antike die reine Buchstabenlehre. Heute wird der Begriff in zahlreichen, zum Teil sehr engen Bedeutungen verwendet: 1. Bezeichnung für eine systematische Beschreibung einer Sprache (traditionell in Form eines Buches). Hier ist u.a. zwischen deskriptiven Grammatiken, die ein bestimmtes mündliches oder schriftliches Sprachvorkommen beschreiben (der Satz „Die Post hat geöffnet." ist hier grammatisch), und normativen Grammatiken, die über eine bestimmte Sprachverwendung belehren wollen (es muss heißen: „Die Post ist geöffnet."), zu unterscheiden. 2. Bezeichnung für die morphologischen (→ Morphologie) und syntaktischen (→ Syntax) Regularitäten einer Sprache. Grammatik steht hier im Gegensatz zu Sprachbereichen wie Phonetik (→ Phonetik) und (→ Phonologie), die im Sinne von 1. zur Grammatik einer Sprache gehören. 3. Allgemeine Bezeichnung für das Regelsystem (→ Regel) einer Sprache, dem alle Sprachproduktions- und -verstehensprozesse zugrunde liegen.

Groteske [ital. *grottesco zu grotta* = Grotte]
Kürzerer Text, der auf ungewöhnliche und verzerrende Weise verschiedene heterogene Elemente v.a. des Komischen und Grausigen miteinander verbindet; in verschiedenen Epochen, in denen der Glaube an eine heile Welt besonders verloren schien, zur Darstellung der Wahrnehmung der Verzerrung, Verfremdung und Entstellung der Welt verwendet.

Gruppe 47
1947 gegründete Gruppierung von Schriftstellerinnen und Schriftstellern um Hans Werner Richter; bei ihren Treffen lasen Autoren aus unveröffentlichten Texten, die anschließend diskutiert wurden, wobei Meinungsäußerungen des betreffenden Autors nicht zugelassen waren. Politisch stand ein Großteil der Mitglieder linken, teilweise auch sozialistischen Idealen nahe; ihr gehörten u.a. I. Aichinger, A. Andersch, P. Celan, G. Eich, G. Grass, U. Johnson, W. Koeppen, P. Rühmkorf, M. Walser und P. Weiss an; die Gruppe löste sich 1968 auf.

Held
Bezeichnung für die Hauptfigur in dramatischen (→ Protagonist) und epischen Dichtungen (Romanheld); mitunter auch als Bezeichnung für kollektive oder abstrakte Handlungsträger verwendet. In der Literatur der Moderne löst sich der Heldenbegriff zunehmend auf.

Hermeneutik [griech. *hermeneuein* = übersetzen, auslegen, interpretieren]
Lehre von den Voraussetzungen und methodischen Verfahrensweisen des Verstehens und Auslegens (→ Interpretation) von Texten, aber auch nichtsprachlichen Äußerungen (Gesten, Handlungen, bildender Kunst etc.).
Der Ursprung der Hermeneutik liegt in der (Spät-)Antike, als man sich bei der Auslegung kanonischer Schriften (Homer, Aristoteles, später v.a. der Bibel) nicht mehr ausschließlich am Wortsinn orientierte, sondern nach der hinter diesem liegenden Bedeutung zu fragen begann. Als Begründer der modernen Hermeneutik gilt Friedrich Schleiermacher („Hermeneutik und Kritik", postum 1838), der die H. als „die Kunst, die Rede eines andern, vornehmlich die schriftliche, richtig zu verstehen" bezeichnete. Wilhelm Dilthey führte diese Konzeption zu Beginn des 20. Jahrhunderts weiter und erklärte das hermeneutische Verstehen zur grundlegenden Methode der Geisteswissenschaften, die er damit zugleich von den „erklärenden" Naturwissenschaften abgrenzte. Entscheidende Anregungen für die Weiterentwicklung der Hermeneutik gingen danach von Martin Heidegger („Sein und Zeit", 1927) und dessen Schüler Hans Georg Gadamer („Wahrheit und Methode", 1960) sowie in den 70er- und 80er-Jahren von Jürgen Habermas aus.

Hermeneutischer Zirkel
Bezeichnung für die dynamische Beziehung zwischen dem Vorverständnis und den Erwartungen des Lesers und der Veränderung dieses Verständnisses durch die Textlektüre, die immer wieder ein neues, am Text zu überprüfendes und stets veränderbares Textverständnis hervorbringt; angemessener als das von Fichte und Schleiermacher herrührende Bild des Zirkels erscheint das einer Spiralbewegung.

Hexameter [griech. *hexametros* = aus sechs metrischen Einheiten]
Antikes griechisches Versmaß aus sechs Metren („Hurtig mit Donnergepolter ent-

rollte der tückische Marmor", Homer I: 50); im 18. Jahrhundert wieder häufiger verwendet (Klopstock, Goethe, Schiller); zumeist aber für deutsche Dichtung als ungeeignet abgelehnt.

Höfische Dichtung
Sammelbezeichnung für Dichtung, die sich thematisch und formal an einer höfischen Adelsgesellschaft ausrichtet und diese wiederum mitprägt; sie verdankt sich vor allem der politischen und kulturellen Emanzipation des Feudaladels im 12./13. Jahrhundert; bezogen auf Deutschland meist verwendet als Bezeichnung für die volkssprachliche Literatur, die in dieser Zeit an den Höfen entstand. Thematisch kreist die höfische Literatur um ritterliche Ideale wie êre (Ansehen), triuwe (Treue), mâze (sittliche Mäßigung), zuht (höfische Lebensart) und minne (Frauendienst). Zu den wichtigsten literarischen Formen gehört das höfische Epos, das in der Regel von Adligen verfasst wurde und meist die Kämpfe eines Ritters, der oft im Dienst einer Hofdame steht, gegen andere, feindliche Ritter oder auch Fabelwesen beschreibt (Hartmann von der Aue: „Erec", um 1185, und „Iwein", um 1200, Wolfram von Eschenbach: Parzival, um 1200/1210). Von großer Bedeutung ist daneben der Minnesang, der der Verehrung einer Dame der höfischen Gesellschaft dient (Heinrich von Morungen, Walter von der Vogelweide).

Hörspiel
Bezeichnung für eine neue, mit der Erfindung des Rundfunks verbundenen szenischen Gattung (erstes Hörspiel: am 6.10.1923 in Glasgow); gekennzeichnet durch Wegfall aller optischen Aspekte, die oft durch eine so genannte Geräuschkulisse ersetzt werden; im Vordergrund stehen akustische Momente, vor allem das gesprochene Wort; bedient sich ähnlicher Mittel wie der Film (Schnitt, → Montage, Überblendung usw.); für die Entwicklung des bundesdeutschen Hörspiels von besonderer Bedeutung war der „Hörspielpreis der Kriegsblinden".

Humanismus [lat. *humanus* = menschlich]
Gesamteuropäische, ursprünglich von Italien ausgehende Bildungsbewegung der frühen Neuzeit im 14. bis zur Wende vom 16. zum 17. Jahrhundert. Er ist gekennzeichnet durch die Aneignung und Pflege der antiken Sprachen sowie der mit ihnen verbundenen Inhalte. Der Humanismus steht in scharfem Kontrast zum heilsgeschichtlichen und von der abstrakten Scholastik geprägten Denken des Mittelalters und formulierte im Widerspruch zum Ausbildungsmonopol der Kirche ein Bildungsideal, das sich eng an die Antike anlehnte. In die Zeit des Humanismus fällt die Wiederentdeckung vieler antiker Quellen, u.a. die Erschließung der griechischen Literatur. Ebenfalls in diese Zeit fällt die Erfindung des Buchdrucks durch Gutenberg, die Gründung zahlreicher Universitäten. Ebenfalls in die Zeit des Humanismus fällt die Reformation, wobei insbesondere Luthers Übersetzung der Bibel ins Deutsche enorme Auswirkungen auf die Entwicklung der deutschen Sprache als Literatursprache hatte.

Hyperbel → Rhetorische Figuren, S. 222

Hypertext
Multimediales Netzwerk von Textteilen, Klängen und Bildern, die untereinander elektronisch verbunden und direkt anwählbar sind, sodass bei der Lektüre von Hypertexten der Rezipient wesentlichen Einfluss auf die Gestalt des von ihm rezipierten Textes hat.

Hypotaxe [griech. *hypotaxis* = Unterordnung]
Bezeichnung für die Aufgliederung eines Gedankens in einen Haupt- und von diesem abhängige Nebensätze; Gegensatz zur → Parataxe.

Idealismus
Strömung der deutschen Philosophie im 18. und frühen 19. Jahrhundert mit den Hauptvertretern Fichte, Hegel, Schopenhauer und Schelling; wichtiger geistiger Hintergrund der Goethezeit.
Der Idealismus betrachtet das Geistige als jene Kraft, die das als organische Einheit gedachte Weltsystem als eine harmonische Einheit zusammenhält, verzichtet auf rationale Erfassung der Welt zugunsten von Fantasie und Erfahrung und betrachtet Humanität und Kunst als die höchsten Erscheinungsformen menschlichen Handelns; übernimmt z.T. Positionen der Aufklärung (u.a. ihr hohes Menschenbild und die damit verbundene Toleranzidee).

Ideologie
Bezeichnung für ein (teilweise unbewusstes) System von Ideen, Überzeugungen und Werten, das die Weltsicht einer sozialen Gruppe bestimmt, von dieser aus ihren Interessen heraus vertreten und von ihr als allgemein gültig angesehen wird.
Den Versuch, die in literarischen oder anderen Kunstwerken zum Ausdruck kommende ideologische Einstellung aufzudecken, bezeichnet man als Ideologiekritik.

Impressionismus
[lat. *impressio* = Eindruck]
Stilrichtung ursprünglich der franz. Malerei etwa ab 1875; später auf die Literatur der Zeit etwa 1890–1915 übertragen; steht für den Versuch, der objektiven Wirklichkeitsdarstellung des Naturalismus die genaue Wiedergabe subjektiver (und flüchtiger) Sinneseindrücke gegenüberzustellen; dabei tritt die Darstellung äußerer Handlung zurück; der literarische Impressionismus entwickelt dabei einen hohen Grad der Verfeinerung der sprachlichen Mittel (→ Lautmalerei, → Synästhesie, → erlebte Rede).

Individualstil [lat. *individuus* = unteilbar]
Von einem Autor ausgeprägter, an seine Person gebundener → Stil, der durch seine von der Persönlichkeit des Autors geprägten Eigenarten vom → Epochenstil unterschieden werden kann.

Innere Emigration
Bezeichnung für das Verhalten deutscher Schriftsteller, die während der NS-Zeit in Deutschland blieben und geistig „in die Emigration gingen"; die in dieser Zeit von ihnen veröffentlichte Literatur steht zwischen der offiziellen NS-Literatur auf der einen und der Exilliteratur auf der anderen Seite. Sie ist gekennzeichnet durch ein „Zwischen-den-Zeilen-Schreiben", häufig in Form historischer Romane.

Innerer Monolog
Erzähltechnik, mit der real unausgesprochene Gedanken, Gefühle, Assoziationen usw. von Personen in Präsens und Ich-Form mitgeteilt werden; meist die Wiedergabe der Augenblicksregungen, wie sie im Bewusstseinsstrom (stream of consciousness) erscheinen, wobei der Erzähler als vermittelnde Instanz weitgehend zurücktritt. Berühmtestes Beispiel ist der große Monolog der Molly Bloom am Ende des Romans „Ulysses" von James Joyce (1922).

Inszenierung
Einstudierung und Interpretation eines Schauspiels oder einer Oper zur Aufführung auf dem Theater, in der Regel unter Leitung des Regisseurs; zur Inszenierung gehören die Bearbeitung/Einrichtung des Textes, die Rollenbesetzung, das Erstellen von Bühnenbild, Kostümen usw., die musikalische Einstudierung (bei Opern) sowie die Regie.

Intention
Die einer Äußerung zu Grunde liegende Absicht des Sprechers; in der Literaturwis-

senschaft Bezeichnung für die Mitteilungs- und Gestaltungsabsicht des → Autors eines literarischen Textes. In der älteren Tradition war die Intention wesentlicher Gegenstand der → Interpretation von Literatur, in jüngerer Zeit ist die Bedeutung der Autor-Intention umstritten (→ Dekonstruktion).

Interaktion [lat. *inter-action* = miteinander handeln]
Ursprünglich sozialwissenschaftlicher Begriff, der die soziale Dimension alles menschlichen Handelns betont. Je nach Theorieansatz erwachsen aus der Interaktion den Beteiligten entweder bestimmte soziale Rollen (G. H. Mead, E. Goffman) oder bestimmte soziale Rollen unterstützen die Interaktion (M. Parsons). In jedem Fall ist sprachliche Interaktion entscheidend von diesen sozialen Rollen (und den gegenseitigen Erwartungen und den so genannten Erwartungserwartungen an das Rollenverhalten) geprägt. Sprachliche Interaktion betont gleichzeitig die Sprecher und Hörer umfassende Gemeinsamkeit von Kommunikation (→ Kommunikation).

Interpretation [lat. *interpretatio* = Erklärung, Auslegung]
Auslegung und Deutung literarischer Texte unter vorab bestimmten Gesichtspunkten (Aufbau, → Stil, → Metrik usw.) und mit Hilfe bestimmter Methoden; auch Bezeichnung des mündlich oder schriftlich vorliegenden Ergebnisses des Interpretationsprozesses; Begriff und Methodik der Interpretation sind eng verknüpft mit der → Hermeneutik.

Intertextualität
In den 60er-Jahren geprägter Begriff zur Bezeichnung der Wechselbeziehungen eines literarischen Textes und vorhergehender Texte; das Verfahren gehört in allgemeiner Form seit jeher zur Natur literarischer Texte, wurde aber in der Moderne mit der verbreiteten Verwendung von Zitat- und Montagetechniken radikalisiert. In der Folge wurde die Beziehung eines Textes zu anderen Texten zunehmend Untersuchungsgegenstand der Literaturwissenschaft. Dabei wird der Text-Begriff sehr weit gefasst, sodass auch Beziehungen eines Textes zu Werken der bildenden Kunst gemeint sein können.

Intonation [lat. *intonare* = stimmen]
1. Andere Bezeichnung für die Gesamtheit prosodischer Merkmale. 2. Im engeren Sinne der Tonhöhenverlauf einer sprachlichen Einheit. Intonation hat hier eine satztypenunterscheidende Funktion: Man unterscheidet zwischen abschließender (terminaler, fallender: „Ich heiße Peter.", „Wie heißt du?"), fragender (interrogativer, steigender: „Wie heißt du?") und weiterweisender (progredienter, gleichbleibender (z.B. vor Aufzählungen) Intonation.

Inversion → Rhetorische Figuren, S. 222

Jugendstil
Richtung der bildenden Kunst, etwa 1890–1910, charakterisiert durch stilisierte Darstellung schwungvoller, ornamentenreicher Pflanzen- und Naturformen; von besonderer Bedeutung für Architektur, Kunst und Kunstgewerbe, Schmuck, Raumgestaltung sowie Buchgestaltung und -illustration. Die Übertragung des Begriffs auf die Literatur (z.B. auf Texte von Schnitzler, Hofmannsthal, Wedekind u.a.) ist umstritten, auch wenn manche Texte dieser Zeit ähnliche Stilmerkmale aufweisen und sich, analog zur Jugendstil-Kultur, als Gegenbewegung zum → Naturalismus auffassen lassen.

Junges Deutschland
Literarische Bewegung, etwa 1815–1850, mit politischer und zeitkritischer Tendenz; die Bezeichnung stammt aus L. Wienbargs „Ästhetischen Feldzügen" (1834); zu ihren Vertretern gehörten Autoren wie H. Heine, K. Gutzkow, J. Herwegh, die allerdings nur in sehr loser Beziehung zueinander standen und unter der Bezeichnung „Junges Deutschland" erst seit dem Verbot ihrer Schriften im Jahr 1835 zusammengefasst wurden. Gemeinsam war ihnen die Ablehnung des absolutistischen Staates und der Kirche sowie dogmatischer moralischer und gesellschaftlicher Konventionen, der Einsatz für Individualismus, Gedanken- und Meinungsfreiheit, Demokratie, Republik und Emanzipation der Frau; vorherrschend sind u.a. satirische und zeitkritische Reisebilder (Heine) sowie Fragmente und Aphorismen voller Anspielungen; in der Lyrik werden die genannten Themen im Rahmen traditioneller Formen behandelt (Herwegh, Freiligrath u.a.); für den Roman ist die Form des umfangreichen → Zeit- und → Gesellschaftsromans typisch.

Kadenz [lat. *cadere* = fallen]
Metrische Form des Versausgangs, wobei man zwischen betonter (stumpfer, männlicher) und unbetonter (klingender, weiblicher) Kadenz unterscheidet.

Kahlschlag
Von Wolfgang Weyrauch 1949 geprägtes Schlagwort. Das Wort spielt an auf die Situation eines Nullpunkts der deutschen Literatur nach 1945 und bezieht sich auf den Versuch eines vollständigen literarischen Neubeginns, dem eine Reinigung der deutschen Sprache von sämtlichen Nazi-Relikten vorausgehen soll. Häufig genanntes literarisches Beispiel für eine solche Literatur ist Günter Eichs Gedicht „Inventur".

Karikatur [ital. *caricare* = überladen, übertreiben]
Meist gezeichnetes Zerrbild, dessen komische Wirkung durch die übertriebene Darstellung einzelner Charakterzüge zu Stande kommt; dient oft auch der Kritik an politischen und sozialen Zuständen. Die literarische Karikatur ist gekennzeichnet durch die Verwendung parodistischer, satirischer und komödiantischer Mittel; karikiert werden entweder bestimmte Typen (Cervantes' „Don Quichote", Heinrich Manns „Untertan") oder ganze Nationen („Uncle Sam").

Katharsis [griech. *katharsis* = Reinigung]
Zentraler Begriff in der Tragödientheorie des Aristoteles („Poetik"): Indem die Tragödie „Jammer" (griech. „éleos" und „Schaudern" (phóbos) bewirkt, löst sie eine „Reinigung" des Zuschauers „von eben derartigen Affekten" aus.

Kitsch [entstellte dt. Form von engl. *sketch* = Skizze]
Meist abwertend gebrauchte Bezeichnung von Kunstprodukten, die leicht konsumierbar sind und sich durch Sentimentalität und die Darstellung einer Schein-Idylle auszeichnen; Kitsch macht oft von trivialisierten Motiven und Versatzstücken der sogenannten „Hochkultur" Gebrauch.

Klassik
[abgeleitet von ‚klassisch', lat. *classicus* = geistig und materiell hervorragend]
Bezeichnung für geistesgeschichtliche Zeitabschnitte, die in nachfolgenden Zeiten als vorbildhaft und normbildend angesehen werden. Bereits die römische Antike respektierte die griechische Literatur und Kunst im normativen Sinne als klassisch. Seit der Neuzeit bezeichnet der Terminus ‚Klassik' dann allgemein eine Reife- und Blütezeit, wenn diese sich in der Folgezeit als richtungsweisend für nachfolgende Epochen erwiesen hat (z.B. Weimarer Klassik als Bezeichnung einerseits der gesamten „Goethezeit" zwischen Sturm und Drang und Romantik, andererseits als im engeren Sinne auf Goethe und Schiller bezogene Bezeichnung für ihre bewusst an antiken Vorbildern orientierten Werke).

Der Ausdruck ‚Klassik' wird heute sehr uneinheitlich gebraucht, häufig bleibt unklar, inwieweit er stilistisch, normativ wertend oder in doppelter Bedeutung gebraucht wird.

Klimax → Rhetorische Figuren, S. 222

Kommunikation [lat. *communicatio* = Mitteilung]
Bezeichnung der Gesamtheit aller Interaktionen zwischen mindestens zwei Beteiligten mit dem Ziel wechselseitiger Verständigung mithilfe verbaler und nonverbaler Mittel (symbolvermittelte Interaktion). Kommunikative Prozesse sowie Einsatz und Gebrauch kommunikativer Mittel sind stets in kulturelle, gesellschaftliche und soziale Zusammenhänge eingebettet, die diese beeinflussen.

Kommunikationsmodell
Modell zur mehr oder weniger umfangreichen Beschreibung des Kommunikationsprozesses und der in ihm relevanten Faktoren.
Eines der am weitesten verbreiteten Modelle stammt aus der Nachrichtentechnik und wurde von den Ingenieuren Claude Shannon und Warren Weaver zunächst als Modell der technischen Nachrichtenübertragung entwickelt und später von ihnen (1949) auf menschliche Kommunikation übertragen. Danach kann Kommunikation beschrieben werden als die aus einer Quelle (engl. *source*) stammende Nachricht (*information*), die von einem Sender (*transmitter*) als Signal (*signal*) durch einen Kanal (*channel*) an einen Empfänger (*receiver*) übermittelt wird. Der Empfänger ist dabei Bestimmungsziel (*destination*) der Nachricht.
Das informationstheoretische Modell ist wiederholt kritisiert worden, u. a. weil es a) die Tatsache ignoriert, dass in das Kommunikationsgeschehen nicht nur der Sprecher, sondern gleichzeitig auch der Hörer eingreift, beispielsweise indem er mithilfe nonverbaler Mittel Verstehen oder Nichtverstehen, Zustimmung oder Ablehnung signalisiert und so den Sprecher noch während seines Beitrages dazu bringt, seine Ansichten kürzer oder ausführlicher zu erläutern; und b) weil das Modell unterstellt, dass Menschen mit den verwendeten sprachlichen Zeichen stets die selben übereinstimmenden Bedeutungen verbinden, sodass ein Scheitern der Kommunikation im Fall korrekter Formulierungen eigentlich nicht zustande kommen dürfte – eine Annahme, die mit der alltäglichen Erfahrung offensichtlich nicht übereinstimmt!

Alternative Modelle zur Beschreibung von Kommunikation, die den eben skizzierten Einwänden Rechnung tragen, stammen z. T. schon aus dem 19. und frühen 20. Jahrhundert (Karl Bühler 1927, G. H. Mead 1934), neuere aus dem Bereich des Radikalen Konstruktivismus, der Systemtheorie (Niklas Luhmann), der Psychologie (F. Schulz von Thun) und der Kommunikationswissenschaft (Gerold Ungeheuer).

Komödie [lat. *comoedia*; griech. *komos* = Umzug beim Zechgelage, *ode* = Gesang]
Komisches Bühnenstück, bei dem ein oft nur scheinbarer Konflikt dramatisch gestaltet und nach Bloßstellung menschlicher Unzulänglichkeiten meist vollständig aufgelöst wird. Die Wirkung resultiert aus komischen Situationen (Situationskomödie), der Darstellung von übertrieben typisierten Charakteren (Typen- oder Charakterkomödie), der plötzlichen Auflösung scheinbar unauflöslicher Verwirrungen und Intrigen (Intrigenkomödie) sowie allgemein dem für die Komödie typischen Sprachwitz.

Konflikt [lat. *conflictus* = Zusammenstoß]
Die Handlung vorantreibender und → Spannung erzeugender Kernaspekt eines (meist szenischen) Textes: oft innerer Widerstreit zwischen unterschiedlichen Werthaltungen und Überzeugungen oder auch verschiedenen Pflichten und Neigungen, mitunter auch im Kampf oder Streit ausgetragen. Im Fall des tragischen Konflikts endet die Handlung zumeist mit dem Scheitern des → Helden; in Komödie und Schauspiel werden die aus dem Konflikt resultierenden Spannungen in der Regel aufgelöst.

Konkrete Poesie [lat. *concretus* = gegenständlich]
Strömung innerhalb der modernen Lyrik, deren Vertreter die sprachlichen Elemente (Buchstaben, Silben, Wörter) als konkretes Material betrachten und sie aus dem Zusammenhang der Syntax lösen. Ziel konkreter Poesie ist es, mit Hilfe des Materials unter Verzicht auf konkrete Aussagen oder Mitteilungen optisch und/ oder akustisch wirkende ornamentale Anordnungen zu schaffen. Zu den frühen Vertretern zählen neben Christian Morgenstern v. a. Vertreter des → Dada (Kurt Schwitters: „Ursonate").

Konnotation
Meist im Sinne von „Nebenbedeutung" oder auch „assoziativer Bedeutung" verwendeter Ausdruck; bezeichnet den Umstand, dass die Bedeutung sprachlicher Ausdrücke bei zwischenmenschlicher Kommunikation je nach Kontext, Verwendungszusammenhang und den Vorerfahrungen der Beteiligten von der „Hauptbedeutung" (→ Denotation) abweichen kann.

Kontext [lat. *contextus* = Zusammenhang]
Zusammenhang, in dem eine konkrete mündliche oder schriftliche Äußerung steht. Seine Kenntnis ist für das Erfassen der Bedeutung dieser Äußerung notwendig.

Körpersprache → Gestik

Kurzepik
Sammelbezeichnung für epische Kleinformen wie Märchen, Sage, Legende, Schwank, Anekdote, → Novelle, Erzählung, → Kurzgeschichte usw. in Vers- oder Prosaform.

Kurzgeschichte
Ursprünglich Übersetzung des amerikanischen Terminus „short story". In Abgrenzung zur in Europa vorherrschenden Gattungsbezeichnung „Novelle" wird damit eine Sondergattung bezeichnet, nämlich eine Erzählung in Prosa von geringerem Umfang, mit gedrängter Komposition, offenem Schluss und einer Typisierung der Personen. Thematisch beschränkt sich die Kurzgeschichte auf einen Augenblick inmitten des Alltags, der allerdings auf etwas Bedeutendes im Lebenszusammenhang verweist.

Lautmalerei [auch Klangmalerei, Onomatopoetik]
Meist akustische Wiedergabe sinnlicher Eindrücke (z. B. Tierstimmen-Imitation, „Kuckuck", „Kikeriki"). Wo eine solche lautmalerische Wiedergabe zugleich als Name fungiert, spricht man von Onomatopoetika.

Lehnwort → Fremdwort

Lehrdichtung
Dichtung, die subjektive oder objektive Wahrheiten u. a. zu philosophischen, religiösen oder moralischen Fragen in sprachkünstlerischer Form vermittelteln möchte, wobei sich die Lehrdichtung gegenüber anderen dramatischen (Tendenzdrama, Lehrstück) oder epischen (Fabel, Parabel, Legende) Formen dadurch unterscheidet, dass in ihrem Fall die belehrende Tendenz eindeutig überwiegt.

Lehrstück
Form des Dramas; verfolgt das Ziel, die Zuschauer mit Hilfe einer abstrakt-parabelhaften Verdeutlichung für ein konkretes

politisches oder soziales Ideal zu gewinnen. Als Mittel dienen u.a. Projektionen, Spruchbänder, Songs usw., die richtige und falsche Zustände und/oder Überzeugungen für die Zuschauer demonstrieren (B. Brecht: „Der Ozeanflug", „Die Maßnahme").

Leitmotiv
Aus R. Wagners Musikdramaturgie stammende Bezeichnung für charakteristische, an zentralen Stellen wiederkehrende Melodie-Teile; in der Literatur Bezeichnung für ein innerhalb eines Textes wörtlich oder ähnlich wiederkehrendes sprachliches Bild mit gliedernder oder verbindender Funktion: In Romanen des 19. Jahrhunderts bereits nachweisbar, später v.a. von Thomas Mann aufgegriffen, der sich ausdrücklich auf Wagner bezog.

Lexik → Wortschatz

Lyrik [griech. *lyra* = Leier]
Ursprünglich eng gebunden an Gesangsvortrag (zur Lyra-Begleitung) und Tanz. Bis heute prägende musikalische Gestaltungsmerkmale: Versmaß (→ Metrum), → Rhythmus, Klangfiguren, → Reim, → Strophe. Lyrik ist in der Regel Versdichtung; von Goethe neben Epik und Dramatik zu den drei Naturformen der Dichtung gezählt.

Lyrisches Ich
Bezeichnung für einen Sprecher im Gedicht, der sich in der Ich-Form äußert, keinesfalls aber mit dem Autor gleichgesetzt werden darf. Allgemeiner wird der Begriff heute oft analog zum Begriff des → Erzählers in epischen Texten verwendet.

Mauerschau → Teichoskopie

Metakommunikation
Kommunikation über Kommunikation, d.h. die Verständigung zwischen Kommunikationspartnern über eine Sprache, das Sprechen selbst oder einzelne Aspekte des kommunikativen Geschehens. Die Fähigkeit zur Verständigung über den Inhalt einer Äußerung und/oder die Absicht eines Sprechers ist zentraler Bestandteil der so genannten kommunikativen Kompetenz.

Metapher → Rhetorische Figuren, S. 223

Metonymie → Rhetorische Figuren, S. 223

Metrik
Verslehre; Gesamtheit der Regeln für die Bildung von Verstexten. Grundeinheit der Metrik ist der → Vers, Grundbaustein des Verses die Silbe.

Metrum [lat., *griech. metron* = Maß]
Versmaß, festes Schema in der Folge von betonten und unbetonten Silben. Die kleinste metrische Einheit ist der → Versfuß.

Minnesang → Höfische Dichtung

Mittelalter
Historischer Zeitraum zwischen dem späten 5. (476: Untergang des Römischen Reiches) und dem 15. Jahrhundert (1492: Entdeckung Amerikas).
In der Literaturgeschichte wird das MA anders datiert: Hier endet es mit dem Einsetzen der → Renaissance (15. Jahrhundert), wobei drei Phasen unterschieden werden: Früh-MA (750–1170), Hoch-MA (1170–1300), Spät-MA (1300–1500). Neben der vorherrschenden Literatur in lateinischer Sprache entstanden in dieser Zeit die ersten Ansätze eines Schrifttums in den Volkssprachen Europas (im germanischen Raum in Althochdeutsch). Typisch für diese Zeit sind neben der geistlichen und der Heldendichtung v.a. die → höfische Dichtung und der → Minnesang.

Moderne [mlat. *modernus* = neu]
Häufig verwendeter, in seiner Bedeutung aber sehr schillernder Begriff; wurde von einer Vielzahl von jeweils neuen, progressiven und avantgardistischen Künstlern und Künstlergruppen zur Selbstbeschreibung verwendet, meist mit der Absicht, sich damit gegen das bis dahin Etablierte abzugrenzen; heute häufig verwendet als Sammelbezeichnung für alle Richtungen in Literatur, Kunst und Musik seit dem Ersten Weltkrieg, die sich von den jeweils etablierten Traditionen und/oder Konventionen absetzen (wollen); gegen Ende des 20. Jahrhunderts auch als Gegenbegriff zur → Postmoderne verwendet mit dem Ziel, das Festhalten an bestimmten literarischen Maßstäben und Standards zu betonen.

Monolog [griech. *monos* = allein, *logos* = Rede]
Rede einer einzelnen Person; im engeren Sinne Selbstgespräch, das auch als Kunstform, z.B. fiktive Tagebuchaufzeichnungen, vorkommt. Der dramatische Monolog hat innerhalb eines Dramas je nach Position unterschiedliche Aufgaben, z.B. werden auf der Bühne schwer darstellbare Vorgänge oder die seelische Verfassung einer Person auf diese Weise mitteilbar.

Montage [franz. *montage* = Zusammenfügen, Zusammenbauen]
In der Filmkunst Terminus zur Bezeichnung für das Schneiden und anschließende Zusammenstellen von filmischem Material unabhängig von der ursprünglichen Reihenfolge der Bilder und Szenen; auf die Literatur übertragen Bezeichnung für das Zusammenfügen von Texten und Textteilen unterschiedlicher Herkunft und Form; im 20. Jahrhundert in verschiedensten Gattungen und Formen zu finden, u.a. im Roman (Dos Passos, Döblin), in der Lyrik (Benn, Enzensberger), im Drama (Weiss) sowie im Hörspiel.

Morphem → Morphologie

Morphologie [aus griech. *morphē* = Form]
Formenlehre. 1. Allgemeine Bezeichnung, besonders im 18. und 19. Jh., für die Lehre von der Form und Struktur lebender Organismen. 2. In der Sprachwissenschaft zusammenfassende Bezeichnung für das Studium der Wortformen, wie sie im Dt. v.a. durch Flexion und Komposition entstehen. Man unterscheidet dabei zwischen lexikalischen und grammatischen Morphemen (Morphem = kleinstes bedeutungstragendes Element einer Sprache), wobei lexikalische Morpheme frei (alle Basiswörter) oder gebunden (zahlreiche Suffixe und Präfixe) vorkommen können. Grammatische Morpheme tragen grammatische Bedeutung, so bedeutet „-st" in „du stell-st" 2. Pers. Sing. Indik. Präsens.

Motiv [mlat. *motivus* = bewegend]
Allgemein der Grund für eine menschliche Haltung oder Handlung; in der Literatur entweder der ideelle Beweggrund des Dichters, einen bestimmten Stoff aufzugreifen und in einer bestimmten Art zu gestalten, oder eine strukturelle inhaltliche Einheit (eine typische, bedeutungsvolle Situation), die allgemeine Aspekte umfasst und widerspiegelt. Es lassen sich verschiedene Formen von Motiven unterscheiden, u.a. Situations-Motive (Heimkehrer-Motiv, Dreiecks-Motiv), Typus-Motive (Geizhals, Hochstapler) oder auch Raum- und Zeitmotive.

Mythos [griech. *mythos* = Wort, Erzählung]
Ursprünglich mündlich überliefertes Modell zur Erklärung von Erscheinungen und Zusammenhängen der Welt, in dem die Funktion der Götter bei der Schöpfung und Erhaltung der Welt oft eine wesentliche Rolle spielt. Mythen beinhalten Vorstellungen, für die keine rationalen Beweise nötig sind und die auch nicht logisch erklärt werden müssen.
Als Mythos wird auch eine zur Legende gewordene Begebenheit oder Person von weltgeschichtlicher Bedeutung bezeichnet.

Naturalismus

Allgemein der Versuch in Kunst und Literatur, die Wirklichkeit möglichst präzise und ohne subjektive Beimischung und Gestaltung abzubilden; findet sich schon in der Antike (u.a. in Homers „Odyssee") und im Mittelalter (z.B. bei Boccaccio). Daneben Bezeichnung für eine im Realismus wurzelnde Richtung der europäischen Literatur des Zeitraums um 1880–1900, die die genaue Beschreibung der ‚Natur' (im Sinne der sinnlichen Erfahrungen) zu ihrem ästhetischen Leitprinzip erklärt hat. Der Naturalismus verengt das Programm des Realismus auf die Beschreibung und Darstellung von kleinbürgerlichem und proletarischem Elend, die er mit heftiger Kritik an bürgerlicher Doppelmoral und der Gleichgültigkeit des Bürgertums gegenüber den ungelösten Problemen der sich entwickelnden Industriegesellschaft verbindet; seine Vertreter bezeichneten sich selbst zunächst als ‚konsequente' oder ‚Neue Realisten'; die Bezeichnung ‚Naturalismus' ist erst seit Gerhart Hauptmann üblich.

Neologismus → Rhetorische Figuren, S. 223

Neue Sachlichkeit

Bezeichnung einer literarischen Richtung ab 1920 bis 1933, die als Reaktion auf den oft pathetischen und irrationalen (Spät-)Expressionismus entstand. Das Interesse ihrer Vertreter galt weniger der Form als dem Inhalt ihrer Arbeiten, weswegen einige ihrer Vertreter durchaus noch expressionistischen Formen verhaftet blieben. Ziel der Arbeiten war die Darstellung einer ‚objektiven' Wirklichkeit sowie der zeitgenössischen Gegenwart einschließlich der herrschenden politischen und sozialen Zustände; gemeinsam ist ihnen eine Orientierung in Richtung einer tatsachenorientierten, im weiteren Sinne dokumentarischen Literatur (Beispiele: die Romane Döblins, Falladas, Feuchtwangers, die Zeit- und Lehrstücke Brechts, Horváths oder Zuckmayers sowie die neusachliche Gebrauchslyrik von Brecht, Kästner, Tucholsky, Ringelnatz u.a.).

nonverbale Kommunikation

Sammelbezeichnung für eine Sonderform der → Kommunikation, bei der die Beteiligten sich ohne den Einsatz sprachlicher Mittel verständigen. Zu den wichtigsten kommuniaktiven Mitteln, die dabei unterschieden werden können, gehören neben der → Gestik, die Mimik, der Augenkontakt (Blickkontakt, Blickwechsel, Wegblicken usw.), Körperhaltung und -bewegung, Körperberührung sowie der Körperabstand zwischen den Beteiligten. Im weiteren Sinne zählen dazu auch Signale, wie sie von Kleidung (man *sagt* etwas, wenn man sich in schmutzigen Jeans als Bankkaufmann vorstellt), Frisur, Parfum, Tätowierungen u.Ä. ausgehen. Einige dieser Faktoren werden bei nonverbaler Kommunikation bewusst eingesetzt, der Einsatz anderer folgt dagegen sozialen Regeln und erfolgt weitgehend unbewusst und automatisiert. Das gilt auch für die Fälle von Kommunikation, in denen nonverbale neben verbalen Mitteln eingesetzt werden.

Novelle [ital. *novelle* = kleine Neuigkeit, von lat. *novus, novellus* = neu]

In der Regel als Prosatext (seltener in Versen) verfasste, straff komponierte Erzählung, die sich auf einen zentralen Konflikt bzw. ein bestimmtes Ereignis konzentriert (nach Goethe auf ein „unerhörtes Ereignis"); gekennzeichnet zumeist durch ihre geschlossene Form und den auf objektive Darstellung zielenden Berichtsstil ohne Einmischung des Erzählers; im Fall eines Novellenzyklus häufig durch eine Rahmenhandlung zusammengehalten (z.B. Boccaccios „Il Decamerone").

Ode [griech. *ode* = Gesang]

Feierlich-pathetisches Gedicht in festgelegten Vermaßen und Strophenformen.

Offene Form (des Dramas)

Bezeichnung für eine Bauform literarischer Werke, insbesondere szenischer Texte, die sich nicht streng an traditionelle oder in → Poetiken festgehaltene Regeln des Aufbaus eines (szenischen) Textes halten; als offenes Drama werden Stücke angesehen, deren Aufbau nicht dem eines → aritotelischen Dramas entspricht.
→ Umgang mit szenischen Texten, S. 232

Onomasiologie → Semasiologie

Onomatopoetika → Lautmalerei

Parabel [griech. *parabole* = Gleichnis]

Bezeichnung für einen zu einer selbstständigen Erzählung erweiterten Vergleich, wobei der dargestellte Sachverhalt nicht wie beim Gleichnis direkt auf den gemeinten verweist, sondern durch einen Analogieschluss anhand eines Vergleichspunktes zwischen beiden Sachverhalten zustande kommt (Lessings „Ringparabel"); in der modernen Literatur häufig verwendete Form zur Darstellung menschlicher Befindlichkeiten (Kafka, Brecht, Frisch, Dürrenmatt); im → Absurden Theater Mittel der Verrätselung (Beckett).

Paradoxon → Rhetorische Figuren, S. 223

Parallelismus → Rhetorische Figuren, S. 223

Parataxe [griech. *parataxe* = Nebeneinanderstellung, Beiordnung]

Nebeneinanderstellung gleichberechtigter Hauptsätze; typisch für mündliche Kommunikation sowie einfache und volkstümliche Sprache und Dichtung (Märchen, Lied) sowie dem mündlichen Erzählen angenäherte literarische Formen (Uwe Johnson: „Sie war schon so schwach, sie konnte sich nicht mehr wehren."); Gegensatz → Hypotaxe.

Parodie [griech. *parodia* = Gegengesang]

Scherzhafte Nachahmung von einem oder mehreren literarischen Werken, die beim Adressaten der Parodie als bekannt vorausgesetzt werden, meist in kritischer oder polemischer Absicht. Komische Effekte entstehen dabei durch das Auseinanderfallen von Form und Aussage (z.B.: Cervantes' „Don Quichote", 1605/06, als Parodie des Ritterromans).

Peripetie [griech. *peripeteia* = Wendung, plötzlicher Umschwung]

Plötzliche Wendung im Schicksal eines Helden in epischer, besonders aber dramatischer Dichtung. Dabei wendet sich die Handlung im Fall der Komödie zum Guten, im Fall der Tragödie dagegen zum Schlechten; seit der Aristotelischen Poetik zugleich Bezeichnung des Höhepunktes im Aufbau eines Dramas, der meist im Mittelakt liegt.

Periphrase → Rhetorische Figuren, S. 223

Personifikation → Rhetorische Figuren, S. 222

Phonetik [griech. *fōnētikos* = tönend]

Lautlehre. Untersucht im Gegensatz zur → Phonologie die lautliche Seite tatsächlich gesprochener Sprache: a) In der artikulatorischen Phonetik wird die Lautbildung beschrieben. Man unterscheidet zwischen Vokalen (Laute, bei denen die Sprechluft ohne Hindernis entweicht) und Konsonanten (Laute, bei denen die Sprechluft verschieden gebildete Engen oder Verschlüsse passieren muss). Diese Laute kann man je nach Art (z.B. frikative, plosive, nasale usw.) und Ort (dental, labial usw.) der Bildung sowie ihrer Stimmhaftigkeit (stimmhaft vs. stimmlos) weiterbeschreiben. (→ Sprechapparat). Mit Spezialschriften wie dem IPA (= International Phonetic Alphabet) lässt sich die Lautgestalt aller Sprachen erfassen. b) In der akustischen Phonetik wird die physikalische Seite des Lautes bzw. der Sprache untersucht. c) In der auditiven (oder: perzeptiven) Phonetik werden die physiologischen und psychischen Grundlagen des Hörens von Lauten bzw. Sprache beschrieben.

Phonologie [aus griech. *fōnē* = Stimme, Ton und *logos* = Lehre]
Phonemlehre. Untersucht im Gegensatz zur → Phonetik die lautliche Seite der Sprache aus systematischer Sicht. Der zentrale Begriff „Phonem" wird definiert als kleinstes bedeutungsunterscheidendes Element einer Sprache (z.B. „Bein" – „dein" – „fein" usw.). Laute und Phoneme sind nicht identisch: So handelt es sich bei dem Zäpfchen-r und dem Zungenspitzen-r um phonetisch unterschiedliche Laute. Im Deutschen ist dieser lautliche Unterschied aber nicht bedeutungsrelevant, sodass man sagt, diese beiden Laute repräsentieren ein Phonem (im Spanischen etwa sind unterschiedliche r-Aussprachen bedeutungsrelevant). Bedeutungsrelevant können außerdem prosodische Merkmale sein, z.B. der → Akzent oder der Ton (vgl. → Tonsprachen). Die Phonologie beschreibt nun (auch historisch) den Phonembestand jeder Sprache sowie die Regeln des Miteinandervorkommens von Phonemem (= Phonotaktik). Aus phonotaktischer Sicht zählt das Deutsche zu den komplexesten Sprachen: im Silbenanlaut können bis zu drei Konsonanten (Str-aße) erscheinen, im Auslaut bis zu fünf (des He-rbsts). Die Abfolge der Laute erfolgt sowohl allgemein als auch für jede einzelne Sprache bestimmten Regeln: So könnte es ein Wort „*strennen" im Dt. durchaus geben, ein Wort *prst (tschechisch = Finger) dagegen nicht.

Pleonasmus → Rhetorische Figuren, S. 223

Poesie [griech. *poiesis*, von *poiein* = machen]
Im Allgemeinen Bezeichnung für jede Art von Dichtung; im engeren Sinne Bezeichnung für Versdichtung(en) im Unterschied zu Prosa; in letzterem Sinne sowohl im engl. wie franz. Sprachraum verwendet.

Poetik [griech. *poietike techne* = Dichtkunst]
Wissenschaft und Lehre von der Dichtung, ihren Gattungen und Formen sowie ihren Techniken, Strukturen und Darstellungsmitteln; zugleich Kernstück der Literaturwissenschaft.
In Deutschland war eine ‚Poetik' im 17. Jahrhundert ein Regeln setzendes Lehrbuch. Rolle, Anspruch und Funktion wandelten sich seit dem späten 18. Jahrhundert bis zur heute vorherrschenden Form der induktiv-beschreibenden Poetik, die ihre Einsichten und Erkenntnisse aus der vergleichenden Betrachtung verschiedener Einzelwerke bezieht.
Die erste, allerdings nur in Teilen erhaltene Poetik ist die Schrift »Von der Dichtkunst« (→ Aristotelisches Theater) des Aristoteles (um 330 v. Ch.), die lange Zeit verschollen war und erst im 14. Jahrhundert wiederentdeckt und dann über Jahrhunderte hinweg zur verbindlichen Regelpoetik wurde. Die erste wichtige deutsche Poetik stammt von Martin Opitz („Buch von der Deutschen Poeterey", 1624), mit der die klassisch-humanistische Dichtungstheorie auf die deutsche Sprache übertragen wurde. Einen radikalen Bruch mit den Regelpoetiken, insbesondere mit der aristotelischen Dramentheorie, ist kennzeichnend für die Ästhetik des → Sturm und Drang (→ Genie). Als Vorbild wurde hier William Shakespeare verehrt. In der Zeit der Klassik wiederum griff man nicht auf die Regelpoetiken der Antike zurück, sondern folgte einer idealisierten Auffassung von der Antike (J. J. Winckelmann) und befasste sich mit poetologischen Fragen (→ Goethe: Naturformen der Dichtung, S. 408 f.). Für die moderne Literatur lassen sich keine verbindlichen Regeln und Poetiken mehr festmachen, vielmehr ist – falls überhaupt noch von Poetik(en) gesprochen werden kann – ein Nebeneinander vieler, einander widersprechender Poetiken festzustellen. Mitunter wird der Begriff „Poetik" auch synonym mit „Poetologie" verwendet.

Pointe [franz. *pointe* = Stachel, Spitze]
Beim auf komische Wirkung abzielenden Sprechen jener Akt, der durch eine unerwartete Wendung den Lacheffekt beim Hörer oder Leser auslöst.

Polysemie → Semantik, b)

Postmoderne
Unterschiedlich interpretierter Epochen- und Stilbegriff, seit den 50er- und 60er-Jahren zunächst in den USA diskutiert. Präzise Bedeutung erhielt der Begriff innerhalb der Architekturtheorie, wo er für die Abkehr vom vorherrschenden Funktionalismus und die Hinwendung zum Formen- und Stilpluralismus steht. Werke, die zur literarischen Postmoderne gezählt werden, zeichnen sich in der Regel durch intertextuelle Verwirrspiele sowie das Zitieren unterschiedlichster Formen und Stile aus. Ein Beispiel ist U. Ecos „Der Name der Rose": Eco hat in den Text eine Vielzahl von Zitaten antiker, mittelalterlicher sowie moderner Erzähler und Wissenschaftler eingebaut, zugleich imitiert er über längere Passagen verschiedene Erzählstile oder übernimmt Motive aus anderen Werken – am Ende steht ein Roman, der auf ungewöhnlich viele Arten gelesen und verstanden werden kann: als (fiktive) Autobiografie, als historischer Roman, als Detektivroman, als Wissenschaftsroman, ...

Pragmatik [aus griech. *pragma* = Handlung]
Lehre vom sprachl. Handeln. Untersucht die Verwendung sprachlicher Zeichen (→ Semiotik). 1) Im engeren Sinne, und vor allem in den 1970er-Jahren, weitgehend synonym mit der Sprechakttheorie (→ Sprechakt). 2. Im weiteren Sinne umfasst Pragmatik die gesamte Beziehung zwischen Kontext und Text. Wichtige Untersuchungsfelder sind: a) Deixis. Deiktische Ausdrücke sind oft nur aus einer (jeweils pragmatisch situierten) Sprechsituation heraus verständlich, z.B. „Hier (in Freiburg, in Deutschland, in Marokko ...) regnet es." (→ Gestik). b) Voraussetzungen und Schlussfolgerungen (aus dem Kontext). Z.B. präsupponiert (setzt voraus) der Satz „Stefan weinte, bevor er das Abitur machte." u.a., dass „Stefan" existiert. Der Satz impliziert (es folgt aus ihm) u.a., dass Stefan tatsächlich Abitur gemacht hat. c) Konversationsmaximen: Anforderungen an eine effektive Kommunikation, deren Nichtbeachtung Ursache für das Scheitern der Kommunikation sein kann. Z.B.: „Sei relevant!" So ist der Satz „Maria hat zwei Kinder" auch dann wahr, wenn Maria tatsächlich drei oder sieben Kinder hat. Beachtet aber der Sprecher das Relevanz-Prinzip (und der Hörer nimmt an, dass der Sprecher das tut) ist der Satz pragmatisch eindeutig im Sinne von „genau zwei Kinder".

Prolog [griech. *prologos* = Vorrede]
Dem Drama vorangestellte, nicht mit der Handlung des Stückes verbunden Szene, die Informationen über das Stück und seine Personen sowie über die Vorgeschichte des Geschehens oder auch die Absichten des Autors mitteilt; später als Bezeichnung für einleitende Abschnitte auch auf andere Gattungen übertragen.

Prosa [von lat. *prorsa oratio* = die geradeausgerichtete Rede]
Ungebundene, im Gegensatz zu der an metrische Regeln gebundenen Verssprache stehende Rede; einerseits Bezeichnung für die keinem künstlerisch-literarischen An-

spruch unterliegende Alltagssprache, andererseits Terminus zur Kennzeichnung der literarischen Bereiche der Sach- und Kunstprosa.

Protagonist [griech. *protagonistes* = erster Kämpfer]
Im altgriechischen Drama der Hauptdarsteller, dem weitere Darsteller zur Seite gestellt wurden; heute Bezeichnung für die wichtigsten Darsteller eines Stückes (→ Held)

Rahmenerzählung
Umschließung eines oder mehrerer Texte durch einen umgreifenden, meist ebenfalls erzählenden Text; sehr alte literarische Technik, in Indien bereits in vorchristlicher Zeit üblich. Für die Literatur der Neuzeit lassen sich zwei Arten von Rahmenhandlungen unterscheiden:
1. Gerahmte Einzelerzählung: Eine einzelne Erzählung wird in eine fiktive Rahmenhandlung eingebettet, um die (scheinbare) Authentizität des erzählten Geschehens zu bekräftigen; oft wird zu diesem Zweck eine Quelle angegeben oder der gerahmte Text als authentische Erinnerung ausgegeben (Th. Storm, „Der Schimmelreiter", U. Eco: „Der Name der Rose").
2. Einen Zyklus verbindende Rahmenerzählung: Es wird von einem äußeren Anlass berichtet, bei dem die wiedergegebenen Erzählungen vorgetragen werden (G. Boccaccio: „Dekamerone", „Geschichten aus 1001 Nacht").

Realismus [v. lat. *res* = Sache]
Allgemein: Bezeichnung für wirklichkeitsnahes Denken und Handeln. Im Hinblick auf Literatur 1. als Stilmerkmal und 2. als Perioden- bzw. Epochenbegriff gebraucht:
1. literarische Vermittlung des als faktisch Angesehenen; im Gegensatz zur idealisierenden Kunst (z.B. Schwänke im Mittelalter, Erzählliteratur des 17. Jahrhunderts); im 18. Jahrhundert Entwicklung einer als »empirischer Realismus der Aufklärung« bezeichneten Kunst, die mit psychologischer Beobachtung das Problem von Individualität und Gesellschaft zum Thema macht; tritt als Stilbegriff erst wieder im 20. Jahrhundert auf.
2. Bezeichnung für die europäische Literaturepoche im 19. Jahrhundert zwischen → Romantik und → Naturalismus (ca. 1830–1880); in Deutschland erst nach 1848 diskutiert (→ Biedermeier, → Junges Deutschland, etwa 1850–1900); gekennzeichnet durch Konzentration auf Beobachtung und Schilderung der Wirklichkeit, wobei weder die Einstellungen und Emotionen des Autors noch die bewusste Bewertung der Wirklichkeit eine wichtige Rolle spielen (sollen).
Als Vertreter realistischer Lyrik in Deutschland können Th. Storm und C.F. Meyer angesehen werden, auf dem Gebiet des Dramas hat F. Hebbels wichtige Beiträge geleistet. Die wichtigsten Werke des deutschen Realismus stammen aber aus dem Gebiet der Prosa, vor allem der Novelle (G. Keller, Th. Storm, C.F. Meyer) und des Romans. Zu den Hauptvertretern des realistischen Romans gehören in Deutschland neben Th. Fontane u.a. W. Raabe, A. Stifter und G. Freytag. Oft haben ihre Werke die Form eines → Entwicklungsromans.

Rede
Monologisches Sprechen zu anderen. Die Rede ist die Grundform der → Rhetorik. Zwar gibt es auch private Reden (z.B. „Standpauke"), doch sind Reden im Allgemeinen an eine größere Öffentlichkeit gerichtet. Je nach Form der Rede lässt sich unterscheiden zwischen Ansprache, Präsentation, Predigt, Vorlesung, Wahlrede u.a. Reden können unterschiedlich vorbereitet und gehalten werden: von spontaner und freier Rede bis zur vorbereiteten, (multi-)medial präsentierten Rede.

Refrain [franz. *refrain* = Echo]
Laut- bzw. Wortgruppe, die in strophenförmiger Dichtung regelmäßig – meist am Ende einer Strophe – wiederkehrt; kann aus einem Wort oder aus einer Wortgruppe bzw. ganzen Sätzen bestehen (H. Heine: Die schlesischen Weber – „Wir weben, wir weben!").

Regel
1. Konventionelle Regeln. Bestehen durch Übereinkunft und dienen der Organisation des Zusammenlebens in den unterschiedlichsten Bereichen (Verkehrsregeln, Höflichkeitsregeln, Rechtschreibregeln usw.). Merkmal der konventionellen Regeln ist, dass sie gebrochen werden können. Das Nichtbeachten einer Regel ist unterschiedlich stark sanktioniert (Bruch von Rechtschreibregeln vs. Bruch von Gesetzen, z.B. Mord). Die Härte der Sanktion spiegelt die Bedeutung der Regel in der Gesellschaft wieder. Sprachliche Regeln in diesem Sinne sind u.a. die Konversationsmaximen (→ Pragmatik, 2. c)) 2. Konstitutive Regeln. Bestehen durch die Sache, die sie regeln. Merkmal der konventionellen Regeln ist, dass sie nicht gebrochen werden können, z.B. Spielregeln: Wer etwa beim Schach eine Figur nicht regelgerecht bewegt, spielt kein Schach mehr. Sprachliche Regeln in diesem Sinne sind z.B. phonotaktische Regeln (→ Phonologie) oder syntaktische Regeln (→ Syntax).

Regie → Inszenierung

Reim [Etymologie unklar; evtl. von ahd. *rîm* = Reihe, Zahl oder von lat. *rhythmus*]
Gleichklang von Wörtern, meist vom letzten betonten Vokal an (z.B. singen/klingen). Eine Darstellung der Reimfolge einer Strophe oder eines Gedichtes zeigt das Reimschema.
→ Umgang mit Gedichten, S. 228

Renaissance (franz. von ital. *rinascimento, rinascita* = Wiedergeburt]
Allgemeine Epochenbezeichnung für die Zeit zwischen etwa 1350 und 1600, zunächst auf Italien bezogen, später auf das gesamte Europa ausgeweitet. Gekennzeichnet ist diese Epoche durch die Idee einer Wiedergeburt im Geist der Antike, wobei sich insbesondere die Künste an den Formen und Maßstäben der Antike orientierten. Innerhalb der Literaturwissenschaft spricht man allerdings in Bezug auf die Literatur der Renaissance-Zeit eher von ‚Humanismus'.

Rezeption [lat. *receptio* = Aufnahme]
Aufnahme und Aneignung eines literarischen Werkes durch den/die Leser, Hörer, Zuschauer. Die Forschungsrichtung der Rezeptionsästhetik untersucht den Prozess der Rezeption, wobei sie davon ausgeht, dass sich die Bedeutung eines literarischen Textes erst im Prozess der Rezeption konkretisiert. Die Richtung der Rezeptionsgeschichte untersucht dagegen die Entwicklung und Veränderung der Rezeptionsbedingungen und deren Folgen.

Rhetorik: [griech. *rhetorike techne* = Redekunst]
1. Fähigkeit, durch öffentliche, auf ihre Wirkung hin konzipierte Rede einen Standpunkt überzeugend zu vertreten und dadurch andere zu beeinflussen;
2. Theorie und Wissen zur Art und Vermittlung dieser Fähigkeit.
→ Rhetorische Figuren, S. 222

Rhetorische Frage → Rhetorische Figuren, S. 223

Rhythmus: [griech. *rhythmos*, von *rhein* = fließen, Gleichmaß]
Strukturiert und gliedert das Sprechen; im Unterschied zum Metrum entsteht die rhythmische Umsetzung erst im Vortrag, besonders bei der Wiederkehr der Akzente, in der Bestimmung des Tempos und der

Tonabstufung. Die rhythmische Gliederung eines Gedichtes oder Textes ergibt sich aus den Zäsuren (Einschnitte, die beim Sprechen kurze Pausen fordern) und aus der Beziehung von Vers und Satz.

Rokoko [von franz. *rocaille* = Muschel als häufiger Zierat der Kunst im Stil Louis XV.]
Ursprünglich aus der Kunstgeschichte stammender Begriff zur Bezeichnung einer literarischen Strömung innerhalb der Aufklärungsliteratur etwa in der Zeit 1720–1780/1800. Grundlage der Rokoko-Literatur sind die ästhetischen Anschauungen der Aufklärung und die Orientierung am Vorbild der griechischen Antike. Zu den typischen Formen gehörte neben dem Gedicht, das als vollkommene sinnliche Rede aufgefasst wurde, Lieder (Goethe) und Singspiele (Georg Christoph Wieland).

Roman
Großform der Erzählkunst in Prosa; der Terminus geht zurück auf die seit dem 12. Jahrhundert in Frankreich geläufige Bezeichnung „romanz" für volkssprachliche Schriften, die in der romanischen Volkssprache und nicht in Latein verfasst waren; in der 2. Hälfte des 17. Jahrhunderts ins Deutsche übernommen. Seit Beginn der Moderne gilt der Roman als die produktivste literarische Form.
Romanformen werden nach unterschiedlichen Gesichtspunkten unterschieden, u.a. nach vorherrschendem Stil (realistischer, satirischer, idealistischer R.), Form (Brief-, Tagebuch- oder Dialogroman), Thema und Milieu (Abenteuer-, Bildungs-, Künstlerroman) oder auch künstlerischen Rangunterschieden (Bestseller-, Trivial- oder Unterhaltungsroman).

Romantik
Von Friedrich Schlegel und Novalis geprägte Bezeichnung für eine neue Kunst-, Welt- und Lebensanschauung, die die Autonomie der Kunst betont und eine Poetisierung der Welt anstrebt. Die Romantik kann einerseits als Gegenbewegung gegen die Klassik aufgefasst werden, verstand sich andererseits aber als Fortsetzung von Ideen der Aufklärung, die die Romantik um das Interesse an den „Nachtseiten" der Natur sowie dem Unterbewussten, dem Traum usw. erweiterte. In der Literatur umfasst die Romantik Werke der Zeit zwischen ca. 1795 und 1835. Sie sind gekennzeichnet durch offene Form (Fragmente, Improvisation) und häufig durch Ironie. Typisch für die Romantik war die zentrale Rolle einiger Gruppierungen, in denen Frauen (Rahel Varnhagen, Karoline von Günderrode, Bettina von Arnim u.a.) eine wesentliche Rolle spielten.

Satire [von lat. *satur* = satt, voll oder etrusk. *satir* = reden]
→ siehe Lexikoneinträge, S. 175 f.

Semantik
Bedeutungslehre. Untersucht die Bedeutung sprachlicher Zeichen (→ Semiotik). a) Stellt sich zunächst die Frage nach dem Wesen der Bedeutung sprachlicher Zeichen: Was sind Bedeutungen? Wie verfügt eine Sprachgemeinschaft über Bedeutungen? Sind Bedeutungen im Kopf? Wie sind sie im Gehirn gespeichert? Usw. Je nach Stellung zu diesen u.ä. Fragen gibt es zahlreiche semantische Theorien. Zu unterscheiden ist in jedem Falle zwischen der Bedeutung eines Wortes (Intension eines Begriffs) und der Menge der Dinge, die mit diesem Wort bezeichnet werden (Extension eines Begriffs). So gibt es einige Wörter, die zwar eine Bedeutung haben (z.B. „Einhorn", „Rotkäppchen" usw.), aber nichts bezeichnen (so genannte Nullextension: Es gibt keine Einhörner.). Umgekehrt dienen Eigennamen primär dem Verweis auf einen Gegenstand. b) Befasst sich mit der Analyse der Bedeutung eines Einzelwortes. Semantische Sonderfälle sind hier u.a. Polyseme (auch Mehrdeutigkeit; Wörter, die zwei oder mehr Bedeutungen haben, die aber ein gemeinsames Grundmerkmal besitzen, z.B. „Wurzel" bei Zahn, Pflanze, Nase usw.) und Homonyme (zwei oder mehr unterschiedliche Bedeutungen werden mit identischen Ausdrücken bezeichnet, z.B. „Tau"1 = Niederschlagsart und „Tau"2 = starkes Seil, wobei die Unterscheidung zwischen Polysemie und Homonymie nicht immer eindeutig ist. c) Befasst sich mit der Gliederung des Wortschatzes nach dem Gesichtspunkt der Bedeutung. Semantische Beziehungen zwischen Wörtern können u.a. sein: Synonymie (Bedeutungsgleichheit; z.B.: „Apfelsine" = „Orange"; echte Synonyme sind äußerst selten, oft unterscheiden sich Synonyme in ihrem Gebrauch, z.B. „Antlitz"–„Gesicht"–„Visage"–„Fresse"); Antonymie (Gegennamigkeit; z.B. „groß"–„klein") und Hyper- bzw. Hyponymie (Über- bzw. Unternamigkeit, z.B. ist „Obst" ein Hyperonym zum Hyponym „Frucht"), vgl. → Wortfeld. d) Befasst sich mit zusammengesetzen Bedeutungen, insbesondere der Satz- und Textbedeutung.

Semasiologie [aus griech. *sēma* = Zeichen]
1. Frühere Bezeichnung der Semantik. 2. Lehre von der Wortbedeutung. Methode bzw. Bereich der → Semantik, der sich mit der Bedeutung einzelner sprachlicher Ausdrücke und ihren Beziehungen innerhalb eines → Wortfeldes (auch historisch) befasst. Im Gegensatz zur Onomasiologie (aus griech. *onoma* = Name; Bezeichnungslehre) geht die Semasiologie von dem Zeichen (dem Wort) aus und erforscht die Bedeutung. Der onomasiologische Weg (von der Bedeutung, vom Gegenstand zum Wort) spielt u.a. in der Dialektologie (→ Dialekt) eine wichtige Rolle bei der Ermittlung regionaler Bezeichnungsunterschiede wie „Frikadelle", „Bulette", „faschiertes Laberl", „Fleischpflanzerl" usw.

Semiotik [von griech. *semeion* = Zeichen]
Ursprünglich die systematische Lehre von den medizinischen Krankheitssymptomen, seit Beginn des 20. Jahrhunderts Bezeichnung für die allgemeine Zeichentheorie, die sich mit Aufbau und Wirkungsweise sprachlicher und nichtsprachlicher Zeichensysteme beschäftigt; für die Literaturwissenschaft in Form der Literatursemiotik insofern von Bedeutung, als sie Literatur als ein spezifisches Zeichensystem neben anderen auffasst und analysiert, womit die Grenzen herkömmlicher, allein auf literarische Texte konzentrierter Literaturwissenschaft überschritten werden.

Simultantechnik [von lat. *simul* = zugleich]
Literarische Technik zur Darstellung des Nebeneinanders gleichzeitig ablaufender Ereignisse; als Problem bereits von Lessing in seiner Unterscheidung zwischen bildender Kunst und Dichtung thematisiert. Im Theater werden Lösungen v. a. durch eine entsprechende Aufteilung der Bühne erreicht; die erzählende Literatur bedient sich v.a. filmischer Techniken wie Schnitt und → Montage.

Sonett [ital. *sonetto* = Tönchen, kleiner Tonsatz]
Gedichtform, 14-zeilig, die durch die Reimstellung in je zwei Quartette (Vierzeiler) und Terzette (Dreizeiler) unterteilt wird.

Sozialistischer Realismus
In den 30er-Jahren in der Sowjetunion und nach 1945 im gesamten Einflussbereich der SU durchgesetzte Literaturdoktrin. Realismus wird dabei im Sinne Lenins als Widerspiegelung der (revolutionären) Wirklichkeit verstanden, gefordert wird u.a. „Parteilichkeit", „Verbundenheit mit den Massen" sowie „Volkstümlichkeit". Typisch ist die geschlossene Form des Romans mit einem

auktorialen Erzähler. Als Dogma bestimmte der Sozialistische Realismus in weiten Teilen die Entwicklung der DDR-Literatur nach 1945. Schriftsteller, so eine der Vorgaben durch die herrschende Partei, sollten auf der Basis ihrer eigenen Erfahrungen in der sozialistischen Produktion („Bitterfelder Weg") diese so darstellen, dass ihre Literatur motivierend wirkt und einen Beitrag zum Aufbau des Sozialismus leistet.

Spannung
Literarisches Kunstmittel, mit dessen Hilfe die Neugier des Lesers bzw. Zuschauers und Zuhörers geweckt und seine Aufmerksamkeit aufrecht erhalten werden soll. Dort, wo sie nicht vom Stoff her gegeben ist, wird sie zumeist mit Hilfe literarischer Techniken wie Vorausdeutungen oder bewusste Irreführung des Rezipienten erzeugt oder verstärkt. Dem gleichen Zweck dient häufig auch die Anlage von Kapitel- oder Aktschlüssen, wo ungelöste Fragen gestellt werden, die erst später im Text oder in der weiteren Dramenhandlung beantwortet werden.

Sprache
Der Begriff Sprache umfasst drei wesentliche Bedeutungskomponenten: 1. Sprache als Bezeichnung der menschlichen Sprachfähigkeit überhaupt. Diese Fähigkeit wird seit der Antike als wichtigstes Unterscheidungsmerkmal der Menschen gegenüber anderen Lebewesen betrachtet. Die Fähigkeit zum Spracherwerb ist dem Menschen angeboren. Die Sprache entwickelt sich bei gesunden und sozial nicht vernachlässigen Menschen in bestimmten Stufen zu einem offen System, d.h. dass der Spracherwerbsprozess zwar zu keinem Zeitpunkt als abgeschlossen betrachtet werden kann, der Mensch aber ab einem gewissen Zeitpunkt (mit ca. 14 Jahren) über alle in einer Einzelsprache relevanten sprachlichen Regeln und Wortbedeutungen verfügt. Bei Krankheit oder im Alter sind manchmal Sprachverlusterscheinungen zu beobachten. 2. Sprache als Einzelsprache. Zur Zeit werden auf der Erde rund 3. bis 5.000 Sprachen (je nach der Definition von → Dialekt) gesprochen, von denen nur wenige Hundert auch geschrieben werden. Aufgrund v.a. der wirtschaftlichen und politischen Entwicklungen ist es in den letzten 200 Jahren vielfach zu einem Aussterben („Linguozid") v.a. vieler Eingeborenensprachen gekommen, dagegen sind nur wenig neue Sprachen (v.a. →Pidgin-Sprachen u.Ä.) entstanden. Alle Sprachen lassen sich entsprechend ihrer Ähnlichkeit untereinander verschiedenen Sprachgruppen zuordnen (romanische, germanische usw. Sprachen). Jede Einzelsprache bildet ein System, das sprachwissenschaftlich zu beschreiben ist. c) Sprache in einem konkreten Kommunikationsereignis. Hier ist einerseits zwischen geschriebener und gesprochener Sprache, andererseits zwischen Hochsprache und regionalen Standards zu unterscheiden (z.B. deutsches Standarddeutsch vs. österreichisches Standarddeutsch, Amerikanisches Englisch, Québec-Französisch usw.), die noch nicht als Dialekt gelten. Darüber hinaus erfährt Sprache verschiedene soziokulturelle Ausprägungen (Alter, Geschlecht, Bildung des Sprechers).

Sprachgeschichte
Bereich der Sprachwissenschaft, der sich mit der inneren und äußeren Geschichte von Sprache(n) befasst. Die innere Geschichte einer Sprache umfasst alle Veränderungen jedes sprachlichen Teilbereichs (→ Etymologie). Die äußere Geschichte einer Sprache umfasst alle historischen Ereignisse, die für die innere Entwicklung von Belang sind. So hat etwa die NS-Zeit in Deutschland auch sprachlich ihre Spuren hinterlassen (z.B. umgangssprachlich *„etwas bis zur Vergasung tun", *„ etwas ausmerzen"; „Adolf" ist als Vorname beinahe unmöglich geworden; „Propaganda" ist negativ konnotiert usw.). Die Sprachgeschichte ist maßgeblich auf schriftliche Dokumente angewiesen.

Sprachkritik
Die Kritik an Sprache, von wissenschaftlicher oder allgemeiner Seite, kann sich beziehen auf: a) Sprachsystem. Sprachkritik in diesem Sinne sind etwa die vom Feminismus vorgetragenen Hinweise auf Einseitigkeiten z.B. im Dt. („frau" statt „man"; „LehrerIn" statt „Lehrer und Lehrerinnen" oder nur „Lehrer"; negative Personenbezeichnungen wie „Hure"–*„Hurer/Hurerich" usw.). b) Sprachverwendung. Sprachkritik in diesem Sinne kann sich auf individuelle als auch auf allgemeine Sprachverwendungen beziehen. Anlass zur Kritik waren und sind etwa eine übertriebene Fremdwortverwendung. So gab es bereits im 19. Jh. Bestrebungen zur Eindeutschung vieler Wörter; manche waren erfolgreich (z.B. „Fernsehen" statt „Television"), andere bedingt erfolgreich (z.B. „Anschrift" für „Adresse"), viele erfolglos (z.B. „Gesichtserker" statt „Nase", „Dörrleiche" statt „Mumie"). Es sind grundsätzlich zwei Intentionen der Sprachkritik zu unterscheiden: eine im weiteren Sinne nationalistische Sprachkritik, die sich allgemein gegen undeutsche Elemente stellt, und eine aufklärerisch-ästhetische. Aufklärerisch motiviert war etwa Campes Eindeutschung des Schlachtrufes der Französischen Revolution („Freiheit, Gleichheit, Brüderlichkeit!" statt „Liberté, egalité, fraternité!"), um damit die weniger gebildeten nicht von diesem Ereignis auszuschließen.

Sprechakt
Begriff der Sprechakttheorie. Die Sprechakttheorie erhielt in den 1960er-Jahren von J. Austin und J. Searle wesentliche Impulse. Ausgangspunkt war hier die Unterscheidung Austins zwischen performativen (handlungsvollziehenden): „Ich taufe dich auf den Namen Jens."; „Ich verurteile Sie ..." usw.) und konstatierenden (feststellenden): „Paris ist die Hauptstadt von Frankreich." usw.) Äußerungen. Beide Äußerungsarten können explizit gemacht werden: „Ich taufe Dich hiermit..."; „Ich behaupte hiermit, dass Paris ...". Dies gilt aber für alle (?) Äußerungen: „Hallo" = „Ich begrüße dich hiermit"; „Ich frage dich hiermit", „Ich verspreche hiermit" usw. Der Vollzug einer sprachlichen Handlung (eines Sprechaktes) beinhaltet also verschiedene Teilakte: Ich äußere Sprachlaute (phonetischer Akt) als Wörter in einer grammatischen Ordnung (rhetischer Akt), mit denen ich etwas über etwas aussage (propositionaler Akt als Vollzug von Referenz und Prädikation: z.B. Sam + rauchen.). Indem ich dies tue, vollziehe ich gleichzeitig einen illokutionären Akt, d.h. ich handle sprachlich: „Ich verspreche/behaupte/wünsche/befehle usw. hiermit, dass Sam raucht." Die beabsichtigte oder unbeabsichtigte Wirkung auf den Hörer wird als perlokutionärer Akt bezeichnet. Nach Searle ist Sprechen eine regelgeleitete Form des Verhaltens. Die Regeln ergeben sich aus der Analyse der einzelnen illokutionären Akte. Zu den Regeln des Versprechens gehört z.B., dass ich nur etwas versprechen kann, was der Angesprochene auch wünscht. Der Satz eines Lehrers „Ich verspreche hiermit, Dir eine Sechs zu geben!" ist also kein Versprechen, sondern eine Drohung.

Stil [lat. *stilus* = Schreibgriffel, Schreibweise]
Ausgehend von der lateinischen Rhetorik bis ins 18. Jahrhundert die Lehre von der sprachlichen Ausführung eines konkreten Regeln folgenden Konzepts mit dem Ziel, effektvoll zu formulieren und im Fall des Vortrags die Hörer entsprechend der eigenen Absichten zu beeinflussen.
Auf Literatur bezogen bezeichnet Stil die sprachliche Gestalt eines Werkes, die sich

in der Wiederholung bestimmter sprachlicher Muster und Gewohnheiten ausdrückt. Die Untersuchung des Stils spielt eine entscheidende Rolle bei der → werkimmanenten Interpretation. Seit dem 18. Jahrhundert spricht man auch von einem → Individualstil im Gegensatz zum → Epochenstil.

Stoff
Bezeichnung für die ‚Sache' (Erlebnis, Bericht, geschichtliches Ereignis usw.), die vom Autor zum Ausgangspunkt einer literarischen Gestaltung gemacht wird; setzt sich in der Regel aus verschiedenen → Motiven zusammen.

Stream of consciousness → Innerer Monolog

Strophe [griech. *strophe* = Wendung]
Zusammenstellung von Versen zu einer Versgruppe, die in der Regel durch einen Reim hergestellt wird.

Strukturalismus
Richtung der Geistes- und Sozialwissenschaften, die auf der linguistischen Zeichentheorie Ferdinand de Saussures aufbaut; Ausgangspunkt ist die Betrachtung der Sprache als ein System von Zeichen, das aus sich selbst heraus erklärt werden kann, wobei die Bedeutung einzelner Teile abhängig ist von ihrer Stellung innerhalb des Gesamtsystems. In der Literaturwissenschaft bildet die strukturalistische Theorie die Grundlage für eine Betrachtung von Literatur, die nicht mehr vom → Autor und seiner → Intention ausgeht, sondern die Struktur des literarischen Textes sowie seine Beziehung zu anderen Texten untersucht.

Sturm und Drang
Literarisch-künstlerische Bewegung in Deutschland ca. 1765 bis 1785; Bezeichnung nach dem Titel eines Schauspiels von F. M. Klinger (1776). Die Autoren des Sturm und Drang (Goethe, Herder, Lenz, Schiller) richteten sich u.a. in der Tradition der Aufklärung gegen Fürstenwillkür, lehnten aber die Idee eines rein rationalen und „vernünftigen" Denkens und Dichtens ab und betonten sehr stark Aspekte der subjektiven Individualität und des Schöpferischen (→ Genie). Eine sehr wichtige Rolle spielt in den Texten des Sturm und Drang das Erleben der Natur, die mit Herder als unbewusst wirkende Kraft aufgefasst wurde.

Surrealismus [franz. *surréalisme* = Überwirklichkeit]
Nach dem Ersten Weltkrieg in Paris parallel zum → Dadaismus entstandene avantgardistische Literatur- und Kunstbewegung, die starken Einfluss auf die Entwicklung von Kunst, Film und Fotografie hatte; endete mit dem Zweiten Weltkrieg. Typisch ist die Absage an Logik und rationales Denken, die Auflösung konventioneller Sprachmuster sowie der Versuch, Unterbewusstes, Trauminhalte und psychische Automatismen „direkt", d.h. ohne eine Kontrolle durch das Bewusstsein darzustellen („écriture automatique"). Surrealistische Momente findet man in der deutschen Literatur besonders bei Franz Kafka; andere deutschsprachige Autoren (Hans Arp, Carl Einstein) gehörten zu den Pariser Surrealisten.

Symbol [griech. *symbolon* = Erkennungszeichen]
In der Literatur, besonders in der Lyrik, Bezeichnung für ein sinnlich gegebenes, bildhaftes Zeichen, das auf allgemeine Zusammenhänge (Ideen, Begriffe) verweist. Seine Bedeutung hat im jeweiligen kulturellen, geistigen und literarischen Kontext etwas Evidentes (Friedenszweig, Hammer und Sichel); zwischen verschiedenen Epochen oder Kulturen kann die Bedeutung eines Symbols allerdings differieren (Taube im Alten Testament als Symbol des Friedens, im Neuen Testament Symbol des Heiligen Geistes).

Symbolismus
Literarische Richtung, die in der 2. Hälfte des 19. Jahrhunderts in Frankreich entstand und großen Einfluss auf die Literatur in Europa und Amerika ausübte. Die Vertreter des Symbolismus verzichten in ihren Werken weitgehend auf die Wiedergabe der äußeren Wirklichkeit. Vielmehr laden sie die Sprache symbolisch auf, um mit Hilfe ungewöhnlicher Bilder und Zeichen eine von der Wirklichkeit losgelöste Sphäre zu schaffen, in der Worte und Klänge eine eigene, ideale Wirkung bilden. Wesentlich für die Entstehung des Symbolismus war Charles Baudelaire, der in Frankreich in Arthur Rimbaud, Paul Verlaine und Stèphane Mallarmé Nachfolger fand. Zu den deutschsprachigen Symbolisten gehören neben Stefan George Hugo von Hofmannsthal und Rainer Maria Rilke.

Synästhesie → Rhetorische Figuren, S. 223

Synekdoche → Rhetorische Figuren, S. 223

Syntax [griech. *syntaxis* = Zusammenstellung]
Untersucht die Beziehung zwischen sprachlichen Zeichen (→ Semiotik).
In der Sprachwissenschaft Teilbereich der → Grammatik (auch: Satzlehre). Die Grammatik (→ Grammatik, 3.) bildet ein System von → Regeln, wonach aus einem Inventar aus Grundelementen (→ Morphemen und Wörtern) alle wohlgeformten, d.h. syntaktischen Sätze einer Sprache abgeleitet werden können („Ich komme gleich" vs. *„gleich komme ich").

Szene [lat. *scaena, scena* = Zelt, Bühne, Theater]
Auftritt, kleinste Einheit eines Aktes im Drama.

Tautologie → Rhetorische Figuren, S. 223

Teichoskopie [griech. *teichoskopia* = Mauerschau]
Mittel der Dramentechnik, mit dessen Hilfe Ereignisse, die nicht auf der Bühne dargestellt werden (können), in das dramatische Geschehen einbezogen werden; geschieht in der Regel dadurch, dass eine der handelnden Figuren von erhöhter Warte herab den zuhörenden Mitspielern (und damit zugleich dem Publikum) von sich scheinbar im Hintergrund abspielenden Ereignissen berichtet. Der Unterschied zum → Botenbericht besteht darin, dass mittels Teichoskopie scheinbar in diesem Moment stattfindende Ereignisse einbezogen werden, während sich der Botenbericht stets auf bereits Zurückliegendes bezieht.

Text [lat. *textum* = Gewebe]
Sprachliche Äußerungsform. Mit Text bezieht man sich im Gegensatz zum → Gespräch oft auf ein schriftlich verfasstes Sprachgebilde in Form von verketteten Sätzen mit einem relativ geschlossenen Textthema. Die Verkettung von Sätzen (Textkohärenz = Textzusammenhang) erfolgt durch verschiedene Verfahren. So sind die Sätze „Gestern habe ich mir ein Auto gekauft. Heute ging der Motor kaputt." durch semantische Beziehungen („gestern-heute", „Auto-Motor") und durch die Tempusabfolge verbunden. Das wichtigste Verkettungselement stellen aber die Pronomen dar. Da sich eine Reihe grammatischer Erscheinungen, neben Tempus und Pronomen auch die Artikelverteilung oder Elipsen, aus der Analyseebene des Satzes heraus nicht vollständig beschreiben lassen, bilden Texte für Sprachwissenschaftler ein wichtiges Untersuchungsfeld. Wie Gespräche lassen sich auch Texte weiter klassifizieren. Mögliche Kriterien sind die Größe (Werbeanzeige,

Roman), Funktion (Testament, Gebrauchsanleitung, Brief) oder Form (Drama, Lyrik).

Textkohärenz
Zusammenhang der einzelnen Teile eines Textes, der über grammatische Strukturen (Sätze) hinausgeht und und semantische Beziehungen (kausale oder temporale Beziehungen zwischen einzelnen Textteilen) mitumfasst.

Theater [griech. *theatron* = Schauplatz, von *theasthai* = schauen]
1. Gesamtheit der künstlerischen Darstellung innerer und äußerer Vorgänge mit Hilfe von Figuren (Puppen- oder Schattentheater) oder Menschen als freies Stegreifspiel (auch Pantomime, Tanztheater) oder als Umsetzung eines literarischen Dramas oder eines Stückes des Musiktheaters (Oper u. a.).
2. Gesamtheit der Einrichtungen, die im Zusammenhang mit der Aufführung eines Stückes stehen, einschließlich der menschlichen Leistungen (Schauspielkunst, Mimik, Gestik, Tanz, Gesang, Regie) und technischen Hilfsmittel (Bühnenbild, Maske, Beleuchtung etc.), im weiteren Sinne auch Publikum, Kritik usw.
3. Im engsten Sinne der Theaterbau, d. h. der Ort der Aufführung.

Topos [griech. *topos* = Ort]
1. In der Rhetorik Fundort für Gedanken, Argumente und Beweise.
2. In der Literaturwissenschaft Bezeichnung für einen allgemein verwendbaren Gemeinplatz, vorgeprägte Formeln oder Stereotypien, in bestimmten Situationen (Abschied, Trost, Lob usw.) immer wiederkehrende Darbietungsweisen; die Art des Einsatzes von Topoi ist entscheidend für den → Stil eines Autors.

Tragik [griech. *tragike techne* = Kunst der Tragödie]
Untergang oder Zusammenbruch von etwas Wertvollem im Widerstreit mit anderen Werten oder Gewalten, wobei die betroffenen Personen in Leid und Vernichtung gestürzt, ihre Werte aber bestehen bleiben. Der tragische Kampf erweckt bei Außenstehenden nicht nur Mitleid und Trauer, sondern auch Bewunderung und Ehrfurcht vor dem vergeblichen Kampf gegen den Untergang und für Werte und Ideale. Voraussetzung für diese tragische Wirkung ist die Charaktergröße des tragischen Helden, dessen Untergang nicht als „verdiente" Strafe für seinen schlechten Charakter oder schlechte Taten erscheinen darf.

Tragikomödie
Theaterstück, in dem tragische und komische Elemente (mitunter bis hin zum Grotesken) so miteinander verbunden sind, dass die Komik zur Steigerung des Tragischen beiträgt.

Tragödie [griech. *tragodia* = Bocksgesang, entweder Gesang mit tragischen Chören in Bocksmasken oder ‚Gesang um den Bock' als Preis oder Opfer]
Weitgehend identisch mit dem „Trauerspiel"; neben der Komödie eine der Hauptgattungen des Dramas; bezeichnet die literarische Gestaltung eines ungelöst bleibenden tragischen Konflikts, der in einen inneren oder äußeren Zusammenbruch und das Unterliegen des Helden vor dem Ausweglosen führt. Die europäische Tradition ist geprägt von der griechischen (Aischylos, Sophokles, Euripides) und römischen Tragödie (Seneca). Die zugehörigen Theorien haben ihren Ausgangspunkt in der → Poetik des Aristoteles.

Trauerspiel, bürgerliches
Nach englischen und französischen Vorbildern Mitte des 18. Jahrhunderts auch in Deutschland eingeführte Form des Dramas, das zunächst das Ständeproblem, später dann auch Probleme der bürgerlichen Welt thematisierte. Es unterscheidet sich von den klassizistischen Normen des Trauerspiels dadurch, dass in ihm private und vor allem familiäre Konflikte von Personen aus dem bürgerlichen Stand in Prosasprache – und nicht in den Alexandrinern der barocken Tragödie – behandelt werden, wobei das Publikum durch Rührung und Identifizierung mit den leidenden Charakteren moralisch belehrt und gebessert werden soll (Lessing: „Miss Sara Sampson", 1755, „Emilia Galotti", 1772, Schiller: „Kabale und Liebe", 1784).

Trivialliteratur [franz. *trivial* zu lat. *trivium* = Dreiweg]
Nicht genau bestimmbare Bezeichnung für diejenigen Arten von Literatur, die wegen ihrer ästhetisch weniger anspruchsvollen Zielsetzungen und ihrer oft massenhaften Verbreitung nicht zur ‚hohen' Literatur gezählt werden; wie verwandte Bezeichnungen (Unterhaltungsliteratur, Kitsch) oft wertend oder gar abwertend verwendet. Was zur Trivialliteratur gehört, wird dabei in der Regel auf der Basis durchaus individueller und zeittypischer Vorurteile entschieden.

Utopie [griech. *u* = nicht und *topos* = Ort: ‚Nirgendheim']
In der Literatur der Entwurf von etwas, „was noch keinen Ort hat": einer anderen, besseren Gesellschaft oder eines anderen, besseren Staates, meist konzipiert als Gegenbild zur gesellschaftlichen Situation der Entstehungszeit und -umstände. Die Bezeichnung geht zurück auf Thomas Morus' Roman „Utopia" (1516).

Vergleich → Rhetorische Figuren, S. 223

Vers
In Form einer Druckzeile hervorgehobene Sprecheinheit, die rhythmisch geprägt ist; im Unterschied zur Prosa sind Verse in Länge und Abfolge von betonten und unbetonten Silben stärker festgelegt.

Versende → Kadenz

Versfuß → Metrum

Verslehre → Metrik

Versprecher
Meist unbewusstes Abweichen von einer offenkundig beabsichtigten Wortform. Versprecher werden seit dem Ende des 19. Jh. mit dem Ziel untersucht, Aufschlüsse über die psychische Organisation des Sprechens zu erhalten. Tatsächlich zeigen Versprecher eine Reihe sich wiederholender Gemeinsamkeiten, z.B. Antizipation (=Vorwegnahme) bestimmter Laute oder Lautgruppen („Frischers Fritz") oder verschiedene Vertauschungen: „H-Mess-Molle" statt „H-Moll-Messe (von Johann Sebaldrian Bach)" (Beispiel nach H. Leuninger)

Vormärz → Junges Deutschland

Weltliteratur
Von Goethe geprägter Begriff, der seither verschiedene Bedeutungen angenommen hat und heute in quantitativer Hinsicht die Gesamtheit aller Literaturen der Welt bezeichnet, ohne auf ihre Einheitlichkeit oder Zusammengehörigkeit zu achten. In qualitativer Hinsicht bezeichnet der Begriff einen ständig wachsenden Kanon der bedeutendsten literarischen Leistungen unterschiedlicher Nationalliteraturen, die weit über ihre Länder und Zeiten hinaus Teil des Gemeingutes geworden sind. Die Entscheidung, ob ein Werk zur Weltliteratur gehört oder nicht, bleibt im konkreten Fall schwierig, weil Kriterien zur Beurteilung literarischer Werke sowohl zwischen den einzelnen Epochen als auch zwischen unterschiedlichen Kulturkreisen differieren.

Werkimmanente Interpretation

In Deutschland vor allem in den 50er und 60er Jahren vorherrschende Form der → Interpretation, die ein literarisches Werk ausschließlich aus sich selbst heraus verstehen und deuten will, wobei Perspektiven, die über das einzelne Werk als Objekt der Interpretation hinausgehen und z.B. historische, soziologische, politische sowie stoff- und motivgeschichtliche Aspekte einbeziehen, in den Hintergrund treten bzw. ganz beiseite gelassen werden.

Witz [engl. *wit* = Witz]

Ursprünglich verwendet im Sinne von ‚Verstand‘, ‚Klugheit‘, ‚Geist‘; bezeichnet zum einen im 18. und frühen 19. Jahrhundert eine poetologische Kategorie, zum anderen als Textsorte eine einfache Form. Im heutigen Verständnis besteht das Wirkungsziel des Witzes in Überraschung und Gelächter; typische Merkmale sind seine Kürze und sein zweigliedriger Aufbau: Die kurze Erzählung baut eine Erwartung auf, die durch die am Schluss stehende überraschende Wendung (→ Pointe) durchbrochen wird.

Wortbedeutung → Semantik; → Semasiologie

Wortfamilie

Menge verschiedener Wörter mit gleichem oder ähnlichem Stamm. Z.B.: „stehen", „anstehen", „abstehen", „verstehen", „Stand", „Abstand", „Zustand", „standhaft" usw.

Wortfeld

Menge von ganz oder teilweise synonymen Bedeutungen, z.B.: „töten", „ermorden", „erdolchen", „killen" usw. Im Sinne eines Wortfeldes sind auch Hyponome zu einem gemeinsamen Hyperonym partiell synonym. Z.B. „Hocker", „Sessel", „Sofa", „Stuhl" usw. zu „Sitzmöbel". → Semantik, c); → Semasiologie

Wortschatz [auch Lexik, Vokabular]

Gesamtheit aller Basis- oder Grundwörter (z.B. „stehen", nicht aber „steht", „stand" usw.; „Apfel", nicht aber „Äpfel", „Apfels" usw.) einer Sprache. Quantitative Angaben zum Wortschatz einer Sprache sind schwierig: Zum einen gibt es sehr viele Wörter mit eingeschränktem Verwendungsbereich (z.B. → Dialekt, → Fachsprache), zum anderen gibt es zu vielen Wörtern Ableitungen (so zählt man z.B.: „un-teilbar", „un-endlich" usw. zu den Basiswörtern, „un-trinkbar", „un-ländlich" dagegen eher nicht) sowie Komposita (z.B. hat „Milch-gesicht" eine selbstständige Bedeutung, „Milch-flasche" erklärt sich wie „Bier-flasche", „Saft-flasche" usw. aus seinen Bestandteilen), die in der Regel nicht in Bedeutungswörterbüchern erscheinen. In Grimms „Deutsche(m) Wörterbuch" sind rund 500.000 Grundwörter verzeichnet. Der allgemein gebräuchliche Wortschatz des Dt. wird auf 70.–80.000, der aktive Wortschatz eines durchschnittlichen Sprechers auf etwa 8.–10.000 Wörter geschätzt. → Semantik, c)

Wortspiel

Spiel mit verschiedenen Bedeutungen eines Wortes oder den Bedeutungen klangähnlicher Worte; viele literarische Kleinformen (→ Anekdote, → Aphorismus, → Witz) greifen auf Wortspiele zurück.

Zeichen [engl. *sign* = Zeichen]

Grundelement einer allgemeinen Zeichentheorie (→ Semiotik); Bezeichnung für ein sinnlich wahrnehmbares Etwas, das für einen Interpreten für etwas anderes steht als sich selbst (‚aliquid stat pro aliquo‘); zugleich Oberbegriff für verschiedene, je nach zugrunde gelegter Theorie variierende Zeichenarten (J. S. Peirce: Ikon, Index und Symbol; K. Bühler: Signal, Symptom, Symbol).

Zeilensprung → Enjambement

Zeitroman

Wie → Gesellschaftsroman Bezeichnung für Romane vornehmlich des 19. Jahrhunderts, die sich um eine Darstellung der zeitgenössischen sozialen Wirklichkeit bemühen. Enge Beziehungen bestehen zum → Realismus.

Zensur

[lat. *censura* = strenge Prüfung, Beurteilung]
Bezeichnung für die Überwachung und Kontrolle von Veröffentlichungen aller Art. Ihre Entwicklung ist eng an die Entwicklung der Medien als Voraussetzung für die massenhafte Verbreitung von zunächst Texten und Bildern und (seit dem 20. Jahrhundert) auch Ton- und Filmaufnahmen gebunden. Strenge und Reichweite der Zensur ist wesentlich von den jeweiligen politischen Verhältnissen bestimmt und in autoritären Systemen besonders häufig und intensiv.

Zitat [lat. *citare* = nennen, namentlich anführen]

Wörtlich oder sinngemäß aus einem Schriftwerk übernommene, gekennzeichnete und nach bestimmten bibliografischen Regeln nachgewiesene Passage in einem (meist wissenschaftlichen) Text; mitunter auch Wiedergabe einer mündlichen Äußerung; dient meist dem Beweis oder der Bestätigung einer eigenen Auffassung. In der Literatur ist es die Übernahme einer Textstelle aus einem Text oder einer Äußerung eines fremden Autors, die mitunter als bekannt vorausgesetzt und in Form einer → Parodie oder → Satire bearbeitet und verfremdet werden kann. Wesentliche Bedeutung kommt dem Zitat daneben bei literarischen Techniken wie → Montage und → Collage zu.

RHETORISCHE FIGUREN

Der Ausdruck **Rhetorik** bezeichnet zweierlei:
1. die Fähigkeit, durch öffentliche, auf ihre Wirkung hin konzipierte Rede einen Standpunkt überzeugend zu vertreten, andere wirksam im Sinne dieses Standpunktes zu beeinflussen und ihn gegebenenfalls gegen Widerstände argumentativ durchzusetzen;
2. die Theorie, die rhetorische Figuren, Strategien und Handlungen beschreibt und erklärt.

Die *Geschichte* der Rhetorik hat ihre Ursprünge im antiken Griechenland; auch das Wort ‚Rhetorik' selbst stammt von dort: *rhetorike techne* = Redekunst. Bereits damals bezogen sich die Lehren der Rhetorik ausdrücklich nicht nur auf die Kunst der Rede selbst, sondern auch auf die wirksame Ausgestaltung geschriebener Texte auf der Basis rhetorischer Regeln. Allerdings war in der Antike nicht nur das Halten einer Rede relativ strengen Regeln unterworfen, sondern auch die Schritte bei der Erarbeitung einer Rede waren sinnvoll festgelegt: Ideensammlung (inventio) – Gliederung (disposito) – sprachliche Ausgestaltung (elocutio) – Merkphase (memoria) – Probesprechen (pronunciato).

Die aus der Rhetorik stammenden Einsichten in die Beeinflussung von Menschen mithilfe von Sprache sind keineswegs bedeutungslos geworden. Vielmehr spielen sie noch heute bei der Analyse so unterschiedlicher Textsorten wie den Reden von Politikern, Gewerkschafts- oder Wirtschaftsvertretern und Personen des öffentlichen Lebens ebenso eine wichtige Rolle wie bei der Erstellung und Analyse von Werbetexten.

In stilistischer Hinsicht eine besondere Rolle spielen dabei die rhetorischen Figuren.

Rhetorische Figuren sind sprachliche Ausdrucksweisen, die sich von den gewöhnlich verwendeten Formulierungen der Alltagssprache unterscheiden und eingesetzt werden, um die Überzeugungs- und Wirkungskraft einer Rede, aber auch eines geschriebenen Textes zu erhöhen, d.h. ihre Anwendung und Ausformung geschieht stets im Hinblick auf das Wirkungsziel des jeweiligen Textes.

Allegorie
Darstellung eines abstrakten Begriffes durch anschauliche sprachliche oder bildliche Zeichen (Justitia als Frauengestalt mit Augenbinde, Waage und Schwert).

Alliteration
Gleicher Anlaut aufeinander folgender Wörter (Aus der Edda: „Eines weiß ich, das ewig lebet: der Toten Tatenruhm.").

Anapher [griech. *anaphora* = Rückbeziehung, Wiederaufnahme]
Wiederholung eines Wortes oder einer Wortgruppe am Anfang aufeinander folgender Sätze (Goethe: „Wer nie sein Brot mit Tränen aß,/ Wer nie die kummervollen Nächte/Auf seinem Bette weinend saß …").

Antithese [griech. *antithesis* = Gegensatz]
Gegenüberstellung gegensätzlicher Begriffe und Gedanken in einer Aussage (Gryphius: „Was dieser heute baut / reißt jener morgen ein!").

Captatio benevolentiae [lat. = Gewinn des Wohlwollens]
Sprachliche Formel, die in einer Rede oder einem Text dazu dienen soll, das Wohlwollen des Hörers oder Lesers zu erwerben („Meine Damen und Herren, ich freue mich sehr, heute abend hier zu Ihnen sprechen zu dürfen …").

Ellipse [griech., lat. *ellipsis* = Auslassung]
Bezeichnung für eine Verkürzung der Rede durch Weglassen eines vom Hörer ergänzbaren Redeteils („Je eher [du etwas tust], desto besser").

Euphemismus [griech. *euphemia* = Sprechen guter Worte]
Beschönigende Umschreibung von Unangenehmem, Unheildrohendem, Anstößigem oder auch von Tabus; insbesondere in Texten politischer Propaganda zu finden (z.B. „Freisetzung von Arbeitnehmern" für „Entlassung").

Hyperbel [lat. *hyperbole* = Darüberhinauswerfen, Übermaß]
Rhetorische Figur der Übersteigerung in verkleinernder oder vergrößernder Weise; mitunter in den alltäglichen Sprachgebrauch eingegangen (z.B. „blitzschnell").

Inversion [lat. *inversio* = Umkehrung]
Bezeichnung für eine von der üblichen und gebräuchlichen Wortfolge abweichende Umstellung von Wörtern.

Klimax [griech. *klimax* = Steigleiter]
Rhetorische Figur der steigernden Aufzählung, wobei die Reihenfolge festgelegt ist (vom weniger Bedeutenden zum Wichtigen oder vom ‚schwachen' zum ‚starken' Wort). Bei der Klimax nimmt jedes Folgeglied an Gewicht zu, sodass das letzte Element der Reihung den Höhepunkt der Äußerung bezeichnet. (Brecht: „Das große Karthago führte drei Kriege. Es war noch mächtig nach dem ersten, noch bewohnbar nach dem zweiten. Es war nicht mehr auffindbar nach dem dritten."). Eine stufenweise Steigerung nach dem Muster a…b/b…c/c…d wird als Gradation bezeichnet (Röm. 5: „dieweil

wir wissen, dass Trübsal Geduld bringt; Geduld aber bringt Erfahrung; Erfahrung aber bringt Hoffnung.").

Metapher [griech. *metaphora* = Übertragung]
Uneigentlicher sprachlicher Ausdruck, bei dem das eigentlich gemeinte Wort durch ein anderes ersetzt wird, das eine sachliche oder gedankliche Ähnlichkeit aufweist; seit der Antike zu den rhetorischen Figuren gezählt; überschneidet sich mit einer Vielzahl anderer rhetorischer Figuren (→ Allegorie, → Symbol, → Metonymie). Man unterscheidet zwischen verschiedenen Formen der Metapher, u. a. zwischen unbewussten Metaphern, die in großer Zahl in der Alltagssprache vorkommen und dort semantische Lücken füllen (z. B. „Stuhlbein", „Fuß des Berges", „Flussarm"), und bewussten Metaphern, die mit der Absicht poetischer und stilistischer Wirkung (besonders in Gedichten) eingesetzt werden und in dieser Form besonderer Ausdruck schöpferischer Fantasie sind.

Metonymie [griech. *metonymie* = Umbenennung]
Ersetzung des eigentlich gemeinten Wortes durch ein in einer realen Beziehung zu ihm stehendes zweites Wort (z. B. kann der Erzeuger für sein Erzeugnis stehen, die Ursache für ihre Wirkung usw.); von der Metapher dadurch unterschieden, dass diese in eine andere Bildsphäre springt und der Zusammenhang zwischen Ersetztem und Ersetzendem nicht so eng sein muss.

Neologismus [griech. *neos* = neu; *logos* = Wort]
Neu gebildeter sprachlicher Ausdruck (z. B. „Waschbrettbauch").

Paradoxon [griech. *paradoxon* = Unerwartetes]
Behauptung, die der allgemeinen Meinung und Erfahrung widerspricht und deshalb zunächst als unlogisch und widersinnig erscheint, sich bei näherer Betrachtung aber als zutreffend erweist; oft in Form einer → Sentenz oder eines → Aphorismus vorgebracht.

Parallelismus [griech. *parallelos* = gleichlaufend]
Figur, die durch die parallele Anordnung gleichrangiger Satzglieder entsteht; dient der Verstärkung des Ausdrucks (Heine: „Das Schiffchen fliegt, der Webstuhl kracht ...").

Periphrase [griech. *periphrasis*, lat. *circumlocutio* = Umschreibung]
Umschreibung einer Sache oder Person: Statt sie zu benennen wird sie umschrieben, z. B. mit Hilfe von Eigenschaften, Wirkungen oder typischen Tätigkeiten.

Personifikation [lat. *persona* + *facere* = machen]
Form der Metapher, bei der abstrakte Begriffe, Eigenschaften sowie leblose Dinge in vermenschlichter Form als sprechende und handelnde Personen auftreten; seit der Antike (u. a. bei Platon) verwendetes rhetorisches Stilelement; daneben häufig in Fabeln anzutreffen.

Pleonasmus [griech./lat. *pleonasmus* = Überfluss, Übermaß]
Hinzufügung eines synonymen Zusatzes zu einem Wort bzw. einer Redewendung; Stilmittel nachdrücklicher Betonung; mitunter aber auch Stilfehler („neu renoviert").

Rhetorische Frage
Vom Redner gestellte Frage, auf die keine Antwort erwartet wird, sondern die dazu dient, die Zuhörer nachdenklich zu machen oder der vom Redner selbst gegebenen Antwort eine größere Aufmerksamkeit zu sichern.

Synästhesie [griech. *synaisthesis* = Zugleichempfinden]
Bezeichnung für das Verschmelzen verschiedener sinnlicher Eindrücke und Empfindungen (optische Wahrnehmung, Gehör-, Geruchs- und Tastempfindungen), hervorgerufen durch das gleichzeitige Reagieren verschiedener Sinne auf einen Reiz; in der Literatur spricht man von Synästhesie, wenn das Außergewöhnliche einer Empfindung durch die willkürliche Verknüpfung unterschiedlicher Vorstellungsgebiete ausgedrückt wird, z. B. „Es duftet still die Frühlingsnacht" (Eichendorff).

Synekdoche [griech. *synekdoche* = Mitverstehen, Mitaufnehmen]
Form des uneigentlichen Sprechens, bei der ein Ausdruck durch einen anderen aus dem gleichen Bedeutungsfeld ersetzt wird, etwa ein Teil für das Ganze, Singular für Plural usw. (z. B.: „Brot" für „Nahrung"; „der Deutsche" für „das deutsche Volk").

Tautologie [griech. *tauto* = dasselbe, *logos* = Rede]
Bezeichnung desselben Gegenstands oder Sachverhalts durch verschiedene, gleichbedeutende Worte; in der Literatur oft mit dem Ziel, größere Eindringlichkeit zu erzielen („nackt und bloß", „einzig und allein").

Vergleich
Stilistisches Mittel zur Erhöhung der Anschaulichkeit einer Darstellung oder eines Gedankens. Er kann sich beziehen auf Zustände, Eigenschaften, Vorgänge und Handlungen; charakteristisch ist dabei die knappe Darstellung der verglichenen Aspekte im Gegensatz zu den längeren Formen der Parabel oder des Gleichnisses.

EPOCHEN UND EPOCHENUMBRÜCHE

EPOCHEN DER DEUTSCHEN LITERATUR

1500	1600	1700	1720	1740	1760	1780
Renaissance	Barock			Aufklärung		
					Empfindsamkeit	
						Sturm und Drang

EPOCHENUMBRUCH 18. / 19. JAHRHUNDERT

1700 — 1750 — 1800 — 18…

Biedermeier und Vormärz
Büchner: Dantons Tod (1835)
Heine: Neue Gedichte (1844)

Romantik
Eichendorff: Sehnsucht (1834)
Günderode: Luftschiffer (1806)
E.T.A. Hoffmann: Elixiere (1816)
Kleist: Der zerbrochene Krug (1804)
Jean Paul: Rede (1796)
Novalis: Hymnen (1800)
Fr. Schlegel: Athenäum-Fragment (1801)

Sturm und Drang
Goethe: Götz (1773)
   Werther (1774)
Schiller: Räuber (1781)
   Kabale und Liebe (1784)
Lenz: Zerbin (1776)

Klassik
Goethe: Iphigenie (1787)
   Wilhelm Meisters Lehrjahre (1795)
   Faust I (1808)
Schiller: Briefe über die ästhetische Erziehung (1795)
   Maria Stuart (1800)
Hölderlin: Hyperion (1797)

Empfindsamkeit
Klopstock: Messias (1748)
Claudius: Wandsbecker Bote (1771)

Aufklärung
Brockes: Irdisches Vergnügen in Gott (1721)
Gottsched: Versuch einer critischen Dichtkunst (1730)
Rousseau: Emile (1762)
Kant: Was ist Aufklärung? (1783)
Lessing: Minna von Barnhelm (1767)
   Emilia Galotti (1772)
   Nathan der Weise (1779)

Rokoko

Spätbarock

Die **Geschichte der Literatur** kann man mit einem breiten, mächtigen Fluss vergleichen, voller Strömungen, Stauungen, Strudel, Untiefen, Katarakte. Sie durch **„Epochen"** gliedern zu wollen ist ein verständlicher, aber problematischer und im Grunde vergeblicher Versuch. „Offensichtlich bezeichnen Epochenbegriffe etwas, was es in der Realität überhaupt nicht gibt. Sie sind nachträglich gestanzte Spielmarken kluger Konstrukteure … Immer herrscht die Gleichzeitigkeit des Verschiedenen." Dennoch haben sich **Epochengliederungen und Epochenbegriffe** als Strukturierungsversuche eingebürgert (z.B. Barock, Aufklärung, Sturm und Drang, Klassik, Romantik, … vgl. Glossar, S. 204 ff.). Dabei entstammen die Epochenbezeichnungen ganz unterschiedlichen kulturellen Kontexten (z.B. Politikgeschichte: „Vormärz", Kunstgeschichte: „Barock", Wohnkultur: „Biedermeier", Malerei: „Impressionismus") und werden angesichts der jüngsten Entwicklung im 20. Jahrhundert immer „kurzatmiger" und fragwürdiger (z.B. „Literatur der DDR", „Neue Subjektivität").

Anstatt „Epochen" mit ihren „Merkmalen" sollte man besser **„Epochenumbrüche"** ins Auge fassen, verhältnismäßig kurze Phasen gesellschaftlich-kulturellen Wandels, in denen sich wesentliche Funktionen, Inhalte und Ausdrucksformen der Literatur ändern („umbrechen") und die im Sinne der „Gleichzeitigkeit des Verschiedenen" durch konkurrierende oder parallele, oft einander „überlappende" Strömungen gekennzeichnet sind.

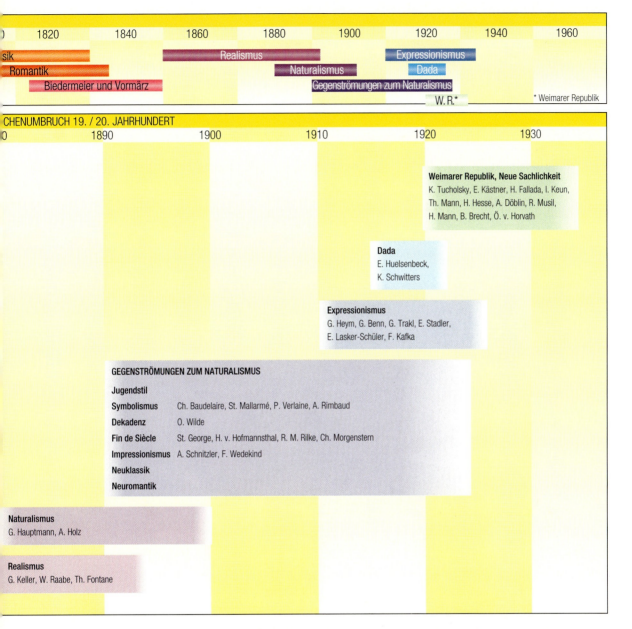

So lässt sich der **Epochenumbruch vom 18. zum 19. Jahrhundert** verstehen als ein Konzept, bei dem sich die Literatur aus den Fesseln ihrer Bindung an höfisch-absolutistische Funktionen (im Barock) zunehmend befreit und zum Träger im weitesten Sinne „aufklärerischer" Ideen (z. B. **Autonomie** des Individuums und der Kunst) wird. Die Gemeinsamkeiten und Widersprüche zwischen den einzelnen Strömungen (Rokoko, Aufklärung, Empfindsamkeit, Sturm und Drang, Klassik, Romantik, Biedermeier und Vormärz) wirken produktiv bis in die Moderne.

Der **Epochenumbruch vom 19. zum 20. Jahrhundert** ist gekennzeichnet durch den Beginn der **„Moderne"**, die die Literatur und deren Rezeption im 20. Jahrhundert geprägt hat und bis heute bestimmt.

Die unterschiedlichen literarischen Strömungen und Konzepte (Realismus, Naturalismus, Symbolismus und Jugendstil, Dekadenz und Fin de Siècle, Impressionismus, Neuklassik und Neuromantik, Expressionismus, Dada und Neue Sachlichkeit) konkurrieren oder ergänzen einander und zeigen zum Teil mehr rückwärtsgewandte, an der Tradition orientierte, „konservative" Tendenzen (z. B. Neuromantik, Dekadenz und Fin de Siècle), zum Teil eher „fortschrittliche" literarische Perspektiven (z. B. Naturalismus, Expressionismus, Neue Sachlichkeit) und vermitteln dem Leser insgesamt ein Bild der **Ambivalenz** und Vielgestaltigkeit der Moderne.

LITERARISCHE LANDKARTE

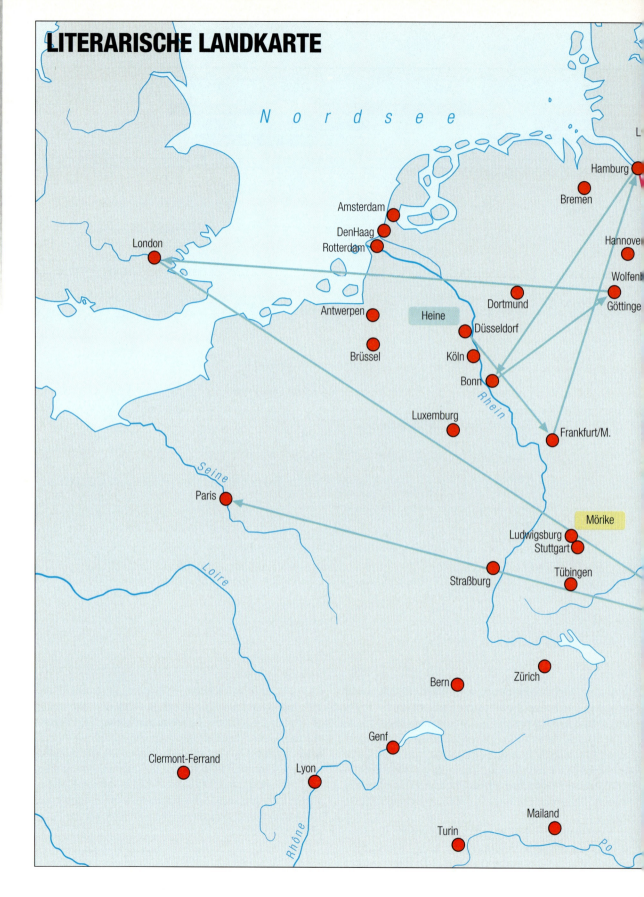

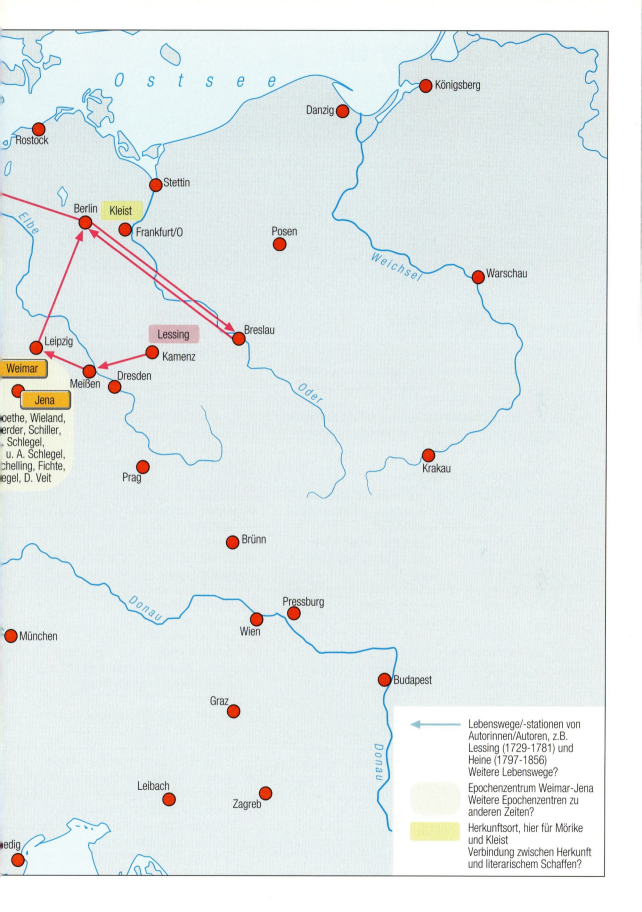

UMGANG MIT GEDICHTEN

1. Der Sprecher im Gedicht

- vom Autor erschaffene Perspektivefigur, aus deren Sicht die Dinge dem Leser vermittelt werden
- der Sprecher kann sich äußern als „Ich" („**lyrisches Ich**") oder als **Rollenfigur**; er kann auch ganz zurücktreten
- die „**Haltung**" des Sprechers bestimmt die Sprechweise im Gedicht (z. B. beschreibend, reflektierend, jubelnd, klagend, …)

2. Die Form des Gedichts

- **Vers:** Gedichtzeile; kleinste „Einheit" eines Gedichts; meist durch eine bestimmte – z. B. metrisch-rhythmische – Struktur gekennzeichnet
  → *Zeilenstil:* Satz- und Versende stimmen überein
  → *Enjambement:* auch *Zeilensprung*; Satz überspringt das Versende
- **Strophe:** nächstgrößere „Einheit" des Gedichts; bestehend aus einer bestimmten Anzahl von Versen; kann sich im Gedicht mehrfach wiederholen (vgl. Lied, Choral)
- **Gedichtformen:**
  → *Ballade:* längeres „Erzählgedicht" mit mehreren Strophen und meist regelmäßigem Reim und Metrum
  → *Lied:* einfaches Gedicht aus mehreren, oft vierzeiligen Strophen; oft mit Refrain (wiederkehrender Vers);
  → *Sonett:* kunstvolle Gedichtform („Klinggedicht") aus zwei Vierzeilern (Quartette) und zwei Dreizeilern (Terzette); meist mit fester Reimfolge, z. B. abba abba ccd eed (cdc dcd)

- **Reim:**
  → *Endreim:* Gleichklang der Wörter am Versende vom letzten betonten Vokal an
    – Paarreim: aa – bb – cc – …
    – Kreuzreim: abab …
    – umarmender Reim: abba …
    – Schweifreim: aab ccb …
  → *Binnenreim:* innerhalb eines Verses („… dass keine Hand die andre fand": Hofmannsthal, Die Beiden)
  → *Stabreim:* auch *Alliteration*; mehrere Wörter beginnen mit dem selben Buchstaben („… da war das Wunder wach")
- **Metrum:** auch: *Versmaß*; Taktschema eines Verses; regelmäßige Abfolge betonter/unbetonter Silben (Hebungen/Senkungen)
- **Versfuß:** kleinste metrische Einheit; wiederholt sich mehrfach im Vers
  → *Jambus* (steigend): x x́
  → *Trochäus* (fallend): x́ x
  → *Anapäst* (steigend): x x x́
  → *Daktylus* (fallend): x́ x x
- **Kadenz:** Versende;
  → männlich-stumpf (voll): letzte Silbe betont
  → weiblich-klingend: letzte Silbe unbetont
- **Versformen:**
  → *Blankvers:* fünfhebig-jambischer Vers ohne Reimbindung
  → *Alexandriner:* sechshebig-jambischer Vers mit 12 oder 13 Silben und Zäsur nach der dritten Hebung
- **Rhythmus:** natürliche Sinnbetonung; entweder dem Metrum folgend (metrischer Rhythmus) oder – häufiger – im Kontrast zum Taktschema des Metrums mit Akzentuierung einzelner Wörter oder Wendungen; Möglichkeiten der rhythmischen Bewegung insgesamt: z. B. regelmäßig – unregelmäßig; steigend – fallend; ruhig – unruhig; fließend, drängend, gestaut, …

3. Sprache im Gedicht

- **Satzbau** (Syntax):
  → *Parataxe:* Beiordnung; Anreihung einfacher (Haupt-)Sätze
  → *Hypotaxe:* Unterordnung von Glied- und Hauptsätzen, Satzgefüge
  → *Inversion:* Veränderung der üblichen Wortstellung
  → *Ellipse:* unvollständiger Satz
  → *Parallelismus:* parallele Anordnung von Wendungen und Sätzen
  → *Wiederholung:* Wiederkehr von Wörtern und Wendungen
  → *Anapher:* Wiederholung eines Wortes oder einer Wendung am Satzanfang („Das Wasser rauscht, das Wasser schwoll …": Goethe, Der Fischer)
  → *Klimax:* dreigliedrige Steigerung („veni, vidi, vici" = ich kam, sah und siegte: Caesar)

- **Wortwahl:**
  → „poetische", auffällige Wörter
  → Wörter aus einem bestimmten Bedeutungsbereich (z. B. Natur, Liebe, Technik, …)
  → Wörter einer bestimmten Sprachebene (z. B. Alltagssprache, … vgl. poetische Wörter)
  → Vorherrschen bestimmter Wortarten (z. B. Substantive, Verben, Adjektive)

- **klangliche Mittel:**
  → klangstarke Wörter
  → *Lautmalerei (Onomatopoesie):* Häufung von charakteristischen Vokalen oder Konsonanten)
  → *Laut- und Klangsymbolik:* subjektive Verknüpfung von Bedeutungsinhalten und Klangfarben (z. B. u/o: Dumpfheit, Trauer, Tod)
  → *Assonanz:* Wiederholung auffälliger Vokale
  → *Alliteration:* Wiederholung auffälliger Konsonanten

- **stilistisch-rhetorische Mittel:**
  → *Kontrast:* semantisch-syntaktische Entgegensetzung
  → *Hyperbel:* Übertreibung („Flut der Tränen")
  → *Ironie:* das Gegenteil meinende Wendung („Du bist mir ein schöner Freund!")
  → *Euphemismus:* Beschönigung („Freund Hein" für „Tod")
  → *Synästhesie:* Verbindung unterschiedlicher Sinneseindrücke („… blickt zu mir der Töne Licht": Brentano, Abendständchen)

4. Bildlichkeit im Gedicht

- **Bild:** allgemeine Bezeichnung für unterschiedliche Formen bildhafter sprachlicher Zeichen zur Steigerung der Anschaulichkeit (vgl. Vergleich, Metapher, Symbol, Chiffre)
- **Vergleich:** ausdrückliche Verknüpfung zweier Bedeutungsbereiche durch „wie" mit Hervorhebung des Gemeinsamen („tertium comparationis"; „… rauscht die Erde wie in Träumen": Eichendorff, Der Abend)
- **Metapher** (griech. „Übertragung"): sprachliches Bild, bildhafter Ausdruck; Wörter werden nicht in der eigentlichen, sondern in „übertragener", uneigentlicher, bildhafter Bedeutung verwendet; gelegentlich auch als verkürzter Vergleich ohne „wie" bezeichnet („der Flug der Gedanken", „Arm des Flusses", „Wüstenschiff" für Kamel)
- **Personifikation:** Vermenschlichung von Naturerscheinungen, Gegenständen oder abstrakten Begriffen (vgl. *Allegorie*) („Gelassen stieg die Nacht ans Land,/Lehnt träumend an der Berge Wand …": Mörike, Um Mitternacht; „Mutter Natur")
- **Symbol:** (griech. „Zeichen", eigentlich „Zusammengefügtes"); ein anschauliches, konkretes bildhaftes Zeichen, das über sich hinausweist auf etwas Allgemeines, Abstraktes (In Goethes Sonett „Mächtiges Überraschen" z. B. verweist der Naturvorgang als lyrisches Bild auf einen allgemeinen Lebens- und Erfahrungszusammenhang: der Strom als Strom des Lebens. Der „römische Brunnen" in C. F. Meyers Gedicht steht als „Dingsymbol" für das Leben mit seinem Zugleich von Steigen und Fallen, Nehmen und Geben, Strömen und Ruhen)
  - **Chiffre:** (frz. „Ziffer", „Zahl"); ursprünglich Zeichen einer Geheimschrift, die nach einem bestimmten „Schlüssel" geschrieben und nur mit diesem Schlüssel „entziffert", „dechiffriert" werden konnte; ein besonders in moderner Lyrik verwendetes sprachliches Bild bzw. Zeichen, in dem die Wirklichkeit verschlüsselt, verrätselt, verfremdet wird; die Chiffre reduziert das Symbol, verweist nicht auf die „Totalität" des Allgemeinen, sondern deutet nur an; die Bedeutung der Chiffre kann oft nur aus dem Kontext bzw. aus der Kenntnis der individuellen Chiffrensprache eines Autors erschlossen werden (z. B. Hölderlin, Hälfte des Lebens: „Rose": Bild des Sommers; darüber hinaus „Liebeszeichen" für die „Himmlischen"; Zeichen der „schönern Zeit, an die wir glauben", Zeichen für die geschichtliche Utopie; „Schwäne": Zeichen für die Liebe; „Nordwind": ebenso wie „sprachlose Mauern" Zeichen der Kälte, der Trennung, der Entfremdung; Verlust der Hoffnung auf die geschichtliche Utopie)

Zur Interpretation eines Gedichts vgl. S. 75–81; zum kreativen Umgang mit Gedichten die „Gedicht-Werkstatt", S. 82 f.

UMGANG MIT ERZÄHLENDEN TEXTEN

Fiktionalität

Als fiktional bezeichnet man Texte, die erzählen, „was möglich" ist, jedoch keinen Anspruch auf Fundierung ihres Geschehens in der alltäglich-empirischen Welt erheben. Vielmehr wird in diesen Texten eine fiktive Welt „gesetzt", wobei die in dieser Welt wirkenden Gesetze durchaus von denen der realen Alltagswelt abweichen können. Jedoch dürfen die Gesetze der fiktionalen Welt einander ebensowenig widersprechen oder ausschließen wie im Fall der Gesetze der Alltagswelt. Der Unterschied zwischen dem Autor nichtfiktionaler Literatur (z. B. dem Geschichtsschreiber) und dem Verfasser fiktionaler Texte besteht darin, „dass der eine erzählt, was geschehen ist, der andere, was geschehen könnte" (Aristoteles, 9. Kap. der *Poetik*).

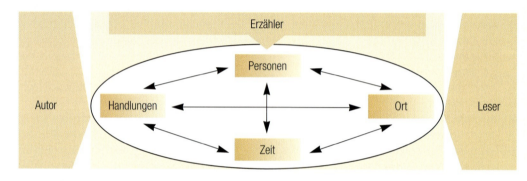

Der Erzähler

ist im Unterschied zum Autor eine fiktive Gestalt. Er fungiert als Vermittlungsinstanz zwischen der fiktionalen Welt und dem Leser.

Der Standort des Erzählers

ist – vergleichbar mit der Kameraeinstellung beim Film – die Position des Erzählers gegenüber den von ihm erzählten Geschehnissen, zum Beispiel Abstand (Distanz) oder Nähe.

Die Erzählhaltung

ist die Einstellung, mit der der Erzähler dem Leser die fiktionale Welt vermittelt. Die Erzählhaltung wirkt sich auf die Art der Darstellung und die Sprachgebung aus, z. B.
- sachlich,
- unbeteiligt,
- ironisch,
- humorvoll,
- engagiert,
- wertend,
- …

Erzählperspektiven

Er/Sie-Form *auktorial:* der Erzähler hat einen Überblick über das Geschehen; er weiß auch, was im Inneren der Figuren vor sich geht; er macht sich durch Kommentare und Einmischungen bemerkbar. Sein Standort liegt außerhalb des Geschehens.

personal: Der Erzähler übernimmt die Perspektive einer Figur (Perspektivefigur) und sieht die erzählte Welt mit deren Augen. Sein Standort liegt innerhalb des Geschehens; Unmittelbarkeit.

neutral: Der Erzähler scheint ganz zu verschwinden; das Geschehen wird dem Leser scheinbar unvermittelt vor Augen gestellt.

Ich-Form *auktorial:* Der Ich-Erzähler erinnert sich an das Geschehen, nimmt also einen Standort außerhalb des Geschehens ein und vermittelt zwischen erlebendem Ich und Leser.

personal: Der Ich-Erzähler ist gleichzeitig erlebendes und erzählendes Ich; Unmittelbarkeit.

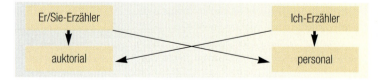

Handlung

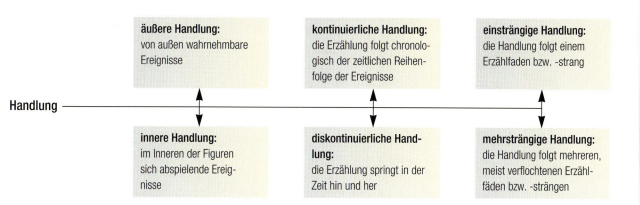

Darstellungsformen

Erzähler

Bericht: straffe, geraffte Handlungsdarstellung

szenische Darstellung: breite Erzählweise, meist mit erzählter Figurenrede und Entfaltung der Situation (vgl. Szene im Drama)

Beschreibung: Darstellung z. B. von Schauplätzen, Figuren, Gegenständen

Kommentar/Reflexion: Eingreifen des Erzählers mit Bemerkungen, Urteilen oder Überlegungen in den Handlungsablauf

Figuren (Personen)

direkte Rede

indirekte Rede

erlebte Rede: Wiedergabe von Gedanken und Gefühlen einer Figur in der 3. Person

innerer Monolog: Wiedergabe von Gedanken und Gefühlen einer Figur in der 1. Person

Bewusstseinsstrom: (stream of consciousness); assoziative, sprunghafte Gedankenentwicklung von Figuren

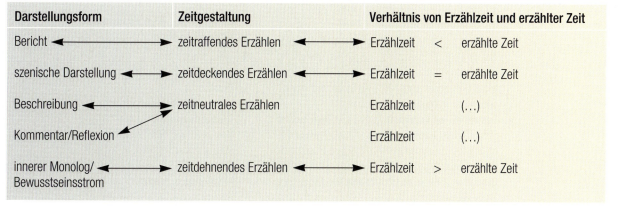

UMGANG MIT SZENISCHEN TEXTEN

1. Dramatische Formen
- Tragödie, Bürgerliches Trauerspiel, Komödie, Lustspiel, Posse, Schwank, Tragikomödie, Groteske, Schauspiel, Volksstück, Höfisches Theater, Soziales Drama, Pantomime, Puppenspiel, Singspiel, Oper, Musik-Drama, Hörspiel, Fernsehspiel, Film, Performance ...

2. Strukturelemente
- die **Akte** und ihre Funktion für das Verständnis des gesamten dramatischen Werkes
- die **Szenen**, Auftritte (und Bilder) als Gliederung der Akte, ihre Abfolge sowie ihre Funktion für den jeweiligen Akt und das gesamte Drama
- die **Regieanweisungen** bzw. szenische Bemerkungen in ihrer Knappheit oder Ausführlichkeit zur Ausstattung und zur Realisierung der fiktionalen Welt auf der Bühne
- **Prolog** (Vorspiel) und **Epilog** (Nachspiel) als An- und Abkündigung des dramatischen Geschehens in unterschiedlicher Funktion

3. Ausstattung der fiktionalen Welt
- **Personengestaltung:** Figur, Held, Protagonist/Antagonist bzw. Spieler/Gegenspieler, Hauptfiguren/Nebenfiguren, Charaktere, Typen – ausgestattet mit mehr oder weniger Macht bzw. echter oder geborgter Autorität (Fallhöhe, Ständeklausel) – arrangiert und geführt in symmetrischen, komplementären oder kontrastierenden Beziehungen zueinander – als einzelne Personen oder in der Gruppe
- **Gestaltung von Ort/Raum:** Einheit bzw. Wechsel von Ort und Raum, Überbrückung der Räumlichkeit und ihrer Grenzen (z. B. durch Botenbericht und Mauerschau); innerer und äußerer Raum; realer Raum, symbolischer Raum (z. B. der Hain als Ort göttlicher Verkündigung bzw. Erleuchtung)
- **Gestaltung von Zeit und Zeitablauf:** Bestimmter bzw. unbestimmter Zeitpunkt, -raum; Kontinuität des zeitlichen Ablaufs bzw. Zeitsprünge und Diskontinuität; Symbolik der Zeitpunkte und Zeiträume; Überbrückung von Zeiträumen durch Bericht und andere Formen (z. B. Spiel im Spiel)

4. Handlung, Handlungsführung
- Ausgangssituation, Vorgeschichte und ihre Enthüllung, Handlungsziele, Handlungsalternativen, Entscheidungssituation(en)
- Zentrale Handlung, Nebenhandlungen, Handlungsstränge
- Zentraler Konflikt, Konfliktentwicklung, Partei- und Koalitionsbildung, Intrige, Konfrontation (im Duell, vor Gericht, im Gespräch, ...)
- Spannungserzeugung, Spannungsführung, Spannungssteigerung (erregende Momente), Höhepunkt/Klimax, Spannungsverzögerung (retardierende Momente), Spannungsabfall, Spannungslösung
- Exposition, Peripetie, Katastrophe

5. Darstellungs- und Wirkungsmittel
5.1 Sprachliche Mittel
- Chor, epischer Bericht, Dialog, Monolog
- Stilebene, Register; rhetorische Figuren; Vers/Metrum, Prosa
- Bühnen-/Standardsprache, Sprache des Alltags; regionale bzw. soziale Dialektfärbung
- Redestrategien; Rede-/Gegenrede, beiseite reden, aneinander vorbeireden; Redepause
- Tempo und Rhythmisierung: betonen/hervorheben, verlangsamen, beschleunigen, herauf- bzw. herunterspielen

5.2 Nicht-/außersprachliche Mittel

- Personen: Kostüm, Maske; Pantomime, Gestik, Mimik; Choreografie
- Raum, Schauplatz, Szenerie: Bühnenbild, Requisiten
- Atmosphäre: Licht, Beleuchtung, Klänge, Musik, Geräusch

6. Vom Text zur Aufführung

Text/Dramentext	Autor/Autorenteam
▼	
Textbearbeitung – Strichfassung, Aktualisierung – Transformation eines Textes in einen Aufführungstext	+ Regisseur, Dramaturg
▼	
Festlegung der Spiel-, Gestaltungselemente, Spielmittel, Erprobung	+ Schauspieler, Ensemble, Bühnenbildner, Lichttechniker, Mechaniker, …
▼	
Aufführung, Präsentation	+ Publikum
▼	
Wirkungsweisen Identifikation, Reflexion, Distanz, Bestätigung, Belustigung, Belehrung, Provokation, Überraschung …	+ Rezensenten, Multiplikatoren, …

7. Vergleich geschlossener und offener Form eines Dramas

	Geschlossene Formen	**Offene Formen**
Figuren	→ gleicher (erhöhter) sozialer Stand - Charaktere	→ Verschiedene soziale Stände/ Schichten mit unterschiedlicher Sprache
Handlung	→ einheitlich und zielgerichtet, kausale und überzeugende Schrittigkeit	→ verschiedene Stränge und Elemente
Schauplatz/Raum	→ konstant	→ vielfältig und wechselnd
Zeit	→ Kontinuität	→ Sprünge, Diskontinuität
Sprache	→ zentrales Ausdrucksmittel; Standard-/Bühnensprache; rationaler Diskurs; strenge Formen des Monologs bzw. Dialogs	→ nur eines von mehreren Ausdruckssystemen, also auch Gebärde und Verstummen; soziale/regionale Färbungen der Sprache; Grenzen der kommunikativen Verständigung werden erreicht; Auflösung der Kunstformen von Monolog und Dialog
Weltsicht	→ idealistisch	→ realistisch

UMGANG MIT SACHTEXTEN

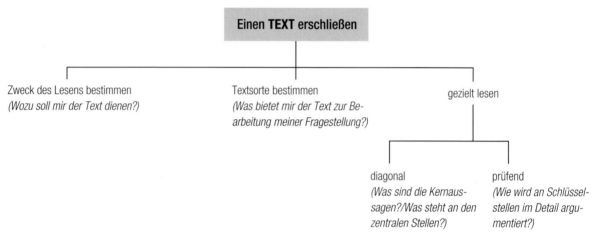

Ein THEMA erschließen

- Vorwissen aktivieren → Fragen entwickeln → nach Texten suchen
  - Brainstorming / Cluster
  - W-Fragen / Mind-Map
  - Internet (Surfen / Navigieren) / Bibliothek

Einen TEXT erschließen

- Zweck des Lesens bestimmen *(Wozu soll mir der Text dienen?)*
- Textsorte bestimmen *(Was bietet mir der Text zur Bearbeitung meiner Fragestellung?)*
- gezielt lesen
  - diagonal *(Was sind die Kernaussagen?/Was steht an den zentralen Stellen?)*
  - prüfend *(Wie wird an Schlüsselstellen im Detail argumentiert?)*

Zum Lesen im Detail folgende Techniken anwenden:

Texte resümieren: Das Ergebnis des Lesens in einem kurzen informierenden Text aufschreiben.

Texte segmentieren: Text in Abschnitte gliedern, sich dabei nach den erkennbaren Teilthemen richten, evtl. Zwischentitel einfügen.

Texte paraphrasieren: Einen schwierigen Text oder Textabschnitt so mit eigenen Worten umformulieren, dass der Sachverhalt für andere leicht verständlich wird, dabei evtl. an wichtigen Stellen die Begrifflichkeit der Textvorlage übernehmen.

Texte exzerpieren: Bei einem längeren Text die zentralen Informationen, Fakten und Aussagen, den Standpunkt und die Hauptargumente in übersichtlicher Form notieren; dabei wichtige Passagen wortwörtlich übernehmen, sodass diese später als Zitate genutzt werden können (auf präzise bibliografische Angaben achten!).

Textstellen erweitern: Sehr komprimierte und schwierige Textstellen evtl. durch Erklärungen, Definitionen und Hinweise aus anderen Informationsquellen (Glossar, Lexika, Wörterbücher, …) verständlich machen; diese Zusatzinformationen als Randnotiz, Fußnote oder auf angeklebten „Haftis" anfügen.

Einen Konspekt erstellen: Den gedanklichen Aufbau, die logische Struktur eines Textes in einer grafischen Darstellung veranschaulichen (Strukturdiagramm, Flussdiagramm, Spiegelstrichgruppen o. Ä.). Zentrale Begriffe, Gedanken/Aussagen, Argumente etc. des Textes so auf einem Blatt notieren, dass Über-/Unterordnung, Gegensätze/Analogien, Zusammenhänge, Ursachen/Folgen, Tatsachen/Meinungen, Thesen/-Beispiele schon durch die Position auf dem Blatt deutlich werden; dabei mit Bezugspfeilen und weiteren Symbolen die gedanklichen Beziehungen zwischen den Schlüsselbegriffen herstellen.

Argumentative Texte und (politische) Reden analysieren

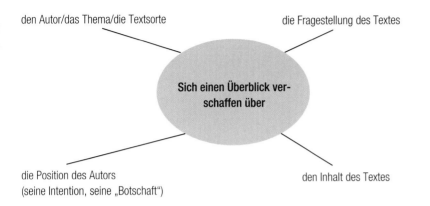

Sich einen Überblick verschaffen über
- den Autor/das Thema/die Textsorte
- die Fragestellung des Textes
- den Inhalt des Textes
- die Position des Autors (seine Intention, seine „Botschaft")

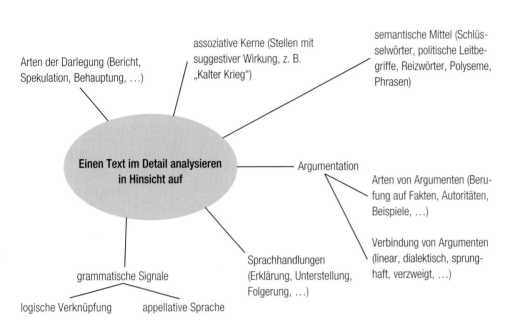

Einen Text im Detail analysieren in Hinsicht auf
- Arten der Darlegung (Bericht, Spekulation, Behauptung, …)
- assoziative Kerne (Stellen mit suggestiver Wirkung, z. B. „Kalter Krieg")
- semantische Mittel (Schlüsselwörter, politische Leitbegriffe, Reizwörter, Polyseme, Phrasen)
- Argumentation
  - Arten von Argumenten (Berufung auf Fakten, Autoritäten, Beispiele, …)
  - Verbindung von Argumenten (linear, dialektisch, sprunghaft, verzweigt, …)
- Sprachhandlungen (Erklärung, Unterstellung, Folgerung, …)
- grammatische Signale
  - logische Verknüpfung
  - appellative Sprache

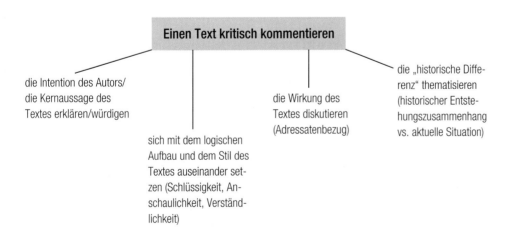

Einen Text kritisch kommentieren
- die Intention des Autors/die Kernaussage des Textes erklären/würdigen
- sich mit dem logischen Aufbau und dem Stil des Textes auseinander setzen (Schlüssigkeit, Anschaulichkeit, Verständlichkeit)
- die Wirkung des Textes diskutieren (Adressatenbezug)
- die „historische Differenz" thematisieren (historischer Entstehungszusammenhang vs. aktuelle Situation)

ELEMENTE DER FILMANALYSE

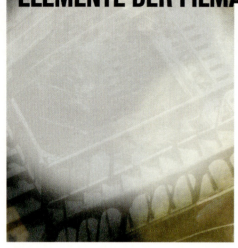

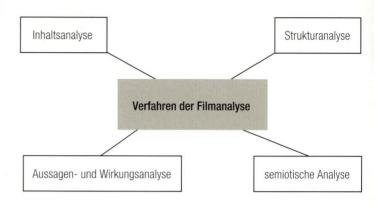

Story-Erzählstruktur

Plot: die Elemente der erzählten Geschichte, wie sie im Film tatsächlich vorkommen

Story: die Geschichte des Films, die sich der Zuschauer aus den Informationen der Handlung erschließt, indem er diese vervollständigt

Szene: Handlungssegment eines Spielfilms, das durch die Einheit von Zeit und Ort gekennzeichnet ist

Erzählerposition: View-point-Techniken: subjektiv-personal, auktorial-allwissend, neutral, Erzähler in Tonmontage (z. B. im Off, in Ich-Form oder Er/Sie-Form), subjektive Kamera (s. u.)

Figurenkonstellation: Hauptfiguren (Protagonist und Antagonist), Nebenfiguren

Reflektorfigur: Figur in der Filmhandlung, mit der die Zuschauer die Ereignisse erleben; beide Seiten sind in gleicher Informationslage

Erzählphasen: Handlungsverlauf – Konfliktaufbau; Exposition, Auslöser – Konfliktpunkt (hook), Wendepunkte (plot points), Retardierungen, Scheinlösungen, Schluss, Rückwendungen und Vorausdeutungen

Back Story: Vorgeschichte

Bildtopoi und Filmzitate: Einbau von Bildmustern und Bildsequenzen, die den Zuschauern von anderen Filmen aus der Filmgeschichte bekannt sind und damit verbundene Assoziationen auf die aktuelle Handlung und ihre Figuren übertragen

Cliff Hanger: Erzählmuster einer Filmserie, bei dem die Handlung auf einem dramatischen Höhepunkt abbricht und erst in der nächsten Episode aufgelöst wird

Ellipse: Auslassung von Handlungselementen, die für das Verständnis nicht wesentlich sind

Exposé: kürzeste erzählerische Fassung der Filmidee

Treatment: knapp erzählter Filmablauf

Drehbuch: Filmverlauf mit allen Teilen der akustischen und optischen Inszenierung

Storyboard: Bildskizzen zu den Einstellungen des Films

Einstellung: (Take), kleinste filmische Einheit, ein kontinuierlich belichtetes Stück Film, begrenzt durch einen Schnitt und bestimmt durch die Einstellungsgröße der Kamera

Einstellungsgrößen der Kamera

Kameraperspektiven
- Normalsicht: Kameraperspektive in der Augenhöhe des Protagonisten
- Ober-/Aufsicht: Kameraperspektive aus einer höheren Position als der Normalsicht
- Untersicht: Kameraperspektive aus einer niedrigeren Position als der Normalsicht
- Vogelperspektive: extreme Ober-/Aufsicht
- Froschperspektive: extreme Untersicht
- Schuss-Gegenschuss: konventionelle Form der filmischen Auflösung z. B. eines Gesprächs zweier Personen: die Beteiligten werden abwechselnd im Bild gezeigt

Kamerabewegungen
- Schwenk: horizontale oder vertikale Winkelbewegung, vergleichbar dem Drehen oder Neigen des Kopfes; heftig: Riss, sanft: Neigung
- Kameraachse: Blickrichtung, Blickachse der Kamera
- Handlungsachse: Richtung, in der sich die Handlung bewegt (z. B. Sprecherwechsel im Gespräch)
- Fahrt: echte Fahrbewegung der Kamera; mit Dolly, mit Kamerawagen; mit Seadicam (gefedertes Kameragerüst, das verwacklungsfreie Bewegungen durch den Raum ermöglicht)
- subjektive Kamera: frei von Hand, ohne Stativ geführte Handkamera, in verschiedene Richtungen auf dem Set, wie aus der Perspektive einer beteiligten Figur
- Zoom: Veränderung der Brennweite am Kameraobjektiv, imitiert eine Hin- oder Rückfahrt; dabei werden die tatsächlichen Größenverhältnisse verzeichnet
- Tiefenschärfe: flaches oder räumliches Bild
- Objektbewegung: Lauf der Figuren in die Kamera, in die Tiefe, aus dem Bild – mit begleitender oder statischer Kamera
- Zeitlupe: lähmt, dramatisiert
- Zeitraffer: beschleunigt
- Einstellungslänge: wirkt beruhigend oder hektisch

Bildmontage, Bildschnitt und Sequenz

■ **Schnitt:** übergangsloses Aneinanderfügen zweier Einstellungen
  harter Schnitt: mit krassem Bildwechsel
  weicher Schnitt: kaum wahrnehmbar

■ **Blende:** weicher Übergang zwischen zwei Einstellungen, symbolisiert Zeitvergehen
  Abblenden – Aufblenden: allmähliches Auftauchen oder Verschwinden einer Szene
  Überblendung: verbindet zwei Einstellungen durch Doppelbelichtung von Bildern mit zwei verschiedenen Einstellungen
  Trickblende: Verlaufen des Bildes u. Ä.

■ **Sequenzen:** größere Einheiten an Einstellungen, die zusammengeschnitten und verknüpft sind
  chronologische Verknüpfung: das zeitliche Nacheinander der Handlungsabfolge wird eingehalten
  achronologische Verknüpfung: Verwendung von Rückblenden, assoziativen Montagen von Einstellungen, die verschiedene Zeitebenen im Film darstellen, etc.

■ **Montage:** Verbindungen zwischen Einstellungen, Szenen und Sequenzen zu einem geschlossenen Film, schafft die inhaltliche und/oder zeitliche Kontinuität des Films

Parallelmontage: zwei oder mehrere Handlungen werden so aneinandergeschnitten, dass sie Gleichzeitigkeit suggerieren.
Assoziationsmontage: Bezeichnung für einen dialektischen Schnitt: zwei disparate Bilder erzeugen eine bestimmte Aussage
Cliptechnik: schneller, krasser Zusammenschnitt von Bildsequenzen und Einzelbildern, z. T. willkürlich, z. T. rhythmisiert zu Musik, zum Bewusstseinsstrom o. Ä.
Split Screen: geteilte Leinwand, zwei oder mehrere Handlungen werden gleichzeitig auf der Leinwand gezeigt (im Unterschied zur Parallelmontage)
Continuity System (auch: Hollywood-Stil): unsichtbare Schnitte und konventionalisierte Einstellungsfolge, die dem Zuschauer ein ungestörtes kontinuierliches Filmerlebnis verschaffen sollen
Jump cut: sprunghafter Schnitteffekt, der entsteht, wenn aus einer kontinuierlich aufgenommenen Einstellung Teile herausgeschnitten werden
Match cut: Einstellungsfolge, die zwei Bilder miteinander verbindet, in denen gleiche oder ähnliche Elemente vorhanden sind (Bewegungen, Formen)
Mindscreen: durch die Kombination von Bildaufbau und Erzählinhalt wird deutlich, dass die Bilder auf der Leinwand die Visualisierung des Bewusstseins einer Figur wiedergeben

HINWEISE ZUM INFORMIEREN UND RECHERCHIEREN in der Bibliothek und im Internet

Gedrucktes

Sachwörterbücher zur Literaturwissenschaft

- Kwiatkowski, Gerhard: Schüler-Duden. Die Literatur. Mannheim/Wien/Zürich: Bibliografisches Institut, 1980.
- Literaturlexikon. Daten, Fakten und Zusammenhänge. Hrsg. v. Wieland Zirbs. Berlin: Cornelsen; Scriptor, 1998.
- Meid, Volker: Sachwörterbuch zur deutschen Literatur. Stuttgart: Reclam, 1999.
- Wilpert, Gero von: Sachwörterbuch der Literatur. Stuttgart: Kröner, 1989.

Autoren- und Werklexika

- Brinker-Gabler, Gisela; Ludwig, Carola; Wöffen, Angela: Lexikon deutschsprachiger Schriftstellerinnen von 1800 bis 1945. München: dtv, 1986.
- Killy, Walther: Literaturlexikon. Autoren und Werke in deutscher Sprache. Gütersloh: Bertelsmann. (auch auf CD-ROM von Directmedia)
- Kindlers Neues Literaturlexikon. Hrsg. v. Walter Jens. München: Kindler, 1999. (auch auf CD-ROM)
- Kritisches Lexikon zur deutschsprachigen Gegenwartsliteratur (KLG). Hrsg. v. Heinz Ludwig Arnold. München: edition text + kritik. (auch auf CD-ROM)
- Reclams Romanlexikon: Deutschsprachige erzählende Literatur vom Mittelalter bis zur Gegenwart. Hrsg. v. Frank R. Max u. Christine Ruhrberg. Durchges. u. erw. Ausgabe. Stuttgart: Reclam, 2000.
- Wetzel, Christoph: Lexikon der Autoren und Werke. Stuttgart: Klett 1986.

Lexika und Wörterbücher zur Sprachwissenschaft

- Crystal, David: Die Cambridge-Enzyklopädie der Sprache. Aus dem Engl. v. S. Röhrich u. a., Frankfurt/New York: Campus, 1995.
- Homberger, Dietrich: Sachwörterbuch zur Sprachwissenschaft. Stuttgart: Reclam, 2000.
- Kluge, Friedrich: Etymologisches Wörterbuch der deutschen Sprache. Bearb. v. Elmar Seebold. Berlin: de Gruyter, 1999.
- Küpper, Heinz: Wörterbuch der deutschen Umgangssprache. Stuttgart: Klett, 1993.
- Metzler Lexikon Sprache. Hrsg. v. Helmut Glück. Stuttgart u. a.: Metzler, 2000.

Literaturgeschichten

- Die deutsche Literatur in Text und Darstellung. 17 Bände. Hrsg. v. Otto F. Best u. Hans-Jürgen Schmitt. Ditzingen: Reclam 2000. (Insbesondere Bde. 16/17: Gegenwart I/II, hrsg. von G. R. Kaiser)
- Emmerich, Wolfgang: Kleine Literaturgeschichte der DDR. Erweiterte Neuausgabe. Leipzig: Gustav Kiepenheuer 1996.
- Frauen Literatur Geschichte. Schreibende Frauen vom Mittelalter bis zur Gegenwart. Hrsg. v. H. Gnüg u. R. Möhrmann. Stuttgart: Metzler, 1999.
- Geschichte der deutschen Literatur. Hrsg. v. Joachim Bark und Dietrich Steinbach. Neuausgabe. 6 Bände. Leipzig: Klett, 2002.
- Geschichte der deutschen Literatur von 1945 bis zur Gegenwart. Hrsg. von Wilfried Barner. München: Beck 1994.
- Geschichte der deutschen Lyrik in Beispielen. Vom Mittelalter bis zum Zweiten Weltkrieg. Hrsg. v. Dietmar Jaegle. Stuttgart: Reclam, 1996. (CD-ROM)
- Schnell, Ralf: Geschichte der deutschsprachigen Literatur seit 1945. Stuttgart: Metzler 1995.
- Baasner, Rainer und Reichard, Georg: Epochen der deutschen Literatur. Sturm und Drang. Klassik. Ein Hypertext-Informationssystem. Stuttgart: Reclam, 1999. (nur auf CD-ROM)

Einführungen in die Literaturwissenschaft

- Arbeitsbuch: Literaturwissenschaft. Hrsg. von Thomas Eicher und Volker Wiemann. Paderborn u. a.: Schöningh, 1996.
- Grundzüge der Literaturwissenschaft. Hrsg. von Heinz Ludwig Arnold und Heinrich Detering. München: dtv, 1996.
- Literaturwissenschaft: Ein Grundkurs. Hrsg. v. Helmut Brackert u. Jörn Stückrath. 5. Auflage. Reinbek: Rowohlt, 1997.
- Vogt, Jochen: Einladung zur Literaturwissenschaft. München: Fink, 1999. (mit Internet-Begleitung: http://www.uni-essen.de/literaturwissenschaft-aktiv/einladung.htm)

Einführungen in die Literaturtheorie

- Eagelton, Terry: Einführung in die Literaturtheorie. 5. Auflage. Stuttgart/Weimar: Metzler 1996.
- Schlüsseltexte zur neuen Lesepraxis. Hrsg. von J. Bark u. J. Förster. Stuttgart: Klett, 2000.
- Texte zur Literaturtheorie der Gegenwart: Hrsg. u. kommentiert v. Dorothee Kimmich, Rolf G. Renner u. Bernd Stiegler. Stuttgart: Reclam, 1996.

Interpretationshilfen

- edition text + kritik. Zeitschrift für Literatur. Hrsg. v. Heinz Ludwig Arnold. (auch im Internet: http://www.etk-muenchen.de)
- Fundbuch der Gedichtinterpretationen. Hrsg. v. Wulf Segebrecht. Paderborn: Schöningh, 1997.
- Reihe Erläuterungen und Doku-

mente. Stuttgart: Reclam.
- Reihe Klett Lektürehilfen. Stuttgart.
- Reihe Oldenbourg Interpretationen. München.
- Schlepper, Reinhard: Was ist wo interpretiert? Paderborn: Schöningh, 1992.

Zeitung und Film
- Geschichte des deutschen Films. Hrsg. v. W. Jacobsen u. a., in Zusammenarbeit mit der Stiftung Deutsche Kinemathek. Stuttgart: Metzler, 1993.
- Hickethier, Knut: Geschichte des deutschen Fernsehens. Stuttgart: Metzler, 1998.
- Medienkundliches Handbuch. Die Zeitung. Hrsg. v. Eva und Peter Brand, Volker Schulze. Aachen: Hahner, 1997.
- Monaco, James: Film verstehen. Kunst, Technik, Sprache, Geschichte und Theorie des Films und der Neuen Medien. Reinbek: Rowohlt, 2000.
- Reclams Filmführer: Von Dieter Krusche u. a. 11., neubearb. Auflage. Stuttgart: Reclam 2000.

Arbeitstechniken und -methoden
- Gora, Stephan: Schule der Rhetorik. Leipzig: Klett 2001.
- Klösel, Horst; Lüthen, Reinhold: Planen. Schreiben. Präsentieren Facharbeit. Leipzig: Klett 2000.
- Theisen, M. R.: ABC des wissenschaftlichen Arbeitens. München: Beck/dtv 1993.

Orientierungshilfen in der Germanistik
Inzwischen bieten sehr viele Einrichtungen Informationen aus Bereichen der Germanistik, der Sprach- und Literaturwissenschaft sowie angrenzenden Bereichen an. Eine gute erste Orientierung bieten:
- Germanistische Webressourcen: http://www.cwru.edu/artsci/modlang/Lab/german.html
- Universität Essen LINSE (Linguistik-Server): http://www.linse.uni-essen.de

- Institut für Deutsche Sprache, Mannheim: http://www.ids-mannheim.de

Texte im Internet
Es gibt mittlerweile eine große Zahl von Sachtexten und literarischen Texten im Internet, die man sich kostenlos auf den eigenen Computer laden kann. Hier eine Auswahl:
- Projekt Gutenberg-DE. Texte in deutscher Sprache von mehr als 200 Klassikern: http://www.gutenberg.aol.de
- Umfangreiche Textsammlungen im Internet, aber auch auf CD-ROM bietet die Reihe „Digitale Bibliothek" von Directmedia Publishing an:
  → Deutsche Literatur von Lessing bis Kafka. Berlin, CD-ROM, 1997.
  → Klassische Werke der deutschen Literatur. Berlin, CD-ROM, 1998. http://www.digitale-bibliothek.de
- Besonders ältere Texte findet man unter: Deutsches Wörterbuch von Jacob und Wilhelm Grimm – Arbeitsstelle Göttingen. Auszüge aus dem Thesaurus für die Erstellung des Wörterbuchs: http://www.webdoc.sub.gwdg.de/ebook/adw/-dw/inhalt.html
- Weitere Texte findet man u.a. unter: http://www.rz.uni-duesseldorf.de/WWW/ulb/etexte.html http://www.lib.virginia.edu/wess/germtext.html
- Eine regelmäßig im Internet erscheinende Fachzeitschrift für Sprach-, Literatur- und Kulturwissenschaft finden sie unter: http://www.fu-berlin.de/phin

Bibliografien im Internet
Der Katalog der Universitätsbibliothek Karlsruhe bietet Zugriff auf andere deutsch- und fremdsprachige Bibliothekskataloge und Buchhandelsverzeichnisse:
http://www.ubka.uni-karlsruhe.de/kvk.html

Die Kataloge der deutschen Nationalbibliothek sowie weiterer Bibliotheksverbände erreichen Sie über: http://z3950gw.dbf.ddb.de

Schulbezogene Internetangebote:
- Zentrale für Unterrichtsmedien im Internet e.V.: http://www.zum.de
- Deutscher Bildungsserver: http://www.dbs.schule.de
- Schulen ans Netz: http://www.san-ev.de

Literaturkritik im Internet
Einen täglich erneuerten Überblick über Rezensionen aktueller Neuerscheinungen finden Sie unter: http://www.perlentaucher.de

Ausführliche Rezensionen bieten u.a.:
http://www.literaturen-online.de
http://www.literaturkritik.de

Eine regelmäßige erneuerte Link-Liste finden Sie unter
http://klett-verlag.de/facetten

TEXTSORTENVERZEICHNIS

Briefe

- 63 F. Schiller an T. Körner, 1.12.1788
- 111 G. E. Lessing an F. Nicolai, 13.11.1756
- 121 F. Schiller an W. v. Humboldt, 2.4.1805
- 121 F. Schiller an J. W. v. Goethe, 24.8.1798
- 121 G. Büchner an die Familie, Februar 1834
- 121 G. Büchner an die Braut, März 1834
- 121 G. Büchner an die Familie, Juli 1835
- 121 G. Büchner an die Familie, Januar 1836

Essays

- 149 Broder, Henryk M.: Heimat – nein danke!
- 154 Greiner, Ulrich: Bücher für das ganze Leben
- 158 Klüger, Ruth: Frauen lesen anders
- 164 Kunert, Günter: Vom Reisen

Gedichte

- 38 Fried, Erich: Die Furt
- 38 Delius, F. C.: An euch wird gedacht
- 64 Ausländer, Rose: Wann ziehn wir ein
- 66 Goethe, Johann Wolfgang von: Nähe des Geliebten
- 66 Lavant, Christine: Im Geruch der frühen Früchte
- 66 Kirsch, Sarah: Schlehen
- 67 Goethe, Johann Wolfgang von: Meeresstille/Glückliche Fahrt
- 67 Rilke, Rainer Maria: Herbsttag
- 67 Becker, Jürgen: Natur-Gedicht
- 68 Gryphius, Andreas: Einsamkeit
- 69 Trakl, Georg: Verfall
- 69 Rilke, Rainer Maria: Blaue Hortensie
- 70 Eichendorff, Joseph von: Der Abend
- 70 Bobrowski, Johannes: Der Wanderer
- 71 Heine, Heinrich: Aus alten Märchen winkt es
- 71 Goethe, Johann Wolfgang von: Mächtiges Überraschen
- 72 Meyer, Conrad Ferdinand: Der römische Brunnen
- 72 Hölderlin, Friedrich: Hälfte des Lebens
- 73 Huchel, Peter: Das Zeichen
- 74 Eich, Günter: Der große Lübbe-See
- 74 Krüger, Michael: Nachgedicht
- 75 Bachmann, Ingeborg: Die große Fracht
- 80 Huchel, Peter: Löwenzahn
- 80 Kirsch, Sarah: Im Sommer
- 81 Möricke, Eduard: Um Mitternacht
- 81 Ausländer, Rose: Nachtzauber
- 82 Goethe, Johann Wolfgang von: Wanderers Nachtlied. Ein Gleiches
- 82 Krolow, Karl: Ein Ähnliches
- 82 Lettau, Reinhard: Buch Bein Flug Reim
- 83 Eich, Günter: Vorsicht
- 83 Mayröcker, Friederike: Früher
- 83 Tzara, Tristan: Um ein dadaistisches Gedicht zu machen
- 83 Wolf, Anja: Guten Morgen
- 125 Jandl, Ernst: lauter
- 125 Handke, Peter: Die verkehrte Welt
- 125 Biermann, Wolf: Kleinstadtsonntag
- 125 Hurst, Harald: flirt
- 125 Hahn, Ulla: Angeschaut

Erzählende Texte
Romanauszüge

- 7 Calvino, Italo: Abenteuer eines Lesers
- 9/19 Huizing, Klaas: Der Buchtrinker
- 10 Bringsvaerd, Tor Age: Das Frühstück der Langschläferin
- 15 Heym, Stefan: Die Schmähschrift
- Heym, Stefan: Filz
- 18/85 Eco, Umberto: Der Name der Rose
- 41 Sparschuh, Jens: Der Zimmerspringbrunnen
- 43 Fallada, Hans: Kleiner Manwas nun?

Auszüge aus Erzählungen, Novellen usw.

- 11 Weiss, Peter: Abschied von den Eltern
- 12 Krausser, Helmut: In libris
- 14 Hoppe, Felicitas: Gesammeltes Unglück
- 88 Kafka, Franz: Die Verwandlung
- 89 Poe, Edgar Allen: Der Untergang des Hauses Usher
- 90 García Márquez, Gabriel: Ein sehr alter Herr mit riesengroßen Flügeln
- 91 Hoffmann, E.T.A.: Der Sandmann
- 94 Kleist, Heinrich von: Das Bettelweib von Locarno

Kurze erzählende Texte, Parabeln

- 96 Artmann, H. C.: ???
- 124 Wondratschek, Wolf: Der Hundertmarkschein
- 124 Guben, Günther: So
- 124 Strauss, Botho: Psst!*
- 124 Manganolli, Giorgio: Neunundfünfzig

Lexikoneinträge

- 130 Eintrag „Zeit" in Encarta 1998
- 171 Eintrag „Tucholsky, Kurt" in Kindlers neues Literatur-Lexikon 1996
- 174 Eintrag „Tucholsky, Kurt" in Autorenlexikon deutschsprachiger Schriftsteller 1985
- 175 Eintrag „Satire" in Schüler-Duden Literatur 1989
- 176 Eintrag „Satire" in Literaturlexikon 1998

Philosophische Texte

- 133/138/142 Elias, Norbert: Über die Zeit

Poetologische Texte

- 29 Tucholsky, Kurt: Mir fehlt ein Wort
- 63 Enzensberger, Hans Magnus: Über Gedichte*
- 63 Brodsky, Joseph: Über Gedichte*
- 64 Ausländer, Rose: Alles kann Motiv sein
- 72 Goethe, Johann Wolfgang von: Über Symbolik*
- 74 Eich, Günter: Trigonometrische Punkte
- 86 Eco, Umberto: Nachschrift zum Namen der Rose
- 97 Sartre, Jean Paul: Lesen ist gelenktes Schaffen*0
- 121 Schiller: Aus den Ästhetischen Briefen
- 201 Brecht, Bertolt: Hintergrund der amerikanischen Aufführung von „Leben des Galilei"

Reden

- 11 Grass, Günter: Fortsetzung folgt

Szenische Texte

- 7 Dante Alighieri: Die göttliche Komödie
- 105 Shakespeare, William: Ein Sommernachtstraum
- 107/109 Lessing, Gotthold Ephraim: Emilia Galotti
- 112 Schiller, Friedrich: Maria Stuart
- 118 Büchner, Georg: Woyzeck
- 127 Čechov, Anton: Drama
- 127 Tabori, George: Samspeak
- 127 Lettau, Reinhard: Auftritt
- 127 O'Brien, Flann: Sorry
- 189/193/196/200 Brecht, Bertolt: Leben des Galilei

Werbetexte

- 129 Covertext zu Julius T. Fraser: Die Zeit

Wissenschaftliche Texte/Sachtexte

- 53 Schulz von Thun, Friedemann: Miteinander reden
- 106 Spittler, Horst: Außersprachliche Darstellungselemente
- 106 Kentrup, Norbert: Über Shakespeare*
- 135 Fraser, Julius T.: Die Zeit
- 136 Pöppel, Ernst: Elementare Zeitphänomene
- 138 Coveney, Peter; Highfield, Roger: Bilder der Zeit
- 143 Blüm, Norbert: Mobilzeit – Vorteile für Betriebe und Arbeitnehmer
- 144 Burckhardt, Martin: Metamorphosen von Raum und Zeit
- 146 Gendolla, Peter: Die Einrichtung der Zeit
- 186 Weizsäcker, Carl Friedrich von: Über Galileo Galilei*
- 194 Helferich, Christoph: Scholastik
- 198 Stengers, Isabelle: Die Galilei-Affären
- 198 Biagioli, Mario: Galilei der Häftling
- 201 Mumford, Lewis: Mythos der Maschine

Zeitungstexte/Rezensionen

- 49 „Was da abläuft, ist extrem" – Mobbing in der Schule (Spiegel)
- 152 Reich-Ranicki, Marcel; Jelinek, Elfriede
- 153 Hentig, Hartmut von: Zum deutschen Literaturkanon*

AUTOREN- UND QUELLEN-VERZEICHNIS

Alighieri, Dante (Mai 1265–14.9.1321)
Die göttliche Komödie 7
Aus: D. Alighieri: Die göttliche Komödie. Stuttgart 1972.

Artmann, Hans C. (*12.6.1921)
??? [Abenteuer eines Weichenstellers] 96
Aus: H. C. Artmann: Der handkolorierte Menschenfresser. Ausgewählte Prosa. Hrsg. von Rainer Fischer. Berlin: Volk und Welt 1984, S. 244–245. © Suhrkamp Verlag Frankf./M.

Ausländer, Rose (11.5.1907–3.1.1988)
Alles kann Motiv sein 64
Aus: Richard Salis: Motive. Deutsche Autoren zur Frage: Warum schreiben Sie? Tübingen: Erdmann 1971, S. 28 f.
Wann ziehn wir ein 64
Aus: R. Ausländer: Hügel aus Äther unwiderruflich. Gedichte und Prosa 1966–1975. Frankf./M.: S. Fischer 1984, S. 59. © Hoffmann & Campe Verlag Hamburg 1967.
Nachtzauber 81
Aus: R. Ausländer: Regenwörter. Gedichte. Hrsg. von Helmut Braun. Stuttgart: Reclam 1994, S. 58.

Bachmann, Ingeborg (25.6.1926–17.10.1973)
Die große Fracht 75
Aus: I. Bachmann: Werke. Gedichte, Hörspiele, Libretti, Übersetzungen. Bd. 1. Hrsg. von Christine Koschel. München: Piper 1982, S. 34.

Becker, Jürgen (*10.7.1932)
Naturgedicht 67
Aus: J. Becker: Das Ende der Landschaftsmalerei. Gedichte. Frankf./M.: Suhrkamp 1981, S. 62.

Biagioli, Mario (*1955)
Galilei der Höfling 198
Aus: M. Biagioli: Galilei der Höfling. Entdeckungen und Etikette. Vom Aufstieg der neuen Wissenschaft. Aus dem Amerikanischen von Michael Bischoff. Frankf./M.: Fischer 1999, S. 48 f.

Biermann, Wolf (*15.11.1936)
Kleinstadtsonntag 125
Aus: W. Biermann: Nachlass 1. Köln: Kipenheuer & Witsch 1977, S. 36.

Blüm, Norbert (*21.7.1935)
Mobilzeit – Vorteile für Betriebe und Arbeitnehmer 143
Aus: mobilzeit. Hrsg. vom Bundesministerium für Arbeit. Bonn: 1998, S. 2 f.

Bobrowski, Johannes (9.4.1917–2.9.1965)
Der Wanderer 70
Aus: J. Bobrowski: Gedichte. Leipzig: Reclam 1990, S. 70.

Brecht, Bertolt (10.2.1898–14.8.1956)
Leben des Galilei 189, 193, 196, 200
Aus: B. Brecht: Leben des Galilei. Suhrkamp Basisbibliothek Bd. I. Frankf./M.: Suhrkamp 1998, S. 9–12, 42–51, 107–110.
Hintergrund der amerikanischen Aufführung 201
Aus: B. Brecht: Stücke I. 3. Aufl. Berlin: Aufbau Verlag 1981, S. 687 f.

Bringsværd, Tor Åge (*16.11.1939)
Das Frühstück der Langschläferin 10
Aus: T. Å. Bringsværd: Das Frühstück der Langschläferin. Ein Unterhaltungsroman auf Leben und Tod. Deutsch von Lothar Schneider. Frankf./M./Leipzig: Insel 1992, S. 7–10.

Broder, Hendryk M.
Heimat – nein danke! 149
Aus: Spiegel Spezial. Das Reportage-Magazin, Nr. 6/1999. Hamburg: Verlag Der Spiegel, S. 56–58.

Brodsky, Joseph (*24.5.1940)
Jemand schreibt ein Gedicht 63
Aus: J. Brodsky: Der sterbliche Dichter. Über Literatur, Liebschaften und Langeweile. Aus dem Amerikanischen von Sylvia List. München: Hanser 1998, S. 73 f.

Büchner, Georg (17.10.1813–19.2.1837)
Woyzeck 118
Aus: G. Büchner: Sämtliche Werke und Briefe. Historisch-kritische Ausgabe. Bd. 1. München: Hanser 1974.
Brief an die Braut 121
Brief an die Familie vom Februar 1834 121
Brief an die Familie vom 28. Juli 1835 121
Brief an die Familie vom Januar 1836 121
Aus: G. Büchner: Werke und Briefe. Historisch-kritische Ausgabe. Hrsg. von Werner R. Lehmann. 5. Aufl. München: Hanser 1997, S. 253, 256, 272 f., 279.

Burckhardt, Martin (*1957)
Metamorphosen von Raum und Zeit 144
Aus: M. Burckhardt: Metamorphosen von Raum und Zeit. Berlin: Campus 1997, S. 55–58.

Calvino, Italo (*15.10.1923)
Abenteuer eines Lesers 7
Aus: I. Calvino: Abenteuer eines Lesers. Erzählungen. Aus dem Italienischen von Nino Erné. München: Hanser 1986. S. 44–62.

Čechov, Anton (1860–1904)
Drama 127
Aus: A. Čechov: Das dramatische Werk in 8 Bänden. Übers. und hrsg. von Peter Urban. Zürich: Diogenes 1973.

Coveney, Peter/Highfield, Roger
Bilder der Zeit 138
Aus: P. Coveney/R. Highfield: Anti-Chaos. Deutsch von Klaus Henning. Reinbek: Rowohlt 1990, S. 17–20.

Delius, Friedrich Christian (*13.2.1943)
An euch wird gedacht 38
Aus: F. C. Delius: Selbstporträt mit Luftbrücke. Ausgewählte Gedichte 1962–1992. Reinbek: Rowohlt 1993, S. 87.

Eco, Umberto (*5.1.1932)
Der Name der Rose 18
Aus: U. Eco: Der Name der Rose. Aus dem Italienischen von Burkhart Kroeber. München: Hanser 1982, S. 602, 604, 609 f.
Es war ein klarer … 85
Aus: Ebenda, S. 27.
Wer erzählen will … 86
Aus: U. Eco: Nachschrift zum Namen der Rose. München: Hanser 1984, S. 11 f., 31–34.

Eich, Günter (1.2.1907–20.12.1972)
Der große Lübbe-See 74
Trigonometrische Punkte 74
Vorsicht 83
Aus: G. Eich: Gesammelte Werke in vier Bänden. Bd.1. Die Gedichte. Hrsg. von Axel Vieregg. Frankf./M.: Suhrkamp 1973, S. 35, 84, 166.

Eichendorff, Joseph von (10.3.1788–26.11.1857)
Der Abend 70
Aus: J. v. Eichendorff: Werke und Schriften. Bd.1. Gedichte, Epen, Dramen. Hrsg. von Gerhard Baumann. Stuttgart: Cotta 1953.

Elias, Norbert (1897–1.8.1990)
Über die Zeit 133
Zeittheorien* 138
Galileis Experiment* 142
Aus: N. Elias: Über die Zeit. Aus dem Englischen von Holger Fliessbach. Frankf./M.: Suhrkamp 1988, VII–X, X–XII, S. 83 ff.

Enzensberger, Hans Magnus (*11.11.1929)
Die Behauptung … 63
Aus: H. M. Enzensberger: Meldungen vom lyrischen Betrieb. In: Frankfurter Allgemeine Zeitung vom 23.3.1989.

Fallada, Hans (21.7.1893–5.2.1947)
Kleiner Mann, was nun? 43
Aus: H. Fallada: Kleiner Mann, was nun? Berlin: Rowohlt 1932, S. 143–146.

Fraser, Julius T.
Die Zeit (Covertext) 129
Die Zeit 135
Aus: J. T. Fraser: Die Zeit. Deutsch von Anita Ehlers. München: dtv 1993, S. 236 ff.

Fried, Erich (6.5.1921–22.11.1988)
Die Furt 38
Aus: E. Fried: Warngedichte. Frankfurt a.M.: Fischer 1992, S. 30.

Galilei, Galileo (15.2.1564–8.1.1642)
Ich Galileo 184
Aus: Ludwig Bieberbach: Galilei und die Inquisition. München: Arbeitsgemeinschaft für Zeitgeschichte 1938, S. 108.

García Márquez, Gabriel (*1928)
Ein sehr alter Herr mit riesengroßen Flügeln 90
Aus: G. García Márquez: Die unglaubliche und traurige Geschichte von der einfältigen Eréndira und ihrer herzlosen Großmutter. Deutsch von Curt Meyer Clason. München: dtv 1988, S. 7–8.

Gendolla, Peter
Die Einrichtung der Zeit 146
Aus: Christian W. Thomsen/Hans Holländer: Augenblick und Zeitpunkt. Studien zur Zeitstruktur und Zeitmetaphorik in Kunst und Wissenschaft. Darmstadt: Wissenschaftliche Buchgesellschaft 1984, S. 47 ff.

Goethe, Johann Wolfgang von
(28.8.1749–22.3.1832)
Nähe des Geliebten 66
Meeresstille 67
Glückliche Fahrt 67
Mächtiges Überraschen 71
Ein Gleiches 82
Aus: J. W. v. Goethe: Werke. Bd.1. Gedichte und Epen. Hrsg. v. Erich Trunz. Hamburger Ausgabe: Wegner 1960.

Grass, Günter (*16.10.1927)
An den Rand gedrängt ... 6
Fortsetzung folgt ... 11
Aus: G. Grass: Fortsetzung folgt ... Göttingen: Steidl 1999, S. 18–21, 61 f.

Greiner, Ulrich (*19.9.1945)
Bücher für das ganze Leben 154
Aus: Die Zeit vom 16.5.1997. Hamburg: Zeitverlag G. Bucerius.

Gryphius, Andreas (2.10.1616–16.7.1664)
Einsamkeit 68
Aus: Albrecht Schöne: Die deutsche Literatur. Texte und Zeugnisse. Bd. 3. Das Zeitalter des Barocks. München: C. H. Beck'sche Verlagsbuchhandlung 1963.

Guben, Günther
So 124
Aus: Neue deutsche Kurzprosa. Für die Schule ges. und hrsg. von Fritz Pratz. Frankf./M.: Diesterweg 1970.

Hahn, Ulla (*1945)
Angeschaut 125
Aus: U. Hahn: Liebesgedichte. Stuttgart: DVA 1993.

Handke, Peter (*6.12.1942)
Die verkehrte Welt 125
Aus: P. Handke: Prosa, Gedichte, Theaterstücke, Hörspiel, Aufsätze. Frankf./M.: Suhrkamp 1969, S. 121.

Heine, Heinrich (13.12.1797–17.2.1856)
Aus alten Märchen ... 71
Aus: H. Heine: Sämtliche Werke. Bd. 1. Hrsg. von Hans Kaufmann. München: Kindler 1964.

Helferich, Christoph
Scholastik – Wissenschaft im Umbruch zwischen Mittelalter und Renaissance 194
Aus: C. Helferich: Geschichte der Philosophie. 2. erw. Aufl. Stuttgart: Metzler 1992, S. 89 f.

Heym, Stefan (10.4.1913–16.12.2001)
Die Schmähschrift 15
Aus: S. Heym: Die Schmähschrift oder Königin gegen Defoe. Erzählt nach den Aufzeichnungen eines gewissen Josiah Creech. Vom Autor besorgte Übersetzung. Aus dem Engl. Leipzig: Reclam 1992, S. 47–51.
Filz 15
Aus: S. Heym: Filz. Gedanken über das neueste Deutschland. München: Bertelsmann 1992, S. 18–21. © Stefan Heym 1992

Hoffmann, Ernst Theodor Amadeus
(24.1.1776–25.6.1822)
Der Sandmann 91
Aus: E.T.A: Hoffmann: Fantasie- und Nachtstücke. Werkausgabe. In 5 Einzelbänden. Hrsg. von Walter Müller-Seidel u.a. München: Winkler 1976, S. 334–337.

Hölderlin, Friedrich (20.3.1770–7.6.1843)
Hälfte des Lebens 72
Aus: F. Hölderlin: Sämtliche Werke. Bd.2. Stuttgarter Ausgabe. Hrsg. von Friedrich Beißner. Stuttgart: Kohlhammer 1953.

Hoppe, Felicitas (*1960)
Gesammeltes Unglück 14
Aus: Thomas Tebbe: Wenn Kopf und Buch zusammenstoßen. Ein Lesebuch übers Lesen. München/Zürich: Piper 1998, S. 11–14.

Huchel, Peter (3.4.1903–30.4.1981)
Das Zeichen 73
Aus: P. Huchel: Chausseen, Chauseen. Gedichte. Frankf./M.: S. Fischer 1963, S. 9.
Löwenzahn 80
Aus: P. Huchel: Gesammelte Werke in zwei Bänden. Bd. 1. Die Gedichte. Hrsg. von Axel Vieregg. Frankf./M.: Suhrkamp 1984, S. 80 f.

Huizing, Klaas (*1958)
Der Buchtrinker (Auszug) 9, 17
Aus: K. Huizing: Der Buchtrinker. 2. Aufl. München: Goldmann 1996, S. 110–115, 123, 132 f.

Hurst, Harald (*1945)
Flirt 125
Aus: H. Hurst: 's Freitagnachmiddagfeierobendschtrassebahnparfüm. Neue Prosa und Lyrik in Mundart und Schriftdeutsch. Karlsruhe: Fächer-Verlag Dürr 1981.

Jandl, Ernst (1.8.1925–9.6.2000)
lauter 125
Aus: E. Jandl: Gesammelte Werke. Erster Bd. Gedichte 1. Hrsg. von Klaus Siblewski. Darmstadt/Neuwied: Luchterhand 1985, S. 306.

Kafka, Franz (3.7.1883–3.6.1924)
Die Verwandlung 88
Aus: F. Kafka: Die Erzählungen. Frankf./M.: S. Fischer, 1961, S. 39–41.

Kentrup, Norbert
Shakespeare-lectures 106
Aus: Korrespondenzen. Lehrstück, Theater, Pädagogik. Hrsg. von der Gesellschaft für Theaterpädagogik e.V. Hannover. Heft 10 1997, S. 21.

Kirsch, Sarah (*16.4.1935)
Schlehen 66
Aus: S. Kirsch: Landaufenthalt. Gedichte. Ebenhausen bei München: Verlag Langewiesche-Brandt, 1969.
Im Sommer 80
Aus: S. Kirsch: Rückenwind. Ebenhausen bei München: Verlag Langewiesche-Brandt, 1977, S. 51.

Kleist, Heinrich von (18.10.1777–21.11.1811)
Das Bettelweib von Locarno 94
Aus: H. v. Kleist: Werke in einem Band. 6. Aufl. München: Hanser 1996, S. 725–727.

Klüger, Ruth (*10.10.1931)
Frauen lesen anders 158
Aus: R. Klüger: Frauen lesen anders. Essays. München: dtv 1996, S. 83, 85–88, 92–94, 96.

Krausser, Helmut (*11.7.1964)
In libris 12
Aus: Thomas Tebbe: Wenn Kopf und Buch zusammenstoßen. Ein Lesebuch übers Lesen. München/Zürich: Piper S. 72–77.

Krolow, Karl (11.3.1915–21.6.1999)
Ein Ähnliches 82
Aus: Joachim Fritzsche (Hg.): Schreibwerkstatt. Geschichten und Gedichte. Stuttgart: Klett 1989, S. 113.

Krüger, Michael (*1943)
Nachgedicht 74
Aus: M. Krüger: Reginapoly. München: Hanser 1976, S. 76.

Kunert, Günter (*6.3.1929)
Vom Reisen 164
Aus: G. Kunert: Ziellose Umtriebe. München: dtv 1981, S. 9–11.

Lavant, Christine (4.7.1915–7.6.1973)
Im Geruch der frühen Früchte 66
Aus: C. Lavant: Spindel im Mond. Gedichte. Salzburg: Otto Müller 1959, S. 17.

Lessing, Gotthold Ephraim
(22.1.1729–15.2.1781)
Emilia Galotti. Erster Aufzug, erster Auftritt 107
Emilia Galotti. Erster Aufzug, sechster Auftritt 109
Aus: G. E. Lessing: Werke und Briefe in 12 Bänden. Bd. 7. Hrsg. von Wilfried Barner und Klaus Bohnen. Frankfurt a.M.: Deutscher Klassiker Verlag 1987.
Brief an Friedrich Nicolai 111
Aus: G. E. Lessing: Werke und Briefe in 12 Bänden. Bd. 11/2. Briefe von und an Lessing 1743–1770. Ebenda, S. 116.

Lettau, Reinhard (*10.9.1929)
Buch Bein Flug Reim 82
Aus: Quint Buchholz: BuchBilderBuch. Geschichten zu Bildern. Zürich: Sanssouci 1997, S. 12.
Auftritt 127
Aus: Minidramen. Hrsg. von Karlheinz Braun. Frankf./M.: Verlag der Autoren 1987, S. 18.

Lichtenberg, Georg Christoph
(1.7.1742–24.2.1799)
Wenn ein Buch und ein Kopf zusammenstoßen ... 6

Aus: Thomas Tebbe: Wenn Kopf und Buch zusammenstoßen. Ein Lesebuch übers Lesen. München/Zürich: Piper, S. 9.

Manganelli, Giorgio (15.11.1922–28.5.1990)
Neunundfünfzig 124
Aus: G. Manganelli: Irrläufe. Hundert Romane in Pillenform. Aus dem Italienischen von Iris Schnebel-Kaschnitz. Berlin: Wagenbach 1980, S. 123.

Mayröcker, Friederike (*20.12.1924)
Früher 83
Aus: F. Mayröcker: Sie wird im Osten klemmen. Gesammelte Prosa 1949–75. Frankf./M.: Suhrkamp 1989.

Meyer, Conrad Ferdinand (11.10.1825–28.11.1898)
Der römische Brunnen 72
Aus: C. F. Meyer: Sämtliche Werke. Bd.1. Historisch-kritische Ausgabe. Hrsg. von Hans Zeller und Alfred Zäch. Bern: Benteli 1963.

Mörike, Eduard (8.9.1804–4.6.1875)
Um Mitternacht 81
Aus: E. Mörike: Sämtliche Werke. Bd. I. Hrsg. von Jost Perfahl. München: Winkler 1967.

Mumford, Lewis (19.10.1895–26.1.1990)
Mythos der Maschine. Kultur, Technik und Macht 201
Aus: L. Mumford: Mythos der Maschine. Kultur, Technik und Macht. Ins Deutsche übersetzt von Liesl Nürenberger und Arpad Hälbig. Wien: Europa 1974, S. 419 f.

Nabokov, Vladimir (23.4.1899–2.7.1977)
Dem guten Leser ist klar… 6
Aus: V. Nabokov: Die Kunst des Lesens. Frankf./M.: Fischer 1982, S. 34.

O'Brien, Flann (5.10.1911–1.1.1966)
Sorry 127
Aus: Minidramen. Hrsg. von Karlheinz Braun. Frankf./M.: Verlag der Autoren 1987, S. 203

Papst Johannes Paul II. (*18.5.1920)
Der Fall Galilei, ein schmerzliches Missverständnis 199
Aus: Ansprache von Papst Johannes Paul II. an der Päpstliche Akademie der Wissenschaften am 31.10.1992. In: http://www.stjosef.at/dokumente/papst_galilei.htm

Poe, Edgar Allan (19.1.1809–7.10.1849)
Der Untergang des Hauses Usher 89
Aus: E. A. Poe: Erzählungen. Hrsg. von Rolf Toman. Aus dem Englischen von Andreas Heering und Dorle Merkel. Köln: Könemann 1995. S. 28–51.

Pöppel, Ernst (*29.4.1940)
Unterlagen zum Kurs „Zeitliche Kognition" 136
Aus: E. Pöppel: Unterlagen zum Kurs „Zeitliche Kognition" In: www.tzi.informatik.uni-bremen.de/ik98/prog/kursunterlagen/d2/poeppel/ik98.html (7.9.99)

Rilke, Rainer-Maria (4.12.1875–29.12.1926)
Herbsttag 67

Blaue Hortensie 69
Aus: R.-M. Rilke: Sämtliche Werke. Bd. 1. Hrsg. von Ernst Zinn. Frankf./M.: Insel 1956, S. 398.

Sartre, Jean Paul (21.6.1905–15.4.1980)
Lesen ist gelenktes Schaffen 97
Aus: J. P. Sartre: Was ist Literatur? Hamburg: Rowohlt 1958, S. 28 f.

Schiller, Friedrich (10.11.1759–9.5.1805)
Brief an Theodor Körner 63
Aus: F. Schiller: Briefwechsel zwischen Schiller und Körner. Bd. I. Stuttgart: Cotta 1892, S. 282.
Maria Stuart 112
Aus: F. Schiller: Werke in drei Bänden. Bd. 3. Hrsg. von Herbert G. Göpfert. München: Hanser 1966, S. 306 ff.
Brief an Wilhelm von Humboldt 121
Brief an J. W. von Goethe 121
Ästhetische Briefe 121
Aus: F. Schiller: Gesammelte Werke in 5 Bänden. Bd. 5. Hrsg. von Gerhard Fricke und Herbert G. Göpfert. München: Hanser 1959.

Schulz von Thun, Friedemann (*1944)
Miteinander reden 53
Aus: F. Schulz von Thun: Miteinander reden. Reinbek: Rowohlt 1981, S. 26 ff.

Shakespeare, William (26.4.1564–23.4.1616)
Ein Sommernachtstraum 105
Aus: Klaus Thiele: Ein Sommernachtstraum auf der Bühne. In: Korrespondenzen. Hrsg. von der Gesellschaft für Theaterpädagogik e.V. Hannover. Heft 29/30 1997, S. 9.

Sparschuh, Jens (*14.5.1955)
Der Zimmerspringbrunnen 41
Aus: J. Sparschuh: Der Zimmerspringbrunnen. Köln: Kiepenheuer & Witsch 1995, S. 38 ff.

Spittler, Horst
Außersprachliche Darstellungselemente 106
Aus: H. Spittler: Struktur dramatischer Texte. Bamberg: C. C. Buchner 1991, S. 55.

Stengers, Isabelle (*1949)
Die Galilei-Affären (Auszug) 198
Aus: Michel Authier: Elemente einer Geschichte der Wissenschaften. Hrsg. von Michel Serres. Frankf./M.: Suhrkamp 1994, S. 404–406.

Strauss, Botho (*2.12.1944)
„Pssst!" * 124
Aus: Paare Passanten. München: Hanser Verlag 1981, S. 9.

Tabori, George (*24.5.1914)
Samspeak 127

Trakl, Georg (3.2.1887–3./4.11.1914)
Verfall 69
Aus: G. Trakl: Dichtungen und Briefe. Historisch-kritische Ausgabe. Bd. 1. Hrsg. von Walter Killy und Hans Szklenar. Salzburg: Otto Müller 1969.

Tucholsky, Kurt (9.1.1890–21.12.1935)
Moment beim Lesen 6

Aus: K. Tucholsky: Gesammelte Werke. Band 10. Hrsg. von Mary-Gerold Tucholsky, Fritz J. Raddatz. Reinbek: Rowohlt 1975, S. 64.
Mir fehlt ein Wort 29
Aus: K. Tucholsky: Gesammelte Werke. Bd.7. Hrsg. von Mary-Gerold Tucholsky, Fritz J. Raddatz. Reinbek: Rowohlt 1995, S.189, 190 f.

Tzara, Tristan (16.4.1896–25.12.1963)
Um ein dadaistisches Gedicht zu machen 83
Aus: T. Tzara: Sieben Dada-Manifeste. Hamburg: Edition Nautilus 1984, S. 47.

Wapnewski, Peter (*7.9.1922)
Lyrik ist eine einfache Gattung … 63
Aus: Ludwig Völker: Lyriktheorie. Texte vom Barock bis zur Gegenwart. Stuttgart: Reclam 1990, S. 428.

Weiss, Peter (8.11.1916–10.5.1982)
Abschied von den Eltern 11
Aus: P. Weiss: Abschied von den Eltern. Frankf./M.: Suhrkamp 1980, S. 67–68, 70–71.

Wolff, Anja
Guten Morgen 83
Aus: Hessenkolleg. Kurs Experimentelles Schreiben, Frankf./M. 1994. In: Kulturelle Praxis. Schreibexperimente. Hrsg. vom Hessischen Institut für Bildungsplanung und Schulentwicklung Wiesbaden 1994, S. 77.

Wondratschek, Wolf (*14.8.1943)
Der Hundertmarkschein 124
Aus: Kulturelle Praxis. Schreibexperimente. Hrsg. vom Hessischen Institut für Bildungsplanung und Schulentwicklung Wiesbaden 1994, S. 75.

Schülerbeiträge
Schülerbeiträge 65
Juhnke, Christoph: Herbstlich
Kremer, Kristina: Kastanien
Willmann, Anke: Herbst

Schülerarbeit 78
Hinney, Bernd: Interpretation „Die große Fracht" von Ingeborg Bachmann

Ungenannte Verfasser
„Was da abläuft, ist extrem" – Mobbing in der Schule 49
Aus: Der Spiegel Nr. 34/1997, Hamburg: Verlag Der Spiegel, S. 166–168.

Microsoft: Encarta 1998 130
Enzyklopädie. Multimediales Nachschlagen. Redmond, Washington: Microsoft

Statistik: Durchschnittliche Mediennutzungsdauer 141
Aus: Stiftung Lesen (Hrsg.): Leseverhalten in Deutschland 1992/93. Repräsentativstudie zum Lese- und Medienverhalten im vereinigten Deutschland. Red.: Bodo Franzmann. Mainz 1993.

Statistik: „Leseverhalten" 141
Statistik: Mediennutzung und Freizeitbeschäftigung 140
Aus: Media Perspektiven 1998. In: Informationen zur politischen Bildung 260/1998, Bonn

SACHREGISTER

A

Alexandriner 68, 204, 228
Allegorie 222, 229
Alliteration 222, 229
Anapäst 228
Anapher 222, 229
Antagonist 204
Anthologie 204
Antithese 204
Aphorismus 204
Appellfunktion der Sprache 53 ff.
Arbeitstechniken
- Bibliografieren/bibliografische Angaben 131, 172, 238 f.
- Cluster 106, 129, 165
- Experimentieren 48ff., 58, 129, 142, 185, 191f.
- Exzerpieren 136
- Folienarbeit (Overheadprojektor) 59
- Gedankensammlung 160
- Gliederung 177
- Hand-out/Thesenpapier 60
- Informationen auswerten 147, 174 ff.
- Informationen beschaffen/ Recherchieren 130 ff., 171 ff.
- Konspekt 137, 234
- Lesetechniken 133 ff., 157
- Mind-Map 168 f.
- Paraphrasieren 138 f.
- Präsentieren 58 f., 183
- Referate halten 52, 56 f., 59 f.
- Resümieren 138 f.
- Rollenspiel 50 f.
- Standbild 42, 115, 124
- Statement/Stellungnahme 52, 149–153
- Texte formulieren 178 ff.
- Texte gliedern 32, 52, 161, 177
- Texte markieren 98 f., 105, 136 f.
- Texte überarbeiten 162 ff.
- Themen finden 168 ff.
- Visualisieren 60
- Wandzeitung 61

Argumentation 149–165
- Arten der Argumente 157, 162 f.
- Fragestellungen erarbeiten 149
- Positionen klären 152 f.
- Argumentationsstrukturen untersuchen (Struktur, Sprechakte, gedanklich-logische Verknüpfung, zentrale Begriffe) 59, 154, 156
- Beurteilen 143, 157
Assonanz 204
Assoziogramm 32
assoziatives Schreiben 29 f.
Authentizität (einer Theateraufführung) 106
Autobiografie 204
Autor 204

B

Ballade 228
Barock 205
- Barockgedichte 68
- Barockroman 205
Begriffe klären 133–139, 149 ff., 156, 176
Belletristik 205
Bewusstseinsstrom → Innerer Monolog
Bibliografie 205, 238 f.
Bibliografieren/bibliografische Angaben 131, 172, 238 f.
Biedermeier/Vormärz (Junges Deutschland) 205, 224
Bildsprache 71 ff., 103, 126, 138
Bildungsroman 205
Binnenreim 228
Bitterfelder Weg 205
Blankvers 205, 228
Botenbericht 205
Briefroman 205

C

Charakter → Figur
Checklisten 28, 31, 35, 39, 44, 57, 81, 122 f., 147, 179, 181, 183
Chiffre 73, 229
Chor 205

Collage 205
Commedia dell'Arte 205

D

Dadaismus 205, 225
Daktylus 228
Dekadenz 206, 225
Dekonstruktion 206
Denotation 206
Dialog 206
Dialogstruktur (eines Dramas) 112–117
Diskurs 206
Diskursanalyse 206
Diskussion 50 f.
Dokumentarliteratur 206
Drama 105, 206
- absurdes Theater 204
- aristotelisches Theater 118 ff. 204, 233
- episches Theater 206
- offene Form des Dramas 118 ff. 215, 231
- geschlossene Form des Dramas/ aristotelisches Theater 118 ff. 204, 233
Dramatische Texte
- aufführen 106
- Beispiele für Verstehenshypothesen 108
- Dialoganalyse 116 f.
- Dialogstruktur (Sprechakte, sprachl. Besonderheiten) in dramatischen T. 112 ff.
- Figurenkonzeption in dramatischen T. 112 ff.
- Konflikt und Konfliktentwicklung in einem dramatischen T. 109 ff.
- offene und geschlossene Form des Dramas/Auflösung der Form 118 f.
- Problemstellung, Handlungsansätze, Exposition eines dramatischen T. 107 f.
- zur Aufführung einrichten 105
Dramenszenen interpretieren 232 f.
- Dialogstruktur beschreiben und analysieren 122

- Gliederung 123
- Inhaltswiedergabe 122
- Szenenfunktionen erläutern und analysieren 123

Dramaturgie 105, 206
Drehbuch 207

E

Ellipse 207
Empfindsamkeit 207, 224
Endreim 228
Enjambement 207
Entwicklungsroman siehe Bildungsroman
Epigramm 207
Epik 208, 228 f.
Epilog 208
Epochen 207, 230 f.
Epochenumbruch 194 f., 207, 224 f.
- 18./19. Jh. 120, 224 f.
- 19./20. Jh. 225

Epos 207
Erlebte Rede 91 ff., 207
Erörterung
- Beispiel 158 f.
- Gedankensammlung 160
- Gliederung 161
- überarbeiten 162 f.

Erzählen
- Darstellungsformen in erzählenden Texten 231
- Erzählbeginn 88 ff.
- Erzähler (auktorialer/allwissender, personaler, neutraler) 88 ff., 207, 230
- Erzählhandlung 91 ff., 231
- Erzählhaltung 88 ff., 207, 230
- Erzählimpulse 103
- Erzählperspektiven (Er/Sie-Erzähler, Ich-Erzähler) 88–95, 230
- Erzählung 84–103, 207
- Erzähl-Werkstatt 102 f.
- Erzählzeit/erzählte Zeit 207

Erzähltexte interpretieren 230 f.
- Entwürfe einer schriftlichen Interpretation 100
- individuelle Lesarten 96
- Leitfragen zur Überarbeitung 101
- Leserrolle 97
- Vorarbeiten am Text (Anmerkungen, Notizen) 98 f.

Essay 164 f.
Euphemismus 222
Exilliteratur 208
Exposé 208
Exposition 107, 117, 208
Expressionismus 208, 225

F

Fabel 208
Facharbeit 167–183
- Bewertung einer F. 180
- Checkliste 183
- Einleitung und Schluss schreiben 178 f.
- formale Anlage einer F. 181
- Gliederung einer F. 177
- Hauptteil schreiben 179 f.
- Informationen/Literatur suchen 171
- Präsentation einer F. 183
- Sinn und Zweck einer F. 167
- Themenfindung und -eingrenzung 168 ff.
- Zeitplan für die Erstellung einer F. 182

Fachübergreifendes Arbeiten 171, 184–201
- Themen- und Problemstellungen 188
- Beziehungen von Fächern zueinander 188
- Einteilung der Wissenschaften 195
- unterschiedliche wissenschaftliche Perspektiven auf einen Gegenstand 198 f., 201
- Gesellschaftliche Verantwortung von Wissenschaftlern 201

Fallhöhe 208
Faschismus → Nationalsozialismus
Figur 208
Figurenkonstellation (im Drama) 112

Fiktionalität/fiktionale Welt 85 ff., 208, 230, 232
Filmanalyse 236 f.
- Bildmontage, Bildschnitt, Sequenz 237
- Kamerabewegungen 237
- Kameraeinstellungen 236
- Kameraperspektiven 237
- Story und Erzählstruktur 236

Fin de Siècle 225
Fragetechniken (Erschließungsfragen, W-Fragen etc.) 129, 149
Frauenliteratur 208

G

Gattung 208
Gedichte
- Aufbau des G. 68 f.
- Bildlichkeit im G. 71 ff.
- Eigenart von G. 63 f.
- Erfahrungen mit G. 64
- Form des G. 68 f.
- G. bewerten 65
- G. schreiben 65
- Sprache im G. 70
- Sprecher im G. (lyrisches Ich) 66 f.

Gedichtformen 228
Gedichtinterpretation 228 f.
- Arbeitsschritte 71
- Checkliste 81
- Gliederung einer Interpretation 77
- Interpretationsbeispiel 78 f.
- Verstehenshypothesen 75 f.

Gedichtvergleich 70, 72 f., 80
Gedicht-Werkstatt 82 f.
Gesellschaftsroman 209
Gesprächsanalyse/Dialoganalyse/Diskursanalyse 44 f., 48 ff., 112 ff., 122

Gesprächs- und Vortragsformen
- Blitzlicht 49
- Kurzvorträge halten 52 f.
- Moderierte Diskussion 50
- Offene Diskussion 50
- Partnergespräch 49
- Referat 56 f.
- Statements abgeben 52

Glossar 209
grammatische Formen (funktional) 25, 28, 31, 35, 39, 70, 81, 93, 132, 156, 162 f., 181
Groteske 209
„Gruppe 47" 209

H
Hand-Out (zum Referat) 60
Held 209
Hermeneutik/hermeneutischer Zirkel 209
Hexameter 209
Höfische Dichtung 210
Hörspiel 210
Humanismus 210
Hyperbel 222
Hypertext 210
Hypotaxe 210

I
Idealismus 210
Ideologie 210
Impressionismus 210, 225
Individualstil 210
Innere Emigration 210
Innerer Monolog 210
Inszenierung 105, 210
Intention 210
Internet
– Nutzung des Internets 131 f., 173
Interpretation von Literatur 211
– Drameninterpretation 122 f.
– Gedichtinterpretation 75–81
– Methoden der I. 101
– Prosainterpretation 96–101
Interpretation (historischer oder naturwissenschaftl. Sachverhalte) 144, 147, 198 ff.
Intertextualität 211
Inversion 222

J
Jambus 228
Jugendstil 211
Junges Deutschland/Vormärz 60, 118 ff., 211

K
Kadenz 211
„Kahlschlagliteratur" 211
„Kanon" der Literatur 20 f., 152 ff.
Karikatur 36, 44 f., 211
– K. analysieren 36 f.
Katharsis 211
Kitsch 211
Klassik 211, 224
Klimax 212
Kommunikation 212
– Inhalts- und Beziehungsaspekt 53 ff.
– Kommunikationsanalyse 44 f., 112 ff., 122
– Kommunikationsstörungen 41 ff., 45–51
– Metakommunikation 48–51
– mündliche K. 41–61
Kommunikationstheorie/ Kommunikationsmodelle
– Anatomie einer Nachricht (Schulz v. Thun) 53 ff.
– Sprecher-Hörer-Beziehung 53 f.
– Vier-Ohren-Modell (Schulz v. Thun) 54
Komödie 212
Konflikt 109 ff., 212
konkrete Poesie 212
Konnotation 212
Konspekt 57, 59, 137, 234
Kontext 212
Körpersprache 58, 105, 112, 116
kreatives Schreiben/Gestalten (Aufgaben z.B.) 82 f., 102 f.
Kurzepik 212
Kurzgeschichte 212

L
Lautmalerei 212, 229
Lehrdichtung (= Spruchdichtung) 212
Lehrstück, dramatisches 212
Leitmotiv 213
Lesebiografie 20
Leseerfahrungen 20
Lesestrategien 132
Lesetechniken/Arbeit am Text 98 f., 105, 116, 133 ff.
Lesetyp 21
literarische Landkarte 226 f.
Literatur und Politik 174–179, 200 f.
Lustspiel 121
Lyrik (siehe auch Gedicht) 213
lyrisches Ich 213

M
Mediennutzung 140 f.
Metapher 71 ff., 223
Metonymie 223
Metrik 213
Metrum 213
– Anapäst 228
– Daktylus 228
– Jambus 228
– Trochäus 228
Mind-Map 168 ff.
Minnesang → Höfische Dichtung
Mittelalter 189 ff., 213
Moderne 213
Monolog 213
Montage 213
Motiv 213
motivische Schwerpunkte analysieren 37
Mündliche Kommunikation 41–61
– Fehler im Gespräch 48
– Gesprächsbeiträge kritisieren 55
– Gesprächslabor 48
– Kommunikationsanalyse 44
– Metakommunikation 48–51
– Schulische Kommunikation 46 f.
– Störfaktoren im Gespräch 48
– verzerrte Kommunikation 41 ff.
Mythos 213

N
Naturalismus 214
Naturerfahrung/Naturwahrnehmung (in der Literatur) 62 ff.
Neologismus 223

Neue Sachlichkeit 214
Neuklassik 214
Neuromantik 214
nichtsprachliche Mittel
  (im Theater) **106**, **233**
Novelle 94 f., 214

O

Ode 214
Onomatopoesie → 214
Overhead-Folien einsetzen **59**

P

Parabel 96, 99, 214
Paradoxon 223
Parataxe 214
Parodie 214
Peripetie 214
Periphrase 223
Person (in erzählenden Texten)
  91 ff., **231**
Pleonasmus 223
Poesie 215
Poetik 215
Pointe 215
Postmoderne 215
produktive Textrezeption
  (Aufgaben z.B.) **29**, **82 f.**, **87**,
  90, **93**, **108**, **126 ff.**
Projekte **20 f.**, **61**, **83**, **127**, **191 f.**,
  195, **198**, **201**
Prolog 215
Prosa 215
Protagonist 216

R

Rahmenerzählung 216
Realismus 216, 225
Recherchieren **26 f.**, **238 f.**
– im Internet (Surfen, Navigieren)
  132
– in unterschiedlichen Medien
  130 f.
– Literatur (z.B. für Facharbeiten)
  171 f., **238 f.**
Referat (siehe auch Facharbeit)
  56 f., **59 f.**
Refrain 216
Regie 216

Regieanmerkungen **105**, **116**
Reimformen 228
Reisen **164 f.**
Renaissance 216
retardierendes Moment 117
Rezeption 216
Rhetorik 216
– Redeanalyse **53 ff.**, **234 f.**
– Reden halten **52–60**, **183**
– Redesituation **53 ff.**
rhetorische Figuren **222 f.**
rhetorische Frage 223
Rhythmus 216
Rokoko 217
Rollenspiel **50 f.**
Roman 217
– Bildungsroman **205**
– Zeitroman **221**
Romantik **91 ff.**, 217, 224

S

Sachtexte **25**, **28**, **129 ff.**
Sachtexte
– analysieren **147**, **235**
– Begriffe klären **176**
– Daten und Grafiken verarbei-
  ten und verbalisieren **140 f.**, **187**
– erschließen **234 f.**
– kommentieren **235**
– Konspekt anlegen **137**, **234**
– mit dem Bleistift lesen **136 f.**,
  174
– Paraphrasieren, Resümieren
  138 f., **234**
– Unterscheidung zwischen
  argumentierenden und appellie-
  ren den Textteilen **143**, **235**
– Unterscheidung zwischen
  darstellenden und deutenden
  Textteilen **144**
– Unterscheidung zwischen
  darstellenden und erklärenden
  Textteilen **142**
Satire **174–180**, 216
Scholastik **194 f.**
Schreiben
– Schreibaufgabe **23**
– Schreibaufgabe analysieren **24**,
  26, **34**, **36**

– Schreibideen **29**
– Schreibintention **24**
– Schreibsituation **23**
– Schreibstrategie **35**
semantische Felder **70**
Semiotik 217
Simultantechnik 217
Sonett 71, 217
Sozialistischer Realismus 217
Spannung **93**, **111**, **115 ff.**, 218
Spannungskurve (im Drama) **118**
Spiralmethode **165**
Sprache 218
Sprachkritik 218
Sprechakte **115**
Statistik/Daten verbalisieren
  140 f., **153**
Stichwortkarte **52**
Stil 218
Storyboard **42**
Stream of Consciousness (siehe
  auch innerer Monolog) 219
Streitgespräch → Debatte
Strophe 219
Strukturalismus 219
Subtext **115**, **122**, **127**
Sturm und Drang 219, 224
Surrealismus 219
Symbol (im Gedicht) **72 f.**, **229**
Symbol 219
Symbolismus 219, 225
Synästhesie 223
Synekdoche 223
Szene 219
Szenenanalyse **122 f.**, **232 f.**
szenische Demonstration **115**

T

Tautologie 223
Teichoskopie 219
Terzett 228
Text-Bild-Collage **62**
Texte erschließen → Arbeitstech-
  niken
Texte überarbeiten → Arbeits-
  techniken
Textintention **142**
Textkohärenz 220
Textproduktion vorbereiten **36 ff.**

Textrezeption → produktive Textrezeption
Textsorten
- deutende, interpretierende, wertende T. 39
- Eindrücke verarbeitende, Gefühle ausdrückende T. 31
- erörternde, reflektierende, argumentierende T. 25, 152 ff.
- informierende, beschreibende, erklärende T. 28
- zum Handeln auffordernde, überzeugende, werbende T. 35
Theater
- Inszenierung 105, 220
- Lehrstück 212
Theater-Werkstatt 124 ff.
Topos 220
Tragik 220
Tragikomödie 220
Tragödie 111, 217
Trauerspiel 111
Trauerspiel, bürgerliches 220
Trivialliteratur 220
Trochäus 228

U
Utopie 220

V
Vergleich 223, 229
Vers 220, 228
Versmaß 228
Versende → Kadenz
Versfuß → Metrum
Verslehre → Metrik
„Verständlichmacher" in Texten 57
Verstehenshypothese 37, 75 ff., 81, 96, 100 f., 108
Visualisieren 58 ff., 117, 137, 141, 183
Vormärz (Junges Deutschland) 224

W
Wandzeitung gestalten 61
Weimarer Republik 225
Werbetexte
- analysieren 33 f.
- schreiben 35

werkimmanente Interpretation 101, 221
Werkstatt-Methode
- Gedichtwerkstatt 82 f.
- Gesprächslabor 48 ff.
- Erzählwerkstatt 102 f.
- Theaterwerkstatt 124 ff.
Witz 218
Wortspiel 221

Z
Zeichen 221
Zeilensprung siehe Enjambement
Zeit-Experimente 129
Zeit und Ort 94 f.
Zeitroman 221
Zensur 221
Zitat 221
Zitierregeln 181
Zweisprachigkeit → Mehrsprachigkeit

ABBILDUNGSVERZEICHNIS

S. 6 Foto: © Jens Kapitzky, Leipzig; S. 40 © Foto: Günther Einecke; Karikatur © Robert Gernhardt, Frankf./ M.; S. 62 Ernst Ludwig Kirchner: Alle Landschaften haben sich mit Blau erfüllt © by Ingeborg & Dr. Wolfgang Henze-Ketterer, Wichtrach/Bern © BPK, Dietmar Katz, Berlin; S. 84 Max Ernst: Une semaine de bontè © Kunstmuseum Bonn © VG Bild-Kunst, Bonn 2000; S. 89 © The Marsden Archive, UK/Bridgeman Art Library, London; S. 92 © Illustrationen von Yann Wehrling, aus: E.T.A. Hoffmann. Der Sandmann, Elatus Verlag, Kaltenkirchen 1997, S. 12/13/ 17; S. 104 Ein Sommernachtstraum: Inszenierung der Landesbühnen Sachsen 1996 © Hagen König, Radebeul; S. 115 Maria Stuart: Landesbühne Sachsen 1998 © Hagen König, Radebeul; re. o. Schauspielhaus Düsseldorfer 1998 © Sonja Rothweiler, Düsseldorf; li. u. Deutsches Theater Berlin 1983 © Aus: 100 Jahre Deutsches Theater Berlin. Henschel Verlag, Bln. 1983. Foto: Adelheid Beyer; S. 126 li. o. Paul Klee: Zwei Männer, einander in höherer Stellung vermutend, 1903, 5; 12x23 cm; Radierung © Paul Klee Stiftung, Kunstmuseum Bern, Inv. Nr. 64, Ref. Nr. 165 © VG Bild-Kunst, Bonn 2000; re. o. Joseph Beuys: Mensch, 1972, Foto: Friedrich Rosenstiel, Köln © VG Bild-Kunst, Bonn 2000; li. u. Pablo Picasso: Harlekin und seine Gefährtin (Zwei Gaukler), 1901 © Succession Picasso/VG Bild-Kunst, Bonn 2000; re. u. Auguste Renoir: Die Hochzeit zu Kana © Musèe du Louvre, Paris; S. 148 Cartoon: © Bernd Pfarr, Frankfurt/ M.; Die Leseliste, Kommentierte Empfehlungen © Reclam Verlag, Ditzingen; ZEIT-Bibliothek der 100 Sachbücher. Hrsg. Fritz J. Raddatz © Suhrkamp Verlag, Frankf./M.; Der europäische Bildungskanon des bürgerlichen Zeitalters. Hrsg. Manfred Fuhrmann © Insel Verlag Frankfurt 1999; Fernsehgeschichte der Literatur. Hrsg. von Helmut Schanze © Wilhelm Fink Verlag, München 1996; ZEIT-Bibliothek der 100 Bücher. Hrsg. Fritz J. Raddatz © Suhrkamp Verlag, Frankf./M.; S. 166 Fritz J. Raddatz: Kurt Tucholsky. Ein Pseudonym, © Rowohlt Reinbek; S. 184 Kopie des zweiten Galileibildnisses von J. Sustermans, 1640 Florenz, Palazzo Pitti, Foto: Ph. Fineider © AKG, Berlin